ISBN 978-0-365-10058-4
PIBN 10451009

Annalen

der

Forst- und Jagdwissenschaft.

Herausgegeben

von

C. P. Laurop,

Großherzogl. Badenschem Oberforstrathe, zweitem Director
der Societät der Forst- und Jagdkunde und mehrerer
gelehrten Gesellschaften Mitgliede.

Fünften Bandes erstes Heft.

Marburg und Caſſel,

in der Kriegerschen Buchhandlung.
1817.

Annalen

der

Societät der Forst- und Jagdkunde.

Herausgegeben

von

C. P. Laurop,

Großherzogl. Badenschem Oberforstrathe, zweitem Director
der Societät der Forst- und Jagdkunde und mehrerer
gelehrten Gesellschaften Mitgliede.

Dritten Bandes erstes Heft.

Marburg und Cassel,

in der Kriegerschen Buchhandlung
1817.

39482

February 19, 1931

I.

Naturwissenschaftliche
Gegenstände.

1.

Kleine Beiträge
zu der Naturgeschichte der deutschen Vögel

Es war nicht am unrechten Orte, daß in einigen forstwissenschaftlichen Zeitschriften z. B. in Hartigs Journal für das Forst, Jagd, und Fischereiwesen, in dessen Forstarchiv von und für Preussen u. s. w. verschiedene Beobachtungen aus dem Gebiete der deutschen Ornithologie dem naturhistorischen Publikum bekannt gemacht wurden, weil Forst und Weidmänner bei Ausübung ihrer Berufsgeschäfte solche Beobachtungen am leichtesten anstellen können, und ihnen vorzüglich eine scharfe Aufmerksamkeit auf Naturproducte, die zur Jagdzoologie oder Forstbotanik gehören, ziemt, und ich kann mir es daher nicht versagen, einige ornithologische Beobachtungen und Betrachtungen, welche früher in einer erweiterten ~~Ausführung für die~~ Annalen der Wetterauischen Gesellschaft für die gesammte Naturkunde bestimmt waren, jetzt, nachdem jene interessante Zeitschrift nicht mehr regelmäßig erscheint, in den Annalen der Societät der Forst- und Jagdskunde mitzutheilen. Vielleicht daß andere Mitglieder derselben und geübtere, scharfsinnigere Naturforscher hierin die Aufforderung finden, mich mit meinem ungewählten Scherflein abzubieten, so hin ihre Erfahrungen zu Bereicherung der Naturgeschichte gleichfalls bekannt zu machen, was gewiß einem großen Theil unserer Leser, so wie jedem Naturfreunde, der den gefiederten Bewohnern unserer Jagdreviere nur einige Aufmerksamkeit widmet, erfreulich seyn würde. Es sind ja ohnedieß noch sehr viele Eigenschaften der Vögel z. B. Strich, Wiederstrich, Nahrung, Fortpflanzung, Aufenthalt, Scheuheit, Federwechsel ꝛc. ꝛc. vieler einheimischer Arten zu erspähen, welches nur durch das Zusammenwürken vieler Beobachter, die sich dazu im Stande befinden, geschehen kann.

Zuerst seyen mir einige allgemeine Betrachtungen über den Zug, Strich und Wiederstrich der Vögel erlaubt.

Der Grund dieser Früh- und Spätjahrswanderung ist von den Ornithologen verschiedentlich angegeben worden. Bald ward der mächtige Instinct, bald der Fortpflanzungstrieb, der Stand der Erde nebst der damit verbundenen atmosphärischen Metamorphose, bald die bloße Temperaturveränderung, bald der Nahrungsmangel des Winters u. s. w. hoch oben angeschrieben. Den letzteren erkennt der berühmte Hofrath und Professor, Herr T i e d e m a n n zu Heidelberg in dem 3ten Theil seiner vortrefflichen Zoologie, die in den Händen eines jeden gebildeten Forstmannes sich befinden sollte, S. 591 als die vorzüglichste Ursache jener Wanderung an, und dabei wird der Temperaturveränderung gar kein Antheil zugestanden. Zum Beweiß wird angeführt, daß die kleinsten Vögel Europas z. B. der Zaunkönig in den kältesten Wintern bei uns ausdauern. So gerne ich dem unermüdeten, tiefen Forscher unbedingt beipflichten möchte, so dringen sich mir doch einige Zweifel auf, zu welchen mich die Betrachtung einiger Vögel hinführt. Ich will bloß die altbekannte Wachtel, die Uferschwalbe, den Pirol (Oriolus galbula) und das Turteltäubchen nennen. Jene wandert von allen einheimischen Hühnerarten allein; sie hat die Nahrung mit ihren Gattungsverwandten gemein und würde sie auch, wie jene, im strengen Winter finden. Allein sie verläßt uns im Herbst bei dem Eintritte kalter Nächte, wo es lange noch Nahrung für sie in Ueberfluß gäbe, und kommt erst spät, im Mai, bei

und näher an, wenn andere Gewürms Insecten, und körnerfressende Zugvögel, schon geraume Zeit ein reichliches Auskommen gefunden haben. In der Gefangenschaft wird die Wachtel bei der Temperaturverminderung des Herbstes oder während der Strichzeit ihrer Schwestern unruhig, bei größerer Kälte, indem sie ihre Federn aufbläst, traurig und stirbt, oder erfriert wohl auch, dahingegen läßt sie im Winter bei erhöhter Stubenwärme sehr oft Töne des Wohlbehagens hören. Der gemeine Pirol, die Ufer- und auch die Thurmschwalbe kommen spät im Frühjahre, wenn die Nächte lau werden, und ziehen in der Mitte des Sommers wieder hinweg, wenn jene kühl zu werden anfangen. Nahrungsmangel hindert sie weder am Kommen, noch zwingt sie zum Ziehen. Die nämliche Bewandniß hat es mit dem zärtlichen Turteltäubchen; es kömmt später und verläßt uns früher als seine Gattungsverwandten, obschon es die Nahrung mit ihnen theilt. Nur bei warmer Witterung läßt es in Gesellschaft des Gatten sein sanftes Rucksen hören, so wie die vorzüglichsten Sänger auch nur alsdann ihren lieblichen Gesang anstimmen. Dazu kömmt endlich noch, daß die, an eine kalte Temperatur gewöhnten, Strichvögel des Nordens, welche bei uns überwintern, z. B. Turdus pilaris, Iliacus, Ampelis garrulus und viele Enten- und Mergusarten,

von der eindringenden Frühlingswärme fortgescheucht
werden, und nur in besonders heißen Jahren Vögel des Südens, welche in die mittäglicheren Länder Europas ihren Strich halten, bei uns erscheinen, obschon beide ihre Nahrung reichlich bei uns
finden würden.

Es ist daher ausgemacht, daß nicht eine, sondern, was auch alle Naturforscher, die diesen Gegenstand in der neuern Zeit bearbeitet haben, eingestehen, mehrere Ursachen der Vögelwanderung
unterliegen. Sie können nach meiner Ansicht füglich in allgemeine, die auf alle Vögelgattungen
wirken können, ohne daß es immer geschieht,
und in besondere, welche nur bei einigen Gattungen und Arten eintreten, eingetheilt werden. Zu
den erstern gehört unstreitig der Nahrungsmangel, der ja ist mit Allgewalt das angewohn-
te Säugthier zur Emigration und den festangesie-
delten Menschen zum Nomadenleben zwingt; man
erinnere sich an die Wanderungen des nordameri-
kanischen Eichhorns und Bären, an den Lemming
u. s. w. Aber unter den besonderen Ursachen werden wir nach dem eben Angeführten auch der Temperatur eine Stelle nicht versagen dürfen.

Viele Vögel kommen frühzeitig und bei niedriger Temperatur zu uns, und verlassen uns wieder
frühzeitig, sobald sie die erste Brut vollendet ha-

den. Manche erscheinen uns verschwinden sogar an bestimmten Tagen; der Storch z. B. kömmt gewöhnlich Peter Stuhlfeier (den 22ten Februar) am Rhein an, selbst wenn die Erde noch mit Schnee bedeckt ist; der kleine Regenpfeifer (Charadrius minor) erscheint mit den Schnepfen; die gemeine Meerschwalbe (Sterna Hirundo) einige Wochen später und von diesen beiden zieht der erstere zur Zeit der Sonnenwende; der andere einige Wochen später hinweg, der Storch aber verläßt uns in den heißen Tagen des Spätsommers, wenn es für ihn noch die reichlichste Nahrung giebt. Weder Nahrungsmangel noch Temperatur begründen mithin diese Wanderung, sondern es müssen hier andere, zum Theil verborgene, besondere Ursachen vorwalten. Mir scheint, daß der Fortpflanzungstrieb und der Trieb, unter gleichen atmosphärischen und Temperatur-Verhältnissen im Süden zu nisten, die Wanderung jener Vögel bestimmt, welche sich bei uns nur kurze Zeit aufhalten; nur einmal nisten und die sich im Jahr zweimal mausern. Hier meine Gründe: 1) Bei den Vögeln äussert sich der Begattungstrieb überhaupt sehr stark und vorzüglich alsdann, wenn sie einen Ueberfluß an Nahrung haben und mit allen Organen ihr Gefieder ausgebildet ist, daher auch unsere Stand- und Strichvögel zwei und mehrere Hecke machen; Die

bezeichneten Zugvögel kommen während ihrer sechs=
bis achtmonatlichen Abwesenheit sicherlich in jene
günstige Verhältnisse und es ist daher gar nicht
wahrscheinlich, daß sie solange den Fortpflanzungs=
trieb unterdrücken. 2) Viele dieser Vögel kommen
im Frühjahr in geringer Anzahl gepaart bei uns
an oder ziehen auf diese Weise durch; auf dem Wie=
derstrich erscheinen sie entweder eben so und zwar
frühzeitig, oder wir bemerken gar keine Alte, son=
dern bloß Junge und diese meistens in kleinen oder
größeren Schaaren oft in großer Menge, wie ich
gemeinhin bei Totanus glottis et fuscus, Nume-
nius ferugineus, Tringa Hypoleucus, minuta et
Teminkii u. a. beobachtet habe. Hier eilen also
die fortpflanzungsfähigen Alten, die zum Theil in
Monogamie zu leben scheinen, unaufgehalten und
auf dem kürzesten Wege ihren Brutörtern zu, wäh=
rend die Jungen erst auf der Reise ihre Ausbil=
dung erhalten. 3) Das Mausern, wenn es auch
gerade nicht durch das Brüten verursacht wird,
welches ältere Ornithologen behaupten wollten, folgt
immer in der Regel auf die Periode der Fortpflan=
zung, und hiernach muß dem Mauseren im Früh=
jahr ein Brüten zur Zeit unseres Herbstes und Win=
ters vorhergegangen seyn. 4) Dieses stimmt mit
den Nachrichten einiger Reisebeschreiber überein,
nach welchen viele Vögel in den heißen Erdgürteln

dies's und jenseits des Aequators im September zu
nisten anfangen. 5) Wir bemerken endlich an ihnen keine Verminderung, obschon sie, bei ihrem
einmaligen Nisten und ihrer geringen Fruchtbarkeit
so vielen Gefahren der Reise, der Elemente und so
vielen Feinden ausgesetzt sind *).

In der feinen Organisation der Zugvögel würden sich gewiß auch Gründe der Wanderung auf-
finden lassen, wenn unsere Anatomie und Physiologie so tief eindringen könnte; denn wir finden
schon Andeutungen an den gröberen äusseren Organen z. B. an den großen Flügeln und leichten
Knochenbau vieler Arten. Wahrscheinlich können
die atmosphärischen Veränderungen der Jahrszeit,
Luft, Electricität u. s. w. auf die feineren, inneren
Organe ganz vorzüglich würken.

Ueber die Art und Tageszeit der Wanderung
unserer Zug- und Strichvögel sind früher und kürz-

---

*) Bemerkenswerth ist hierbei, daß die Störche in
diesem regenvollen Jahr sowohl am Rhein als in
Holland Anstalt zu einer zweiten Brut machten, und
zum Theil Eier legten, obschon sie solche nicht mehr
ausgebrütet haben werden, und daß auch die Haus-
schwalbe noch spät nistete, von welcher ich zu Ende
Septembers noch Junge im Nest fand.

lich gleichfalls allgemeine Behauptungen aufgestellt
worden. Dahin gehören die Behauptungen, daß
die Wasservögel alle bei Nacht, dahingegen die Landvögel bei Tag wandern, daß sie im Herbst schaarenweis fortziehen und im Frühjahr einzeln ankom-
men, daß in dieser Jahrszeit die Männchen vor
den Weibchen erscheinen, u. s. w. Allein hier
herrscht wieder eine große Verschiedenheit nach den
einzelnen Arten. So wie ich schon um Mitternacht
viele Sumpfvögel z. B. die gemeinsten Strandläu-
fer- und Reiherarten, fern von Gewässern, selbst
in meinem Wohnorte zur Strichzeit hörte, eben so
hörte ich um jene nächtliche Zeit besonders bei Monds-
schein die Sing- und Rothdrossel streichen, und es
ist eine bekannte Sache, daß die Schwalben über
Nacht verschwinden. Umgekehrt sieht man viele
Wasservögel bei Tag fort- und durchziehen, z. B.
die Kraniche, die Saatgänse, die Wasserläufer,
Kibitzen und selbst die große Bekassine, deren Fortziehen man hauptsächlich an der Höhe des Fluges
von dem tieferen Lustherschwärmen unterscheiden kann.
Einige Arten wandern bloß bei Tag, z. B. die Lerchen, Finken, Raben und die meisten Raubvögel
von dem Falkengeschlecht, andere bloß bei der Nacht
z. B. die Waldschnepfe re. re., andere in den beiden Tageszeiten, je nachdem sie, die Reise zu be-
schleunigen, gezwungen sind. — Schaarenweis zie-

hen sowohl auf dem Strich als Wiederstrich einige
Arten, welchen der Geselligkeitstrieb besonders ei=
gen ist, z. B. die Staaren, Kibitzen, Gänse, Rin=
gel= und Hohltauben, einzeln oder paarweis aber
die meisten übrigen Vögel, und wenn man von ih=
nen im Herbst auch Schaaren antrist, so sind es
gewöhnlich junge Individuen, welche sich zur Si=
cherheit gegen die Gefahren der Reise und wegen
Aufsuchung der Nahrung zusammengeschlagen ha=
ben. Daß manche Vögel nach Unterschied des Ge=
schlechts auf dem Striche sich zusammengesellen,
daß bei einigen Arten die Männchen früher erschei=
nen, bei anderen mehr männliche Individuen in
unserem Himmelsstriche überwintern, ist nicht zu
läugnen. Die Ursache von jenem scheint mir vor=
züglich darin zu liegen, weil die verschiedenen Ge=
schlechter oft ein verschiedenes Federkleid tragen,
woran sich die Wanderer leichter in der Ferne er=
kennen können, wie dieses bei unseren Mergus=
und vielen Entenarten der Fall ist. Der Grund
des letzteren mag aber darin beruhen, weil auch
bei den Vögeln das männliche Geschlecht dem an=
deren an Stärke und Ausdauer in Mühseligkeiten
überlegen ist, und daher Nahrungsmangel, Kälte
und andere atmosphärische Einflüsse leichter ertra=
gen und die Reise geschwinder vollenden kann. So=
bald die Wärme und reichlichere Nahrung im Früh=

jahr eintritt, erwacht der Wanderungstrieb; die
männlichen Congregationen lösen sich auf und es
erfolgt die Paarung schon auf der Reise, wie ich
oft über solche Vögel, die im Norden brüten, Beobachtungen im Frühjahr anstellen konnte.

Ich gehe von diesen allgemeinen, hingeworfenen
Bemerkungen zu einigen besonderen Beobachtungen
über, die ich bei dem Vorkommen einiger Vögel,
deren Naturgeschichte noch nicht hinlänglich aufge-
klärt ist, am Rhein machte.

1) Viele Naturforscher und Jäger sind der Meinung, daß die große Bekassine oder
Haerschnepfe (Scolopax gallinago) nur einmal
im Jahr niste. Ich schoß am Ende des Juni's
nach 1814 auf einer feuchten Wiese, auf welcher
jährlich ein bis zwei Pärchen dieser Vögel brüten,
drei flugbare Junge und ein altes Weibchen, welches ein ausgebildetes Ei in seinem Eierstock hatte.
Hieraus und aus der großen Menge der jährlich
erscheinenden, vielen Nachstellungen ausgesetzten
Haerschnepfen müßte sich das zweimalige Brüten
derselben mit Zuverlässigkeit folgern lassen. Selbst
in strengen Wintern treffe ich diese Vögel einzeln,
in gesonderten oder häufig an warmen Quellen an.
Zur Strichzeit sah ich einigemale große Flüge auf
trockne sandige Waldblößen, ferne vom Rhein, einfallen.

12) Der dunkelbraune Wasserläufer (Totanus fuscus), welcher ehemahls nach Verschiedenheit seines Jugend- Frühlings- und Winterkleides (denn er mausert zweimal im Jahr) für drei verschiedene Arten erkannt, im Jugendkleid Totanus ——————, im Winterkostüm Totanus na———— genannt, und von dem verstorbenen Obermedicinalrath Dr. Leisler zu Hanau unter dem Namen Tringa longipes zu den Strandläufern gerechnet worden ist, erscheint im Herbst häufig am Rhein entweder im Jugendkleid, oder im Uebergang ins Winterkleid, und manchmal auch ganz ausgefärbt. Nach Meisner und Schinz soll er sich hauptsächlich von Conchilien, besonders von Helix tentaculata nähren und deswegen sich an schlammigen Stellen aufhalten, wo es viel solche Schnecken giebt. Ich treffe ihn aber gewöhnlich bei dem grünfüßigen Wasserläufer (T. Glottis) an, und sehe ihn mit diesem an seichten Stellen des Ufers, wo sich im Herbst viele Fischbrut aufhält, fischen. Auch finde ich vorzüglich nur die Ueberbleibsel kleiner Fischchen bei ihm und von zwei Individuen, welche ich erst kürzlich am 16ten October d. J. von einem Flug herabschoß und die beinahe ganz das Winterkleid angezogen hatten, hatte das eine noch 21 kleine Saamenfischchen von 1 bis 1¼ Zoll Länge im Schlund und dabei den Magen von Fischgräten voll.

gestreckt. Nach seiner Nahrung gehört dieser Vogel daher durch zu den Wasserläufern, obschon sein Schnabelbau mit jenem der Strandläufer näher übereinstimmt. Scheu finde ich denselben im Herbst durchaus nicht, und er läßt sich eben so leicht, wie Totanus Glottis beschleichen; nur konnte ich noch nicht an ihm, wie an jenem, wahrnehmen, daß, wenn von einem kleinen Flug ein oder mehrere Exemplare geschossen werden, die übrigen nicht sogleich entfliehen, sondern die Gefallenen noch einmal umschweben.

3). Tringa Temminckii und minuta habe ich, seitdem Leisler in seinen Nachträgen zu Bechsteins Naturgeschichte (im 1sten Heft, S. 60 u. fg.) beide Arten von dem Linneischen Zwergstrandläufer (Tringa pusilla) unterschied, der in Deutschland gar nicht vorkömmt, jeden Herbst angetroffen und geschossen; ich konnte aber immerhin nur junge Exemplare erhalten. An dem Rheinflusse selbst und seinen großen Altwässern fand ich sie nie, sondern an kleinen Lachen, auf übserschwemmt gewesenen Feldern, an Viehtränken, manchmal ganz nah an den Rheindörfern und zuweilen auch ein oder mehrere Stunden von jenem Flusse entfernt. Behende und ohne Scheu laufen sie hier auf dem Schlamme umher, emsig ihre Nahrung suchend, die aus kleinen Wasserinsecten und feinen Sumpfkräutern be-

stellt. Neben dieser finde ich gewöhnlich auch keine Quarzkörnchen in ihrem Magen. Beide Arten
sie beisser immer getrennt oder die T. minuta
nur mit dem Alpenstrandläufer vergesellschaftet und
Auf, fand ich einigemal beisammen; ihre Stimme
ist dabei so übereinstimmend, daß ein äusserst feines
Ohr dazu gehört, um den Zirplaut unterscheiden zu
können; dahingegen unterscheiden sie sich nach ihrem Neussern und besonders nach den plastischen
Kennzeichen sehr genau. Auch ihre mindere
Scheue kann ich bestätigen. Wenn man eine kleine Gesellschaft antrifft, so kann man sie mit einiger
Vorsicht sukcessive ganz erlegen; denn sie verlassen ihren Aufenthaltsort ungerne, und werden hier
gewöhnlich von den Schwalben, welche sie nicht
völlig verfolgen, zum alsbaldigen Einfallen gezwungen. Diesen Mangel an Furcht und Scheue bemerkte ich überhaupt an allen jungen Sumpfvögeln,
die im Norden ausgebrütet werden und bei uns zur
Herbstzeit in Gesellschaft erscheinen, z. B. an Nu-
menius feruginea, an den Wasserläufern, Alpen-
strandläufern, u. s. w. an. Bei uns ausgebrütete
Sumpfvögel, oder als Strichvögel der erwähnten
Arten im Frühjahr sind gemeinhin sehr scheu.

4) Den schwarzgefleckten Säbelschnab-
ler (Recurvirostra Avocetta); diesen seltenen
Vogel erhielt ich — am 12ten November d. J. bei

no, o Brod, Kern und Silberschnitt eingefangen —
lebendig. Er ward in einigen Tagen sehr zahm,
läuft den Stubenfliegen nach und will außer diesen
und Regenwürmern keine andere Nahrung annehmen. Selbst kleine Laubfröschchen und rohe
Fischchen verschmähe er. Seine Haltung ist wie
jene der Strandläufer, dabei ruhe er oft, wie die
Störche und Reiher, auf einem Beine. Keine der
bekannten Abbildungen finde ich mit seiner Haltung
übereinstimmend.

5) Die Schnatterente (Anas strepera L.),
welche von den neueren Ornithologen als selten angegeben ist, kömmt jährlich sowohl im Spät- als
Frühjahr und zwar in ziemlicher Anzahl zu uns;
ich kannte daher schon einige großen Sammlungen, z. B. jener des Herrn Doctor Heinrich Ru-
dolph Schinz zu Zürich und dem Hanauer Cabi-
nette, mit ausgestopften Exemplaren beiderlei Geschlechts aushelfen. Sie wird gewöhnlich paarweis
gefangen. Im Herbst 1814 blieb ein Weibchen
auf dem Entenfang zu Rintheim, eine halbe Stunde von Karlsruhe, bei den zahmen und halbwilden
Lockenten zurück, und ward bisher so zahm, daß
es dem Entenfänger das Getreidefutter unter der
Hand hinwegnimmt. Zu keiner Erscheinung suchen es
mit seinen oft eingefallenen Verwandten zu entfliehen. Man gab ihm daher im verflossenen Früh-

jahr einen am Kom. Flügel gebohnten Vatvogel, mit
welchem die Parung erfolgte, aber keine Junge
ausgebracht wurden; noch wahrscheinlich das Nest
durch das hohe Gewässer, wie viele andere Enten=
nester, zerstört worden ist. Kürzlich hatten sich beis
de 14 Tage lang verstrichen, sind nun aber wieder
angekommen und eingewöhnt.

6) Eben so erscheint jährlich die weißäugis
ge Ente (Anas leucophthalmos Borckhaus.),
von welcher im vorigen Frühjahrsstrich einmal 8
Männchen und 1 Weibchen in einem Schlagnetze
eine Stunde von Karlsruhe auf einen Zug gefan=
gen wurden.

7) Diese Ente, so wie auch die Hauben=Ente
(Anas fuligula), welche ich mehrmals und lange
lebendig hatte, verschmähen in der Gefangenschaft
die Nahrung von lebenden und todten kleinen Fisch=
chen, nehmen dahingegen alles Gewürm sehr be=
gierig auf, und fressen besonders gerne eingeweich=
tes Brod oder auch Gerste und anderes Getreide.
Ein Beweis, daß sich nicht alle Entenarten aus
jener Familie, welche eine flügelförmige Haut an
der Hinterzehe, dicken Kopf und Leib, kurzen Hals
und Schnabel haben, und dabei besonders geschickt
untertauchen, von Fischen, sondern mehr von Was=
sergewürm und Vegetabilien nähren. Die Nah=
rung von Fischen stünde ihnen zur Zeit ihres Auf=

...tes in Deutschland, im Spätherbst und Winter, wo die Fische sich ganz in der Tiefe und auf dem Grunde des Wassers aufhalten, ohnehin nur sparsam zu Gebot. Dieses könnte zum Fingerzeig bei der Fütterung in Menagerien dienen.

Die Ringelgans, Anser torquatus Frisch (Anas Bernicla Lin.) erscheint selten am Rheine. Im Jänner dieses Jahrs (1816.) wurden aber zwei Stücke bei andauernder Kälte von 8 bis 10 Graden und beständigem Nordostwinde gefangen.

(Wird fortgesetzt.)

Fischer,
Großherzoglich-Badischer Forstrath und
zweiter Secretär der Forstsocietät.

2.

Ueber

Anwendung und Einfluß der chemischen Analyse der Gewächs- und Bodenarten auf die Gewächskultur überhaupt und die Holzkultur insbesondere.

In frühern Zeiten, als die von der milbthätigen Hand der Natur freiwillig, ohne weiteres menschliche Zuthun und Beiwirken, hervorgebrachten Gewächse noch hinreichten, um die Bedürfnisse der in weit geringerer Menge vorhandenen lebendigen Geschöpfe, und vorzüglich der damals weit naturgemäßer und also bedürfnisloser lebenden Menschen zu befriedigen: überließ der Mensch, unbekümmert und sorgenlos wegen seines Unterhaltes, das Geschäft der Pflanzenkultur ausschließlich oder doch meistentheils der ununterbrachen thätigen Schöpferkraft. Als aber die Menschenzahl successiv und pro-

gressiv zunahm, die Thiere sich immer mehr vermehrten, die wirklichen oder eingebildeten Bedürfnisse des Menschen, mit der steigenden Ausbildung,
Kultur und Verfeinerung sich vervielfachten: da sah
sich der Mensch genöthigt, die Natur durch Hin-
wegräumung widriger, und Herbeiführung günstiger Umstände in ihrer regen Wirksamkeit kräftig zu
unterstützen. Diese Unterstützung der Natur, wenn
sie von bezwecktem glücklichen Erfolge seyn soll, setzt
aber unbedingt eine möglichst genaue Kenntniß der
Mittel und Wege voraus, welche sie bei ihren ge-
heimnißvollen und verborgenen Schöpfungen, namentlich bei der Erzeugung, Erhaltung und Fortpflanzung der Gewächse anwendet. — Die Wissenschaften, die vorzüglich auf diese Kenntniß führen, sind Physik, Chemie, Anatomie und
Physiologie.

Zwar hat man den praktischen Nutzen dieser
Wissenschaften, die vorzüglich in der letzten Hälfte
des vorigen Jahrhunderts die bedeutendsten Fortschritte gemacht haben, schon lange eingesehen; allein ihre Anwendung auf diejenigen Wissenschaften
und Künste, welche die zur direkten oder indirekten
Befriedigung der menschlichen Bedürfnisse dienlichen
Gewächse bezwecken, nämlich auf Land-, Forst- und
Gartenwirthschaft, blieb nur mangelhaft und un-
vollkommen, da jene Naturwissenschaften bisher

fast ausschließlich ein Eigenthum solcher Männer geblieben sind, die es sich mehr oder minder ange= legen seyn ließen, ihre Wissenschaften blos theore= tisch auszubilden und zu vervollkommnern, ohne sich um ihre Anwendung auf Gegenstände der Pra= xis sonderlich zu kümmern oder bekümmern zu kön= nen, theils, weil die Beschäftigung mit der Theo= rie einer der genannten physischen Wissenschaften allein schon mehr als Ein Menschenalter erfordert, um sich nur einiger Bekanntschaft damit rühmen zu können; theils, weil es solchen Männern mei= stens an Gelegenheit ihrer Anwendung fehlte; theils aber auch, weil sie die genannten praktischen Wis= senschaften und Beschäftigungen nicht gehörig zu schätzen wußten, oder es wohl gar (doch, hoffent= lich, zur Ehre der Menschheit, nur selten) unter ihrer Würde glaubten, denselben einige Aufmerk= samkeit und Beschäftigung zu widmen.

Doch hat man in neuern Zeiten, besonders und mit vorzüglicherm Erfolge seit dem Anfange dieses Jahrhunderts, jenen obengenannten Naturwissen= schaften, durch Anwendung derselben auf verschie= dene Zweige der Gewerbsamkeit und Industrie, so wie namentlich auf die Boden= und Gewächskul= tur, zugleich einen praktischen Nutzen zu geben ge= sucht; und zum Theil auch mit dem glücklichsten

und fruchtreichsten Erfolge *). So hat man z. B.
die Anwendung der Chemie in der Landwirthschaft
empfohlen, um durch die Zerlegung der einen oder
der andern Bodenart bestimmen zu können, welch
ches Gewächs, den Bestandtheilen des Bodens nach,
daselbst mehr oder weniger gedeihlich fortkomme.
Diese Anwendung der Chemie ist unläugbar von
der größten Wichtigkeit, und würde gleichfalls, bei
einer zweckmäßigen, ausgebreiteten und umfassenden
Anwendung, auch von dem größten Nutzen seyn.
Doch verdient die bisherige Verfahrungsart bei der
Erforschung der Bestandtheile dieses oder jenes Bos
dens, insoweit dieselbe in Bezug auf Pflanzencul
tur angestellt wurde, keineswegs den Namen einer
chemischen, sondern blos mechanischen Operation,
da sowohl die ganze, mit Unrecht sogenannte Bos
denanalyse ausschließlich mittelst eines mechanischen
Verfahrens und mechanischer Gesetze erfolgt, als
auch dieselbe sich blos auf die groben Bestandthei
le, die ich, zum Unterschiede von den chemischen
(Mischungstheilen oder Stoffen) mechanische (Ge

---

*) Dieses letztere ist vorzüglich von den in neuerer Zeis
   ten so zahlreich entstandenen, gelehrten ökonomischen
   Societäten, für die theoretische sowohl, als praktische Ausbildung der ganzen Oekonomie oder einzelner Zweige derselben geschehen.

mengetheilt) nennen möchte, eingeschenkt. Man
nimmt nämlich mittelst des Spatens oder besser
noch des eigens dazu verfertigten und eingerichteten
Erdbohrers, von demjenigen Boden, dessen Zuträg-
lichkeit für die eine oder die andere Kulturpflanze
man erforschen will, nach Maasgabe der Wurzel-
struktur der zu erziehenden Gräser, Kräuter oder
Holzarten, ½, 1, 2 bis 3 Fuß und darüber Erde
aus der Oberfläche des Bodens, thut diese in ein
hölzernes oder irdenes Gefäß, gießt eine hinreichen-
de Menge Wassers dazu, rührt diese beiden Substanzen zu einer dünnen breiartigen Masse, läßt die
irdischen Theile sich zu Boden setzen, gießt das Wasser, nachdem es wieder klar geworden ist, ab, läßt
den Bodensatz gehörig abtrocknen, zerschlägt das
Gefäß, und sieht man aus den schichtenweis *) zu
Boden gesunkenen, weniger gemengten Erden, aus
welchen Bestandtheilen der Boden besteht.

---

*) Sie folgen, nach den Gesetzen der Schwere und
   Attraktion, in folgender Ordnung: 1. Steine,
   Kies und Sand; 2. Thon, Lehm oder Letten; 3.
   Kalk; und 4. gewöhnlich als die jedesmalige Decke,
   die Dammerde, welche, aus dem vegetabilischen und
   animalischen Reich entsprungen, immer die meisten
   und assimilirtesten Nahrungsprincipien und Reizmit-
   tel der Vegetabilien enthält.

Jedoch gelangt man durch diese Methode durchaus nicht zu einer richtigen Kenntniß von der Quantität der wirklich in dem zerlegten Boden vorhandenen Dammerde (welche Kenntniß, aus dem in der Note angeführten Grunde, als Hauptzweck der Untersuchung angesehen werden muß), indem solche im Wasser löslich ist, und, ihrer volatilischen Bestandtheile wegen, mit demselben verflüchtigt. Durch ein anderes Verfahren indessen kommt man zu einer richtigern Kenntniß von dem Antheile Dammerde eines Bodens. Man nimmt nämlich zu einer solchen Zeit, wo der zu untersuchende Boden einen möglichsten Grad von Trockenheit hat, eine beliebige Quantität Erde, von einer bestimmten Tiefe an, wiegt diese, thut sie dann in einen Schmelztiegel, oder, in Ermangelung dessen, in einen guten irdenen Topf, und setzt selbigen einem heftigen Feuer aus. Nach der Natur der Dammerde werden dessen Theile durch die Hitze verflüchtigt, und die feuerbeständigen mineralischen bleiben zurück. Da jedoch zu besorgen ist, daß noch dammertige Theile mit dem erhaltenen Rückstande verbunden seyn möchten, so übergießt man diesen mit Wasser, worauf sich jene mit demselben verbinden; und beide bei einem bis zum völligen Austrocknen wiederholten Erhitzen verflüchtigt werden. Wiegt man nun die übrig gebliebene erdige Masse, so giebt die Differenz des

vorigen und jetzigen Gewichtes, wenn man etwas
für das vor dem ersten Erhitzen vorhandene Wasser in Abschlag bringt; wenigstens ungleich genauer,
als das vorherbeschriebene Verfahren, das Quantum der beigemischten Dammerde an. Doch sieht
nicht jeder, der nur einigermaaßen die ununterbrochenen Wechselwirkungen der verschiedenen Körper,
Stoffe und Kräfte in der Natur kennt, daß auch,
bei der in diesem Falle nicht abzuschneidenden Verbindung der zu untersuchenden Substanz mit der
freien Luft, das letzt angegebene Verfahren, wenn
gleich mit der größten Genauigkeit und Sorgfalt
angestellt, zu keinem ganz richtigen, untrüglichen
Resultate führt, und, wenn gleich dies der Fall
wäre, dasselbe doch durchaus nicht die chemische
Bodenanalyse ersetzte; theils, indem sehr viele Bo-
denarten wenig oder gar keine Dammerde enthalten, und doch, wie die Erfahrung lehrt, zur Ge-
wächsproduktion so vorzüglich geeignet sind — welches nämlich in den mehr gebundenen vegetabilischen Nahrungs- und Reizmitteln, die durch den
Pflanzenorganismus geschieden und abgesondert werden, so wie auch in der Fähigkeit desselben, jene
aus der Atmosphäre zu absorbiren, seinen Grund
hat —; theils, indem die Dammerde selbst, nach
ihrem verschiedenen Ursprunge und Entstehen, auch
in verschiedenes, sowohl qualitatives als quantita-

tives Verhältniß ihrer Bestandtheile hat, welches
ausserdem noch durch mancherlei andere äusserliche
Umstände und Ereignisse verändert worden seyn
kann. Dessenungeachtet ist der Nutzen dieser Operation ohne Zweifel ungleich größer, als der des
vorher angegebenen Processes, indem letzterer blos
zu einer oberflächlichen Kenntniß von den mechanisch
auf die Vegetation wirkenden, d. h. das Eindringen und Ausbreiten, also das Wachsthum der Wurzeln, mehr oder minder begünstigenden groben Bestandtheile eines Bodens führt. Der Nutzen also
dieses, auch sogenannten Probeschlämmens, ist,
wie der Einfluß der mehr oder minder starken Aus-
breitung der Wurzeln auf die Vegetation, so für
die Pflanzenkultur blos indirekt, und in Vergleich
der einen direkten Nutzen habenden chemischen Bodenanalyse, sehr unbedeutend und einflußlos.

Unter der einen direkten Nutzen für die Pflanzenkultur habenden Bodenzerlegung verstehe ich die
Erforschung der qualitativen und quantitativen Hal-
tigkeit eines Bodens vorzüglich an den weniger gebundenen, besonders in der Dammerde enthaltenen,
eigentlichen vegetabilischen Nahrungsstoffen und Reizmitteln mittels eines chemischen Processes, so wie
auch der mehr gebundenen; jedoch Letzteres nur bis
so weit, als man annehmen kann, daß dieselben
von dem Pflanzenorganismus entbunden und ge-

jahr einen an dem Holzet gewohnten Altvogel, mit
welchem die Parung erfolgte, aber keine Junge
ausgebracht wurden; weil wahrscheinlich das Nest
durch das hohe Gewässer, wie viele andere Entens
nester, zerstört worden ist. Kürzlich hatten sich beis
de 14 Tage lang verstrichen, sind nun aber wieder
angekommen und eingewöhnt.

6) Eben so erscheint jährlich die weißaugis
ge Ente (Anas leucophthalmos Borckhaus.),
von welcher im vorigen Frühjahrsstrich einmal 8
Männchen und 1 Weibchen in einem Schlagnetze
eine Stunde von Karlsruhe auf einen Zug gefans
gen wurden.

7) Diese Ente, so wie auch die Hauben-Ente
(Anas fuligula), welche ich mehrmals und lange
lebendig hatte, verschmähen in der Gefangenschaft
die Nahrung von lebenden und todten kleinen Fisch
chen, nehmen dahingegen alles Gewürm sehr be
gierig auf, und fressen besonders gerne eingeweich
tes Brod oder auch Gerste und anderes Getreide.
Ein Beweis, daß sich nicht alle Entenarten aus
jener Familie, welche eine flügelförmige Haut an
der Hinterzehe, dicken Kopf und Leib, kurzen Hals
und Schnabel haben, und dabei besonders geschickt
untertauchen, von Fischen, sondern mehr von Was
sergewürm und Vegetabilien nähren. Die Nah
rung von Fischen würde ihnen zur Zeit ihrer Aus

anhaltend in Deutschland, im Spätherbst und Winter, wo die Fische sich ganz in der Tiefe und auf dem Grunde des Wassers aufhalten, ohnehin nur sparsam zu Gebot. Dieses könnte zum Fingerzeig bei der Fütterung in Menagerien dienen.

Die **Ringelgans,** Anser torquatus Frisch (Anas Bernicla Lin.) erscheint selten am Rheine. Im Jänner dieses Jahrs (1816.) wurden aber zwei Stücke bei andauernder Kälte von 8 bis 10 Graden aus beständigem Nordostwinde gefangen.

(Wird fortgesetzt.)

Fischer,
Großherzoglich-Badischer Forstrath und
zweiter Secretär der Forstsocietät.

greſſiv zunahm, die Thiere ſich immer mehr vermehrten, die wirklichen oder eingebildeten Bedürfniſſe des Menſchen, mit der ſteigenden Ausbildung,
Kultur und Verfeinerung ſich vervielfachten: da ſah
ſich der Menſch genöthigt, die Natur durch Hin-
wegräumung widriger, und Herbeiführung günſti-
ger Umſtände in ihrer regen Wirkſamkeit kräftig zu
unterſtützen. Dieſe Unterſtützung der Natur, wenn
ſie von bezwecktem glücklichen Erfolge ſeyn ſoll, ſetzt
aber unbedingt eine möglichſt genaue Kenntniß der
Mittel und Wege voraus, welche ſie bei ihren ge-
heimnißvollen und verborgenen Schöpfungen, namentlich bei der Erzeugung, Erhaltung und Fortpflanzung der Gewächſe anwendet. — Die Wiſſenſchaften, die vorzüglich auf dieſe Kenntniß führen, ſind Phyſik, Chemie, Anatomie und
Phyſiologie.

Zwar hat man den praktiſchen Nutzen dieſer
Wiſſenſchaften, die vorzüglich in der letzten Hälfte
des vorigen Jahrhunderts die bedeutendſten Fort-
ſchritte gemacht haben, ſchon lange eingeſehen; allein ihre Anwendung auf diejenigen Wiſſenſchaften
und Künſte, welche die zur direkten oder indirekten
Befriedigung der menſchlichen Bedürfniſſe dienlichen
Gewächſe bezwecken, nämlich auf Land-, Forſt- und
Gartenwirthſchaft, blieb nur mangelhaft und un-
vollkommen, da jene Naturwiſſenſchaften bisher

fast ausschließlich ein Eigenthum solcher Männer
geblieben sind, die es sich mehr oder minder ange-
legen seyn ließen, ihre Wissenschaften blos theore-
tisch auszubilden und zu vervollkommnern, ohne
sich um ihre Anwendung auf Gegenstände der Praxis sonderlich zu kümmern oder bekümmern zu können, theils, weil die Beschäftigung mit der Theorie einer der genannten physischen Wissenschaften
allein schon mehr als Ein Menschenalter erfordert,
um sich nur einiger Bekanntschaft damit rühmen
zu können; theils, weil es solchen Männern meistens an Gelegenheit ihrer Anwendung fehlte; theils
aber auch, weil sie die genannten praktischen Wiß-
senschaften und Beschäftigungen nicht gehörig zu
schätzen wußten, oder es wohl gar (doch, hoffentlich, zur Ehre der Menschheit, nur selten) unter
ihrer Würde glaubten, denselben einige Aufmerksamkeit und Beschäftigung zu widmen.

Doch hat man in neuern Zeiten, besonders und
mit vorzüglicherm Erfolge seit dem Anfange dieses
Jahrhunderts, jenen obengenannten Naturwissenschaften, durch Anwendung derselben auf verschiedene Zweige der Gewerbsamkeit und Industrie, so
wie namentlich auf die Boden- und Gewächskultur, zugleich einen praktischen Nutzen zu geben gesucht; und zum Theil auch mit dem glücklichsten

und fruchtreichsten Erfolge *). So hat man z. B.
die Anwendung der Chemie in der Landwirthschaft
empfohlen, um durch die Zerlegung der einen oder
der andern Bodenart bestimmen zu können, welches Gewächs, den Bestandtheilen des Bodens nach,
daselbst mehr oder weniger gedeihlich fortkomme.
Diese Anwendung der Chemie ist unläugbar von
der größten Wichtigkeit, und würde gleichfalls, bei
einer zweckmäßigen, ausgebreiteten und umfassenden
Anwendung, auch von dem größten Nutzen seyn.
Doch verdient die bisherige Verfahrungsart, bei der
Erforschung der Bestandtheile dieses oder jenes Bodens, insoweit dieselbe in Bezug auf Pflanzenbau
nur angestellt wurde, keineswegs den Namen einer
chemischen, sondern blos mechanischen Operation,
da sowohl die ganze, mit Unrecht sogenannte Bodenanalyse ausschließlich mittelst eines mechanischen
Verfahrens und mechanischer Gesetze erfolgt, als
auch dieselbe sich blos auf die groben Bestandtheile, die ich, zum Unterschiede von den chemischen
(Mischungstheilen, oder Stoffen) mechanische (Ge-

---

*) Dieses letztere ist vorzüglich von den in neuern Zei-
ten so zahlreich entstandenen, gelehrten ökonomischen
Societäten, für die theoretische sowohl, als praktische Ausbildung der ganzen Oekonomie oder einzelner Zweige derselben geschehen.

logie oder Geognosie lehrt uns, daß die Bildung
der jetzigen Erdoberfläche nicht durch Zufall und
Ungefähr, sondern nach gewissen chemischen, dyna-
mischen und zum Theil auch mechanischen Gesetzen erfolgte, und daß die verschiedenen Gebirgs-
und Erdarten nicht allein nach bestimmten Regeln
auf und nach einander folgen und abwechseln, sondern daß auch die Mengungs- (Vereinigungs-)
und Mischungs- (Verbindungs-) Theile unter ver-
chen Umständen und Verhältnissen präcipitirter und
formirter Gebirgs- oder Erdarten sowohl an Qualität und Quantität, als in dem Grade der Vereinigung und Verbindung der konstituirenden Bestandtheile und der davon abhängenden Eigenschaften, wenigstens in so weit, als solche in praktisch-
ökonomischer Hinsicht in Betrachtung gezogen zu
werden verdienen, übereinstimmen. Es fällt also
der einzige erhebliche Vorwurf, den man der praktischen Anwendbarkeit des obigen Vorschlages machen könnte: „Es sey theils mit zu vielem Zeit-
und Müheaufwande verknüpft, den Boden eines
jedesmaligen kleinern oder größern, mit irgend einer Gewächsart zu kultivirenden Grundstückes zuvor erst chemisch zu untersuchen, theils besitze nicht
jeder, dem die Gewächskultur obliegt, sondern nur
ein sehr geringer Theil die erforderlichen chemischen
Kenntnisse", ganz weg, da nicht jeder Boden, son-

~~der mineralische Boden oder Gebirgsart nach dem Verhältniß ihrer Bestandtheile chemisch zu untersu~~chen, und da nicht von dem Kultivateur, sondern von einem geschickten Chemiker ex professo diese Untersuchung ~~und Bestimmung~~ anzustellen und zu machen. ~~Es bleibt demnach~~ dem Kultivateur nichts anders übrig, als nach einigen erworbenen oberflächlichen geognostischen Kenntnissen zu beurtheilen, zu welcher Gebirgs oder Erdart der zu kultivirende Boden gehöre, und das Zufällige und Eigenthümliche desselben, nämlich das Quantum der enthaltenen Dammerde durch das angegebene Verflüchtigen derselben durch Erhitzung, oder, wie gesagt, besser und richtiger, durch eine eigentliche chemische Untersuchung, wodurch man nicht nur eine genaue Kenntniß von seiner Qualität, sondern auch von seiner Quantität erhält, zu erforschen.

3. Die Anwendung der chemischen Analyse auf Boden und Gewächskultur wird in den bisherigen Land, Forst und Gartenwirthschaftssystemen große Revolutionen und Reformen herbeiführen, so vielen leeren Dunst, der natürliche Folge ist, wenn man die Natur nicht aus der Natur, sondern nach seinen Ideen, oberflächlichen Ansichten und Vorurtheilen schafft, aus denselben verscheuchen, und in Kurzem zu einem wahren, auf Natur und Erfahrung — den mittel oder unmittelbaren Basen, den

Urquellen aller Kenntnisse und Wissenschaften — gegründeten ökonomischen Wirthschaftssysteme füh=
ren.

R. A. Binge,
der Forstwissenschaft Bell.

II.

Forstwissenschaftliche

Gegenstände.

Patriotische Wünsche, veranlaßt durch die Ansichten des Forstwesens in Ungarn.

Noch früher, als sich die Stimme eines wackern Mannes über das Forstwesen in Oesterreichs Staaten erhob (Vat. Blätt. 1815. Nr. 15.) gieng ich mit einer flüchtigen Uebersicht das Forstwesen in Ungarn betreffend um, und mit doppeltem Vergnügen will ich diesen angesponnenen Faden fortführen, da ich dadurch zum Theil Ihren Aufforderungen zu entsprechen glaube. Ich werde Ihnen, wenn gleich nicht im Zusammenhange, allgemeine Ansichten über dieses im Auslande so hoch gepriesene Land geben, und mich bei Gegenständen länger aufhalten, die vorzüglich Bezug auf das Waldwesen haben. Betrachten Sie die Früchte meiner Beobachtungen nur als reine patriotische Wünsche, die des Wohles unserer Generation wegen, wenn nicht ganz, wenigstens zum Theil in Erfüllung kommen sollten.

———————

Die Ansicht, daß Ungarn ein holzreiches Land sey, unterliegt keinem Zweifel, wenn man die untere oder niedere Gegenden von Pest bis Debrezin, und rechts hinunter bis Peterwardein so wie links herab bis an die Kraschowaer Bergwerke ausnimmt, die gar keine Waldungen haben. Was diesen abgeht, das scheint die Mutter Natur in den Gegenden, die sich von Preßburg angefangen durch die Gespannschaften Neutra, Trentschin, Thurocz, Zolyom, Liptav, Szepes, Scharosch, Abauyvar, Ungoar, Beregh, u. s. w. ziehen, in doppelter Fülle abgesetzt zu haben, denn diese Provinzen sind es, die bis jetzt vor keinem relativen Mangel zittern, seit Jahrtausenden im Besitze der schönsten Waldungen stehen, aber dabei nicht denken: ob ihnen diese Wohlthat noch lange zu Theil werden wird. Es scheint im menschlichen Wesen gegründet zu seyn, daß man beym Ueberfluße irdischer Güter die Zukunft wenig oder gar nicht berücksichtiget, und so ist es auch mit der Benutzung des Holzes. Gegenden, die nebst den schönsten Laub- und Nadelholzwaldungen eine Menge Steinkohlen enthalten, fahren fort, letztere zu verachten, und sich der erstern zu bedienen, wohl wissend, daß ihnen der Genuß der, über ihren Köpfen hängenden, Waldungen viel leichter zu stehen komme, als die etwas mühsamere Gewinnung der Steinkohlen. Allein bei Zeitpunkt ist nicht mehr ferne, wo man auch zu diesem von der Natur wohl berechneten Holzersatz gierig greifen wird.

So sehr nun Ungarn, dem größten Theile nach, ein waldreiches Land ist, in welchem Tannen *),

---

*) Das Nadelholz, zu dem ich im Trentschiner, Lips tauer, Thurozer, Arver, Sohler, Zipser ꝛc. ꝛc. Ko mitate auch die Kiefer oder Föhre (pinus sylvestris), den Lerchenbaum (pinus larix), den Taxbaum (taxus baccata), die kleine Alpen kiefer (pinus montana) rechne, kommt in größerer Menge in den kältern obern Theilen von Ungarn vor. Schon im Neograder Komitate, welches von der Karpathengallerie dem Durchschnitte nach kaum 15 — 16 Meilen entfernt liegt, ist jede Gattung des Nadelholzes verschwunden, und nur als Selten heit in den englischen Anlagen eines Barons von Pronay zu Aesa an der Gränze des Pester Ko mitates, so wie in Podrecsan einige Fichten und Tannenbäume zu sehen. (Man vgl. mineral. Bem. auf einer Sommerreise im J. 1810. Hesp. Jahrg. 1811). Die Eiche scheint sich in jenen Gegenden mehr verbreitet zu haben, die durch ihre Lage gegen

Fichten, Buchen, Eichen, Birken in der üppigsten
Fülle wachsen, so kann man wohl mit Rechte sagen, daß es kaum ein halbes Jahrhundert sey, seitdem man Anstalten errichtete, aus denen Männer
hervorgehen, die über die bessere Forstkultur und
Forstwirthschaft wachen sollen *).

Morgen den Wachsthum befördern, darum ist sie
häufig im Beregher, Borschoder, Abaurarer K. im
Bakonyer Wald, mit Recht von einem fleißigen,
vaterländischen Botaniker Ungarns *Hercynia* genannt — anzutreffen.

d. Verf.

*) Sollte man wohl glauben, daß troß der Forstord-
nung, welche die große Maria Theresia 1773.
publiziren ließ, für diese wohlthätige Einführung
nichts geschah. Man führte sie an einigen Orten
ein, an den meisten nicht, am allerwenigsten da,
wo mehrere Grundherren an dem Besiße eines Waldes Antheile hatten. Das wenige Gute, das bei
Lebzeiten dieser Monarchin, für das Wohl der Forste
entstand, gieng leider bald wieder mit Ihr zu Grabe. Die Rivalisirungen zwischen Grund-, Kamme-
ral- und Stadtherrschaft, die zum Nachtheil der
Waldungen noch immer Statt finden, nahmen schon
damals bedeutend zu. Der alte Schlendrian schlich
sich wieder ein. Man haußte und ließ haußen, wie
man wollte und konnte, und blieb bei dem verderb-

Man begreift nicht, wie es möglich sey, daß in einem Zeitalter, wie das unsrige ist, viel Verwüstungen der Wälder, die theils durch Waldmühlen, theils durch Unkunde der Forstwirtschaft entstanden sind, und noch... entstehen, schon... keine Veranlassung gegeben haben, diesen... scharfe Grenzen zu setzen *).

...lichen Grundsatze, daß die Waldungen Wildnisse wären, in denen man seinen Frevel nach Willkühr aus- üben könne.

Der Verf.

*) Dieser Gegenstand ist zwar mit vielen pro- und contra-Gründen am Landtage 1802. zur Sprache gekommen, aber die häufigen Mitbesitzungen der Waldungen hatten zur Folge, daß man sich darüber nicht vergleichen konnte, und die Sache blieb beim Alten. Auch der 57. Artikel des 1791 gehaltenen Landtags enthält eine nachdrückliche Schonung der Forste, und verbietet auf das schärfste den Unfug, im Prozesse stehende Wälder muthwillig und auf Rechnung des zu verlierenden Prozesses zu ver- wüsten. Verf. dieses ist Augenzeuge gewesen, wie hart eine arme ungarisch adelige Familie eine Wald- strecke von mehreren Jochen mitgenommen hatte, bloß aus dem Motiv, daß sie wenigstens so lange die Waldung benutzen wolle, als der Prozeß dauere. Da wurde aber ohne alle Schonung und Barmher-

Ehe ich zu den Anstalten übergehe, die seit einem halben Jahrhundert bestehen und der Welt solche Männer geben sollen, denen das Wohl der Forste am Herzen liegt, will ich kürzlich die Uebel berühren, die unsere Waldungen im hohen Grade treffen. Diese sind nothwendig und nicht nothwendig. Unter die nothwendigen rechne ich den seit so vielen Jahrhunderten in Ungarn bestehenden

1. Bergbau. Es ist Jedem bekannt, wie holzfressend jeder Bau an und für sich sey, und wie ersprießlich seine Folgen dennoch in jeder Hinsicht für den Staat sind, und seyn müssen, wenn ihn kluge, einsichtsvolle Leitung unterstützt. Ich bin ganz der Meinung, daß ein Staat ohne mittelbaren oder unmittelbaren Bergbau (wenn er sonst existiren kann) ein armer Staat sey, bin also weit

---

zigkeit gewirthschaftet. Das neueste Gesetz, welches 1807 am Landtage sanctionirt wurde, soll dem Eigensinn und der Verschwendung mancher Wald-Compossessoren, und der Wälderverwüstung überhaupt kräftig und bestimmt vorbeugen. Mag indessen die Auseinandersetzung ein Anderer über sich nehmen, und die Frage: in wie ferne hat man diesem Gesetze schuldigen Gehorsam geleistet? — beantworten.

Der Verf.

entfernt, eine Hypothese aufzustellen, die vielleicht
zu gar keinen Resultaten führen würde, nur so viel
will ich behaupten, daß man auf Rechnung eines
Bergbaues fast immer die nothwendige Holzerforderniß übersteige, und schlechter, ge-
wissensloser mit den Forsten wirthschafte, weil die
Schuld, Niemand sonst, als der Bergbau tragen
muß. Ich spreche aus Erfahrung, die ich zur Noth
mit Belegen gründen könnte, und beseitige jene ungeheure Menge Stempelholzes, die nur ein Gru-
benbau benöthiget. Dieser darf nach bekannten
Ansichten noch obendrein von übeln Wettern bela-
stet seyn, so ist der Bedarf des Stempelholzes, wozu dünne Tannenstämme genommen werden, in einem Jahre 5 auch 6mal größer, als er bei guten
Wettern nicht gewesen wäre. Indessen sey dieser
Bedarf noch so groß, er muß bestritten werden,
weil der Bergbau seine Erhaltung fordert, und da
diese nicht immer mit dem nöthigen jungen Stamm-
holze bewerkt werden kann, so siehe man sich gezwungen, dickere Stämme in zwei oder drei Theile
zu spalten, und sich derer zu bedienen. Allein diese
Wirthschaft ist temporär. Wie groß dieser Bedarf
an Stempelholz jährlich sey, übersteigt bei einer
einzigen Handlung *) jeden Begriff, und doch

---

*) Handlung (der Berghandel) nennt man in Ungarn

Wie es Niemanden eingefallen, die ungeheuern, abgetriebenen Waldstrecken mit neuem Anfluge für die Zukunft zu sichern *). Alles benutzt die Gegenwart, ohne die Zukunft in Anspruch zu nehmen. Schon bei diesem Gedanken muß man zittern, und

---

wenige Wohnungen der gemeinen Bergleute (Bergknappen), Eisenschmiede und Schmelzer, Holzschläger und Köhler, die in königlicher Arbeit stehen, keiner andern, als der Jurisdiction des königlichen Bergerichtes unterliegen, von der Kopfsteuer und allen Frohndienstenbindlichkeiten, wie auch sonstigen Abgabenentrichtungen frey sind, dabey einige Brantengebäude, Werksgebäude, als: Schmieden, Hütten, Pochwerke, eine oder mehrere Schenken ꝛc. ꝛc.

*) Selbst in der Maximilianischen Bergordnung wird diese Pflicht übergangen, denn es heißt: „die Wälder und Schläge soll man hinführan also hinlassen, „daß einer Gesellschaft auf einmal nicht mehr dann „ein Schlag verliehen werde, den soll sie vom obersten bis zum untersten groß und klein schlagen „und verarbeiten, wie es dann dem Bergwerk ungefährlich kommen mag. So dann derselbe Schlag „aufgearbeitet ist, mag dieselbe Gesellschaft einen „andern empfahen, darinn aber der Bergmeister, oder Bergrichter, wie es die Arbeit und Noth „dürft erfordert, wohlbedacht seyn solle." (Neue Bergordn. des K. Ungarn ꝛc. ꝛc. publ. von Jhro K. K. Maj. Maximil. dem Andern. Anno 1560.)

die liebe Natur bewundern, daß sie mit solcher Fülle
diese Gegenden bedacht hat. Man muß aber

2. auch den großen Bedarf der Vollsch
tigen, der in den verschiedenen Holzgattungen liegt,
und wozu man Bretter, Latten, Schindeln und
verschiedenes Bauholz rechnet. Nicht unrichtig ist
diese Rubrik — aber auch nicht so fühlbar wäre sie,
wenn sie bei ihrer Nothwendigkeit auch mit Schonung des Ueberflüßigen und bei wohlberechneter
Wirthschaft bestritten würde. Bedenkt man, welche ungeheure Summe der Bedarf der Brettergat-
tungen, und vorzüglich jener bei Dachbedeckungen,
der Schindeln nämlich, verursache, erwägt man,
daß letztere in einem Jahre bei den niederungarischen Bergwerken die Summe von einer Million
weit übersteigt *), so findet man den, bis jetzt so

---

*) Vielleicht könnte sich hier die Frage von sich selbst
  aufwerfen: daß man nicht alle Jahre diese Summe
  von Schindeln brauche? Allerdings doch nur in
  diese Zahl hat ja ein einziges Bergschaftsamt jähr-
  nommen, wo ist der Bedarf der übrigen — wo jene Summe, die den Wucherern Gelegenheit giebt,
  den ärmern Bewohnern an der Donau oder Theiß
  das Geld auszupressen. Und gesetzt: der jährliche
  Verbrauch von diesem Materiale stiege bis zur Million, was spricht mehr für seiner Erzeugung für Holz

ſelten zur Sprache gekommenen Wunſch, wenn nur
zum Theil die häufigen Hüttenwerke mit Ziegeln,
oder von Eiſen gegoſſenen Schindeln zu decken —
ganz natürlich und wünſchenswerth. Freilich dürfte
Mancher über dieſe und mehrere Vorſchläge lächeln
und ſagen: die Ziegeldeckung erfordere größere Auslagen, und führe nicht ſobald zum Ziele. Beides
kann man ſich aber, wie man will, erklären. In
einem Lande, wie Ungarn, das an keine andere,
als Schindel-, Stroh- und Rohrbedeckung der
Häuſer gewohnt iſt, wird eine Ziegelbedeckung ganz
natürlich viele Beſchwerden und Hinderniſſe finden.
Man darf dieſe nur beſeitigen, man darf nur mit
einem Beiſpiele vorgehen, oder es zum Geſetze machen, daß man mit Ziegeln oder Schiefer (wovon
eine ſo große Menge in Ungarn vorhanden iſt) die
Dächer zu decken habe, und bald wird man den
großen Gewinn wahrnehmen, der durch dieſe einzige Einſchränkung dem Wohlſtande eines Landes
zufließen würde. In Peſt, in deſſen äußerſten
Vorſtädten die Armuth mit Torfkuchen, aus Vieh-
dünger geformt und an der Sonne getrocknet, kocht *)

verloren, da man bekanntlich das geradeſte, geſun-
deſte und beſte Holz dazu nimmt!

*) Nicht nur in Peſt, ſondern in ganzen Geſpann-
ſchaften wird der Mangel des Brennholzes durch

und heißt, stehen mehrere ansehnliche Gebäude, z. B.
das neue Theater, mehrere Kirchen, die mit dem
Vischnoer Schiefer gedeckt sind. Warum könnte
dies eine ganze Stadt nicht unternehmen? Warum
könnte diese Einführung nicht überall Statt finden?
Zu Ziegelbrennereyen müssen aber die häufigen Steinkohlen, und nicht das mit jedem Tage sparsamer
werdende Brennholz genommen werden, wie dies
auf der gräflich Wrbna'schen Herrschaft zu Horzo-
vitz in Böhmen, so wie bei der Schwoschowitzer
Schwefelschmelzhütte bei Krakau mit glücklichem Er-

---

künstliches aus Rindviehmist verfertigtes Brennma-
teriale (Ganai und ungrisches Holz genannt) ersetzt.
Der Mist wird nämlich im Junius und August oder
auch früher mit kurzem Rittstroh vermengt mit den
Füßen auf der Erde durchgeknetet, und zu einem
großen Fladen getreten, der so lange die Masse weich
ist, in viereckige Ziegelform geschnitten, und so getrocknet wird. Getrocknet werden sie wie das Klafterholz aufgeklaftert, und an einem trockenen Orte
zum Gebrauche aufbewahrt. Mit kleiner Flamme
glimmt es, wie die Oelkuchen, langsam fort, giebt
aber mehr und gleichere Hitze, als das Holz. Der
Geruch ist nicht ärger, als der beim Torfbrennen.
Bei diesem Feuer kocht der ungarische Bauer Jahr
aus Jahr ein seine Speisen — ohne sich über das
Mittel, das ihm sie gekochter giebt, zu alteriren.
(Hesp. 1814. 4. Heft.)

folge geschieht. So ein Werk unternommen, müß=
te sich lohnen, da die Hauptrubrik, das Ausbren=
nen der Ziegel, mit nicht großen Auslagen bestrit=
ten würde. Und daß die Natur auch Ungarn mit
ungeheuern Steinkohlenflözen bedacht hat, bezeugen
mehrere in Benutzung stehende Werke. Hat man
doch am Brennberge bei Oedenburg, dem
wichtigsten im Betriebe stehenden ungarischen Stein=
kohlenbergwerke, in den Jahren 1802 bis 1805 bei
525,435 Cent. Steinkohlen gewonnen, die alle in
die österreichischen Fabriken geliefert worden sind *).
Können diese eine so ungeheure Summe von Brenn=
material mit Nutzen verwenden, um so mehr sollte
man sich bemühen, diesem Beispiele, das uns die
Oesterreicher, Böhmen, Mährer und Schlesier auf=
stellen — zu folgen.

Und gesetzt — die Deckung der Dächer mit Zie=
geln und Schiefer käme für die Gegenwart, wo
ein Ziegeldach natürlich ein Schindeldach im Preiße
überwiegt, wirklich theurer zu stehen, als jene mit
Schindeln, so glaube ich, daß wir berechtigt sind,
der Nachwelt das Opfer zu bringen, und durch die

---

*) Der dem dortigen Stadtkammeramte abgeführte
kontraktmäßige Zins von diesen Steinkohlen (1 2/3
Kr. vom Ctnr.) betrug 5000 fl.

allgemeine Einführung von Ziegeldächern die Waldungen zu schonen. Es ist eine erwiesene Sache,
daß jener Oeconom schlecht calculirt, der dann zu
wirthschaften anfängt, wenn der Stoff, den er bis
jetzt benutzte — aufzuhören droht, wenn sein Vorrath — ausgeht. Und gerade so verhält es sich
mit den ungarischen Waldungen. Solange der
Bauer in herrschaftlichen oder Kammeralforsten Holz
findet, das seine Gewinnsucht reizt, solange wird
er fortfahren, bei Nacht und Nebel den Waldfrevel, auf Rechnung seiner armen Mitbrüder, auszuüben, ohne zu achten, daß ihn für sein Vergehen eine Strafe erwarte, obschon ihm diese nur
selten zu Theil wird, weil der Waldhüter gewöhnlich ein Idiot, oder ein dummer, roher Bauer ist,
der zu diesem Dienste, wie die blinde Henne zum
Diamanten, gelangt, und nur zu oft mit dem Frevler im Trüben fischet. Solange die Forste nicht
lichte aussehen, solange ists Zeit, sie zu schonen,
und daran zu denken, auf welche Art man den
Holzbedarf ersetzen könne.

Man giebt das jährliche Holz-Consumo von
den niederungarischen Bergstädten viel zu gering
auf 500,000 Kubikklafter an, wenn man die ausgedehnten Eisenwerksmanipulationen zu Rohniß,
Scharnowiß, Neusohl u. s. w. die häufigen
Kohlbrennereien, den lebhaften Handel mit verschie

denen Brettern und Holzgattungen nach den holz=
armen Gegenden berechnet. Nimmt man die uner=
meßlichen Strecken an, die durch Windwürfe, und
den schädlichen Borkenkäfer lichte gemacht werden,
so kann man leicht annehmen, daß in diesem einzi=
gen Bezirke eine Million Klafter Holzes aufgeht.
Ich habe mich in einer der holzreichsten Revieren
des Liptauer Komitates überzeugt, wie Tausende
der stärksten, gesundesten Stämme dahin gestreckt
lagen, ohne daß sie durch Menschenhände wenig=
stens geschält, zu bessern Zwecken verwendet wor=
den wären. Als Opfer unbeschreiblicher Orkane
fielen sie, diese ungeheuern Massen, um — zu ver=
faulen.

In andern Gegenden würde man mit vieler
Bereitwilligkeit recht gerne den Umstand beseitiget
haben, daß dieses Meer von Bäumen in hohen,
unzugänglichen Gebirgen, jede Benutzung unmöglich
mache. Wie ganz anders verfährt man auf der
königl. Kammeralherrschaft Hradek im Liptauer
Komitate. Diese besitzt einen Waldkörper von 75,000
Joch, der in 100 Schläge eingetheilt ist. Darinn
werden jährlich im Durchschnitte 30,000 Stücke
Flößholz, und 35 — 40,000 Klötze abgestockt, wor=
aus 300,000 Pfosten und Bretter erzeugt werden.
Ueberhaupt ist der Reichthum und Ertrag an Wal=
dungen dort so groß, daß nicht nur das zum ein=

heimischen Bedarfe nöthige Bau = und Zeugholz vor=
handen, sondern auch zu jenen Fabriken *), die
nothwendig Holz brauchen, zureichend und in sol=
cher Menge da ist, daß die jährliche Sektion, troß
der großen Summe, die an Klößen abgestockt wird
— kaum abgetrieben werden kann. Durch wohl=
angebrachte Wasserriesen wird das Holz vom höhe=
ren Gebirge in die niedere Gegend, und an der
Waag weiter bis Hradek herabgetriftet. Die
schönste Ordnung, Vorsicht und Indüstrie herrscht
allenthalben, und mit Vergnügen stimmt man in
das allgemeine Lob ein, welches dieser Herrschaft
durch Kenner ertheilt wird.

In diesen zwei Punkten gründen und vereinigen
sich die nothwendigen Uebel, die die ungarischen

---

*) Zu Hradek im Liptauer Kom. besteht seit mehre=
ren Jahren eine Feuergewehrfabrik. Sie ist
in 4 große, abgesonderte Gebäude eingetheilt. In
jedem Werke sieht man 2 Streck= und 2 Schweiß=
hämmer, 4 Bohrmaschinen, 2 Zugbänke nebst 2
Schleifverrichtungen, und erzeugt im Durchschnitte
24,000 St. Feuerröhre, die die k. k. Feuergewehr=
Oberdirektion in Wien empfängt. Die Tormenti=
rung (Beschießung) geschieht mit 36gradigem Pul=
ver und doppelter Ladung, welche aus 1 1/4 Loth
Pulver und einer 1 1/2 löthigen Kugel besteht. (S.
Hesperus 1814. Heft XI.).

Waldungen so sehr treffen. Ich gehe zu den minder
nothwendigen über, und in die Zahl dieser rechne ich

I. die übertriebene Menge der vorhandenen Schröte oder Ufereinfassun-
gen, die nicht nur viel Holz erfordern, sondern
auch dem Zwecke, zu dem sie erbaut werden, nicht
ganz entsprechen. Man nimmt dazu entweder Tannen, oder seltener Eichenholz, und kann den großen
Bedarf leicht berechnen, wenn man erwägt, daß
fast bei jedem Bache, fast bei jeder seitwärts gelegenen Manipulation, sey es ein Hammer, eine
Papier- oder Mahlmühle, ein Eisenwerk oder Drath-
mühle, diese Einfassung Statt findet, und daß ihre
Aufrechthaltung ein großes Holzerforderniß nothwendig mache. Schon ihre kurze Dauer sollte uns
aufmuntern, auf andere Mittel zu sinnen, die dem
Ganzen mit mehr Erfolg entsprächen *). Das

*) In Böhmen, wo man mit dem Holze sparsamer
umzugehen versteht, sieht man Dämme, die auf die
einfachste Art zusammengesetzt sind. In einer mäßigen Entfernung stehen in den reißenden Bergwässern
Biali und Csiarni Dunajec, in der Raaba
2c. 2c. hölzerne Böcke, die mit Queerlatten befestigt
sind, und in den Zwischenräumen verschiedenes Reisig von Tannen- und Birkenholz enthalten. Diese

Tannenholz ist kaum einige Jahre im Stande, der
Witterung und der Näße zu trotzen, es verfault
und erfordert, wenn nicht eine gleiche Stämmezahl,
doch immer eine nicht geringe Anzahl, die im Ganzen genommen zur großen Rubrik anwächst. Daß
zu dieser kurzen Dauer Vieles — oft Alles, auch
die Vorsteher beitragen, ist entschieden, wenn bei
plötzlichen Ueberschwemmungen und Mangel an Holz-
vorrath die benöthigenden Hölzer abgestockt werden.
Beseitigt ist dann die Regel: wann die beste
Zeit des Holzfällens sey? — man fällt es,
weil man es braucht, sey es im Herbste, im Frühjahre oder im Sommer — der geduldige Forst muß
herhalten, würde sich, wenn er mit Aesops Zeiten
personifizirt da stände, ganz gewiß wehren, und
diesen voreilig ungerechten Raub auf keine Weise
gestatten. Man weiß doch wohl, daß der Baum,
wenn er während seiner Saftzirkulation gefällt wird,
weit mehr zur Fäulniß geneigt sey, folglich weniger
länger dauert, als wenn dies in den Wintermona-
ten geschehen kann.

---

werden so lange und so hoch in die Distanzen der
Böcke hineingeschlagen, bis das Wasser gedämmt,
— den gewünschten Weg oder Lauf annimmt. Welche ungeheure Zahl an Holzstämmen erspart diese einfache Methode!

Ich kenne bedeutende Strecken an den Ufern
einiger Wässer, wo die Stämme vier= auch fünf=
fach übereinander gelegt, und im leeren Raume,
den sie bilden, mit Steinen ausgefüllt, den wei=
tern Verheerungen der Fluthen Gränzen setzen sol=
len — muß aber mit Wehmuth erinnern, daß die=
se kostspielige Vorkehrungsmittel von keiner langen
Dauer sind, noch waren. Fast jährlich stellen sich
mehr oder weniger verheerende Ueberschwemmungen
ein — wie bald rauben diese ähnliche Vorrichtun=
gen. Was thaten nicht die schrecklichen Verwüstun=
gen im Jahre 1813? Nur in einer Strecke von
7 Meilen mußten wenigstens 10 Brücken, jede von
15 — 20 Klafter Breite, diesen Verheerungen
folgen.

Aus folgender Rechnung ist die kostspielige Her=
stellung einer solchen Ufereinfassung oder Schrotes
zu ersehen.

Einen Stamm von 5 Klafter Länge setze ich
mit — — — — 3 fl. an.
Das Behacken durch Zimmerleute — 30 Kr.
Die Zufuhr für den Zoll à 10 Kr.
macht bei 9 Zoll oder 5Klaftri=
Stamm — — — 1 50
_____
S. 5 — 20 —

Die Länge von 5 Klaftern Einfaß

fang erfordert eine Höhe von 5 übereinander gelegten Stämmen. Diese machen nach Abzug der 5 fl. 20 kr. als dem Betrag eines Stammes — — 21 fl. 20 kr.

Das Ganze also 26 — 40 —
Hierher sind die Steinfuhren zu rechnen, womit der Raum ausgefüllt wird, eine Fuhre — — — 24 —
Der Arbeiter, der die Steine in die Schröte führt täglich — — — 24 —
Zu 5 Klaftern 50 Steinfuhren *) 20 — — —

S. 47 — 28 —

Gesetzt nun, die Strecke betrüge 500 Klafter, so würde ihre Einfassung, oder nach dem Sprachgebrauch ihr Schrött, nach obiger Berechnung

---

*) Scheint zu hoch angesetzt zu seyn. Verf. dieses hat sich aber sehr oft von dem Unfuge überzeugt, der auf Rechnung des guten Königs auch hier geschieht, indem der schmale aus zwei Seitenbrettern bestehende Wagen kaum 9 Stück faßt, und doch für eine Fuhre gilt. Der Betrug der Bauern geht so weit, daß sie auch davon 1 oder 2 Steine wegwerfen, um nur recht viele Fuhren zu haben, die ihnen alle mit 24 kr. bezahlt werden.

4746 fl. 40 kr. kosten, und ohne Reparatur längstens 6 Jahre dauern. Nach Verlauf dieser Zeit
ist dieselbe Auslage, wenn nicht ganz, wenigstens
zur Hälfte zu befürchten. Binnen 6 Jahren verursacht diese Strecke eine Auslage von 7120 fl., in
12 Jahren vielleicht das Doppelte also 14,240 fl.
Könnte demnach mit dieser Summe nicht eine zweck-
mäßigere, dauerhaftere Einfassung zu Stande gebracht werden? Sollte ein angemessenes Honorar
nicht die Auffindung eines Trasses zur Folge haben, der nach der Versicherung des kenntnißvollen
k. k. Artillerie-Obristen Hrn. v. Tihavsky zu So-
mós im Zempliner Komitate, und nach der gefäl-
ligen Mittheilung des Hrn. v. Ruhedorf im Ba-
nate in Menge zu finden ist? Letzterer hatte als
Kanzley-Direktor des k. k. banatischen General-
Kommandos mehrere Centner dieses Trasses nebst
einer umständlichen Beschreibung seines Vorkommens
und seiner Verwendung bei Wassergebäuden seiner
Hofstelle nach Wien gesendet, damit diese Entdeckung kommissionell untersucht, und zu dem Zwecke
benutzt werden möge, zu welchem die Holländer
dieses vulkanische Produkt mit so vieler Geldspar-
niß und so manchem Vortheil wirklich verwenden.

Käme seine Anwendung auch in unserem lieben
Vaterlande zu Stande, welche ungeheuren Geldsum-
men blieben dem Staate zurück, die die vielen

Waſſergebäude, Waſſerleitungen, Ufer
einfaſſungen nothwendig verurſachen. Man
denke ſich z. B. nur eine Waſſerleitung von 23,000
Klafter Länge, die vom Berge Praſchiwa bis
Herrengrund führt und das Aufſchlagwaſſer
zur Premsmaſchine enthält, die, ſo einfach als ſie
jetzt iſt, binnen 24 Stunden aus einer 100klaftrigen
Teufe 6000 Eimer Wäſſer hebt. Dieſe Waſſerlei
tung beſteht aus breiten Rinnen, worin das Waſ
ſer ſeiner Beſtimmung zueilt. Jede Rinne kann
nur aus einem wenigſtens 15 Zoll im Durchmeſſer
breiten Stamme gehauen werden, und da ihre Län
ge etwas über 2 Klafter beträgt, ſo erforderte dieſe
Rinnlegung bei ihrer Entſtehung 11,000 Stämme,
und ihre jährliche Ausbeſſerung wenigſtens 100
Rinnen, folglich eben ſo viele Bäume. —

Wenn nun dieſe und alle andere Waſſerleitun
gen, die mehrere Meilen lang ſind (in Kremniz
wird das Waſſer durch eine 10 Meilen lange Lei
tung erzielt), gemauert würden, wenn man ſich
dabei des Traſſes bedienen *) wollte, welch großer

---

*) Ueber die Art, den Traß zu benutzen, enthält
nachſtehendes Werk ſchätzbare, beherzigende Beiträge.
Es führt den Titel: Sammlung von Verſuchen über
die Eigenſchaften und Zubereitung der verſchiedenen

Vortheil entspränge hieraus für die Zukunft, wel=
che Ersparniß für unsere Forste, wenn ihnen mit
jedem Jahre so viel tausend Stämme blieben? Ich
kann mich unmöglich des patriotischen Wunsches
enthalten, daß es ja recht bald unserer weisen Re=
gierung gefallen möge, diese Fingerzeige einer hö=
hern Ordnung um so mehr thätig zu benutzen, an=
zuwenden, und mit allem Nachdruck zu betreiben,
als sie zur augenscheinlichen Schonung unserer wirk=
lich in Abnahme stehenden Forste bestimmt zu seyn
scheinen.

Zu den weniger nothwendigen Uebeln, die unse=
ren Waldungen mit dem Ruin drohen, gehört auch

II. das ungeheure Kohlen=Consumo.
Man kann sich kaum einen Begriff davon machen,
wie man noch vor einem Decennium mit der Ver=
kohlung zu Werke gieng. Man manipulirte nach
der sogenannten schlowakischen Methode, die viel
Holz fraß — und wenig Kohlen gab — bis der
verdienstvolle Herr Hofrath von Rupprecht, mit In=

Cemente und Cementmörtel von Sebastian v. Mail=
lard, k. k. Generalfeldwachtmeister, Genie=Districts=
Director in Hungarn, Mitgl. versch. gelehr. Gesell=
schaften ꝛc. ꝛc. dermal Feldmarschallieutenant beim
General=Genie=Directorium in Wien. gr. 8. ge=
druckt in Wien b. Strauß 1806.

ziehung des Professors an der Forstakademie zu
Schemnitz Hrn. Bergrath Wilkens, die italienische
Art allgemein einführte *). Bei dem rastlosen Eis-
fer, mit dem Letzterer seine Schüler zu den Meis-
lern führte, und ihnen die Sache anschaulich dar-
stellte, erklärte, ist zu erwarten, daß diesem Unfus-
ge mit der Zeit abgeholfen seyn dürfte, der besonders dort groß ist, wo die Verkohlung im Forste
selbst vor sich geht, denn da wirthschaftet der Kohl-
brenner ohne alle Barmherzigkeit. Außerdem ist
schon der jährliche Kohlenbedarf von großem Belange, wenn man berechnet, daß zur Erzeugung eines Centners Roheisen 7 Schernowitzer Maaß Kohlen **) und daß bei einem Eisenwerk, welches

---

*) Von den Vortheilen des Verkohlungsprozesses in
stehenden Meilern, nach deutscher oder italienischer
Art, hat man sich vorzüglich in Steyermark überzeugt. Es wäre zu wünschen, daß diese Versuche
nach dem Wunsche des Hrn. v. Pantz, Berg- und
Hüttendirectors zu Blansko in Mähren, näher bekannt würden.

**) Aus nachstehender Tabelle kann die Reduktion des
niederungarischen Kohlenmaaßes in Wiener Kubikfuße leicht erklärt werden. Das Kohlmaaß (ein liegendes Prisma) ist 35 1/3 Zoll lang, in der obern
Lichte 27 Zoll breit, in der untern Lichte 4 Zoll hoch

6780 Ct. geschmiedetes Eisen erzeugt, 110,850 Maaß Kohlen erfordert werden, die zu 10 kr. (die Maaß) berechnet — 18,475 fl. betragen. In den nieder-

---

14 1/3 Zoll Schemnitzer Bergmaaß. Dieses verhält sich zum Wiener Maaß wie 1401 zu 1494, somit hat das Schemnitzer Kohlenmaaß folgende Wiener Maaß, als: Länge $37\frac{317}{467}$ Zoll, Breite in der obern Lichte $28\frac{370}{467}$ Zoll, in der untern Lichte $9\frac{274}{467}$ Zoll, und Höhe $15\frac{133}{467}$ Zoll. Das niederungarische Kohlenmaaß enthält daher 11054,566 Kubikzolle, oder $6\frac{3973}{10000}$ Kubikfuße.

Kohl. Maaß		Kubikmaaß		Kohl. Maaß		Kubikmaaß	
		Fuß	Bruch 10,000 th.			Fuß	Bruch 10,000 th.
1	—		3973	90	—	575	7570
2	—	12	7946	100	—	639	7300
3	—	19	1919	200	—	1279	4600
4	—	25	5892	300	—	1919	1900
5	—	31	9865	400	—	2558	9200
6	—	38	3838	500	—	3198	6500
7	—	44	7811	600	—	3838	3800
8	—	51	1784	700	—	4478	1100
9	—	57	5757	800	—	5117	8400
10	—	63	9730	900	—	5757	5700
20	—	127	9460	1000	—	6397	3000
30	—	191	9190	2000	—	12794	6000
40	—	255	8920	3000	—	19191	9000
50	—	319	8650	4000	—	25589	2000
60	—	383	8380	5000	—	31986	5000
70	—	447	8110	6000	—	38383	8000
80	—	511	7840	7000	—	44781	1000

u. f. w.

ungarischen Bergwerks-Bezirken, namentlich zu
Rosniß, Neusohl u. s. w. nimmt man zur
Aufstellung eines Kohlen-Meilers 36 — 48 Stabel Holz (ein Stabel 2 Wiener Klaftern gleich).
Welch' enormes Consumo in einem Jahre! Die
Kohle, die auf diese Art gewonnen wird, muß ohne Rauch brennen, ohne Gebläse keine Flamme
geben, ohne Beitritt der äußeren Luft unzerstörbar
bleiben, und keiner Fäulniß unterworfen seyn. Noch
erkennt man aber, eine gute Kohle an ihrer besonderen Härte, eigenthümlichen hellen Klang, an gewissen, silberweißen Glanz, am Nichtabfärben, eigenthümlichen Gewichte und an ihren scharfen Kan-
ten. Doch trägt zu diesen Eigenschaften auch Vieles bei — die Stockung des Holzes, nach welcher
Art nämlich und in welcher Jahreszeit es gefällt
wurde, und wie lange es der Fäulniß überlassen
ward — bis es Jemanden einfällt — das Holz
verkohlen zu lassen!!!

Obschon das Kohlen-Consumo ein nothwendiges
Uebel der Waldungen zu seyn scheint, so könnten
die mannigfaltigen Manipulationen, als Silber-
Kupfer- und Eisenhütten, Schmelz- und Splußheer-
de u. s. w. mit weit wenigern Auslagen bestritten
werden, wollte man den Gebrauch der Steinkohlen
einführen. Der Anfang könnte, um der Sache
mehr Eingang zu verschaffen, erst im Kleinen, erst

bei den verschiedenen Handwerkern, als Schloffern, Schmieden, Feilhauern, Silberarbeitern, Schwerdts fegern, Nagelschmieden, Zinngießern, Gürtlern u. f. w. gemacht werden. Diese Professionisten verbrauchen im Jahre, je nachdem sie mehr oder weniger bestellte Arbeit haben, auch mehr und weniger Kohlen. Läßt der hohe Preis, um welchen gegenwärtig ein Wagen mit Kohlen gekauft wird, nicht schon auf den Mangel deuten! Er kostete noch vor 10 Jahren nur 2 fl. — jetzt muß er mit 13 fl. bezahlt werden, ohne daß dieser hohe Preis nach dem Course berechnet wäre. Fast jeder Schloffer verbraucht jährlich 8 — 10 Wagen, könnte er nicht um den Werth von 130 fl. den Verbrauch der Steinkohlen auf mehrere Jahre decken? Aber er ist ein Feind aller Neuerungen, und leidet lieber Noth, als daß er dem Beispiele seines österreichischen, böhmischen oder mährischen Mitbürgers folgen sollte! Man versetze sich nach England. Welche wichtige Rubrik macht nicht dort die Steinkohle! oder denke sich in Böhmen, Mähren oder Schlesien. Mit welchem glücklichen Erfolge werden Ziegelbrennereyen, Bierbrauereyen, Eisenhammerwerke durch Steinkohlen in Betrieb gesetzt! oder man sehe in Pohlen die herrlichen Einrichtungen der Schwefelhütten zu Swosowice bei Krakau, die täglich 30 Centner reinen Schwefel liefern, und

bei dieser Arbeit die theuer erkauften preußischen
Kohlen benutzen! Sollten wir nicht vor uns selbst
kröthen, wenn die besorgte Mutter Natur gerad
be in dem Lande, das sich so vieler Schätze des
Mineralreiches erfreut, auch eben so viele Hülfs-
mittel uns dargeboten hat, die zur Benutzung dieser Reichthümer abzielen. Ungarn ist an Steinkohlen der besten Art außerordentlich reich. Dies
beweisen die wenigen im Betriebe stehenden Stein-
kohlenbergwerke in Oedenburg, Fünfkirchen,
Vaszás, Sanisap, Komlo u. a. m. Das
Sohler, Thurotzer, Zipser, Trentschiner, Neutrauer Komitat trägt so viele Spuren
davon, und doch ist der Geist eines bessern Wirkens, der Geist einer, um die Nachwelt besorgten,
Menschheit nicht erwacht, der diese Wohlthaten einer höhern Ordnung zu genießen, zu benützen, anzuwenden bestimmt wäre.

Einzelne Verbesserungen und Neuerungen sind
zwar, zum Lobe meines Vaterlandes sey es gesagt,
in den neuern Zeiten eingeführt worden, aber auf
einzelne Gegenden zu sehr beschränkt, trugen sie zum
Guten des Ganzen wenig bey. So wurde zu So-
var in Oberungarn im J. 1800 ein neues Sud-
haus nach Art der Tyroler Pfannenhäuser gebaut,
und die alte Art, das Salz zu sieden, verbessert.
Vorher verbrannte man jährlich unter zwey Pfan-

ten 3500 Kubikklafter Buchenholz, jetzt braucht
man um 2000 Klafter weniger.

Wie? wenn die vielen Moräste, wenn der undankbare Flugsand, gleichwie in Schlesien, festge-
macht, in Korn- und Weizenfelder und in hoch-
stämmige Waldungen umgestaltet würden? Man
weiß doch, daß der Akazienbaum schon im 12ten
Jahre ein brauchbares Brennmaterial liefert *).
Was könnte sich demnach durch Versuche mit dieser Holzart in Gegenden, wie um Szegedin, deren
kahles Sandland Herr Vedres auf 15,000 Joch

---

*) Ein bekannter ungarischer Edelmann, dem der
Staat Vieles verdankt, konnte selbst bei der Liebe
seiner Unterthanen es nicht dahin bringen, daß auf
seinem Gute jeder Unterthan zwey Akazienbäume
vor seiner Wohnung gepflanzt hätte. Die Setzlinge erhielt er aus der Hand seines Grundherrn und
die schönste Belohnung wartete seiner. Was geschah?
Der undankbare Bauer verschmähte die Worte seines Herrn, ließ die gesetzten Bäumchen zu Grunde
gehen, und pflanzte sie selbst unter Drohungen körperlicher Strafen nicht wieder. Gegenwärtig stehen
auf dem schönen Gute nur 4 Akazienbäume, die die
Freude des Gutsherrn zu seyn scheinen, ihn aber
auch die traurige Erfahrung machen lassen, wie
schwer es mit allen Neuerungen hergehe. Ist dieser
Fehler nicht in der versäumten Cultur zu suchen?

angiebt — unternehmen?? Und haben thätige, unermüdete Männer nicht bewiesen, wie sehr sie selbst dem sterilsten Boden eine Benutzung abgewonnen haben. Wem ist nicht der eiserne Fleiß des k. k. Kammeralgüterinspektors Herrn Krommer in Galizien bekannt, der die Flugsandstrecke zwischen Niepolomice und Pobleske, welche den Salz- und Holzfuhrleuten, und überhaupt allen Reisenden ohne irgend eine Möglichkeit ihr auszuweichen äußerst beschwerlich war, in einen freundlichen, der Menschheit nützlichen Hain umgestaltet hatte? Wenn schon seine ersten Versuche den Erwartungen nicht entsprachen, so ließ er sich dadurch nicht abschrecken, wenn schon eine zweimalige Besämung mit Kiefersaamen, und ein dritter Versuch mit Anbau des sogenannten wilden Hafers, ganz fruchtlos waren, so wagte er noch ein Mittel, und ließ die ganze Strecke mit 28,000 Stück 4.—5jährigen Kiefern und 2000 Erlenpflanzen besetzen. Diese 30,000 Stück Setzlinge entsprachen der Absicht so vollkommen, daß gegenwärtig Jedermann, ohne mindeste Beschwerniß, mit der größten Last fortkommen kann.

Aehnliche Verdienste um die Verbesserung der Landkultur, ähnliche Ausdauer in Unternehmungen kann uns vor Holzmangel sichern, kann verhüten, daß unsere Forste vor der Zeit dem Ruin entgehen. Belohnungen, Beförderungen, Auszeichnun-

gen, Aufmunterungen, letztere schon in die jungen
Gemüther der Landjugend eingeprägt, müßten
den schönsten Erfolg sichern. Versäumt man dieß,
berührt man sie nicht, bringt man sie nie zur Sprache, so ist kein Wunder, wenn trotz der Verbots-
Tafeln, die an den Straßenecken stehen, und der
Bäume Schonung anzeigen, wenn selbst die Drohungen und Strafen, die sie enthalten, mit Leicht-
sinn verschmäht, die Tafeln mit Koth beworfen,
oder gar aus Bosheit herabgerissen, und die Bäume beschädigt oder ganz zu Grunde gerichtet werden. Mit Wehmuth muß man die Strecken betrachten, die in einigen Gespannschaften mit jungen
Bäumen bepflanzt, das Spiel des rohen Bauers
geworden sind. — Hätte er nach dem vortrefflichen
Beyspiele des Mildheimischen Noth- und
Hülfsbüchleins über diesen Gegenstand mit
seinem Schulmeister die Seiten durchgeblättert, die
sich auf die Kapitel: Schickt sich die Obst-
baumzucht für Landwirthe? Was ist von
Leuten zu halten, die Bäume beschädigen? Wie erhält man die Bäume an
den Straßen und in Forsten? beziehen, so
wäre er in sich gegangen — so hätte er dem Muthwillen Anderer gesteuert, und das Gute zu erhalten
gesucht. Gesunder Menschenverstand, höre ich sagen — könnte ihn hierüber eines Bessern belehren.

Ich antwortete, er könnte es, aber theils ist dieser Verstand nicht so gesund, als er es wirklich
seyn sollte, theils unterliegt er der Bosheit.

Zur Schonung der Forste gab uns die gute
Mutter Natur auch eine so große Menge des besten Torfes, daß seine auf Einsicht und Prüfung
gegründete Gewinnung eins der reichsten Surroga-
te für die Nachwelt werden könnte. Herr Gre-
gor von Berzeviczy, als wackerer Schriftsteller
bekannt, und mein verehrungswerther Landsmann,
der über den Torf in Ungarn eine kraftvolle
Abhandlung schrieb (Zeitschrift von und für Ung.),
befürchtet nicht ohne Grund wegen Halzmangel Emi-
grationen und Völkerwanderungen. Möge es ihm
gelingen, die Sprache, die er vor 12 Jahren ohne
großen Erfolg führte, noch einmal zu erneuern,
noch einmal die Nothwendigkeit der Torfstiche
nahe ans das Herz seiner Landsleute zu führen,
ihnen noch einmal das erhabene Beyspiel des höchst-
seligen Kaisers Joseph II. in Erinnerung zu bringen, der mittelst Hof-Dekrets eine Belohnung demjenigen bestimmte, daß den Gebrauch des Torfes zur
Feuerung einführen würde. Ist doch die Benutzung
des Torfs zum Brennen nicht nur im nördlichen
Deutschland, sondern in Holland so eben-
so allgemein, wie bekannt, daß

nur in unserm lieben Ungarn dieses Mittel we=
nig geachtet, und fast verworfen wird?

Im Torner, Bekescher, Zipser Komitate
am Fuße der Karpathen, in der berühmten,
weit ausgedehnten Sarviz jenseits der Donau,
in den Sümpfen um den Platten= und Neu=
siedler=See, in dem größeren Theile vom
Bannate — allenthalben ist Torf in Menge zu
finden, der, obschon von einzelnen Beförderern be=
nutzt, noch immer nicht den Nutzen abwirft, den
er bei stärkerer Einführung liefern könnte. Lobens=
werth finde ich daher, den Entschluß des Herrn
Baron von Wenkheim, der die Torflager sei=
ner Besitzungen näher untersuchen und Torfgräbe=
reyen anlegen ließ — beherzigend die Versuche und
die Proben des oben erwähnten Herrn von Bet=
zeviczy, der sich durch keine drohenden Einwürfe
von seinem Unternehmen abschrecken ließ. Er zeig=
te, daß drei fleißige Personen in einem Tage 1000
Ziegel verfertigen können. Wenn ich den Arbeits=
lohn höchstens auf 2 fl. 15 kr. WW. setze, und
für das Wenden, Trocknen, nach Hause Führen,
Nachschaffen der zerbröckelten Ziegeln ebenfalls 2 fl.
15 kr. rechne, so kommen 1000 Ziegel auf 4 fl.
30 kr. zu stehen (es versteht sich bei einer Theurung,
wo der Metzen Weitzen 18 fl. WW. kostet) und
man kann damit 40 Tage jedes Zimmer bei der

ärtesten Kälte heitzen, wenn man 25 Ziegel auf
einen Tag rechnet. Nun kostet eine Wiener Klafter harten Holzes 5 fl. 45 kr. die Fuhre, und die
Geschenke, auf die der Waldhüter durch Mißbrauch
mit großen Augen schielt, nehme ich nur auf 1 fl.
an, so kostet die Klafter beinahe 7 fl., und dauert
beim mäßigen Heitzen kaum 3 Wochen. Dies vom
städtischen Holze zu N**. Bei der Kammer kostet
eine Kubikklafter 6 fl. 45 kr., wenn es weich, 7 fl.
auch darüber, wenn es hart ist. Ersteres kommt
mit Fuhre, Geschenken und Hackerlohn auf 12 fl.,
letzteres auf 13 — 14 fl. Trift der Fall ein, daß
Mangel am städtischen Holze entsteht, wenn keine
Fuhrleute zu haben sind, die das bei 4 Stunden
weit liegende Holz nach der Holzstätte führen können, so treibt der Wucher das Kammeralholz so
hoch hinauf, daß sich manche Beamte, die am De-
putatholz mehr haben, als sie brauchen, für eine
Klafter schon 12 fl. zahlen ließen. Bei dieser Gelegenheit erinnere ich mich im Traume einer Regulirung, die sich auf die Deputate der k. k. Beamten erstrecken sollte, und die ein Werk des Armee-
Ministers von Baldacci, wenn ich nicht irre —
gewesen seyn soll. Bis zur Stunde ist mir davon
nichts Näheres bekannt, ohne Zweifel bleibt es nur
wieder beim Alten.

Wenn ich endlich für die hochgepriesenen Ha-

Bauer=Dächer, deren Einführung so sehr em=
pfohlen wird *), nicht sehr gestimmt bin, so gieng
ge mein patriotischer Wunsch dahin, daß man vor=
züglich in Dörfern, die Aufführung hölzerner Woh=
nungen schlechterdings verbieten, und Wohnungen
von Stein oder Koth (wie im Bekescher Komitate)
anführen mögen. Letzteres fiele nicht so schwer, ge=
schähe es mit Unterstützung des Grundherrn, der
Kammer, des Komitates u. s. w. Welch ungeheu=
re Holzmasse würde den Waldungen erspart, wenn
bei Feuersbrünsten nur der Schaden der Dächer
in Berechnung käme — und wie klein müßte selbst
dieser seyn, wo die Bedeckung aus Rohr besteht,
wie es in manchen Gegenden Ungarns der Fall
ist **). Zu wünschen wäre, daß eine Feuer=as

*) Beschreibung des Habaner Strohdaches, in welcher
   desselben sonderbare Nützlichkeit, sowohl in Ansehung
   des Feuers als anderer Ungemächlichkeiten, die nö=
   thigen Zugehörungen und die Art der Verfertigung
   selbst genau angezeigt, und mit Kupfern erläutert
   wird durch Adam Landgraf, der k. k. Niederöstr.
   — ökon. Gesellsch. Mitgl. und des Herrschaften des Hrn.
   Grafen Nicol. Zichy von Bösonka und Freyh. Pet.
   Zay u. Bajmangds. Proküt. 2. Aufl. Wien 1801.

**) Rohrdächer findet man häufig in Rumanien
   im Bekescher Kom. und allen holzarmen Gegenden.

sekuranz im Lande allgemein eingeführt würde,
aber diese Neuerung ist den meisten ein spanisches
Dorf, und man würde leeres Stroh dreschen, wollte man Miene machen, sich für diese heilsame Anstalt zu interessiren.

Nicht unwichtig müssen die Stroh-, Rohr- und
Ziegelbedeckungen für die Schonung der Forste seyn,
wenn man sie allgemeiner einführte, wenn man mit
den erstern in Dörfern, mit den letztern in den
Städten den Anfang machte. Ich erinnere mich
zwar eines Versuches Dachziegel zu erzeugen, den
eine bekannte Stadt in Ungarn unternommen hatte. Aber mit welchem Erfolge? Weder die Unternehmer, noch der Unternehmende schienen dieses Fach
recht verstanden zu haben. Ein leichtsinniger, mit
Wind gefütterter Franzose, der mit süßen Worten
mehr ausführt, als durch Fleiß und Thätigkeit,
machte den Unternehmern weiß, daß er ein gelernter Ziegelbrenner wäre, und dies Handwerk verstehe.
Ohne den Thon versucht zu haben, ohne von der

Ein gutes Rohrdach soll über 50 Jahre dauern, wenn
nur von Zeit zu Zeit der Kranz oder Kiel des Daches erneuert wird. Zu dieser Arbeit schicken sich eigene Leute an, die mit dem Bauherrn, überhaupt
fürs ganze Dach accordiren. (Stolla in der Zeitschrift v. u. f. Ung.)

Geschicklichkeit des Unternehmenden versichert gewesen zu seyn, wurde zur Manipulation geschritten (nachdem man ihn viele Wochen hindurch in die Welt gezahlt hatte), und das Resultat waren zwar Dachziegel, die aber, weil sie krumm und übers brannt waren, nicht benutzt werden konnten. — Dergleichen fehlgeschlagene Versuche sollten Unternehmer nicht wankend machen, denn obschon dieser erste Versuch mißlungen war, so konnte ja ein zweiter oder dritter bessere Ziegeln produziren, als der erste Meister, der mit dem Geschäfte vielleicht Unwissenheit verband.

Solange uns daher gute Waldordnungen, ökonomische Heerde und Oefen, populäre Forstwissenschaft, Anpflanzungen von Weiden, Pappeln, Akazien fehlen, solange wir Steinkohlen und Torf unbenutzt liegen werden lassen, solange kann uns kein Hofnungsstrahl einer bessern Holzwirthschaft erfreuen.

Mögen diese frommen Wünsche recht bald zur Freude meiner Mitmenschen und zum Vortheil der Nachwelt durch die wahrhaft edlen Anstalten des Landes, durch die k. k. Forstakademie zu Schemnitz, durch das Georgicon zu Keszthely, und durch die fürstlich Eszterhazische Forstschule zu Ei

senstadt in Erfüllung kommen, und möge der
Geist eines kräftigern Wirkens, einer gewissenhaften Amtirung alle Männer beseelen, die sich in diesen Instituten für das Wohl des Staates bilden
und gebildet haben!

Geschrieben in Ungarn im Jahr 1815.

Christ. Freymuth.

res Werthes auf keinen andern Fuß als den dieses
jährlichen Ertrages gründen, vorausgesetzt, daß
unbedingt auch für die Zukunft eine nachhaltige
Wirthschaft vorgeschrieben wäre *), indem dieser
Ertrag nach Abzug aller Lasten, die auf dem Walde haften, als die Interessen eines ihm gleichwer-
then Capitals angesehen werden kann. Dieser jährlich fortdauernd gleiche Ertrag kann wie gesagt nur
für Waldungen ausgemittelt werden, welche von
jeher nachhaltig behandelt wurden und fortdauernd
dieser Einschränkung unterworfen sind; auch Wald-
Parcelen, in denen nur periodisch gehauen wird,
und die gewöhnlich nur aus gleichen oder am Alter
wenig verschiedenen Beständen bestehen, könnten nicht
nach dem jährlichen Ertrage abgeschätzt, und ihr
Werth nur mit Hülfe einer Methode aufgefunden
werden, welche obwohl allgemein auf jeden einzelnen Fall anpaßt, und deren Anwendung sich über
alle Zweige der Abschätzungen ausdehnt.

Ich dachte öfters über diese Materie nach; der

---

*) Späterhin wird in dieser Abhandlung bewiesen,
daß, wenn diese nachhaltige Behandlung wegfällt,
und es dem Käufer freisteht, durch Anticipation Eingriffe in die physikalische Haubarkeit zu machen, der
Geld-Werth des Waldes um ein Merkliches ge-
steigert werden könne.

Tausch und der Verkauf einiger Waldungen, mit deren Abschätzung ich beauftragt war, nöthigten mich, mir eine Ansicht zu schaffen, die ich hier den Forstleuten mittheilen will, welche mir Dank wissen werden, ihre Aufmerksamkeit auf einen Gegenstand gerichtet zu haben, welcher mir wichtig genug zu seyn scheint, diese einen Augenblick zu beschäftigen.

Der Werth eines Capitals berechnet sich nach den Interessen, die es abwirft; tritt man aber erst nach einer gewissen Zeit in den Genuß dieses Capitals, so verliert es natürlich gegenwärtig für uns mehr oder wenig an Werth, je nachdem der Zeitraum groß ist, während welchem uns dasselbe nichts einträgt.

Ein Wald, der während den '10 ersten Jahren des Besitzes nichts rentirt, hat wirklich den Werth nicht, den er im Augenblicke haben wird, da seine Ausbeutung beginnt, so wie der Geld-Ertrag des Holzes, das alsdann zum Hiebe kommt, für den, welcher es ankaufen wollte, nur den Werth der Summe hat, welche in Zeit von 10 Jahren mit Zinsen und Zwischenzinsen jenem Ertrag gleich kommen wird.

Nach diesem also ist der Geld-Werth eines jeglichen Waldes seinem Ertrage gleich, der bis ins Unendliche aufgesucht und, nach Entfernung der Einnahmen,

nach Abzug der gewöhnlichen Zinsen
und Zwischenzinsen, auf den wirklichen
Werth reduzirt worden.

Wenn der Buchstabe A den zukünftigen Ertrag
anzeigt, n die Anzahl Jahre, nach welchen er ein=
tritt, 100 r die Interessen, welche nach einem Jahr
aus 100 erlöst werden, a endlich den Geld=Be=
trag, auf den die Summe A sich während dem
Nichtgenuß von n Jahren reduziren: so kann die=
ser Geld=Betrag in folgender Formel ausgedrückt
werden.

$$a = \frac{A}{(1 + r)\, n}$$

Ein Beispiel diene zur Erläuterung.

Man will den Werth eines Busches von 10
Hektaren kennen, der alle 20 Jahre haubar, in
zwei Abtheilungen zerfällt, wovon die eine nach 5
die andere nach 10 Jahren zum Hiebe kömmt; je=
der dieser beiden Hauungen soll einen reinen Erlöß
von 1500 Franken liefern.

Um den jetzigen Werth dieses Busches zu er=
gründen, beschäftige ich mich zuerst mit dem wirk=
lichen Werthe der stehenden Hölzer; die zwei fol=
genden Gleichungen werden mir diesen der beiden
Hauungen, wovon die eine nach 5 die andere nach

10 Jahren eintritt, geben. Der angenommene Zins fuß ist 5 vom 100.

$$\frac{1500}{\left(\frac{21}{20}\right)^5} = 1175,28 \qquad \frac{1500}{\left(\frac{21}{20}\right)^{10}} = 920,87$$

Der wirkliche Werth der beiden kommenden Haut ungen ist also 2096 Fr. 1 Ct.

Die Erträge, welche sich nach 25, 30, 45, 50, 65, 70 ꝛc. Jahren erneuern, lassen sich mit Hülfe der nehmlichen Formel berechnen, indem nur die Potenz von $\left(\frac{21}{20}\right)$ zu verändern ist.

Die Summation sämtlicher periodischer Erträge oder Einnahmen, wovon keiner von Belange, der nicht $= 0$ könnte angesehen werden — darf vers nachläßiget werden, nachdem sie auf ihren jetzigen Werth herabgesetzt worden, giebt den des Bodens im Augenblicke der Abschätzung, und diese Summe vereinigt mit dem Werthe des stehenden Holzes, ist der reelle gegenwärtige ganze Geld-Werth des Busches.

Die Tabelle I. theilt die in dieser Hinsicht ausz geführten Rechnungs-Operationen mit. Um zu beweißen, daß die Methode, welche ich zur Berech nung des Geld-Werthes von Waldungen vorschla ge, nicht nur auf Waldparcelen anwendbar ist, oder überhaupt auf Waldungen, die keinen regel mäßigen Ertrag leisten, sondern auch auf Forsten,

welche einer nachhaltigen Wirthschaft unterworfen
sind und bleiben, in regelmäßige Gehaue eingetheilt
sind *): so will ich voraussetzen, daß der jährliche
Ertrag eines (einer nachhaltigen Wirthschaft unter=
worfenen) Reviers gekannt sey, und ich werde als=
dann beweisen, daß der nach der angegebenen Weise
befundene Geld=Werth desselben der nehmliche ist,
wie das, nach der dauernden jährlichen Rente festzu=
setzende Capital.

Ich nehme also an, daß der Wald=Distrikt,
dessen Geld=Werth man wissen will, in 10 Hiebe
eingetheilt ist, daß der Ertrag jeder dieser 10 Hie=
be 1000 Franken beträgt.

Der Geld=Werth dieses Distriktes wäre also im
Zinsfuße zu 5 Procent 20,000 Franken.

Ausgehend von denen im vorigen Beispiele an=
gezogenen Grundsätzen, kann die Tabelle II. die
Versicherung gewähren, wie man sich durch die
auf die angegebene Weise geführte Berechnung der
jährlichen oder periodischen Erträge dem wirklichen
Werthe des Waldes, so viel als es beliebt, nähern
kann. Die Vereinigung nehmlich sämtlicher Er=

---

*) In Frankreich sind sämtliche sogenannte taxirte
Waldungen (forêts aménagées) in jährliche Schläge
abgetheilt.

träge in 200 Jahren liefert bei einigen Centimen
die Summe von 20,000 Franken, auch könnte man,
wenn es der Mühe lohnte, sich durch die Aufnah=
me entfernterer Erträge der Wahrheit immer mehr
nähern. Ich glaube also hinreichend bewiesen zu
haben, daß die angegebene Rechnungs Methode,
bei Bestimmung des Geld=Werthes eines Waldes
in vortheilhafte Anwendung gebracht werden kann *).
Jetzt will ich die Abweichungen von der gewöhnli=
chen Regel berühren, die bei ähnlichen Berechnun=
gen zuweilen vorkommen.

1. Der wirkliche Bestand eines Waldes oder Walds
   Distriktes kann geringer seyn, als ihn das Pro=
   duktions=Vermögen des Bodens im folgenden
   für uns verspricht.

2. Oder er ist stärker als die Ausbeute der zu=
   künftigen Hiebe.

3. Es wird dem Käufer eines Waldes erlaubt,
   seine Waldfläche nach Abholzung zu benutzen,
   wie es ihm gut däucht.

---

*) Hätte man zu dieser Berechnung die Formel:

$$A \frac{a(1+r)[(1+r)^n - 1]}{r} \text{ gebrauchen wollen,}$$

und $n = 200$ genommen, so würde man das nehm=
liche Resultat auf eine einfachere Weise gefunden ha=
ben.

Die Waldungen gehören nicht unter die seltneren, deren Holzbestand dem Produktions-Vermögen des Bodens nicht entspricht. Mancherley Ursachen, welche zu entfernen möglich ist, können zu ihrer Degradation beigetragen haben, da indessen ihre baldige Verjüngung durch Natur und Kunst schönere Bestände erwarten läßt.

In diesem Falle werden die Erträge der folgenden Umtriebe günstiger ausfallen, wie die des stehenden Holzes, weßhalb der Taxator die successiven Einnahmen nicht nach einem und dem nehmlichen Material-Ertrage berechnen kann; die Erfahrung muß ihm sagen, welche Grundlage dieser Berechnung nach der Güte des Bodens, der Behandlungsweise des Waldes und nach andern Umständen unterzulegen ist.

Nicht minder verdient Berücksichtigung, wenn der Wald wirklich stärkeres Holz enthält; wenn der Bestand älter ist, als der, welcher in den kommenden Umtriebs-Perioden zum Hiebe kommen wird *). In diesem Falle würde man weit fehlen, wollte man

---

*) Dieser Fall tritt immer ein, wenn nachhältig behandelte Waldungen ohne besondern Vorbehalt verkauft werden, indem alsdann der Käufer seines Vortheils halber Bestände vor ihrer Haubarkeit angreifen wird.

Geschicklichkeit des Unternehmenden verſichert gewe=
ſen zu ſeyn, wurde zur Manipulation geſchritten
(nachdem man ihn viele Wochen hindurch in die
Welt gezahlt hatte), und das Reſultat waren zwar
Dachziegel, die aber, weil ſie krumm und über=
brannt waren, nicht benutzt werden konnten. —
Dergleichen fehlgeſchlagene Verſuche ſollten Unter=
nehmer nicht wankend machen, denn obſchon dieſer
erſte Verſuch mißlungen war, ſo konnte ja ein zwei=
ter oder dritter beſſere Ziegeln produziren, als der
erſte Meiſter, der mit dem Geſchäfte vielleicht Un=
wiſſenheit verband.

Solange uns daher gute Walderdnungen, öko=
nomiſche Heerde und Oefen, populäre Forſtwiſſen=
ſchaft, Anpflanzungen von Weiden, Pappeln, Aka=
zien fehlen, ſolange wir Steinkohlen und Torf un=
benutzt liegen werden laſſen, ſolange kann uns kein
Hofnungsſtrahl einer beſſern Holzwirthſchaft er=
freuen.

Mögen dieſe frommen Wünſche recht bald zur
Freude meiner Mitmenſchen und zum Vortheil der
Nachwelt durch die wahrhaft edlen Anſtalten des
Landes, durch die k. k. Forſtakademie zu Schem=
nitz, durch das Georgicon zu Keſzthely, und
durch die fürſtlich Eszterhaziſche Forſtſchule zu Ei=

senstadt in Erfüllung kommen, und möge der Geist eines kräftigern Wirkens, einer gewissenhaften Amtirung alle Männer beseelen, die sich in diesen Instituten für das Wohl des Staates bilden und gebildet haben!

Geschrieben in Ungarn im Jahr 1815.

Christ. Freymuth.

res Werthes auf keinen andern Fuß als den dieses
jährlichen Ertrages gründen, vorausgesetzt, daß
unbedingt auch für die Zukunft eine nachhaltige
Wirthschaft vorgeschrieben wäre *), indem dieser
Ertrag nach Abzug aller Lasten, die auf dem Wal-
be haften, als die Interessen eines ihm gleichwer-
then Capitals angesehen werden kann. Dieser jährlich fortdauernd gleiche Ertrag kann wie gesagt nur
für Waldungen ausgemittelt werden, welche von
jeher nachhaltig behandelt wurden und fortdauernd
dieser Einschränkung unterworfen sind; auch Wald-
Parcelen, in denen nur periodisch gehauen wird,
und die gewöhnlich nur aus gleichen oder am Alter
wenig verschiedenen Beständen bestehen, können nicht
nach dem jährlichen Ertrage abgeschätzt, und ihr
Werth nur mit Hülfe einer Methode aufgefunden
werden, welche obwohl allgemein auf jeden einzelnen Fall anpaßt, und deren Anwendung sich über
alle Zweige der Abschätzungen ausdehnt.

Ich dachte öfters über diese Materie nach; der

---

*) Späterhin wird in dieser Abhandlung bewiesen,
daß, wenn diese nachhaltige Behandlung wegfällt,
und es dem Käufer freisteht, durch Anticipation Eingriffe in die physikalische Haubarkeit zu machen, der
Geld-Werth des Waldes um ein Merkliches ge-
steigert werden könne.

Tausch und der Verkauf einiger Waldungen, mit
deren Abschätzung ich beauftragt war, nöthigten
mich, mir eine Ansicht zu schaffen, die ich hier den
Forstleuten mittheilen will, welche mir Dank wissen
werden, ihre Aufmerksamkeit auf einen Gegenstand
gerichtet zu haben, welcher mir wichtig genug zu
seyn scheint, diese einen Augenblick zu beschäftigen.

Der Werth eines Capitals berechnet sich nach
den Interessen, die es abwirft; tritt man aber erst
nach einer gewissen Zeit in den Genuß dieses Capitals, so verliert es natürlich gegenwärtig für uns
mehr oder wenig an Werth, je nachdem der Zeitraum groß ist, während welchem uns dasselbe nichts
einträgt.

Ein Wald, der während den '10 ersten Jahren
des Besitzes nichts rentirt, hat wirklich den Werth
nicht, den er im Augenblicke haben wird, da seine
Ausbeutung beginnt, so wie der Geld-Ertrag des
Holzes, das alsdann zum Hiebe kommt, für den,
welcher es ankaufen wollte, nur den Werth der
Summe hat, welche in Zeit von 10 Jahren mit
Zinsen und Zwischenzinsen jenem Ertrag gleich kommen wird.

Nach diesem also ist der Geld-Werth eines jeglichen Waldes seinem Ertrage
gleich, der bis ins Unendliche aufgesucht
und, nach Entfernung der Einnahmen,

nach Abzug der gewöhnlichen Zinsen und Zwischenzinsen, auf den wirklichen Werth reduzirt worden.

Wenn der Buchstabe A den zukünftigen Ertrag anzeigt, n die Anzahl Jahre, nach welchen er eintritt, 100 r die Interessen, welche nach einem Jahr aus 100 erlößt werden, a endlich den Geld-Betrag, auf den die Summe A sich während dem Nichtgenuß von n Jahren reduziren: so kann dieser Geld-Betrag in folgender Formel ausgedrückt werden.

$$a = \frac{A}{(1 + r)^n}$$

Ein Beispiel diene zur Erläuterung.

Man will den Werth eines Busches von 10 Hektaren kennen, der alle 20 Jahre haubar, in zwei Abtheilungen zerfällt, wovon die eine nach 5 die andere nach 10 Jahren zum Hiebe kömmt; jeder dieser beiden Hauungen soll einen reinen Erlöß von 1500 Franken liefern.

Um den jetzigen Werth dieses Busches zu ergründen, beschäftige ich mich zuerst mit dem wirklichen Werthe der stehenden Hölzer; die zwei folgenden Gleichungen werden mir diesen der beiden Hauungen, wovon die eine nach 5 die andere nach

III.

Die

Forstverfassung

betreffende

Gegenstände.

Verordnung

die Verfolgung und Bestrafung der Forstfrevel betreffend.

Erlassen von der k. k. österr. und k. baier. gemeinschaftlichen Landes-Administrations-Commission zu Kreuznach am 30. Juli 1814.

Die vielen Forstfrevel, welche begangen werden, haben uns veranlaßt, die bestehenden Forstgesetze einer raschen Prüfung zu unterwerfen.

Wir haben gefunden, daß sie mangelhaft seyen, daß die Strafen so wenig unter einander selbst, als zu den begangenen Vergehen in richtigem Verhältnisse stehen, und die Verfolgung der Forstfrevel mit so vielen Förmlichkeiten verknüpft sey, daß die Kosten in vielen Fällen den Betrag des Werthes und der Strafe übersteigen.

Wir haben uns überzeugt, daß es nothwendig sey, eine einfachere Form und ein zweckmäßigeres

Strafregulativ einzuführen, und verordnen daher folgendes:

I. Abtheilung.

Von denen Strafen, welche gegen diejenigen, die im Walde freveln, erkannt und vollzogen werden sollen.

Kap. I. Entwendung von stehendem oder liegendem Holze (es sey letzteres vom Winde umgeworfen oder durch die Axt gefällt) welches noch nicht verarbeitet ist.

1) Die Entwendung von stehendem oder liegendem Holze im Walde, welches noch nicht verarbeitet ist, wird nach Maßgabe des Lokalwerths des entwendeten Objekts und der Umstände, welche den Frevel begleitet haben, so wie sie in den folgenden §§. dieses Kapitels auseinander gesetzt sind, bestraft.

2) Wenn das entwendete Objekt nicht hat konfiszirt und dem Besitzer des Waldes zurückgegeben oder zu seinem Vortheile verkauft werden können, so soll jedesmal außer der Strafe, auf den Ersatz des Werths erkannt werden.

3) Holzentwendungen von solchem liegendem Holze, welches der Wind oder eine sonstige natürliche Ursache zur Erde gebracht hat, oder von alten Erdstöcken, oder von trockenen und bereits abgekör

benen aber noch auf dem Stocke stehen=
den Stämmen oder Stümpfen, in er=
wachsenen, offenen, haubaren Bestän=
den, werden folgendermaßen bestraft:

a) Die Strafe ist gleich dem einfachen
Betrage des Werths, wenn der Frevel
ohne Wagen und Zugkarren mit Vieh bespannt
und nur vermittelst eines Schiebkarrens oder
eines zweirädrigen von 2 bis 3 Menschen ge=
zogenen Karrens oder in Traglästen begangen
worden ist.

b) Die Strafe ist gleich dem doppel=
ten Betrage des Werths, wenn bei
Verübung des Frevels Wagen oder Zugkarren
mit Vieh bespannt gebraucht worden sind; oder
wenn man sich dabei einer Säge bedient hat;
oder wenn man Aeste von den Bäumen herun=
ter gehauen hat; oder wenn es Bau= Nutz=
oder Werkholz, und nicht blos Brennholz war.

4). Die Ansätze in dem vorigen §. werden um
die Hälfte des einfachen Betrags des
Werths erhöhet, wenn liegendes Holz oder
alte Erdstöcke aus geschlossenen Beständen
entwendet worden; um den ganzen Betrag des
Werths aber werden sie erhöhet, wenn stehende
trockne Stämme oder Stümpfe in geschlossenen
Beständen entwendet worden sind.

5) Bei allen Holzentwendungen von solchem liegendem Holze, welches durch die Art vom Stamm getrennt aber noch nicht weiter verarbeitet ist, oder von grünen Stämmen (im Gegensatz der vorhin erwähnten trockenen), die in erwachsenen, offenen, haubaren Beständen stehen, werden die Ansätze des §. 3 um den einfachen Betrag des Werths erhöhet.

6) Die Strafansätze des §. 3 werden um anderthalbmal den einfachen Betrag des Werths erhöhet, wenn die Holzentwendungen an grünem stehendem Holze in geschlossenen jungen Hochwaldbeständen von 40 bis 80 Jahren, (solche, die aus dem Kern erwachsen sind) oder in Schlagholz- (Nieder-) Waldungen (Stockausschlag), oder an den Saamenbäumen in denen Hochwaldbeständen, die im Dunkel- und Lichtschlag stehen, und als solche schon eingehegt sind, oder von einzelnen alten Stämmen, die in jungen Hochwaldbeständen unter 40 Jahre stehen möchten, statt gefunden hat.

7) Ist aber stehendes junges grünes aus dem Kern erwachsenes Holz in Hochwaldbeständen unter 40 Jahren entwendet worden, so sollen außer dem Ersatz des Werths folgende, rücksichtlich des großen Schadens geschärftere Strafen angesetzt werden:

a) Wenn es nur Brennholz war: — Frank.

1) für eine Menschenlast Eichen, Buchen,
   Hainbuchen, Ahorn, Eschen, Ulmen
   oder Nadelholz — — — 3.

2) für einen Schiebkarren voll — — 6.

3) für einen 2rädrigen Karren von 2 oder
   3 Menschen gezogen — — 12.

4) für einen zweirädrigen Zugkarren mit
   Vieh bespannt, oder von mehr als 3
   Menschen gezogen — — 20.

5) für einen vierrädrigen Wagen voll 40.

b) War es Nutzholz, als Reif- oder Hopfen-
stangen, Zaun- oder Fachgerten, so werden
diese Strafen um ein Viertel erhöhet.

c) Waren es Weichhölzer, so wird nur die
Hälfte der ad a. bestimmten Strafen angesetzt.

8) Wer an stehendem Holze, es sey in jungen
Hochwaldbeständen oder in Nieder-Waldungen Bind-
widden oder Besenreiser schneidet, bezahlt die Hälfte mehr als die Ansätze ad a. u. s. w.

9) Wer junge Holzpflanzen (Schwarz- und
Weißdorn ausgenommen) aus den Waldungen zum
Gebrauch in Obstschulen, Alleen und Hecken oder
zu sonstigem Behufe entwendet, soll Strafe geben
für jedes Stämmchen 30 Centimen; wenn es Eichen waren, das Doppelte.

10) Für alle obige Frevel werden die Straf-
Ansätze beim ersten Wiederholungsfall um die Hälfte erhöht, beim zweiten sind sie doppelt; beim dritten Wiederholungsfall wird, außer der doppelten
Geldstrafe, auch noch Gefängnißstrafe angesetzt, die
nicht unter 5 und nicht über 15 Tage seyn soll.
Wird hernach ein solcher Frevler abermals betreten, so wird er als Gewohnheits-Frevler angesehen; durch das Friedensgericht an das Kreisgericht, unter Zulegung der nöthigen Extrakte aus
den Strafprotokollen, übergeben und von diesem in
Zuchthausstrafe verurtheilt, welche nicht unter 10
Tagen und nicht über 6 Wochen seyn soll, und deren Fortsetzung dem richterlichen Ermessen, nach
Befinden der Umstände, die voran gegangen sind,
überlassen bleibt.

11) Bei Erörterung der Frage: ob ein Wiederholungsfall eingetreten sey, werden alle die Vergehen, welche in den vorhergehenden §§. dieses Kapitels vorhergesehen sind, als eins und dasselbe angesehen und angerechnet; mit einziger Ausnahme
des Entwendens von trocknem Holze ohne Wagen
oder ohne mit Vieh bespannten Zugkarren. (§. 3
ad a. und §. 4 und 5, insofern sie mit §. 3 ad a.
in Beziehung stehen.)

12) Wer unbefugter Weise Schwarz- oder
Weißdornpflanzen aus eingehagten Orten zum Ge-

braucht an Hecken und Zäunen Holz, bezahlt Strafe
für eine Menschenlast — — — — 1 Frank
— 1 Schiebkarren voll — — — 2 —
— 1 zweirädrigen Karren von 2 bis
— 3 Menschen gezogen — — — 3 —
— 1 zweirädrigen Karren mit Vieh
bespannt — — — 6 —
— 1 vierrädrigen Wagen voll — 12 —

Kap. II. Entwendung von bereits verarbeitetem Holze
im Walde.

13) Die Entwendung von Bauholz, das schon
beschlagen, oder von Brennholz, das schon in
Schorte zersägt, oder in Scheite gespalten, oder in
Klaftern aufgemacht, oder in Wellen aufgebunden
ist, wird als ein Diebstahl angesehen und nach dem
peinlichen Strafgesetzbuch bestraft. Die Erkenntniß
über dergleichen Fälle gehört nicht zum Ressort der
Friedensgerichte.

Kap. III. Entwendung von Forst-Neben-Nutzungen.

14) Die Entwendung von bereits abgeschälten
Lohrinden wird nach den Bestimmungen des vorhergehenden Kapitels bestraft.

15) Wenn aber der Frevler selbst Stämme schält,
um sich die Rinde zuzueignen, so wird der Ersatz
nach dem Werthe des geschälten Holzes und der

Rinde, und hiernach auch die Strafe in Gemäßheit des 1. Kapitels angesetzt.

16) Eine jede Person, welche, ohne dazu befugt zu seyn, in den Waldungen Eicheln, Bucheln, wildes Obst oder andere Holzsaamen aufliest, wird um 2 Franken gestraft, wenn es in einem offenen Orte geschehen ist, und um 4 Franken, wenn der Ort zur Besaamung eingehegt war, und soll das bereits Eingesammelte nicht mitnehmen, sondern wieder aus einander streuen.

17) Diese Ansätze werden um die Hälfte erhöhet, wenn der Saamen oder das Eckrich von den Bäumen ist geschlagen oder gebrochen worden.

18) Die Strafe wird doppelt, wenn der Saamen zusammen gekehrt worden ist.

19) Sie wird dreifach, wenn der oder die Frevler ein bespanntes Fuhrwerk bei sich haben, um den Saamen wegzubringen.

30) Beim ersten Wiederholungsfall werden obige Ansätze um die Hälfte erhöhet, beim zweiten auch, und der Frevler wird alsdann außerdem noch mit 3tägiger Gefängnißstrafe belegt.

(Die Fortsetzung folgt.)

IV.

Die

Forst- und Jagd-Literatur

betreffende

Gegenstände.

I.

Verzeichniß
der
im Jahr 1816 neu erschienenen
Forst- und Jagdschriften.

1) Abbildung der deutschen Holzarten, für Forstmänner und Liebhaber der Botanik, herausgeg.
von Fr. Guimpel ꝛc. ꝛc. 19s bis 24s Heft.
gr. 4. Berlin.

2) Bechstein, Dr. J. M., Diana oder Gesellschaftsschrift zur Erweiterung der Natur-, Forst-
und Jagdkunde. 4r Band. gr. 8. Marburg.

3) Cotta, H., Abriß einer Anweisung zur Ver-
messung, Beschreibung, Schätzung und Eintheilung der Waldungen ꝛc. gr. 8. Dresden.

4) Dessen Tafeln zur Bestimmung des Inhalts und
Werthes unverarbeiteter Hölzer. 8. Dresden.

5) Dessen Anweisung zum Waldbau. gr. 8. Dresden.

6) **Eiselen's**, J. C., Betrachtungen und Aufschlüsse über den Torf als Baumaterial und dessen bisherige Anwendung beim Land- und Wasserbau ꝛc. Mit 3 Kupf. gr. 8. Berlin.

7) **Franz**, F. C., Aufruf an die Polizey- Forst- und Schulbehörden zur Verhütung einer nachtheiligen Verfolgung derjenigen Thiere, deren sich die Natur zur Erhaltung ihres Gleichgewichts bedient. 8. Dresden.

8) **Fischer**, W. F., Phalänen zur Unterhaltung für Forst- und Waidmänner. 8. Karlsruhe.

9) **Hartig's**, G. L., Forst- und Jagdarchiv von und für Preußen. Erster Jahrgang. 8. Berlin.

10) **Dessen Lehrbuch** für Förster. 3 Bände. 5te Auflage. 8. Tübingen.

11) **Hasemann**, J. F., die Pflanzung der weichen oder geschwindwachsenden Holzgattungen. 8. Mainz.

12) **Jeitter's**, J. M., Jagdcatechismus für Lehrlinge der Jagdwissenschaft. gr. 8. Ulm.

13) **Jester's**, F. C., Anleitung zur Kenntniß und zweckmäßigen Zugutmachung der Naßhölzer. 2r u. 3r Band mit Kupf. 4. Königsberg.

14) **Instruktion**, wornach die Holzkultur in den königl. Preußischen Forsten betrieben werden soll. gr. 8. Berlin.

15) **Laurop**, C. P., die Hiebs= und Kulturleh=
re der Waldungen. 1r Theil. 8. Karlsruhe.

16) **Lintz**, L., über die Regulirung einer Holz=
taxe. 8. Kreuznach.

17) **Martin's**, F., praktische Erfahrungen und
Grundsäße über die richtige Behandlung und
Kultur der vorzüglichsten deutschen Holzbestände.
8. München.

18) **Müller's** neue Tafeln, welche den cubischen
Gehalt und Werth des runden, beschlagenen und
geschnittenen Bau= und Werkholzes enthalten.
Zweite Auflage. 12. Frankfurt.

19) **Neuigkeiten**, ökonomische, und Verhandlungen.
Zeitschrift für alle Zweige der Land= und Haus=
wirthschaft, des Forst= und Jagdwesens ꝛc. Her=
ausgeg. von C. C. André. 6r Jahrgang. gr. 4.
Prag.

20) **Oefen**, holzersparende, und Feuerheerde. Abge=
bildet und beschrieben. gr. 8. Leipzig.

21) **Sponeck**, Gr. von, über die Anlegung,
Einrichtung und den Nußen der Holzgärten und
Holzmagazine. 8. Heidelberg.

22) **Dessen** Bemerkungen über Nadelhölzer in Hin=
sicht der besten Hiebsbestellungen. 8. Cassel.

23) **Schübler's**, C. L., Anleitung zur Cubic=
Rechnung und zu Körper=Ausmessungen. 8. Stutt=
gart.

24) Sylvan, ein Jahrbuch für Forstmänner, Jäger und Jagdliebhaber, auf das Jahr 1816, 8. Marburg.

25) Walther's, Dr. F. L., Lehrbuch der Forstphysiographie. 1e Abtheilung. 2e Auflage. 8. Hasdamar.

26) Dessen Grundlinien der deutschen Forstgeschichte. gr. 8. Gießen.

27) Wildungen's, von, Weidmanns Feierabende. 28 Bändchen. 8. Marburg.

28) Dessen Lieder für Forstmänner und Jäger. 4e Auflage. 8. Altona.

29) Wickede, A. J. D. v., Versuch einer Waldtaxation und Eintheilung nach mathematischen Grundsätzen. 8. Hamburg.

30) Wissenschaft, die, Vögel aufzulegen. 8. Cassel.

31) Zeitschrift für's Forst- und Jagdwesen in Baiern. 4r Jahrgang. gr. 8. München.

II.

Recensionen.

1) Die Hiebs- und Kulturlehre der Waldungen von C. P. Laurop, Großherzoglich Badischem Oberforstrathe, der Societät der Forst- und Jagdkunde zu Dreißigacker zweitem Director und Mitgliede mehrerer gelehrten Gesellschaften. Karlsruhe, in der D. R. Marxischen Buchhandlung 1816. 8. VIII und 206 Seiten. (1 fl. 24 kr.)

Der Verf. hat in diesem gehaltvollen Lehrbuch seine, vor mehreren Jahren erschienenen, Grundsätze der natürlichen und künstlichen Holzzucht, da eine neue Auflage derselben nöthig geworden ist, umgearbeitet und mit Zusätzen bereichert, und die vorliegende Schrift ist sohin als eine neue, bedeutend vermehrte Auflage jenes vergriffenen Lehrbuches zu betrachten. Dieses Bändchen umfaßt aber noch nicht die ganze Lehre von der Holzzucht, sondern nur jene von der natürli-

chen Holzzucht; über die künstliche haben
wir demnächst noch eine besondere Ausarbeitung zu
erwarten, welcher jeder gebildete Forstmann mit
dem Rec. auch sehnsuchtsvoll entgegensehen wird.
— Lichtvolle Darstellung der behandelten Gegenstände, strenge Systematik, zweckmäßige Kürze, un-
beschadet dem Ganzen, und sohin Präcision, welche die Lehrbücher des Verfassers über die verschiedenen Theile der Forstwirthschaftslehre so beliebt
machten und ihnen den Eingang in die Hörsäle verschiedener Bildungsanstalten verschafften, zeichnen
auch die vorliegende Hiebs- und Culturlehre aus,
von welcher wir, um den Lesern dieses eine Uebersicht zu geben, den Inhalt gedrängt beifügen wollen. 1ter Abschnitt. Von den äusseren
Umständen und ihrem Einflusse auf Hieb
und Kultur der Waldungen. 1tes Kapitel vom Klima, und zwar I. vom geographischen,
II. physikalischen, III. örtlichen Klima, IV. von
der Temperatur des Klima's. 2tes Kap. von der
Lage, I. der ebenen, II. der gebirgigen Lagen in
verschiedenen Abstufungen. 3tes Kap. vom Boden, I. im reinen Zustande als A. Sand-, B.
Thon-, C. Kalk-, D. Dammerde, E. Mergel-,
F. Lehmboden. II. in Hinsicht der wasserhaltenden
Kraft: A. der nasse, B. der trockene Boden, III.
in Hinsicht der Temperatur, A. der warme, B.

der kalte Boden, IV. in Hinsicht der Mischung, A. der fruchtbare, B. der starke bindende, C. der Mittel=, D. der leichte Boden. 4tes Kap. Von Untersuchung des Bodens, nämlich 1) durch Aus= graben, 2) durch Probeschlemmen, 3) chemische Zerlegung, 4) durch Beobachtung der darauf wach= senden Pflanzen. 5tes Kap. Von den Wirkungen des Klima's, der Lage und des Bodens auf die Holzkultur überhaupt, und zwar I. in Absicht des Klima's, II. der Lage und III. des Bodens. — Zweiter Abschnitt. Von dem Hiebe und der Kultur der Waldungen. 1tes Kap. Von der Haubarkeit des Holzes; I. der physikali= schen, II. der ökonomischen, III. der technischen Haubarkeit 2tes Kapitel Von den, dem Hiebe der Waldungen zum Grunde liegenden, Bestimmun= gen. I. in Anordnungen der Schläge, A. nach der Größe, B. nach der Figur, C. nach der Rich= tung, D. nach der Anlage und E. hinsichtlich der Ordnung der Schläge. II. in der Jahreszeit zum Hiebe. III. in der Führung der Hiebe. IV. in der Räumung der Hiebsflächen. 3tes Kap. Von dem Hiebe der Waldungen überhaupt, I. der Hoch= waldungen und zwar insbesondere A. der Laubholz= B. der Nadelholzwaldungen; II. der Niederwaldun= gen. 4tes Kap. Von dem Hiebe der regelmäßig bestandenen Waldungen, I. Hieb der Hochwaldun=

gen. A. Hieb der Laubholz-Hochwaldungen; 1) der Buchen-; 2) der Eichen-; 3) der aus Buchen und Eichen vermischten Hochwaldungen; B. Hieb der Nadelholzwaldungen, 1) der Weißtannen-; 2) der Fichten-, 3) der Kiefern-, 4) der Lerchenwaldungen. C. Hieb der mit Laub- und Nadelholz vermischt bestandenen Waldungen, 1) unter Beibehaltung des vermischten Waldbestandes; 2) unter Umwandlung desselben in einen reinen Laub- oder Nadelholzwald. II. Hieb der Niederwaldungen, A. der Eichen-, B. der Buchen-, C. der vermischten, D. der Erlen-Niederwaldungen. III. Hieb der Kopfhölzer. IV. Hieb der gemischten Hoch- und Niederwaldungen. 5tes Kap. Von dem Hieb der unregelmäßig bestandenen und verdorbenen Waldungen. I. Hiebsart der unregelmäßig bestandenen, A. Laubholz, B. Nadelholzwaldungen. II. Hiebsart der durch Zufälle verdorbenen Waldungen, nämlich verdorben A. durch Brand, B. durch Frost, C. durch Sturmwind.

Man wird hieraus ersehen, daß der Verf. zwar seinem früheren Plane gefolgt ist, zugleich aber auch bemerken, daß er diesen schon erweitert hat. Noch mehr ist solches, wie gesagt, der Fall bei dem Inhalte des Buches. Der Vrf. hat seit seiner Erscheinung in Erfahrung gebracht, daß dasselbe außer dem Privatinstitute des Verfassers auch auf der

Forstakademie zu Dreißigacker als Lehrbuch eingeführt worden ist, und er kann es hierzu jedem Lehrer der Forstwissenschaft und jedem Vorsteher einer forstwissenschaftlichen Lehranstalt, so wie überhaupt jedem Forstmanne mit Recht empfehlen.

F......

2) Praktische Erfahrungen und Grundsätze über die richtige Behandlung und Kultur der vorzüglichsten teutschen Holzbestände, mit forstgeschichtlichen Ansichten von Franz Martin, königl. Baier, Oberförster zu Neu-Ulm. Herausgegeben im Jahr 1815. München gedruckt bei J. G. J. Seibold. XXVIII u. 191 Seiten in gr. 8. (Ladenpr. 1 fl. 12 kr. Subspt. Pr. 48 kr.)

Nach dem inneren Gehalt dieser Schrift würde sie wohl schwerlich so viele Abnehmer gefunden haben, als der Verf. durch den Aushängschild, durch Subscriptions-Einladung und Sammler wie auch wohlfeilen Preiß, angezogen hat; denn nach neuern Erfahrungen, die der Verf. in seiner langjährigen Praxis, auf verschiedenen Forststellen und auf seinen vielfältigen, in eigenen und ärarialischen Kosten angestellten Reisen gesammelt haben will, und die man hier zu finden berechtigt ist, wird der Le-

ser ungeblich suchen. Ja es sind in den drei Abtheilungen: „I. Von Behandlung der Hölzer durch
eigene Besaamung, oder von der natürlichen Holzzucht, II. von Behandlung derselben durch Stock-
und Wurzelausschlag, oder von der künstlichen Holzzucht (??) und III. von der künstlichen Holzzucht
durch Aussaat und Pflanzung im Freien“ nicht
einmal die bisher bekannten Grundsätze und Erfahrungen nach ihrem ganzen Umfang, rein systematisch, mit Klarheit, Präcision und zweckmäßiger
Kürze abgehandelt; man stößt auf kleine Unrichtigkeiten, die freilich den Anfänger bei dem Bestehen
besserer Werke nicht weit irre führen können; man
sieht einige Sätze aus anderen Doctrinen der Forstwissenschaft z. B. aus der Taxation, Technologie
und Forstschutz in diese Holzzucht eingeschaltet, und
man läßt in den forstgeschichtlichen Ansichten sich anstatt wahrer, erwiesenen Thatsachen bekannte Schlüsse, Vermuthungen und Meinungen
vorzeigen. Kurz wer sich hier auf ein schmackhaf-
tes Gericht gefreut hat, wird mit mehrmals aufge-
wärmten Kohl vorlieb nehmen müssen. Möchte es
dem Verf. doch gefällig seyn, in den am Ende des
Buches angekündigten „Erfahrungen über
die vorzüglichsten Gegenstände des praktischen Jagdwesens“ und in den sechs Tabellen über theoretische und praktische

Forst- und Jagdgegenstände mehr Neues und Gehaltvolles zu liefern!

A. + B.

3) Ueber die Ursachen des schlechten Zustandes der Forsten und die allein möglichen Mittel, ihn zu verbessern, mit besonderer Rücksicht auf die Preußischen Staaten. — Eine freimüthige Untersuchung von W. Pfeil, kön. Preuß. Hauptmann und fürstl. Curländischem Oberförster, wie auch ordentl. Mitgliede der Societät der Forst- und Jagdkunde. Züllichau und Freistadt in der Darnmannschen Buchhandlung 1816. 8vo. 213 Seiten. (1 fl. 3b kr.)

Der Verfasser dieser lesenswerthen, interessanten Abhandlung scheint eine ausgebreitete Bekanntschaft mit den preußischen Forsten und dem preußischen Forstpersonale zu haben, er besitzt dabei viele Belesenheit und seine Schrift ist also darum schon sehr anziehend, und bei seinen freimüthigen Aeusserungen keineswegs trocken. Sie theilt sich in drei Abschnitte, nämlich I. Ueber die Ursachen des schlechten Zustandes der Forste. II. Ueber die Mittel, die Forste in einen bessern Zustand zu versetzen. III. Ueber die Unmöglichkeit eines gänzlichen Holzmangels, und das Thörichte der Furcht deshalb.

Den schlechten Zustand der Forste sucht der
Verf. zunächst in der zu großen Waldfläche und so
fort in der Nichtachtung des Holzes, in der allgemeinen Unlust zu dem Anbau und der besseren Bewirthschaftung, in der ungemessenen Holzverschwen-
dung, der Unmöglichkeit der vollkommenen, gleich-
mäßigen und gewinnbringenden Benützung des vorhandenen Holzes für den Eigenthümer, in den immer mehr sich ausbreitenden Servituten, in der
Unkunde des Forstpersonals und endlich in der übeln
Justiz-Administration bei Bestrafung der Forstfrevler. Wenn man erfährt, daß der preußische Staat
18 Millionen Morgen Forstgrund besitzt, und wenn
man die Rechnung des Verfs., wieviel Forstgrund
auf jeden Einwohner in jeder Provinz kömmt, über-
sieht, die geringen Holzpreiße mancher Gegend, die
angegebenen hundert tausend Morgen Blößen, die
Geringschätzung des Holzes, die Verschwendungs-
arten desselben ꝛc. ꝛc. in Betrachtung zieht, so wird
man dem Verf. beipflichten müssen, daß der preuß-
fische Staat mehr Waldungen hat als er bedarf,
und daß durch Verminderung und bessere Bewirthschaftung derselben ihnen vorzüglich aufgeholfen
werden kann.

Letzteres schlägt derselbe in dem zweiten Abschnitte als das vorzüglichste Mittel vor. Das
Mittel ganz successive, mit Rücksicht auf die Loka-

thät, auf das Steigen der Cultur und den Geld=
umlauf angewendet, mag allerdings zum Zwecke
führen; der Verf. geräth aber dabei auf Nebens
wege und excentrische Behauptungen, auf welchen
ihm kein Forstmann leicht folgen wird, so verfüh=
rerisch er auch die Sache darstellt. Er verwirft z. B.
die Taxation der Forste, verlangt vollkommene Frei=
heit des Waldeigenthums für die Privat=Waldbes
siher, mithin die Aufhebung der Forstregie und die
Einschränkung oder successive Veräußerung der
Staatswaldungen. Jene Freiheit soll in Preußen
durch ein Edict vom 14. Septbr. 1811. ausgespro=
chen worden seyn. Möchte nach der Rodung von
neun oder auch nur fünf Millionen Morgen Wald=
fläche, die der Verf. vorschlägt, die Nothwendig=
keit nicht eintreten, solches zurückzunehmen!

Was der Verf. in dem dritten Abschnitt
über die Unmöglichkeit des Holzmangels sagt, wird
jedem Leser gefallen und ist unstreitig mehr werth,
als was bisher über Holzmangel geschrieen und ge=
schrieben worden ist. Er hat im Ganzen in seiner
Schrift viele interessante Aufschlüsse über das Forst=
wesen in Preußen und Norddeutschland für süddeut=
sche Forstmänner niedergelegt, dabei manche Saite
berührt, die eine Widerlegung zum Nachklange ha=
ben, welche sodann einer Beachtung eben so sehr
als gegenwärtige Schrift werth seyn wird. A. + B.

4) Ueber die Organisation des Forstwesens
und den zu beobachtenden Geschäftsgang in
den vorzüglichsten Verwaltungszweigen desselben. Helmstädt, 1815. 1s Heft. 86 S. 4.
(1 fl. 30 kr.)

Der Verf. dieser Schrift, welche hofweit fortgesetzt werden soll, hat in derselben hinreichend dargethan, daß er im Stande ist, nicht bloß die Mängel einer fehlerhaften Organisation der Forstverwaltung aufzudecken, sondern auch etwas Besseres an
ihre Stelle zu stellen. Das 1te Heft umfaßt zwar
nur 1) die Aufstellung des Forstpersonals, Eintheilung ihrer Funktionen und Besoldungen nach den
verschiedenen Graden, 2) das Forstpolizeywesen;
allein gewiß trifft jeder Forstbeamte und Cameralist
auf sehr zweckmäßige Ideen, und wie sehr wäre zu
wünschen, daß sie zu einer Zeit beachtet würden,
wo die Verhältnisse so manche Umänderungen in
der Organisation der Staatsverwaltung ohnedem
herbeiführen müssen, wo daher das Organisiren zur
Tagesordnung gehört, und wo es einerlei Arbeit
macht, ob etwas gutes oder etwas schlechtes bestimmt
wird. — Der ungenannte Vf. war, mehreren seiner Aeufferungen zufolge, ein höherer Forstbeamter
im ehemaligen Königreiche Westphalen, und es ist
erfreulich, wie er das Gute der Forstverfassung der
verschwundenen Ephemere hervorhebe ohne ihre Feh-

ler zu verkennen. Die Grundzüge derselben waren gewiß gut, und sie würde vielleicht eine der besten in Deutschland gewesen seyn, wenn sie nicht unter den nachtheiligen Einwürkungen der Finanz-Administration gelitten hätte, und die dabei würklich angestellten vorzüglichen Forstmänner, gegen deren Auswahl im Ganzen wohl nichts einzuwenden war, nicht unter der unseligen Schreibewuth und anderen fremdartigern Hindernissen gelitten hätten und dadurch so oft in ihrem Wirkungskreise und ihren Plänen gestört worden wären. Referent hatte das Glück nie ein Westphale zu seyn, da er sich, obgleich dort geboren, dieser saubern Regierung entzog, er war immer mit Leib und Seele ein Preuße und hat mit Freude den Wald mit dem Schlachtfelde vertauscht, um Deutschland von dem fremden Joche befreien zu helfen, aber das hindert ihn nicht, seinem Vaterlande recht viel von der Westphälischen Forstverfassung zu wünschen und laut zu erklären, daß er recht sehr sich freuen würde, wenn man manche dort gegebene Lehre beherzigte. Es ist abgeschmackt deshalb alle Einrichtungen eines Staats zu verachten, dessen Chef, der gar nichts von den Einrichtungen wußte, verächtlich war. Die Organisation der Forste war das Product vorzüglicher, deutscher Köpfe, wenn sie gleich einen fremden Anstrich hatte, die hier frei von allen Fesseln manches lei-

sten konnten, was sie z. B. in Sachsen und Hanno=
ver, wo das Verdienst nach den Ahnen gezählt und
berechnet wird, gar nicht einmal hätten sagen dür=
fen, wo die Aufhebung aller frühern Rücksichten
dem bessern Erkennen ganz freies Spiel ließ. Möch=
ten wir doch die verflossenen Unglücksjahre wenig=
stens als Lehrjahre benutzen.

Wir empfehlen jedem Forstbeamten, der über=
haupt an den angegebenen Gegenständen Theil nimmt,
diese gewiß interessante Schrift. Aufmerksam möch=
ten wir nur den Vf. darauf machen, die Eingriffe
der Staatsbehörden in die Administration der Pri=
vatforsten nicht als unerläßlich nöthig anzunehmen,
da die neuere Gesetzgebung im Preußischen diese ganz
verworfen hat, und sich davon die allererfreulichsten
Hofnungen von der unbedingten Eigenthumsfreiheit
der Forsten, sowohl für diese als für den Staat
überhaupt zeigen.

                                     ***l.

5.) Im Verlag der Stettin'schen Buchhand=
lung in Ulm ist so eben fertig geworden:

   Jagdkatechismus für Lehrlinge der Jagdwissen=
     schaft, Jäger, Forst= und Jagddiener, auch
     alle Liebhaber des Jagdwesens. Von J. M.
     Fetter, königl. Würtembergischem Ober=
     förster. gr. 8. Ulm, 1826. (2 fl. 15 kr.)

ungeachtet aus dem unten beigefügten abgekürzten Inhalte die Vollständigkeit, und aus dem obigen Titel der Zweck dieses Werkes erhellet; so glaubt
man doch noch bemerken zu müssen, daß solches den
vielen Liebhabern des Jagdwesens nicht nur
sehr willkommen und als ein tägliches Handbuch
unentbehrlich seyn, sondern auch den ausgelernten
Förstern und Jägern Vergnügen und Nutzen
gewähren wird, da der Hr. Verf. mit der größten
Aufmerksamkeit und dem regsten Fleiße, wie auch
mit möglichster Klarheit und Deutlichkeit alle Gegenstände des Jagdwesens systematisch in demselben abgehandelt hat. Wird noch berücksichtiget, daß der
Druck sauber, das Papier schön weiß und gut, auch
der Preis bei mehr als 30 Bogen geringe ist; so
glaubt die Verlagshandlung diesen Jagdkatechismus mit Recht empfehlen und auf die Zufrieden-
heit der Käufer rechnen zu dürfen.

Da dieses Werk sich an die schon früher erschienenen 3 Bände des Forstkatechismus von
demselben Verf. anschließt, und die Besitzer derselben wünschen werden, diesen neben jenem in ihre
Bibliothek zu stellen; so ist noch der nachstehende
besondere Titel beigefügt worden:

Forstkatechismus rc. von J. M. Jeitter rc.

Vierter Band. Von der Jagdwissenschaft.
wodurch nun das Jeitter'sche Werk über

das Forst- und Jagdwesen geschloffen und vollftän-
dig geworden ift.

Inhalt.

Erfter Theil: Von der Kenntniß der wilden, vorzüglich der jagdbaren Thiere. I. Abfchnitt: Von der
Kenntniß der edlen und eßbaren vierfüßigen Jagdthiere.
II. Abfchn. Von den vierfüßigen Raubthieren. III. Abfchn. Von dem Wald-, Feld-, Sumpf-, und Waffer-Ge-
flügel. IV. Abfchn. Von den Raubvögeln. Zweiter
Theil: Von den zur Ausübung der Jagdkunft nothwendigen lebenden und leblofen Hülfsmitteln und Geräthfchaften. I. Abfchn. Von den zur Ausübung der Jagd
erforderlichen lebenden Hülfsmitteln. II. Abfchn. Von
den zur Jagd erforderlichen leblofen Geräthfchaften. Dritter Theil: Von der Erhaltung, Vermehrung und Anlegung des Wildftandes, und der Wildbahnen. I. Abfchn.
Von dem Wildftand im Freien. II. Abfchn. Von dem
eingefchloffenen Haar- und Feder-Wildftand. Vierter
Theil: Von der ausübenden Jagd und der Benuzung
des Wildes. I. Abfchn. Von der Jagdmethode, ver-
mittelft welcher das Wild durch den Schuß aus Feuergewehren erlangt wird. II. Abfchn. Von dem Fang des
Haar- und Federwildes. III. Abfchn. Von derjenigen
Jagdmethode, durch welche das Wild nicht nur eingefangen, fondern auch gefchoffen wird. IV. Abfchn. Von
der beftmöglichften Benuzung des Wildes.

V.

Vermischte

Gegenstände.

1.

Ueber

die Berechnung des Geld-Werthes von Waldungen.

Die im 2ten Quartalhefte des Forstarchivs von und für Preussen eingerückte ministerielle Instruktion, wonach die Forsttaxatoren in den königl. Preuß. Staaten den Werth der zur Veräusserung bestimmten Wald-Grundstücke zu berechnen haben, ist dem Forst-Publikum ausser Preussen eine angenehme Mittheilung, weil hier zum erstenmal der forstwissenschaftliche Vorwurf der Geld-Abschätzung von Waldungen, in offizieller Form zu einer praktischen umfassenden Anwendung gelangt.

Jeder Forstmann muß sich also um so mehr angeregt fühlen, seine eigene Ansichten mit denen hier vorgetragenen Vorschriften zu vergleichen, um wo möglich erstere zu fixiren.

Sehr zu wünschen wäre es allerdings gewesen,

wenn der Herr Herausgeber des Preußischen Forstarchivs diese Instruktion mit einer kritischen Erklärung der Grundsätze, wovon erstere ausgeht, hätte
begleiten wollen; denn wenn es dem preuß. Forstbedienten Pflicht ist unbedingt der Regel zu folgen,
die sein vorgesetztes Departement ihm zur Nachachtung festgesetzt hat; so möchte jedoch die nähere
Betrachtung derselben in wissenschaftlicher Hinsicht
von Werth gewesen seyn, da die Resultate der Wissenschaft praktisch angewendet freilich nur der Welt,
das Wissen selbst aber oder das Abstrakte seiner
Theorie der Litteratur vorzüglich angehört.

Nach dieser durch das königl. Finanz-Ministerium herausgegebenen Instruktion werden sämtliche
zu verkaufenden Waldungen in zwei Classen gebracht; wovon

1) die erste ganze Forsten oder Waldstücke in
sich begreift, die nur nach einem nachhaltigen jährlichen Material-Etat benutzt
werden können, deren Werth nach Maaßgabe
des jährlichen reinen Ertrags zu 6 pct. Zinsen berechnet werden soll.

2) Bey kleinen Walddistrikten hingegen, oder
wenn große Forste parcelirt und diese Parcelen mer-
kantilisch benutzt werden können — wird der Werth-
berechnung eine merkantilische Forstbewirthschaftung
zum Grunde gelegt.

Der Abschätzung ganzer Forsten — die nur nach
einem nachhaltigen Material-Etat benutzt werden
können — nach dem Maaßstabe des jährlichen rei=
nen Ertrages wird man allgemein beipflichten, diese
Berechnung, die aus der Natur der Sache ent=
springt, bringt sich unbedingt auf: warum aber
das für den Ankauf eines Waldes zu rückende Ca=
pital 6 Procent rentiren soll, diese Frage zu thun
möchte wohl deßwegen erlaubt seyn, weil Capita=
lien zum Ankaufe von Feldgrundstücken, oder auf
eine andere sichere Art angelegt, 4, selten 5 Pro=
cent eintragen. Dieser hohe Procent=Fuß ist wohl
nicht als Entschädigung für allenfalls eintretende
Unglücksfälle anzusehen, auf welche schon bei Auf=
stellung des nachhaltigen Material=Ertrags Rück=
sicht genommen werden mußte, auch weil diese Ent=
schädigung und Minderung des Etats nicht für Laub=
und Nadelhölzer, für Hoch= und Niederwaldungen
die nehmliche seyn kann.

Läßt sich also mit derjenigen Gewißheit, die im
gewöhnlichen Leben besteht — annehmen, daß ein
Wald jährlich so viel rentire, als der nachhaltige
Material=Geldertrag es mit sich bringt, so hat der
Käufer Ursache sehr wohl zufrieden zu seyn, wenn
er sein Capital im gewöhnlichen Zinsfuße sichert,
und ihm dasselbe bei Ankauf eines Waldes zu 4
höchstens 5 Procent berechnet wird, je nachdem an=

dere Grundstücke, sich rentiren. Die Ertragung seines Capitals zu 6 Prct. wäre nach dem zu günstig für ihn

Da nun diese Berechnungsweise, die für ganze Waldungen vorgeschrieben ist, welche nach dem nachhaltigen Ertrag benutzt werden müssen, dem vollständigen Zinsbezuge, wobei Zinsen und Zinseszinsen in Anrechnung kommen, entspricht, denn sie giebt die nehmliche Summe, wie die Zusammenzählung sämtlicher jährlicher Erträge nach vollkommenen Zinsen, auf ihren jetzigen Werth bis ins Unendliche berechnet und reduzirt; befremdet es, daß (ad 2.) die kleinen Walddistrikte nach einer andern dem Käufer nachtheiligern Berechnungsweise taxirt werden sollen.

Gerne wird man einräumen, daß, insofern eine periodische nachhaltige Benutzung des Waldes erforderlich ist, die Holzbestände nach Vorschrift der Instruktion in dem Alter, wo sie mit Vortheil versilbert werden können, als benutzbar angesprochen werden, müssen; hingegen die fernere Berechnung des Bodens, der haubaren und nicht haubaren Bestände möchte manchem Ankaufe solcher Parcelen entgegen stehen; denn wer z. B. wird sich wohl entschließen, den Waldboden einem Capital gleich zuachten, welches das Produkt des einjährigen Ertrages mit der Umtriebszeit ist, da doch der Käu-

fer erst nach Verlauf dieser Umtriebszeit in den Ge=
nuß seines Capitals treten kann und dasselbe wie=
der erhält (wenn nicht bei Hochwaldungen Durch=
forstungen ihm früher einigen Genuß geben).

Wird ihm auch nach Willen der Instruktion bei
Hochwaldungen die Hälfte, bei Niederwaldungen
1/3 für mögliche Unglücksfälle vergütet; so steht
diese Vergütung noch nicht den Verlust vieler Jah=
re, während denen sein Capital todte Zinsen trägt,
am wenigsten bei Hochwaldungen, deren Umtrieb
der längste ist *).

Die nehmliche Bemerkung ist auf die Berech=
nung der haubaren und nicht haubaren Bestände
anwendbar.

(§§. 6. u. 7.) Wird der Werth des Bodens nach

*) Bei Vergütung der Hälfte oder eines Drittheils des
summarischen Gelderträges möchte wohl vorzüglich der
Nichtbezug von Interessen während einer Reihe von
Jahren in Erwägung genommen worden seyn, aus
sonst würde die Instruktion zur Abwägung der bestre=
hender Unglücksfälle gewiß einen Unterschied zwischen
Laub= und Nadelhölzern festgesetzt haben. Dieser
Unglücksfälle — welche im Material=Etat zu berück=
sichtigen sind — scheint übrigens der §. 1, der über
die Verwerthung ganzer Forsten abhandelt, und wie
ich glaube mit Recht, nicht gedacht zu haben.

§. 5. hinzugerechnet. Wenn dieser Boden aber erst 10, 20 oder 40 Jahre später als nach Umlauf der Umtriebszeit zur Benutzung kömmt, welches der Fall ist, da er wirklich noch nicht abgeholzt ist, so muß der seinem Produktionsvermögen entsprechende Werth natürlich vermindert werden; denn wenn per Morgen der Werth des jetzt abgeholzten Bodens 4 Thlr. ist, so kann derselbe nicht der nehmliche bleiben, wenn Haupt- und Zwischennutzungen 40 Jahre später eintreten!

In der Hauptsache und im Grundsatze der Berechnung, so wie in den Resultaten differirt diese in den kön. preuß. Staaten eingeführte ministerielle Instruktion wenig von der durch den Hrn. Staatsrath Hartig herausgegebenen Methode der Berechnung des Geld-Werthes von Waldungen.

Die in der Instruktion vorgeschriebenen Abzüge der Hälfte oder eines Drittels des summarischen Geldbetrages wegen möglicher Unvollkommenheit und Unglücksfällen finden nach des Herrn Staatsraths Methode in einer andern Form vermittelst Steigerung der Interessen nach Verhältniß der Entfernung der Geldbezüge statt; und wenn der Abzug der Hälfte oder eines Drittels des summarischen Betrages, den Käufer mehr zu begünstigen scheint, als Hrn. Hartigs steigende Progression der Procente, so verliert derselbe hingegen auf der andern Seite weit

mehr durch die in der Inſtruktion herabgeſetzten Um-
triebsperioden der Hochwaldungen auf 86, der Niederwaldungen auf 20 Jahre, die Hr. Staatsrath
Hartig auf 140, 120 bis 80 und auf 30 bis 25
Jahre feſtgeſetzt hatte.

Die Anhänger der Hartigiſchen Methode werden daher durch die miniſterielle Inſtruktion befriedigt werden, ſo wie diejenigen, welche bei Berechnung des Geldwerthes von Waldungen vollſtändiger
Zinſen in Anwendung gebracht haben wollen, ihr
nicht ganz beitreten werden; letztere indeſſen aber
dafür halten, daß die ſtrenge Befolgung dieſer Inſtruktion ſowohl, als der Hartigiſchen Methode, wenig
Käufer von Waldungen finden dürften, daher im
allgemeinen der größere Theil der Forſtleute wün-
ſchen wird, daß man in Ländern, die nicht zu viel
Holz produciren, ſich beim Verkauf von Waldungen von beiden Berechnungsarten, rückſichtlich großer und kleiner Waldungen, welche parcelen-
weiſe merkantiliſch taxirt werden — nicht entfernen möge, indem alsdann wenigſtens ſich nicht befürchten läßt, daß ſie unter ihrem wahren Werthe
veräußert werden; welche Vorausſetzung jedoch nicht
auf nachhaltig zu benutzende Waldungen, die zu
6. Pct. des jährlichen reinen Ertrags berechnet werden, anwendbar ſeyn dürfte.

2.

Kann man aus den in einer Gegend wach- senden Bäumen auf ihr Klima schließen?

Es ist öfter schon vorgeschlagen, für den Forst, mann eine Feststellung des Klimas einer Gegend dadurch zu bewerkstelligen, daß man die Holzarten angiebt, die in derselben wachsen, oder nicht mehr gedeihen wollen. Das scheint mir doch zu trüglich, da auch bei gleichem Boden doch andere Umstände eintreten können, welche das Gedeihen einer Holz- art hindern oder befördern, sobald man diese Be- stimmung so weit ausdehnen will, daß sie z. B. als Höhenmesser bei Berggegenden, in einer und derselben Provinz, dienen soll. Ohne eine weitläuf- tige Erörterung des dafür und dagegen zu bezwe- cken, mögen hier einige Beiträge zur Holzklimatik folgen, die von selbst darauf aufmerksam machen werden, daß die Holzgattungen das Klima und die Berghöhe wenigstens nicht genau angeben.

Die Fichte (Pinus picea) wird bis zum 66ten Grade nördlicher Breite d. h. bis in die Gegend von Tornea in Finland, im Werchoturischen Ge- birge, und bis über Jakutsk hinaus gefunden. In den Alpen, die etwa zwischen dem 46ten und 47ten Grade liegen, wird diese Holzart noch zwischen 4500 und 5500 Fuß Höhe über dem Meere gefunden,

diese Höhe bewirkte also im Klima einen Unterschied
von 20 Graden. Der Harz liegt etwa unter dem
51ten Gr. nördlicher Breite, also um 4 Gr. nördlicher, als die Alpen, und nach diesem Maaßstabe
müßte, da sein höchster Berggipfel, der Brocken,
noch keine 4000 Fuß Höhe über dem Meere hat,
die Fichte überall anzubauen seyn, welches jedoch
nicht der Fall ist, da man annehmen kann, daß
die Fichte daselbst mit 3400 — 3500 Fuß Höhe
ganz aufhört.

Dagegen wächst diese Holzart auf dem hohen
asiatischen Erdbuckel, in der Mantschau-Tartarei,
ebenfalls unter dem 46ten, 47ten Gr. nördlicher
Breite, nach den Berichten der Jesuiten, noch in
einer Höhe von 11000 Fuß, wo in Europa nur
unzugängliche Gletscher zu finden sind. In den
Cordilleren und Anden fand Humbold in einer Höhe von 8700 Fuß die allerüppigste Vegetation, und
unter andern den größten Baum der Welt, dessen
Blätter 21 Fuß lang sind, die Wachspalme (Ce-
roxylon andiiola Humb.) von einer Höhe von
180 Pariser Fuß.

In Europa gehen bis zum 60ten Grade Quer-
cus foemina und robur, Crataegus aria, Crataegus Oxyacantha, Taxus baccata. Bis zum 61ten
Grade: Fraxinus excelsior. Bis zum 62ten Gr.
die Acer- und Ulmus-Arten, Tilia europaea

und sativa, — Corilus avellana, Prunus padua,
— Sorbus aucuparia. Bis zum 66ten Grade: Pinus
picea und silvestris, Populus tremula und nigra,
Betula alba und alnus., Iuniperus communis und
mehrere Salix - Arten.

In den schottischen Hochgebirgen, 10 Grad nördlicher, als der Harz, trift man noch Eichenpflanzun-
gen des Herzogs von Argyle 2200 Fuß über dem
Meere, wo sie auf dem Harze wohl schwerlich gedeihen möchten, da die Eiche in den Alpen nur bis
zu 3500 Fuß hoch gehet, und auch da nur vege-
tirt, einen vollkommenen Wachsthum aber nur bis
2400 Fuß Höhe hat.

Crataegus aria wächst in den Alpen bis in einer Höhe von 5800 Fuß und in Finland nur bis
zum 60ten Grade, dagegen Populus tremula nur
bis zu 3500 Fuß Höhe, in Finland aber noch unter dem 66ten und 67ten Grade gefunden wird.

W. Pfeil.

3.

Ankündigung

eines Repertoriums der gesammten Forst- und
Jagdkunde,

oder

eines Werks über alle Theile der Forst- und
Jagdwissenschaft.

Wer Gatterers im Jahr 1796 herausgege-
benes allgemeines Repertorium der forstwissenschaftlichen Literatur kennt und sich die vielen Schriften,
welche von dieser Zeit an bis itzt (die fruchtbarste
Periode der Forst- und Jagd-Literatur) herausge-
kommen sind und, wenn auch nur aus den Meßka-
talogen bemerkt hat, der erstaunt über die Menge
von Hülfsmitteln, welche sich sowohl dem Jünglin-
ge, der diesen Zweig der Staatswirthschaft studie-
ren will, als auch dem ausübenden Forstmann und
Jäger, der für irgend ein Dienstbedürfniß Rath
sucht, darbieten, und wird vielleicht ein Unternehmen der Art überflüßig halten. Abgesehen von dem,
daß mit der zunehmenden Helle in den Büchern
dies nothwendige Dunkel in den meisten Forsten
allmählig verschwunden ist, und wenigstens die vielen Vorschriften zur bessern Bewirthschaftung der
Wälder noch immer das nicht bewirkt haben, was
der Staatswirth von ihnen hoffen und verlangen
kann, also neue und wiederholte Belehrungen immer noch nothwendig werden; so findet man auch
in der ganzen Forst- und Jagd-Literatur, vorzüglich in der erstern kein Werk, welches alle einzelnen Theile dieser Wissenschaften nach einerlei unge-
künsteltem Plane vortrüge, welches dem Lehrer zum
bequemen Leiter, dem Lehrling zum leichten Vorar-
beiten und Wiederholen und dem Ausüber zum sichern

Rathgeber dienen könnte. Die eigentlichen Lehr=
bücher, die alle Zweige dieses Wissens zwar sy=
stematisch, zusammenhängend und gedrängt genug
darstellen, sind für einen allgemeinen und selbstbe=
lehrenden Gebrauch zu kurz und unverständlich; und
die vorliegenden Handbücher erschöpfen zwar
ihren Gegenstand; allein sie sind gewöhnlich zu weit
ausholend und zu weitläuftig, und umfassen nur
einen einzelnen Theil, z. B. die Forstbotanik, oder
die Forsttaxation rc., sind nach verschiedenen Ge=
sichtspunkten und nicht nach einerlei standhaftem
Plane bearbeitet und — zu theuer.

Wenn ein vieltheiliges Werk nach ei=
nerlei System und zwar nach einem einfachen
bearbeitet werden soll, so fragt das Publikum mit
Recht: wer sind die Bearbeiter dessel=
ben? Daß ein Mann allein, so viel er auch weiß,
ein Werk, welches das Ganze der Forst= und
Jagdkunde umfassen soll, nicht auf sich nehmen
kann, versteht sich bei der Masse von Kenntnissen
und Erfahrungen, die aus dem Gebiete der Ma=
thematik, Naturkunde, des Rechts, der Staats=
wissenschaft rc. rc. nothwendig sind, von selbst; denn
daher eben das Mangelhafte und Unzulängliche,
das man in den meisten Lehrbüchern antrifft, die
das Ganze offenbaren wollen. Wenn aber Män=
ner sich zu einem Vereine bilden, welche nicht nur

Lehrer in den ihnen zugetheilten Zweigen der Forst-
und Jagdkunde und zwar an ein und derselben Lehranstalt waren oder noch sind, wenn diese theoretische Kenntnisse zugleich durch Selbstbeobachtung,
Erfahrung und Anwendung unterstützt und geleitet
werden, die ihnen ihre Dienstgeschäfte als dirigi-
rende oder administrirende Forst- und Waidmänner
darbieten, so läßt sich mit Recht wohl etwas Gutes und Zweckmäßiges erwarten. Die Männer,
welche sich mit mir zu diesem Werke verbunden haben, sind aber im Lehren und Ausüben gleich kun-
dig und bekannt. Herr Lieutenant Dausen ist
vieljähriger Lehrer der Zeichenkunst an unserer Forstakademie; — Herr Forstcommissär Hoßfeld,
dem Publikum längst durch seine praktische Stereo-
metrie und andere gewichtige Abhandlungen als
selbstdenkender Mathematiker bekannt, ist der älte-
ste Lehrer an dieser Anstalt und besorgt dabei das
Taxationsgeschäfte — Herr Regierungsadvokat
Köhler in Meiningen ertheilt mit großem Beifall Unterricht im Forst- und Jagdrecht — Herr
Oberforstrath Laurop in Karlsruhe, ein rühm-
lichst bekannter Forst-Schriftsteller, war mehrere
Jahre Lehrer hier — eben so der durch seine gründliche Schriften sich auszeichnende Kreis-Forstrath
Herr Dr. Meyer in München. Daß diesen
Theilnehmern Zweck und Plan unverrückt vor Au-

gen stehen kann — und wird, braucht wohl keiner
weitern Versicherung.

Es bestehe dasselbe aber aus folgenden 3 Ab-
schnitten, 11 Theilen und 17 Bänden mit
Angabe ihrer Verfasser und der wahrscheinlichen
Bogenzahl.

A. Forstwissenschaft.

Theile. Bände.

I. — Forstbotanik. 2½ Alphab. (Bechstein)

II. 1. Niedere Arithmetik und Al-
gebra. 1½ Alph.

2. Niedere Geometrie und Ste-
reometrie. 1½ Alph. } Hoffeld

3. Höhere Mathematik für Forst-
eliten. 1 Alph.

III. — Forstabtrieb und Kultur. 1 Alph.
(Laurop)

IV. 1. Forstschutz im Allgemeinen. 16 Bog.
(Laurop)

2. Forstinsektologie insbesondere. 1½ Alph.
(Bechstein)

V. — Forstbenutzung. 16 Bogen. (Laurop)

VI. 1. Praktische u. forstliche Geometrie. 1 Alph.

2. Taxation, Regulirung und } Hoffeld
Werthschätzung der Wäl-
der. 1½ Alph.

Jeder Theil erhält einen doppelten Titel, z. B.

Die
Forstwissenschaft nach allen ihren Theilen,

ausgearbeitet von einer Gesellschaft und
herausgegeben
von
Dr. Joh. Matth. Bechstein.

Fünfter Theil.
Die Forstbenutzung.
und
C. P. Laurop's

Großherzogl. Badischen Oberforstraths ꝛc. ꝛc.

Forstbenutzung.

Durch diese Abtheilung soll bezweckt werden,
daß derjenige Leser, welcher schon mit einigen oder
auch mit allen übrigen Theilen der Forstwissenschaft
bekannt ist, sich auch blos diesen einzelnen Theil
ankaufen kann. Denn obgleich unnütze Wiederho=
lungen durchaus vermieden werden sollen, so wird
doch keine so ängstlich genaue Beziehung, auch selbst
in denjenigen Theilen, die in enger Verbindung mit
einander stehen, z. B. Forstbotanik und Forstkultur
oder Forstbenutzung, statt finden, daß ohne den Be=
sitz der erstern die letztern durchaus nicht verstan=
den werden könnte. Kommen denn in unsere Forst=
schulen lauter Schüler, die den ganzen Cursus von
Anfang an durchhören wollen, oder bringen nicht
viele; ja fast die meisten schon die vorbereitenden

Kenntniſſe mit und wollen ſich nur in einzelnen
Zweigen der Forſt- und Jagdkunde vervollkomm-
nen, und was würde den letztern das Paragraphen-
Citiren und bloße Hindeuten auf das Vorhergehen-
de, ohne ein näheres Andeuten alſo helfen?

Uebrigens wird dem Verſtändigen der Plan,
wie er da ſteht, ohne nähere Zergliederung verſtänd-
lich ſeyn. Er verlangt Kürze mit der nöthigen
Vollſtändigkeit und um dies zu bewirken, ſoll auch
jede Octavſeite 34 — 40 Zeilen enthalten, und dies
ſowohl als das Verſprechen des Herrn Verlegers,
daß jedes Alphabet nicht mehr als 1 Rthlr. koſten
ſoll, wird zugleich das Forſtpublikum, das gewöhnlich nicht gern viel auf Bücher verwendet und verwenden kann, überzeugen, daß dies Unternehmen
keine Geldſpekulation, ſondern reine Gemeinnützig-
keit zum Zweck hat. Schon lange bin ich zur Un-
ternehmung eines ſolchen Werks von mehreren Seiten aufgefordert worden, und ich ſelbſt habe, als
Direktor der hieſigen Forſtakademie, das Bedürfniß
deſſelben längſt gefühlt, allein itzt erſt haben ſich
die Umſtände ſo glücklich vereinigt, daß daſſelbe
ausgeführt werden kann, und da die Herren Mitarbeiter ſich ſchon lange dazu vorbereitet haben, ſo
wird auch die Herausgabe der einzelnen Theile ſchnell
hinter einander folgen.

Zuletzt bemerke ich noch, daß, um Gleichheit
im Maaß und Gewicht zu erhalten, das Rhein-
ländiſche Maaß und Nürnberger Gewicht durch
das ganze Werk zum Grunde gelegt iſt.

Dreyßigacker den 1ten Nov. 1816.

Dr. Bechſtein.

Inhalt
des ersten Hefts.

Forstschriften,
die bei dem Verleger und in allen Buchhandlungen
zu haben sind.

Adams Tafeln zur richtigen Berechnung des cubischen
Inhalts und der Preise eines jeden Stammes von 6
bis 48 Zoll dick und 1 - 60 Schuh lang, 3te verbeſ=
ſerte Ausgabe, 1811. broch. 6 gr. ob. 24 kr.

Annalen der Forſt= und Jagdwiſſenſchaft, herausgege=
ben von C. P. Laurop, 3r Band 1s — 4s und 4r Bd.
1s und 2s St. gr. 8. 1813 - 1815. 4 thl. ob. 7 fl. 12 kr.

Anweiſung für gemeine Feldmeſſer mit 3 Kupfertaf., 4te
Aufl. 8. 1814 6 gr. ob. 24 kr.

Bartholomäi, die Wiſſenſchaft Vögel aufzulegen, 8. 1815.
8 gr. oder 36 kr.

(Aus der Diana 4n Bd. beſonders für Dilettan=
ten abgedruckt.)

Burgsdorf, F. A. L. von, Anleitung zur ſichern und
zweckmäſigen Anpflanzung der einheimiſchen und frem=
den Holzarten, 2 Theile, 3te verb. Ausgabe, gr. 8.
1806. 1 thl. 8 gr. oder 2 fl.

Fabrizius, G. A., Tabellen zur Beſtimmung des innern
Gehaltes und Preiſes des beſchlagenen und runden
Holzes, neue Aufl. 8. 1813. 20 gr. oder 1 fl. 30 kr.

Handwörterbuch, nützliches, für angehende Forſt= und
Waldmänner, 2te Aufl. verbeſſert u. vermehrt von
Thon, gr. 8. 1808. 18 gr. ob. 1 fl. 20 kr.

Hartig, G. L., Anweiſung zur Holzzucht für Förſter, 6te
vermehrte und verbeſſerte Aufl. gr. 8. 1808. 1 thl.
ob. 1 fl. 48 kr.

— — Anzucht der weißblühenden Acacie ꝛc. nebſt 1 Kpf.
und 5 Tabellen, 2te Aufl. 8. 1802. 8 gr. oder 36 kr.

— — phyſikaliſche Verſuche über das Verhältniß der
Brennbarkeit der meiſten deutſchen Waldbaumhölzer
2te verm. Auflage, gr. 8. 1807. 10 gr. oder 40 kr.

Pfaff, W., Taſchenbuch zur richtigen Beſtimmung des
Cubikinhalts und Werths der Stämme für Forſtmän=
ner, neue Aufl. 8. 1811. 12 gr. oder 45 kr.

Pfeil, W., Erfahrungen und Bemerkungen zur bessern
Kultur der Eiche, Linde und Birke, 8. 1816. 5 gr.
oder 20 kr.
　　(Aus den Annalen der Forst = und Jagdwissensch.
　　　　besonders abgedruckt.)
Reinhard, L., kurze Anleitung zur praktischen Feld=
meßkunst und Quadratrechnung, nebst einer kurzen An=
weisung zur Cubikrechnung, mit 4 Kupfertaf., 3te
Auflage, 8. 1815. 8 gr. oder 36 kr.
Sponeck, Graf von, praktische Bemerkungen über unsere
teutschen reinen Nadelhölzer, vorzüglich in Hinsicht
auf die besten Hiebsstellungen, gr. 8. 1815.
Taschenbuch für Forst = und Jagdfreunde für die Jahre
1809 — 12, herausgegeben von L. C. E. H. F. von
Wildungen, mit illuminirten Kupfern, 8. 1812. 1 thl.
16 gr. oder 3 fl.
Die ganz vollständige Samml. dieses Taschenbuchs von
dem Jahr 1794 bis 1808 ist jetzt wieder zu 8 thl. oder
14 fl. 24 kr. als den herabgesetzten Preis zu haben.
Waidmanns = Feierabende, ein neues Handbuch für Jäger
und Jagdfreunde, von L. C. E. H. F. v. Wildungen,
1s Bdchn, gr. 8.
　　　　auf Schreibp. 1 thl. od. 1 fl. 48 kr.
　　　　auf Druckp. 18 gr. oder 1 fl. 24 kr.
　　　(Das 2te Bändchen ist unter der Presse.)
Bitzleben, F. L. von, Beiträge zur Holzcultur, 2te ver=
mehrte Auflage, 1800. 10 gl. od. 40 kr.

Annalen

der

Forst- und Jagdwissenschaft.

Herausgegeben

von

C. P. Laurop,

Großherzogl. Badenschem Oberforstrathe, zweitem Director
der Societät der Forst- und Jagdkunde und mehrerer
gelehrten Gesellschaften Mitgliede.

Fünften Bandes, zweites Heft.

Marburg und Cassel,
in der Kriegerschen Buchhandlung.
1817.

Annalen

der

Societät der Forst- und Jagdkunde.

Herausgegeben

von

C. P. Laurop,

Großherzogl. Badenschem Oberforstrathe, zweitem Director
der Societät der Forst- und Jagdkunde und mehrerer
gelehrten Gesellschaften Mitgliede.

Dritten Bandes zweites Heft.

Marburg und Cassel,
in der Krieger'schen Buchhandlung
1817.

I.

Kleine Beiträge

zu der Naturgeschichte der deutschen Vögel.

(Fortsetzung des im 1ten Hefte abgebrochenen Aufsatzes.)

Es wird hoffentlich die Leser der Forderungen nicht
ermüden, wenn ich zuerst noch einige Bemerkungen über das Vorkommen verschiedener Wasservögel
und einige an ihnen gemachte Beobachtungen folgen lasse. Diese Geschlecht sind von den meisten
Jägern und Jagdliebhabern am wenigsten gekannt,
und viele ihrer Eigenschaften sind noch nicht hinlänglich erforscht. Sie haben mich daher auch seit
meinem Aufenthalt in der Neckar- und Rheingegend,
mithin in einem Zeitraume von 11 Jahren am meh-

ſten angezogen. —— Ich wende mich wieder zu den Enten zurück; viele von ihnen ſind der Aufnahme in unſeren Jagdcompendien, obſchon ſie nicht ſelten im nördlichen und ſüdlichen Deutſchland erſcheinen, noch gewärtig. Dahin gehören auſſer den im 1ten Hefte dieſes Bandes der Forſtannalen berührten drei Arten auch noch

9) die ſ̶ (, Torna), von welcher in Borkhauſens und Beckers deutſcher Or██████████ Hefte die ████████ Abbildung und Beſchreibung geliefert worden iſt. In der erſten Hälfte des ███████ (1816) wurden acht Stücke größtentheils junge Individuen bei dem ██████████ in Schlagnetzen gefangen, und ich erhielt ██ der gütigen Hand eines Gönners und eines Freundes ████████████████████████████████ Einige lebende ████ hieher █████████ ſich in Geſellſchaft ████████████████ den weißwangigen, und ████ ███████ gegen ███ ████████ Sie ██████ ██ ████████████████████████████████ welcher ████████████████████████ Braudenen, ██ der Thierhändler ██████ und Hollaud hie██ her ██████ auch der ██████ Es ſcheint alſo ████████████████████████████████ und die ████████

III

sche. Nahrung nicht vertragen kann, sondern daß
sie zu ihrer Existenz Seewasser, Seegewürme und
Seefische nöthig habe; denn andere eingefangene
nordische Enten fanden hier ein gutes Fortkommen.

10) Die Sammetente (Anas fusca) ist ei=
ne der seltensten Strichenten am Rhein, besonders
aber alte Männchen mit dem Schnabelhöcker, der
orangegelben Farbe auf dem Schnabel, dem perl=
grauen Augenstern und weißen Fleck hinter dem
Auge. Ein sehr schönes Exemplar ward gleichfalls
im Dezember vorigen Jahrs gefangen und ein an=
deres im Frühjahr 1814 geschossen. Das gefange=
ne war, obschon es einige Tage in enger Gesell=
schaft der Entenfänger war, in welcher alle gefan=
gene Enten bald zahm werden, sehr wild und biß
scharf um sich. Sein Gang, wobei auch die Flügel
bewegt wurden, war schwerfälliger und unbehülf=
licher, als bei allen übrigen Enten, und glich der
angestrengten Fortbewegung der Taucher und Steiß=
füße. Es scheint hiernach und nach den großen
breiten Schwimmfüßen, daß diese Enten sich mei=
stens im Wasser aufhalten, und selten an das Land
kommen. Das Leben dieser Ente, die ich tödten
half, war nicht zäher als bei andern, und es ge=
hören also die Erzählungen einiger Reisebeschreiber
davon zu den naturhistorischen Mährchen.

11) Die Tafelente (Anas ferina) wird als eine nordische Streichente angesehen, die entweder gar nicht in Deutschland oder nur im nördlichen, nistet. Ich habe im Anfange dieses Augustmonats drei Junge am Rhein angetroffen, und ein Stück davon geschossen. Es hatte die Farbe des Weibchens, nur war der rostfarbene Hals und die bräunliche Brust grau und zwar mehr grau gesteckt, als man es bei den Jungen sonst im Spätherbste antrifft; der Augenstern war nicht braun, wie ihn Herr Naumann angiebt, sondern so röthgelb, wie bei den Alten.

12) Die anderwärts ziemlich seltene Bergente (Anas marila) erscheint jährlich am Rhein, doch häufiger im Herbst als im Frühjahr, und unter ihnen findet man in der letztgedachten Zeit nur wenige alte Exemplare. In ihrem Magen fand ich Vegetabilien und, wie bei allen Enten, viele Quarzkörner.

13) Von dem gehörnten Steißfuß (Podiceps cornutus), welcher als eine große Seltenheit allenthalben anerkannt wird, wurden im vorigen Märzmonate drei alte Exemplare, zwei Männchen und ein Weibchen, auf einen Schuß in der Gegend von Schwetzingen geschossen. Sie stan

men genau mit der Beschreibung des berühmten
Herrn Hofrathes Meyer überein, und befinden sich
in den Sammlungen des Herrn Hofoberforstmeisters
von Hoßing, Herrn Forstcandidaten von Lett
ner dahier und Herrn Gartenbau-Directors Ze
her zu Schwetzingen. Ueberhaupt sind die drei Ar
ten der Steißfüße, Podiceps subcristatus, cornu
tus et auritus, in den vielen beschilften Altwässern
des Oberrheins nicht so selten, als man glaubt,
nur kommen sie dem Jäger nicht leicht zu Gesichte,
und sind sehr schwer zu acquiriren. Blos im Win
ter und Frühjahr, wenn das Rohr herausgeschnit
ten, oder durch Frost und Schneedruck verschwun
den ist, glückt manchmal ein Schuß, und sie wer
den die Beute des Jägers und Sammlers. Auch
in Schlagnetzen, auf Enten gerichtet, werden sie,
noch mehr aber ihr Bruder Podiceps cristatus zur
Strichzeit gefangen. In ziemlicher Menge wird
endlich der kleine Steißfuß (P. minor) von den
Fischern in Fischreußen, hier Weidluften ge
nannt, eingefangen und zu Markt gebracht.

14) Von den Meerschwalben brüten in der
hiesigen Gegend am Rhein häufig die gemeine roth
füßige M. (Sterna Hirundo); in ziemlicher An
zahl die, anderwärts seltene, kleine Meerschwalbe
(Sterna minuta), die ich daher jährlich schießen

konnte. In geringer Anzahl bemerkt man aber
die an andern Orten gemeine, schwarzgraue (Sterna nigra vel fissipes vel nigra). Die kleine
ist zur Brütezeit und wenn sie Junge zu ernähren
hat, ungemein kühn; sie stößt ganz in der Nähe
von Menschen und Thieren auf kleine Fischchen,
und verfolgt mit unaufhörlichem Geschrei die Hunde beinahe noch mehr, als die in diesem Benehmen
sich auszeichnenden Kiebitze. Aber auch die noch
seltenere weißgraue Meerschwalbe (St. ca-
nescens Meyeri, St. cantiaca vel St. ubberica Lin.)
und die Caspische oder großschnäbelige (St.
megarhynchor M., St. Caspia L.) scheinen hier
zu brüten; denn erstere traf ich mehrmals zur Brütezeit am Rhein an, und von der anderen ward im
vorigen Jahr zu derselben Zeit ein Exemplar bei
Mannheim geschossen. Die drei erstgenannten Arten nisten auf die Kiesgründe des Rheins hin, welche beinahe alljährlich zur Brütezeit von dem an-
schwellenden Fluß überschwemmt werden, und dennoch kommen alljährlich Junge aus. Dies leitete
mich auf die Vermuthung, daß sie ihre Eier von
dem andringenden Wasser hinweg und auf höhere
Stellen tragen. Einer meiner Freunde will dieses
dadurch bestätigt finden, daß ein Exemplar von
Sterna Hirundo, auf welches er schoß, und das,
wie er glaubte, ein Fischchen im Schnabel trug,

ein ausgebrütetes Ei fallen ließ, das er zerbrochen
auf der Kiesstelle fand, auf welcher der bemerkte
Gegenstand herunter fiel. Die gemeine wilde Ente
suche ihre Eier, wie ich im vorigen Jahr selbst be-
obachtete, gegen den Andrang des Wassers dadurch
zu sichern, daß sie am Ufern das Nest ein bis zwei
Schuh höher baut, und die Eier hinaufschiebt, sie
bringt solche aber gewöhnlich nur zur Hälfte durch
dieses Mittel in Sicherheit; vom Forttragen derselben, wozu der Entenschnabel jedoch mehr geeignet
wäre, als der Schnabel der Meerschwalbe, konnte
ich noch nichts in Erfahrung bringen.

15) Im October 1816 ward eine junge Schma-
rotzer meve (Larus parasiticus) in der hiesigen
Gegend am Rhein eingefangen. Sie gehört bekanntlich im mittleren Deutschland zu den großen
Seltenheiten. Sie stimmte mit der Abbildung des
jungen Exemplärs im 6ten Band, Tafel 44 der
Vögel von Seligmann ziemlich genau überein,
und befindet sich in der Zeiherischen Sammlung
zu Schwetzingen.

16) Der kleine Rohrdommel (Ardea mi-
nuta) wird von einigen Jagdschriftstellern als eine
große Seltenheit angegeben, mit dem Bemerken,
daß dieser Vogel im Frühjahr und Herbst im südli-

ßen Deutschland nur auf der Wanderschaft erscheine. Er kommt am Rhein, wo es beschilfte Altwässer und Lachen hat, viel häufiger als der große Rohrdommel (Ardea stellaris), vor. Er brütet auch hier, und seine Nester, die er mehr in Weidengesträuch als in das Schilf, bald nahe an dem Boden, bald über Manns hoch baut, werden von den Fischern und Landleuten, die diesen Reiher wegen seiner großen Behendigkeit im Klettern „Heckensteiger" nennen, häufig gefunden. Ich konnte deswegen jährlich die Jungen erhalten, so wie denn auch ein ganz zahmes, ausgewachsenes Exemplar eben jetzt, wo ich dieses schreibe, zu meinen Füßen sitzt. Wenn man in dem Schilf oder Gesträuch Jagd auf diese Vögel macht, so halten sie den Jäger, oder seine Treibleute oder den Hund ungemein aus; sie lassen auf 2 — 3 Schritte geben oder unter sich vorbeigehen, wenn man nicht mit Stöcken und Stangen um sich schlägt. In diesem Fall steigen sie in dem Gebüsch und Rohr bis zur äußersten Spitze, und fliegen alsdann ab. Der Flug ist sehr schwerfällig, aber doch leise, wie jener der Eulen, und darum sind sie auch leicht zu schießen, wenn man nur die Mitte des Vogels recht auf das Korn nimmt. Gezähmt wäre dieser niedliche Reiher einer der possierlichsten Stubenvögel, wenn man ihn bei seinem

vielen Unflate immer in der Erde halten könnte.
Er verhält sich hier, wie Herr Dr. Schinz zu
Zürich richtig bemerkt, wie die Ratte und der Wach=
telkönig, deren Größe er bei eingezogenem Halse
auch nur hat. Er schleicht bald katzenähnlich auf
den Boden gedrückt, Schritt vor Schritt mit ein=
gezogenem Halse, läuft bald behende, wie eine Wach=
tel, und schnellt seinen langen Hals bald gerade
aus vor sich hin, bald in die Höhe, kurz er macht
die seltsamsten Grimassen, daß Unkundige darob in
das größte Staunen gerathen. Er läßt sich mit klei=
nen lebenden und todten Fischchen, wie auch mit
Gewürme und kleinen Fröschen leicht fortbringen.
Fische verschlingt er wegen ihrer Schlüpfrigkeit sehr
leicht, und zwar dreht er sie immer so im Schna=
bel, daß der Kopf zuerst in den Schlund gesenkt
wird. Die Frösche, die er überhaupt aber nicht liebt,
weichet er meistens in Wasser ein. Auch in der Stu=
be glimmt er an den dünnsten, oft ganz perpendi=
kulär stehenden Gegenständen empor, wenn er mit
den Zehen und dem Schnabel eingreifen kann. Er
verdiente mit Recht (nebst noch einigen niedlichen
Sumpfvögeln, z. B. den kleinen Regenpfeifern,
Charadrius minor et hiaticula, Gallinula por-
zana, Tringa achropus etc. etc., die ich auch
schon in der Gefangenschaft mit Regenwürmern
und Nachtigallen = Futter durchbrachte, unter die

Stuben- und Menagerievögeln aufgenommen zu
werden.

17) Von dem **Purpurreiher** (Ardea pur-
purea) ward im Jahr 1814, zwischen hier und
Rastadt, am Rhein ein junges Individuum erlegt.
Acht andere aus Holland befinden sich seit einem
Jahre dahier in der Menagerie, und haben sich in
diesem Jahre zwar gemausert, aber noch nicht die
schöne purpurfarbe Farbe der Alten angenommen.
Sie werden mit zerstückten Fischen erhalten, sind
streitsüchtig unter sich, und haben ein Individuum
ganz ausgestoßen. Wenn einer den Hals ausstreckt
und ein Geschrei anfängt, so stimmen alle mit ein,
welches eine sehr unliebliche Musik giebt.

18) Von dem **Löffelreiher** oder **Löffler**
(Platatea Leucorodia) ward unlängst ein junges
Exemplar bei Bruchsal geschossen. Auch von diesem
seltenen Sumpfvogel befinden sich einige Junge vom
vorigen Jahr dahier, die aber kein so gutes Gedeihen, wie die Reiher, und sich bisher auch noch
nicht gemausert haben. Auch sie nehmen mit der
gewöhnlichen Fischnahrung vorlieb; eine Abwechselung mit Gewürme vorzüglich Muscheln und mit
Amphibien würde ihnen aber mehr zuträglich seyn.

19) Der ſchwärzlich weißliche Sumpflau-
fer (Limosa melanura), welcher früher von den
Brütthövögen zu den Waſſerläufern gezählt ward,
und mit dem dreifachen Namen Totanus Aegoce-
phalus, T. Limosa und T. rufus auftrat, folgt
auf ſeinem Frühjahrs und Herbſtſtrich hauptſäch-
lich den Geſtaden des Meeres. In Holland trifft
man ihn daher auf ſumpfigen Wieſen ziemlich fre-
quent an; im mittleren Deutſchland gehört er aber
zu den Seltenheiten. Im Juli des vorigen Jahrs
wurden zwei Exemplare auf einer feuchten Wieſe,
die in gewöhnlichen Sommern trocken iſt, eine halbe Stunde nordöſtlich von Karlsruhe, und mithin
nicht gegen den Rhein ſondern gegen das Gebürg
zu, geſchoſſen, und im Auguſt des Jahrs 1814 kam
mir gleichfalls ein Exemplar zu Geſicht, welches unter Bekaſinen auf einer bruchigen Wieſe geſchoſſen
worden iſt. Es waren ſämtlich junge, die begreiflich
in dieſer frühen Jahrszeit ſich noch nicht ausgemau-
ſert und ihr Winterkleid angezogen hatten; denn
dieſer Vogel wechſelt, wie manche Sumpfvögelart,
ſeine Federn zweimal im Jahr, und erſcheint daher
in einem dreifachen Gewande, nämlich als junger
Vogel, als alter Vogel im Herbſt: und als ſolcher
im Frühlingskleide. In dem angegebenen Jugend-
gefieder ward Limosa melanura, nun früher Totanus rufus und T. lapponicus genannt.

Ich behalte mir vor, in einem der folgenden Hefte, dieser Annalen auch einige Bemerkungen über seltene Landvögel, die mir in der hiesigen Gegend vorgekommen sind, mitzutheilen.

Fischer,

Großherzoglich-Badischer Forstrath und erster Secretär der Forstsocietät.

II.

Bemerkungen

Wer die in den Annalen der Forst- und Jagdkunde 3tes und 4tes Heft des Jahrganges 1816 aufgenommenen statistischen Notizen von einigen Provinzen des Preußischen Staats in Hinsicht der Forste und ihrer Bewirthschaftung *).

Die immer häufiger werdenden Angriffe auf die bisher bestandene Verfassung des Preußischen Forst-

*). Da auch Bemerkungen zur Bewirthschaftung verschiedener Insekten in dem gedachten Aufsatze vorkam, so nehme ich solche um so lieber auf, als sie die Forst-Einrichtung in einem Staate betreffen, der von jeher durch Zweckmäßigkeit derselben vor andern Staaten ausgezeichnet und auch den größten Theil vorzüglicher Forstmänner aufzuweisen hat.

Der Herausgeber.

~~wesens erinnern an die Fabel vom kranken Löwen.~~
So lange man höhern Orts die bisherige Forstver=
fassung als richtig anerkannte, war Niemand, der
auftrat, und die Mängel derselben öffentlich rügte,
jetzt aber, wo an einer gänzlichen Umänderung der=
selben gearbeitet wird, tritt ~~jeder~~, sollte er auch
vor wenig Jahren noch Calculator gewesen seyn,
~~harvor, fühlt sich zum Reformator berufen, und~~
~~beweiset, wie elend und unverantwortlich das Forst=~~
~~wesen im Preußischen Staat betrieben wurde.~~
So lange man bei der Wahrheit bleibt, in be=
~~scheidenem Tone~~ die Mängel einer fehlerhaften Ein=
~~richtung zeigt, und mit Beweisen unterstützt~~, ver=
dient ein solches Verfahren ~~gewiß den größten Dank~~,
wenn man aber schonungslos das Grelle einer Ein=
richtung heraushebt, und zur Beschönigung seiner
Behauptungen Unwahrheiten als Thatsachen
~~vorträgt, wozu soll dergleichen führen?~~ Dadurch
~~wird wahrlich niemand~~ geneigter gemacht, sich für
die neue Ordnung einer Sache zu interessiren, ~~es~~
~~wird vielmehr Mißtrauen erregen, welches der gu=~~
~~ten Sache mehr Schaden als Vortheil bringen wird.~~
~~Daß in der Preußischen Forstverfassung einiges~~
~~Mangelhafte liegt~~, daß so Manches darin zu ver=
bessern ist, dieß ist so wenig zu leugnen, als daß
man wird in Abrede seyn können, daß, ~~gegen~~ En=
de des vorigen Jahrhunderts, wo das Forstwesen

[...] zu einer Wissenschaft erhoben wurde [...]
die Preußische Forstverfassung von vielen anderen
Staaten zum Muster und des vereinigten von Burgs-
dorfs Forst-Handbuch, als Lehrbuch angenommen
[...]

Daß man im Preußischen, während den letzten
[...] Jahren nicht den raschen Schritt mitging,
den diese Wissenschaft nahm, ist wohl wahr, nicht
so [...], wie der Herr Verfasser jenes Aufsatzes
[...] so wenig, als daß die Forst-
[...] schlecht verwaltet werden, wie er sich [...]
[...]

Der Herr Verfasser möge doch einmal mit seinem
[...] Unterschrift [...] und [...]
[...] in welche [...]
nur einmal in die ihnen anvertrauten Forsten
kommen, sie werden sich gewiß über das Gegentheil
zu legitimiren, und dergleichen Schmähungen zu
rügen wissen.

Der Unterzeichnete stehet nicht so hoch, daß es
ihm möglich wäre, alle die in diesem Aufsatz vorkommenden Unrichtigkeiten durch Beweise zu wider-
legen, indeß ist es ihm doch möglich vor dem, S.
53 des 3ten Heftes angeführten Ertrage der Forsten der Provinz Magdeburg und Grafschaft Mans-
feld, durch einen officiellen Beweis, einen Beläg
zu liefern, wie wenig man bei solchen Gelegenheit

ten, wo es heißt: „kreuzige ihn", sich ein Gewissen daraus macht, der Wahrheit getreu zu bleiben; für deren Richtigkeit er sich verbürgt.

Damit man nun in den Stand gesetzt werde, die Angabe des Herrn Verfassers mit der Berichtigung des Unterzeichneten, über den Flächen-Inhalt der Forstreviere, deren Ertrag, so wie die erforderlichen Ausgaben gehörig prüfen zu können, so sind selbige gegen einander gestellt, und dasselbe Jahr 1805 — welches im Ertrage eines der schlechtesten war — dazu gewählt. Zur Vermeidung der Weitläufigkeit sind die Groschen und Pfennige bei den Summen, so wie die □Ruthen weggelassen, und das Verhältniß der Angabe des Herrn Verfassers mit der Berichtigung des Unterzeichneten ist folgendes:

zeichneten

Ausgabe.				Bleibt reiner Ueberschuß
An administrations Kosten	An Pensionen	An Cultur-Gelder	An Unterhaltung der Forstgebäude	
Rthlr.	Rthlr.	Rthlr.	Rthlr.	Rthlr.
	10	6800	1750	

Hiernach bringt nun der Morgen Forstgrund, nicht so wie der Herr Verfasser recht zuverläßig behauptet, beweisen zu können, beinahe 1 gr. 3 pf., sondern 15 gr. 2 pf. Fürwahr ein merkwürdiger Unterschied im Ertrage, der denn doch wohl nicht zu den schlechtesten der Forsten Deutschlands gehört, ohnerachtet ein großer Theil der Magdeburg= und Mansfeldschen Forsten, zur Zeit des 7jährigen Krieges, devastirt wurde, um die vom Staat verlangten Gelder herbey zu schaffen. Diese den Forsten damals geschlagenen Wunden fühlen dieselben noch, indem nach dem 7jährigen Kriege die Hüthungs= Servitute so sehr vermehrt wurden, daß zum Beispiel im Askenschen Forstreviere nur ¼, ohnerachtet aller Widersprüche der Forstbehörden, konnte in Schonung gelegt werden, obgleich die Hälfte dieses Reviers noch aus jenen Zeiten aus Räumden bestehet.

Wenn daher die von dem Herrn Verfasser aufs gestellten Berechnungen des Ertrags der Forsten in den übrigen Provinzen eben so wenig die Probe halten, als die vom Herzogthum Magdeburg, so weiß man nicht, was man glauben soll, entweder er hat falsche Aktenstücke erhalten, oder es liegt der böse Wille zum Grunde, die Administration des Preußischen Forstwesens im Auslande herabzuwürdigen. In den Preußischen Staaten selbst werden

III. Bd. 2s Heft.   2

dergleichen Erbärmlichkeiten von Sachverständigen
mit gefälligem Achselzucken übergangen, woher
denn diese Berichtigung auch nur für das Ausland
geschrieben ist.

Daß die Forsten einen noch höhern Ertrag trägen könnten, wenn man eins der mittelbarlichsten
Producte, das Holz meistbietend verkäufte, und so
den armen Unterthan (der nicht immer im Stande
ist Quantitäten von einigen Klaftern zu kaufen) in
die Hände des Wucherers lieferte, dieß ist wohl un-
bezweifelt, macht aber der Preußischen Regierung
sehr viel Ehre, daß sie nicht gleich der französischen
diese Maasregeln ergreift.

Ueberhaupt aber werden sie von der französischen Forstverfassung nicht viel lernen können, denn
die von dem Herrn Verfasser berühmte Forstverfassung des ehemaligen Königreichs Westphalen, die
manches Gute enthielt, wird man doch dafür nicht
halten.

Unwahr ist es, was der Herr Verfasser anführt,
daß während der westphälischen Regierung der Holz-
hieb in den Forsten verdoppelt, dieselben ruinirt,
und keine Culturen geschehen wären.

Ich kann denselben versichern, daß in der da-
maligen Conservation Magdeburg (welche einen
größeren District als den des Herzogthums Magdeburg in sich faßte) jährlich nicht mehr Holz geschla-

gen wurde, als gar früheren Preußischen Zeit, daß
nur ſeine Forſten bekannt ſind, welche während der
Zeit ... wurden, und daß ... den Forſtrevieren
bedeutende Forſteinſaaten wirklich geſchehen ſind. Alles dieſes verdanken die Forſten dem ... igen
Chef, dem ſehr verdienſtvollen jetzigen ...
... von Witzleben, der mit ſtandhaftem Muthe
... allen, den Forſten drohenden, Gewaltſtreichen
... widerſetzt, ... freilich nicht ganz ver-
... ..., daß der ..., das ...
... zu verkaufen, in einigen Begleben, ...
... ... ſich ... machen, — die Sache ...
ernſtlich betrieb — um ſich geff. ...

Uebrigens iſt mir nicht bekannt, daß während
dieſer Feld ... ... wohl
aber ſind einige zu dem aufgehobenen Kloſter gehörige ... und ... verkauft, und ...
die zum Kloſter ... gehörige Forſt von ... 500
Morgen, welche der jetzige Beſitzer des Kloſters an
eben Forſt ... ..., ...zurechnen iſt,
dieſes letztere mußte man ... von Seiten der ...
... freilich nicht ... ...
... ..., einige Worte über die, Seite 105 ꝛc.
geäußerte Lieblofigkeit, in Betreff des ... Feld-
jäger = Corps zu ſagen.

Ich habe mich hierüber bereits im 3ten Hefte
des Forſt = und Jagd ... von ... für Preußen

hinlänglich gegen den Herrn Oberförster Pfeil erwiesen, und da der Herr Verfasser diese Erklärung
eigentlich nicht gelesen hat, aber aber, vielleicht absichtlich zu ignoriren scheint, so will ich ihm nur
sagen, daß der Werth dieses achtungswürdigen Corps
schon längst festgestellt ist, und daß keine so niedrige
Schmähungen im Stande seyn werden, ihm seinen
guten Ruf zu rauben. Ich selbst habe in diesem
Corps gedient, und werde mir dieses stets zur Ehre rechnen, da ich besonders in den letzten Jahren
meiner Dienstzeit vor vielen andern Gelegenheit
hatte, den Werth oder Unwerth jedes Einzelnen
genau kennen zu lernen.

Durch moralische Bildung hat sich dasselbe seit
seiner Stiftung sehr ausgezeichnet, sonst würde es
die Achtung nicht genießen, in der es sich bis jetzt
immer erhalten, und wodurch es sich von jeher die
Gnade Sr. Majestät des Königs erworben hat.
Daß unter 172 Menschen wohl einzelne seyn mögen, auf welche die Schmähungen des Herrn Verfassers Anwendung finden dürften, dies will ich
nicht in Abrede seyn; aber höchst selten sind sie
doch immer gewesen.

Auch in wissenschaftlicher Hinsicht stand das rei-
tende Feldjäger-Corps schon im Jahre 1800 nicht

mehr auf den niedrigen Stuhl, welches es die Herr
Verfasser gern stellen möchte. Seitdem ist dasselbe
unleugbar mit dem Zeitgeist fortgeschritten, und
wenn auch aus ihm noch keine sogenannten großen
Geister, — welche man im gewöhnlichen Leben mit
dem Namen B l e n d e r belegt, — hervorgegangen
sind, so trifft man dagegen in der größten Mehrzahl desselben rechtliche, brave Männer an, die das
Forstwesen mit Eifer und Liebe betreiben, und im
Praktischen gewiß mit strenger Pünktlichkeit die aufgestellten Grundsätze der Direction ausführen werden.

Warum also um Einzelner willen ein ganzes
Corps auf eine so elende Weise herabwürdigen?
Sollte etwa der versteckte Plan dabei zum Grunde
liegen, daß man durch solche Schmähungen die
gänzliche Auflösung dieses schätzungswürdigen Corps
bezwecken will? und glaubt der Herr Verfasser durch
seine Schmähungen auch sein Scherflein zur Erreichung dieses Zweckes beizutragen? Dann irrt er
sich gewaltig, die Preußische Regierung ist zu er-
haben, als daß sie dergleichen anonyme Schmähungen berücksichtigen sollte.

Uebrigens freut es mich unendlich, daß das rei-
tende Feldjäger-Corps bei dieser Gelegenheit aber-

nicht seinen herrlichen Geist bewähret, und diese
Schmeltzungen mit stillschweigender Verachtung ge-
... gewaldigt hat.

Acten an der Elbe im May 1817.

Der Oberförster
Olberg.

III.

Beitrag

zu

den Berichtigungen über die wahren und schätzbaren Vortheile der itzt gebräuchlichen neuen Flintenschlösser nebst dem dazu gehörigen Zündpulver.

Voraussendung.

Der nachfolgende Aufsatz wird für einen großen Theil von Jagdfreunden sehr an Interesse gewinnen, wenn sich selbige in Ermangelung solcher Schlösser weytläufig durch Zeichnung und Beschreibung einen richtigen Begriff von dieser Maschinerie verschaffen, welches auch durchaus nothwendig ist, um die sich hierauf gründenden Beziehungen vollkommen zu verstehen. Französischen Zeitungs-

Blättern zufolge, wurde ein gewisser L e p a g e *)
vom K. Napoleon durch ein eignes Decret, als Er-
finder der verbesserten Gewehrschlösser erklärt, und
noch außerdem belohnt, weil man die Idee ins Auge faßte, diese neu erschienene Vorrichtung vielleicht
mit Vortheil auf militärische Waffen übertragen zu
können. Vollständige Belehrungen über diesen Gegenstand kündigen die Cataloge der Buchhandlungen zur Zeit noch nicht an, und nur gallische Flug-
blätter begnügten sich mit allgemeinen Anzeigen und
lobpreisenden. Lobeserhebungen über die neuesten
besten Proben des menschlichen Erfindungsgeistes im
ächten Posaunenton, erzeugt vom Reiz der Neuheit
und bestimmt, den Reiz der Neuheit auch im Auslande zu wecken.

Ein Blick auf Fig. 1. stellt dem Leser die Sei-
tenansicht eines solchen Schlosses und die Batterie
nebst Pfanne und Cylinder als den wichtigsten Theilen — im Verticallängen-Durchschnitt dar. Die
Batterie b, nach dem (wie sich Franzosen ausdrücken) System Lepage gebaut, ruhet zwar mit ihren

---

*) Er ward später, einer Etikette auch einer hier in
   Karlsruhe befindlichen Doppelflinte nach der neuen
   Erfindung gemäß — zum kaiserlichen Hofbüchsen-
   macher ernannt.

A. B.

Stollen a auf einer wie bisher angebrachten Gegenfeder f, wenn aber der Hahn h gespannt und abgedrückt wird, so kann die Batterie nicht vorwärts schnellen, sondern sie bleibe ganz in ihrer Lage, das nunmehrige Hahnmaul aber schlage mit voller Federkraft gegen den runden Bolzen a; der den erschütterten Stoß gegen die seine runde Versenkung v, im Cylinder c, fortpflanzt. In der Mitte dieser Versenkung, deren Größe etwa mit einer Linse verglichen werden könnte, ist der auch niedergehende Theil des Zündlochs (oder besser Zündröhre) befindlich und steht mit dem übrigen horizontal gegen die Pulverkammer im Laufe führenden Theil der Zündröhre in unmittelbarer Verbindung, wie dies der Querdurchschnitt Fig. 3. zur Genüge versinnlicht. Dieser Cylinder c endet sich auswärts in einen gewöhnlichen runden Schraubenkopf, dessen Rand in k, Fig. 2, zu bemerken ist (weil das Zündloch von dem Pulversack des Laufes nur bis zur erwähnten Versenkung v führet), und kann nach Belieben in das Rohr geschraubt und ausgeschraubt werden, ohne das Schloß vom Gewehr abnehmen zu dürfen, denn die Pfanne, so wie die Batterie, müssen zwar an dem Cylinder c genau anschließen, stehen aber in keiner Verbindung mit ihm. Der Bolzen a fällt nach unten zu konisch ab und schließt gleichsam die Oeffnung der Versenkung v; bei q geht ein Schräubchen als Unterriegel durch den Bolzen und auf diesem Flügel ist eine ganz kleine Feder angebracht, welche den Bolzen auswärts drückt, damit dessen Fuß nur dann die Bewegung ausfüllt, wenn der Hahn auf selbigen schlägt, übrigens paßt der Bolzen a r genau in die ausgehöhlte Batterie b, um Feuchtigkeiten allen Zugang abzuschneiden. Der Hahn h ist im Ganzen gearbeitet, und hat eine kleine Vertiefung im Maul, die beim Abdrücken genau auf den Kopf des Bolzens r zu liegen kommt.

Bevor man von dieser Beschreibung der einzelnen Bestandtheile zu dem Geschäft des Aufschüttens von dem besonders geeigenschafteten Zündpulver übergehe, wird noch erinnert, daß man auch Schlösser verfertige, wo der Cylinder a nicht durch die ganze Pfanne c bis in den Lauf geht, und nicht wie in Fig. 2 hereingeschraubt werden kann, sondern als der gewöhnliche Kern des Zündlochs so weit über den Lauf hervorragt und in die ausgehöhlte Pfanne eingreift.

Letztere Einrichtung ist in Fig. 3 zu ersehen, aber minder zu empfehlen, als die vorher beschriebene, weil die ohnehin gegen ½ Zoll lange Zündröhre, auf diese Art, nicht aus einem einzigen Stück, sondern aus 2 Theilen besteht, die halb dem Pfannenstück, halb dem Laufe angebohret, wodurch der Rost mehr Spielraum erhält. Die Stellung des Bolzens bleibt dieselbe — und in beiden Querdurchschnitten stellt sich außer den schon erwähnten Theilen zugleich der Lauf l, die Schloßplatine p, die Batteriefeder F, und die Schlagfeder g im Profil dar, bei z aber gehe das Zündloch erweiterförmig in den Lauf.

Soll aufgeschüttet werden, so rückt man die Batterie vorwärts und es präsentirt sich nun die obere Hälfte des Cylinders a, mit der beschriebenen Versenkung; in diese wird jetzt ein Korn des Zündpulvers in der Größe einer mittlern Stecknadelkoppe (folglich größer als das Zündloch —) gelegt, und nun die Batterie zurückgeschlagen, wodurch sich zwar ein Theil des Korns in den Zündlauf, der übrige aber zwischen die Versenkung und das untere Ende des Bolzens a fällt; wird aber das späterhin beschriebene Zündpulver feiner gekörnt, so werden einige Körner in die Versenkung gelegt, um selbe zu füllen. Wird nun der Hahn gespannt und abgedrückt, so zersetzt oder entzündet sich durch die Heftigkeit des regelmäßig erfolgten Schlages das Zündpulver, mittelst eines kleinen Knalles, und entwickelt zugleich gegen die innere Pulverladung im Laufe so viel Feuer, daß der Schuß sehr rasch losgeht, wenn Cylinder und zugleich Bolzen

vollfrei sind, und das Zündmittel, oder Stoffsatz in
seiner Zersetzung, durch nichts gehemmt wird. Wenn
auch von dem im Laufe befindlichen gewöhnlichen
Schießpulver sich das, durch den Cylinder, o sehr
verlängerte, Zündloch nicht erfüllt, so erfolgt die
Entzündung der Ladung dennoch, weil die ohnehin
sehr kleine Quantität des Zündpulvers, im gequetsch-
ten oder eingeschlossenen Zustand, einen hinläng-
chen Feuerstrom nach innen zu äußert, um diesen
Zweck zu erreichen, es müßte sich denn Rost in der
langen Zündröhre angesetzt und diese' gleichsam ver-
stopft haben.

─────────

Was den Mechanismus der in Frage gezogenen
neuen Gewehrschlösser betrifft, so wird im Allgemeinen bemerkt, daß ihre Construktion viele Sorgfalt
erfordert, um sowohl die Zersetzung des Zündpulvers zwischen glatten Metallflächen jedesmal regelmäßig zu bewirken, als auch um durch äußerst ge-
naues Eingreifen und wechselseitiges Anschließen
der Bestandtheile, welche dem Entzündungsproceß
zunächst liegen, aller Ansetzung von Unreinigkeit
und daraus entstehendem Rost Mittel und Wege abzuschneiden, es mag übrigens der Cylinder aus dem
Rohre hervorragen, oder vom Schloß aus durch den
Lauf in die Pulverkammer führen.

Eben so bekannt ist die Bereitung des [...] nöthigten Zündpulvers und die geringen Abweichungen in den quantitativen Verhältnissen der Bestand-
theile bei Verfertigung desselben, sind nicht von besonderem Belange; der Einsender dieses erinnert
daher nur, daß er auf 100 Theile Zündsalz *) 20
Theile reingewaschenen Schwefelblüthen und 10 Theile [...] Kohlenpulver, gewöhnlich nehme, wogegen
[...] Herr Professor [...] auf 100 Theile [...]
[...] Theile Schwefel und 100 Theilen Kohlen
nehmen. Das somit erhaltene Mischpulver (grob
[...]), ist als gewöhnliches Schießpulver,
im [...] oder überhaupt im eingeschlossenen
Raum gebraucht, [...] so stark, als letzteres,
übrigens vereinigt aber das erstere, so wie die dazu
zu nehmenden Schüsser [...] nicht so viel Vortheile, als es Anfangs schien, worüber nach obigen
Voraussetzungen hier nach einige Beobachtungen
mitgetheilt werden sollen, welche vielleicht manchem
[...] willkommen seyn dürften, der noch

*) Unter diesem nur der Kürze wegen gewählten Aus-
druck ist hier das überoxidirtsalzsaure Kali zu verstehen unter welchem Namen dasselbe in allen gang-
baren Apotheken zu haben ist, wogegen Zündpulver die erfolgte Mischung obengenannter Bestandtheile bezeichnet.

seine eignen Erfahrungen hierüber zu sammeln Gelegenheit hatte, und sich etwa geneigt fühlt, ohne weitere Prüfung mehrere Jagdgewehre mit gedachten neuen Schlössern versehen zu lassen.

Der Gebrauch des Knallpulvers lehrt, daß sich nach erfolgter Zersetzung desselben (wobei ein Theil der Säure, des zum Pulver nothwendigen Zündsatzes frey wird), seine Wirkung durch das Zündloch auf die Pulver-Ladung (mit gewöhnlichem Schießpulver) gleich, einem kleinen Schuß von außen nach innen äußere, — und die Ansetzung von Unreinigkeit am Laufe und Schlosse würde von geringerer Bedeutung seyn, wenn nicht die Explosion des Laufes und deren Resultate auf diesen Umstand zurückwirkten. Wenn nämlich der Schuß und mit diesem die Luft aus der Seele des Rohres, hervorgeworfen ist, so strömt letztere mit großer Heftigkeit wieder in den leeren Raum und reißt zugleich die in der Pulverkammer verweilenden warmen Dämpfe durch das Zündloch zum Theil zurück, wodurch sich der Schmutz in dem Mechanismus des Schlosses stark ansetzt. Geschieht die Reinigung aber nicht sehr genau, so ist es eben so viel, als wenn ein gewöhnliches Jagdschloß eine fehlerhafte oder ganz versagte Entzündung bewirkt, man weiß jedoch sehr wohl, wie oft sich der Fall ereignet, daß man selbst beim besten Willen nicht einmal Zeit zu so sorgfältigem Putzen

hät, aber — die unangenehmen Folgen die=
ses Zeitverlustes sowohl, als der etwa
unterlassenen vorzüglichen Reinigung,
haben schon manchen Gewehrbesitzer (selbst wenn er
sein Vergnügen hauptsächlich nur auf Scheibenschie=
ßen beschränkte) bewogen, alte Schäfter wieder
hervorzurufen, und sich des ......schen Schloß=
pulvers auch zum Aufschütten als Zündpulver ..
..... zu bedienen. Hiezu kommt noch, daß ..
beim Gebrauch der Jagdgewehre, der Fall ergiebt,)
daß es in .... Tagen, der Wochen ..... nur
einzelne Schüsse .... gemacht werden, ..
... eine .... erfolgte, die .... lehrt
...., daß ..
bei .... Gebrauche, sowohl im
Schaft als Lauf und Zündloch, selbst bei äußerli=
cher .... dennoch leicht Rost .... bei
... . Wirkung des Zündpulvers ohnfehl=
bar häufig verhindert, denn es ist nach überdies
gleichgültig, ob viel oder wenige Male vorher ge=
schossen worden ist:—

Je trockner die Atmosphäre ist, desto weniger
erfolgt zwar dieses Rosten, aber bei dem erwähnten
mehrtägig unterbrochenen Gebrauch ..... sich an
den Metallflächen .... Roß .. .. immer
nothwendig werdende Entfernung aber mit den For=
derungen und Wünschen jedes Jagdliebhabers im

gelösten Widerspruche steht *). Diese Uebelstände
vermehrt noch der Umstand, daß man, in Rücksicht
der nassen Witterung, durch die neuen Flintenschlösser und den Gebrauch des Zündkrauts ebenfalls
nicht so viele Vortheile erwarten habe, als dies zu
erwarten war, und zu frühzeitig versichert wurde,
dem Schutz gegen die Einwirkungen der Nässe darf
keineswegs vernachläßigt werden, dagegen ist man, für
den kurzen Augenblick des Zielens und Abfeuerns,
(selbst im Regen), ganz unbesorgt, wenn nur bis
dahin alle Theile trocken erhalten wurden, und dieser Vorzug sowohl, als der nicht statthabende Rauch
des sonstigen Zündkrauts, so wie die gewisse Entzündung ohne Nachbrennen, auch vorhergegangene
Reinigung, lassen den Gebrauch für einzelne besondere Fälle nicht nur vollkommen zu, sondern begünstigen auch denselben, — wenn die tägliche Säuberung von dergleichen Feuergewehren die Geduld der

_____

*) Den berührten Nachtheil des mehreren Kostens in
den Behältern, in welcher die Zersetzung des Zündpulvers vorgeht, äußert die oben erwähnte hier
befindliche Doppelflinte vorzüglich auch, und es
bringt viele Gewehr- und Jagdliebhaber von der
guten Meinung über die Tauglichkeit der französischen Erfindung zurück.

Jagdfreunde und Jäger, im strengen Sinn, bald
ermüden, wo nicht ganz erschöpfen würde. Im
Vorübergehen nur sey hier bemerkt, daß die beste
Gattung von Pulvergefäßen (oder Pulverhörner) zum
Aufschütten des Zündpulvers, oberhalb an der Mündung, mittelst eines angebrachten Queerriegels mit
Feder so eingerichtet ist, daß die jedesmal nöthige
Quantität, selbst in der Finsterniß, oder beim größten Regenwetter, unter dem Schutze des Rockes
oder eines Taschendeckels, bei dem geschehen werden kann, ohne Bestreuung oder Ueberfüllung besorgen zu dürfen.

Ueber die vermehrte oder verminderte Gefahr
dieser Neuerung, herrschen ebenfalls so verschiedene
Ansichten, daß ein Wort zu deren Berichtigung nicht
überflüssig seyn dürfte. Oftmals hört man die Behauptung, daß hier nur etwas starker Stoß an irgend einen Theil des Gewehrs hinlänglich wäre,
um durch diese Erschütterung das Zündpulver zu
zersetzen, mich somit das Losgehen des Gewehrs zu
veranlassen, allein sehr gegründete Prüfungen lehr-
ten an der Ueberzeugung, daß diese Annahme nicht
stattfinde, sondern ihren Grund nur in der Ver-
wechslung des mehrberührten Zündpulvers mit
Knallsilber habe, dessen Zersetzung und Wirkung
aber von ersterem ganz verschieden ist.

Das hier in Rede stehende Zündpulver zersetzt

III. Bd. 2s Heft.   S

aber entzündet sich zwar im eingeschlossenen Raume
durch Stoß und Schlag, mit sehr merklicher Explosion, obschon lange nicht so heftig, als Knallsilber,
allein die Entzündung durch Funken zeigt den auf-
fallenden Unterschied; in diesem Falle nämlich entzündet sich ersteres im freien Raum ganz langsam,
wie ein angefeuchtetes gewöhnliches Schießpulver,
das ohne alle Explosion, wogegen das Knallsilber
sehr schnelle und fürchterliche Wirkungen äussert,
es mag durch Funken, Druck oder Reibung
entzündet werde, es mag sich übrigens im freien oder
gesperrten Raum befinden. Fällt nur z. B. ein
Gewehr, mit der neuen Gattung von Schlössern
versehen, um, und die Erschütterung ist nicht von
der Art, daß der gespannte, oder in Ruhe stehende
Hahn (oder vielmehr die Nußstange) aus der Stu-
tzer- oder Mittelrast in der Nuß herausgehoben
wird, so ist durchaus keine Zersetzung des Zündpulvers zu fürchten, möchte ist die Gefahr auch nicht
größer, als bei gewöhnlichen Schießgewehren, wenn
die Schlagfeder den Hahn gegen das Batterie drückt,
ohne daß dieses absichtlich, sondern durch irgend einen Zufall bewirkt werde.

Kaum hat das System Lepage so viele Zeit ge-
währet, um sich im eigentlichen Sinne bekannt zu

machen, als der Büchsenmacher John Manton
und Sohn in London von der Großbrittanischen
Regierung ebenfalls ein Patent über Verbesserung
der Jagdgewehrschlösser erhielt, worauf derselbe folgende Anzeige gründete:

John Manton und Sohns
Patent-Flintenschlösser.

John Manton und Sohn haben die Ehre, die
fürstlichen und vornehmen Jagdfreunde und Jäger
zu benachrichtigen, daß sie von Sr. Majestät ein
Patent erhalten haben, über die Verbesserung der
Flintenschlösser, hinsichtlich der möglichsten Sicherung im nassen Wetter und feuchter Luft, vermehr-
ter Schnelligkeit, und Gewißheit im Losgehen, und
Entfernung des großen Nachtheils, wenn während
des Zuschüttens des Zündkrautes Nässe in die Pfanne
gekommen.

Diese Verbesserung hat das zum Zweck, was
seit vielen Jahren ein großer Wunsch eines jeden
Jägers war, nämlich daß die Flinte jederzeit losgehen muß, ohne Pulver auf die Pfanne besonders
aufzuschütten. Ein Uebel, welches alle Versuche
dieser Art begleitete, war das öftere Nachbrennen,
welches so viel unangenehmen Rauch verursacht,
daß der Schütz nicht sieht, was er schießt und die

Möglichkeit verbringe, um ... Schuß zu thun ... Ein anderer sehr großer Vortheil dieser Er- findung ... daß eine ... kleinere Quantität Pul- ver ... als man ... zum Aufschütten braucht, zweifach auf der Oberfläche der Pfanne ... wo das Feuer darauf fällt, und die Form dieser Ober- fläche ist so ... mit der ... des Holzes in Verbindung ..., daß die Zerstreuung des Feuers, nach verschiedenen Seiten auf's Nach- ... verhindert wird; die in der Pfanne be- findliche ... verhindert zugleich das ... des Zündkrautes, selbst wenn der Schuß ... ... gehe, ... etwas, das sonst beim ... ... begegnet.

... Doktor und Sohn empfehlen diese Er- findung ... größten Vertrauen, da ihre ... ... strengen Versuche ... ... entsprechen, und den ... getheilten Beifall der ersten Jäger des Königreichs ...

... London ... Piccadilly ...

Bemerkungen
über die neuen englischen Patent-
Flintenschlösser.

Gleichzeitig mit dem vorstehenden Avertissement eines sehr berühmten Büchsenmachers zu London, erhielt die vortreffliche Gewehrkammer Sr. Durchlaucht des regierenden Herrn Herzogs zu Sachsen-Coburg-Saalfeld, den höchstinteressanten Zuwachs einer Doppelflinte von gedachtem Meister, deren Schlösser und Schwanzschraube durch ihren zweckmäßigen sehr sinnreichen Bau jene Forderungen erfüllen sollten, welche man zeither auf so verschiedenen Wegen nur mit minder glücklichem Erfolge zu erreichen strebte. Wenn Gewehrliebhaber in die vortheilhaften Anzeigen öffentlicher Blätter über Gegenstände dieser Art nicht nur billiges Mißtrauen aus leicht zu erachtenden Gründen setzen, sondern sich wenigstens (auch bei Hinweglassung aller sonst gewöhnlichen Uebertreibungen) doch immer sehr unbefriedigt durch dergleichen gegebene Umrisse neuer Vorrichtungen haben müssen, so kann ein genauerer Bericht von solchen neuen Erscheinungen jedem wackeren Jagdfreund nur sehr willkommen seyn, um so mehr, als der hohe Preiß dieser Gewehre wirkliche Modelle von den meisten Gewehrschränken

so lange entfernt hält, bis einheimische Künstler
mit glücklichen Nachahmungen auftreten. Die Haupt-
abweichungen von dem bisherigen Mechanismus guter Jagdflinten bestehen in nachfolgenden Verbindungen und Einrichtungen: Die beiden Pulverkam-
mern endigen sich konisch gegen die rechts und links
ausgehenden, mit Platina *) verbohrten Zündlöcher,
welche etwas größer als gewöhnlich sind, um das
mit Einfüllung der Pulverladung im Rohr zugleich
erfolgende Einrollen (oder Aufschütten) des Zündkrautes, auf die ganz besonders geeigenschaftete
Pfanne zu begünstigen. Die Schlösser ohne Rücksicht auf deren Bau, liegen nicht wie bisher in einer fast parallelen Richtung mit den Läufen der
Doppelflinte, sondern stehen schräg, so daß sich die
hintere Spitze derselben gegen den Kolben zu be-

---

*) Dieses Metall ist feuerbeständiger und kostbarer als
   Gold; seine Farbe ist weiß, es rostet nicht, und
   durch einen leichten Strich mit dem Finger oder
   mit dem Putzläppchen ist es leicht gereinigt. Bei
   den meisten französischen und süddeutschen Jagdflinten von gewöhnlicher Art findet man dermahl
   nicht nur das Zündloch mit diesem Metall ver-
   bohrt, sondern auch die Pfanne damit angelegt,
   was sehr nützlich und nicht theuer ist.

                                              d. H.

henten, nähert, mithin sonst die Schwanz...
ebenfalls schief und mehr in jene Richtung zu se...
hen, in welcher das Pulver aus der Kammer in
die Pfanne reist — ein Umstand von größer...
Wichtigkeit, als es für den ersten Anblick scheint.
Diese Stellung setzt aber voraus, daß die Schwanz
schrauben, welche gleichsam eine Verlängerung der
Röhre bilden, nicht so viel Breite wie diese einneh...
men, sondern rückwärts gegen die gewöhnlichen
Haaken zu abfallen, aber schmäler werden müssen,
wodurch zugleich der Schaft des Gewehres zwischen
Griff und Schwanzschraube weniger breit ausfällt
und ein gefälligeres Ansehen bekommt. Die Oeff...
nung des Zündloches steht, wenn die Batterie ge...
schlossen ist, nicht unmittelbar an den schmalen hoh...
len Rändern der Pfanne, sondern eine Oeffnung
in der Größe des Zündloches, ist durch denjenigen
Theil der Batterie gedeckt, welcher den eigentli...
chen Deckel der Pfanne ausmacht. Diese Beschaf...
fenheit sowohl, als jene der Pfannen erklärt Fig.
4 besser, als jede mögliche Zergliederung; man be...
merkt hiebei in i das erwähnte gleichsam verlängert...
te Zündloch, wodurch aber nicht die Entzündung,
sondern lediglich die Aufschüttung des Zündkrautes
bewirkt wird; die Batterie h deckt das Pulver nicht
mit einer wie bisher üblichen ebenen oder concaven
Fläche, sondern endigt sich in einem Winkel gegen

den Steg u., der Pfanne der Länge nach nicht nur
in 2 Hälften theilt, sondern auch etwas schräg ein-
geschoben ist, damit das Pulver vor dem vor-
dern Raum der Zündpfanne selbst dann nicht abrol-
len kann, wenn sich auch die Richtung der Laufe
der Perpendiculärlinie nähert. Es erhellet aus dieser Stellung, daß das Zündloch bedeutend höher
stehe, als die tiefsten Räume der Zündpfanne, welche in der Zeichnung punctirt sind, und man sollte
glauben, daß dieser Umstand sowohl, als die ver-
ängerte Entzündungslinie in der kegelförmig aus-
laufenden Pulverkammer, ohnfehlbar Nachbrennen,
oder auch öfters Abbrennen veranlassen könne; denn
ungeachtet erfolgt die Entzündung mit einer Präcision, die jede Erwartung übertrifft, selbst wenn
sehr häufig hintereinander geschossen wird,
ohne das Rohr zu reinigen.

Versagen des Feuers ist fast gar nicht denkbar,
denn der Hahn schlägt zwar etwas kurz gegen die
Batterie, aber im Winkel der Pfanne auf beiden
Seiten des Steges concentrirt sich das Feuer so
vortrefflich, daß man selbst auf Entzündung einzeln
aufgeschütteter Körner mit Gewißheit rechnen kann.
Wenn der Hahn die Batterie vorgeschlagen hat, so
kommt die Schneide des Steins ganz nahe über
den Steg in der Pfanne zu ruhen; es verdient jedoch erinnert zu werden, daß man sich in England

nicht der hellen französischen Flintensteine, sondern einer härteren Gattung vorzüglich guter schwarzer Hornsteine bedient, die eine ungleich höhere Dauer und bei weitem reichlichere Feuererzeugung verbürgen. Zur Lichtseite dieser Schlösser gehört noch der Vortheil, daß die geringe Quantität Pulver auf der Pfanne weniger Rauch verursacht und den Schützen leichter den Erfolg seines Schusses noch im Feuer bemerken läßt, so wie auch das Zündkraut weder Regen noch feuchter Luft ausgesetzt wird. Die Säuberung der Zündpfanne erfolgt wegen ihres winklichten Baues mit einem kurzen harthärigten Bürstchen Fig. 5., wobei weniger Zeit verloren geht, und welche Operation bei nassem Wetter leichter geschützt verrichtet werden kann, übrigens schließt der Pfannendeckel an allen Berührungspunkten so genau an, wie man dies an dem eigensinnig durchgeführten Bau der englischen Eisenwaaren beinahe durchgängig zu bemerken gewohnt ist, und der sich auch auf alle einzelne Theile des ganzen Gewehrs nebst sonstigen zugehörigen Apparat erstreckt, wobei man allenthalben eine Sorgfalt erblickt, die in der That überraschend ist, und den Stempel: non plus ultra, verdient. —

Die bis jetzt erwähnten neuen Verbesserungen der Gewehrschlösser sind keineswegs unbedeutend und das überflüssig gewordene Aufschütten des Zündkraus

des bei Jagdflinten eine neue Erscheinung, so könnte
nur auch die Erfahrung bestätigen, daß die Präcision der Entzündung schon so zuverläßig erfolgt,
wenn das Gewehr in ununterbrochenem Gebrauch stehet, wo dann erst nach einigen Wochen eine förmliche Reinigung vorgenommen wird,
so würde hierin ein sehr großer allgemeiner Em-
pfehlungsgrund liegen, wenn man dies aber völlig
in Zweifel zieht, so berechtigen folgende Gründe
dazu: 1) Keinem Jagdfreunde kann die Beobachtung entgangen seyn, daß gewöhnliche Schießge-
wehre, deren Zündlöcher sich zu sehr erweitert haben, sehr häufig nachbrennen, zumal wenn der
Schuß nur wenige Tage im Rohr geladen war,
wogegen die Entzündung ungleich besser erfolgt,
wenn man an einem und demselben Tage öfters
nach einander schießt. 2) Je näher das Zündkraut
der innern Pulverladung liegt, desto rascher und
ungestörter erfolgt die Mittheilung der Entzündung,
daher man die bisher üblichen Zündkerne inwendig
etwas austrichterte, allein das hier stattfindende kö-
nische Verliehen der Pulverkammer rückwärts durch
die Schwanzschraube gegen das Zündloch, läßt unter der oben genannten Bedingung allerdings ver-
spätete Entzündung zum öftern besorgen. 3) Der
unterbrochene Gebrauch an mehrern Tagen macht
es ferner nothwendig, daß man zuweilen frisches

Pulver, aufschütte, daß dies aber bei dem in Fig. 1
ersichtlichen Mechanismus nicht so geschehen könne,
als bei gewöhnlichen Zündpfannen, erhellet daraus,
weil das aufgeschüttete Pulver zwar nur einen Theil
des Winkels der Pfanne ausfüllt, aber durch den
Deckel dennoch so stark gepreßt werden muß, daß
das Zündkraut sowohl an seiner Entzündungsfähig-
keit, als in der Schnelligkeit dieses Prozesses verlieren muß, wenn auch wirklich nicht mehr Pulver
aufgeschüttet wurde, als zur lokern Füllung des bestehenden hohlen Raums nöthig ist, denn die Natur der Sache fordert schlechterdings Einrol-
lung der Zündkörner von innen nach auffen. Könnten diese wohlgegründeten Besorgnisse an der Erfahrung scheitern, so wäre nur zu wünschen, daß
eben so vorzügliche Modelle, wie das zur
Sprache gebrachte, recht bald in die Hände der besten deutschen Büchsenmacher kommen möchten, im
entgegengesetzten Fall reducirt sich die Summe der
somit neu erworbenen Vortheile an den Jagdgewehren vorzüglich auf den Gebrauch solcher Doppel-
flinten bei Hühnerjagden und Treibjagen,
wo es angenehm ist, schneller laden zu können, zumal, wenn man nicht mehrere Gewehre zur Hand
hat, wo auch öfters nach einander gefeuert und beinahe tägliche Reinigung ohnedies erforderlich wird;
der eigentliche Jäger aber hat für den einzelnen,

oder unterbrochenen Gebrauch hiedurch nichts gewonnen, und wird sich noch längere Zeit mit der bis jetzt gebräuchlichen Beschaffenheit seines Jagdgewehrs begnügen.

W. D.

IV.

Fortsetzung

Verordnung

die Verfolgung und Bestrafung der Forstfrevel betreffend.

1.

Kap. IV. Huth- und Weide-Frevel.

21) Wer, ohne dazu berechtigt zu seyn, mit
einzelnem Vieh in einem offenen, nicht eingehegten
Orte hüthet, bezahlt folgende Strafen:

    Für ein Pferd, Esel, ein Stück
      Rindvieh oder eine ... Franken
    Für ein Schwein außer der ...
      für ein Schaaf ...

22) Doppelt wird die Strafe, wenn das Hü-
then ... eingekommen ... über 6 Jahr alt

ten Schonung, oder mit Schweinen zur Maßzeit geschehen ist.

23) Dreifach, in einer Schonung unter 6 Jahren, in einem Besamungs-, Licht- oder Abtriebsschlag.

24) Beim ersten Wiederbetretungsfall ad §. 22 und 23, wird die Strafe um die Hälfte erhöhet, beim zweiten wird sie doppelt, und derjenige, der zu Schaden gehüthet, kommt alsdann ausserdem 5 Tage in das Gefängniß. Der dritte Wiederholungsfall wird ebenfalls mit der doppelten Geldstrafe und mit sechzigem Gefängniß bestraft.

25) Wer ohne Gerechtsame mit ganzen Heerden hüthet, bezahlt Strafe:

    a) in offenen Orten:

        Für eine Heerde Rindvieh -   30 Franken

        Für eine Heerde Ziegen oder

        Schaafe, oder für eine Heer-

        de Schweine ausser der Maßt-

        zeit, - - - - - - 20

        Für eine Heerde Gänse -   2

    b) in Schonungen über 6 Jahre oder mit

        Schweinen in der Maßtzeit, doppelt so viel.

    c) in Schonungen unter 6 Jahren und in

        Besamungs-, Licht- oder Abtriebschlägen,

        dreimal so viel.

26) Beim ersten Wiederholungsfall ad b und c

wird die Strafe verdoppelt, und der Hirt wird auf
3 Tage in das Gefängniß gesetzt. Beim zweiten
Wiederholungsfall wird die Strafe dreifach anges
setzt, und der Eigenthümer der Heerde muß einen
andern Hirten annehmen.

27) Wenn nur einzelne Stücke Vieh von einer
Heerde im Frevel angetroffen worden sind, so wer
den die Strafen nach §. 21 bis 24 angesetzt. Es
muß die ganze Heerde oder doch ein so großer Theil
derselben zu Schaden geweidet haben, daß die Stra
fe für einzelnes Vieh höher kommen würde, als
die in dem §. 25 und 26 festgesetzte, wenn letztere
angewendet werden soll.

28) Die Weide-Berechtigten dürfen kein frem
des Vieh annehmen, um es mit ihren Heerden ein
treiben zu lassen, bei Strafe von 20 Franken für
jedes Pferd und Stück Rindvieh, und 6 Franken
für jedes Schwein, Schaaf, oder jede Ziege im er
sten Fall, und bei Strafe der Confiscation im Wie
derholungsfall.

29) Huth- und Weid-Berechtigte, die ihr Vieh
nicht in ganzen Heerden, sondern einzeln in ih
nen aufgegebenen Orte treiben, werden als Frev
ler angesehen und nach §. 21. bestraft.

Kap. V. Forstfrevel durch Grasen betreffend.

30) Wer in offenen, nicht verbotenen oder ein

gehegten Orten, ohne Befugniß dazu zu haben, graset, wird neben dem Ersatz des Werths gestraft:

für eine Traglast um . . . . 1 Franz
für einen Schiebkarren voll . . . . 2 —
für einen zweiräderigen Zugkarn voll,
von 2 oder 3 Menschen gezogen . . . 3 —
für einen zweiräderigen, von mehr als
3 Menschen gezogenen oder mit Vieh
bespannten Zugkarn voll . . . . 6 —
für einen vierräderigen Wagen voll . . 12 —

31) Diese Strafen werden um die Hälfte erhöhet, wenn in Schonungen gegraset wird.

32) Sie werden doppelt angesetzt, wenn das
Grasen geschiehet über Gras oder Geist in
Schonungen, die über 6 Jahre alt . . . .
. . . .
. . . .

33) . . . .
. . . .
. . . .

34) Die Ansätze ad §. 32 und 33 werden beim
ersten Wiederbetretungsfall um die Hälfte erhöhet,
beim zweiten aber um das Doppelte und zugleich
die Schuld mit 3tägiger Gefängnißstrafe belegt.

Kap. VI. Forstfrevel durch Laubholen betreffend.

35) Unberechtigte, welche in offenen Orten dürr
. . . . V ori

res Laub entwenden, werden nach den Ansätzen des
§. 30 gestraft.

36) In geschlossenen verbotenen Hochwald-Distrikten, die bereits stärker als Stangenholz sind
(wo der Durchmesser der darin stehenden Stämme
im Durchschnitt über 6 Zoll oder 16 Centimeter ist),
oder in verbotenen Niederwaldungen, wird die Strafe um die Hälfte erhöhet.

37) Ist aber das trockene Laub in jungen aus
dem Kern erwachsenen Beständen, die die Stärke
des Stangenholzes noch nicht erreicht haben, entwendet, oder wird grünes Laub von den Bäumen
und Büschen abgestreift, so ist der Ansatz doppelt.

38) Die Ansätze ad §. 36 und 37 werden beim
ersten Wiederholungsfall um die Hälfte erhöhet,
beim zweiten aber um das doppelte, und die Frevler zugleich mit 3tägiger Gefängnißstrafe belegt.

Kap. VII. Forstfrevel durch das Entwenden von Ginstern, Farrenkräutern, Heide, Moos und sonstigem
Streuwerk.

39) Unberechtigte, welche, ohne Anweisung der
Forstbehörde, in offenen Orten Ginstern, Farrenkräuter, Heide oder Moos entwenden, bezahlen
Strafe:

von einer Menschenlast . . — 50

Fr. Cnt.

von einem Schiebkarren voll : : 1 —

von einem zweiräderigen Karren voll

von 2 oder 3 Menschen gezogen 1 . 50

von einem zweiräderigen, von mehr

als 3 Menschen gezogenen, oder

mit Vieh bespannten Karren voll 3 —

von einem vierräderigen Wagen voll 6 —

40) Diese Ansätze werden doppelt genommen, wenn in einem eingehegten Orte gerupft wird.

41) Sie werden dreifach genommen, wenn das Streuwerk vermittelst einer Sichel, Sense, Hacke, oder eines eisernen Rechens in Schonungen, die über 6 Jahre alt sind, entwendet wird;

42) und vierfach, wenn die Entwendung vermittelst dieser Instrumente in Schonungen unter 6 Jahren geschieht.

43) Die Ansätze ad §. 41 und 42 werden beim ersten Wiederbetretungsfall um die Hälfte, beim zweiten um das Doppelte erhöhet.

Kap. VIII. Vergehen und Verbrechen durch Feuer.

44) Es ist ausdrücklich verboten, zu welcher Zeit es auch sey, Feuer in die Waldungen zu tragen oder darin anzuzünden, ausser in den Hauungen und Köhlereien durch die Holzarbeiter, und zwar an den von der Forstbehörde dazu angewiesenen Orten.

45) Wer diesem Verbot zuwider handelt, wird, insofern durch das Feuertragen oder Feueranmachen dem Walde weiter kein Schaden zugefügt worden ist, folgendermaßen bestraft:

   a) im Winter, wenn der Boden mit Schnee bedeckt ist, oder sonst an regnerischen Tagen,

     in Laubholzwaldungen   :   3 Franken

     in Nadelholzwaldungen   :   6 ———

   b) im Sommer, bei trockener Witterung:

     in Laubholzwaldungen   :   10 ———

     in Nadelholzwaldungen   :   20 ———

46) Beim ersten Wiederholungsfall wird die Strafe um die Hälfte erhöhet, und der Thäter außerdem mit dreitägiger Gefängnißstrafe belegt.

47) Beim zweiten Wiederholungsfall ad b aber,

Kreisgericht übergeben,   die

                  en sind, daß sie davon abstehen müssen, wird außer obigem Ersatz der Frevler in den Ersatz des Werthes der Bäume verurtheilet.

49) Ist aber Feuer an einen Baum gelegt worden, um vermittelst desselben eine Holzentwendung zu begehen, so werden sie in dem Kapitel I. fest

gesetzten Strafe, und ausserdem 8 Tage Gefäng-
... ...

50) Der Holzacker im Walde brennt, und das
... ... entzündet, zahlt ausser denen für das
... ... Strafen und dem Werth
... Gebrauchten Gehölz, auch die nach Kapitel I.
... Entwendung ... Strafe.

51) Wie im Sommer bei trockener Witterung
mit einer brennenden Tabakspfeife ohne Deckel betreten wird, zahlt für solches Vergehen:

- in Laubholzwaldungen . . . 2 Franken
- in Nadelholzwaldungen . . . 5 —

Strafe.

52) Es ist verboten, bei trockenem Wetter, in
einer Entfernung von 25 Ruthen rheinl. (100 Me-
tern) von dem Walde, Feuer anzuzünden, bei 3
Franken Strafe.

54) Ist ... der an den Wald stoßende Boden
ein Torfstauw, so ist das Feueranmachen auf 200
Ruthen rheinländisch, bei 12 Franken Strafe verboten. ...

55) Sollte durch Feuertragen oder Feueranmachen
in einem der in diesem Kapitel vorhergesehenen
Fälle ein Waldbrand entstehen, welcher über den
Boden hinläuft, folglich mehr als einzelne Bäume
beschädigt, so gehört die Untersuchung vor das Kreisgericht, welches die Schuldigen ausser der festgesetz-

ten Strafe, noch in den Ersatz des verursachten Schadens zu verurtheilen hat, der in solchem Fall, durch den Forstmeister oder Oberförster, forstmännisch aufgenommen werden soll.

55) Wer den Wald unvorsichtiger Weise in Brand gesteckt hat, und beim Entstehen des Feuers sogleich nach dem nächsten Dorfe eilt, um Feuerlärm zu machen, dem wird die Strafe erlassen, und er braucht nur die Hälfte des Schadens zu bezahlen.

56) Sobald in einer Gemeinde ein Waldbrand bemerkt oder angezeigt wird, ist der Ortsvorstand gehalten, die Sturmglocke anziehen zu lassen, bei Strafe, für allen, aus versäumter Löschung des Brandes entstandenen, Schaden persönlich zu haften.

57) Wenn nach angezogener Sturmglocke nicht aus jedem Hause, worin das Stürmchen gehört werden kann, und dessen Bewohner anwesend sind, wenigstens eine erwachsene Person mit Axt, Schippe, Haue oder Rechen zur Brandstätte eilt, so zahlen die Einwohner dieses Hauses eine Strafe von 5 bis 10 Franken.

58) Wer boshafter Weise Feuer in den Waldungen anlegt, soll nach dem peinlichen Strafgesetzbuche bestraft, und die nöthigen Einleitungen hierzu von dem Kreisgericht getroffen werden.

Tit. IX. Vergehen gegen die Sicherheit der Waldgren
ze, und Eingriffe in das Eigenthumsrecht und den
Genuß des Waldbodens.

59) Wer einen Grenzstein oder einen Grenzbaum
ausgräbt, umhauet oder versetzt, einen Grenzgra
ben zuwirft, oder irgend eine Grenzbefriedigung des
Waldes zerstört, wird nach dem peinlichen Straf
gesetzbuch, in eine Gefängnißstrafe verurtheilt, wel
che nicht unter einem Monat, und nicht über ein
Jahr seyn soll, und hat ausserdem eine, dem vier
ten Theil des Schaden-Ersatzes gleichkommende
Geldstrafe zu bezahlen, die jedoch nicht unter 50
Franken ausgesprochen werden darf.

60) Wer einen Grenz- oder Randbaum ent
ästet, zahlt den Betrag des ganzen Werthes vom
Baum als Strafe.

61) Wer einen Grenz- oder Randbaum ringelt,
oder sonst merklich so beschädigt, daß er in seinem
Wachsthum dadurch zurück gesetzt wird, zahlt den
doppelten Werth desselben als Strafe, und wird
auf 5 Tage in das Gefängniß gesetzt.

62) Die Strafe wird in den in §. 60 und 61
vorhergesehenen Fällen doppelt angesetzt, wenn der
Thäter zugleich Besitzer des anstoßenden Grund und
Bodens ist.

63) Wer unerlaubter Weise mit Holz bestande
nes Waldland ausstockt, muß den, in solchem Fall

durch den Forstmesser oder Oberförster aufzunehmen
den Schaden ersetzen, bezahlt 6 Franken Strafe für
jede Quadrat-Ruthe, und darf das ausgestockte
Land nicht weiter bearbeiten.

64) Wer unbefugter Weise unbestocktes Waldland (Waldtriescher) urbar macht, ist der Ernte
verlustig welche für Rechnung des Besitzers vom
Grund und Boden, oder, wenn dieser selbst der
Thäter ist, für Rechnung der Staatskasse konfiszirt
wird, bezahlt eine Strafe von 3 Franken für jede
Quadratruthe, und muß das urbar gemachte wieder
zu Waldland liegen lassen.

65) Wer überpflügt oder übermähet, zahlt für
jede Quadratruthe 12 Franken Strafe, und muß
das Stück zu Waldland wieder liegen lassen. Im
Wiederholungsfall wird er außer der Geldstrafe mit
5tägiger Gefängnißstrafe belegt.

Kap. X. Verschiedene Vergehen, welche in den vorigen
Kapiteln dieser Abtheilung nicht begriffen sind.

66) Wer Bäume, die keine Grenz- oder Rand-
bäume sind, entgipfelt, ringelt, anbohrt, anspah-
net oder sonst merklich dergestalt beschädigt, daß der
Baum in seinem Wachsthum dadurch zurückgesetzt
wird, zahlt den Werth desselben als Strafe und
wird auf drei Tage in das Gefängniß gesetzt.

67) Das Harzreißen ist bei einer 5 bis 8tägi-
gen Gefängnißstrafe verboten.

68). Wer einen Schlagstock oder Schlagstein beschädigt, abhaut oder auswirft, wird um 10 Franken gestraft, und außerdem wird der Stock oder Stein auf seine Kosten wieder hergestellt.

69) Wer einen Hegewisch abreißt, ein Wehrzeichen hinwegnimmt oder zerstöret, bezahlt 3 Franken, und das Wehrzeichen wird auf dessen Kosten wieder hergestellt.

70.) Wer einen Heg- oder Wehrgraben beschädigt oder zuwirft, zahlt die Kosten der Wiederherstellung und den Betrag derselben als Strafe.

71) Wer auf einem verbotenen Wege fährt, bezahlt für einen

vierräderigen Wagen eine Strafe von 3 Franken,

für einen Karren mit Vieh bespannt 2 ⸺

in jungen Schonungen unter 10 Jahren, aber das Doppelte.

72) Wer außer den verordneten Holztagen erlaubtes Gehölze oder Streulaub und sonstiges Streuwerk sammelt und wegträgt, bezahlt

Strafe ⸱ ⸱ ⸱ ⸱ ⸱ 2 Franken,

wer aber dergleichen mit bespanntem Geschirr wegfährt ⸱ ⸱ ⸱ ⸱ 6 ⸺

73) Wer außer den, zur Abfuhr des Holzes aus den Hauungen, bestimmten Tagen gekauftes oder angewiesenes Holz abfährt, bezahlt 10 Franken Strafe für jede Fuhre.

74) Wer in den bereits in Schonung liegenden Hauungen ohne Erlaubniß des Oberförsters Bauholz beschlägt, zersägt oder sonst verarbeitet, bezahlt für jeden Stamm 3 Franken Strafe.

75) Wer ohne Erlaubniß des Oberförsters eine Schneidgrube gräbt, bezahlt 5 Franken Strafe.

76) Wer an der Oberfläche des Waldbodens Dammerde, Lehm, Sand oder Kies holt, bezahlt

für einen Schiebkarren voll   3 Franken

für einen 2räderigen Zugkarren voll 5 ——

für einen 4räderigen Wagen voll 12 ——

77) Wer unbefugter Weise in geschlossenen Beständen über 40 Jahre und in offenen Orten Lagersteine holt, bezahlt für jede Fuhr 5 Franken. In jungen Schonungen und Stangenhölzern unter 40 Jahren ist die Strafe doppelt.

78) Wer unbefugter Weise neue Steinbrüche, Lehm-, Thon-, Mergel- oder Sandgruben im Walde öffnet, wird zum Ersatz des verursachten Schadens angehalten, die Gruben werden auf seine Kosten wieder zugeworfen, und er wird um 10 bis 50 Franken, nach richterlichem Ermessen, gestraft.

79) Wer aus dergleichen alten Gruben oder Steinbrüchen unbefugter Weise Steine, Lehm, Thon, Mergel oder Sand holt, erleidet die in dem §. 76 festgesetzten Strafen.

80) Gebäude und Hütten, welche unbefugter

Weise auf dem Waldboden erbauet werden, werden zum Nutzen des Waldbesitzers konfiszirt und auf Kosten des Erbauers niedergerissen.

81) Das Aushauen und Ausspähen frischer Erdstöcke in Hauungen, die nicht vor 2 Jahren wenigstens geschehen sind, wodurch die Schlagbesicht zung und Kontrole erschwert wird, ist bei 3tägiger Gefängnißstrafe verboten.

82) Wer das Zeichen des Waldhammers oder Waldeisens an stehenden Bäumen unbefugter Weise aushauet, wird zum erstenmal mit 8tägiger, im Wiederholungsfall aber mit doppelt so langer Gefängnißstrafe belegt.

83) Wer aber das Zeichen des Waldhammers oder Waldeisens an stehenden Stämmen oder an frischen Erdstöcken in der Absicht aushauet, um das durch irgend eine Holzentwendung zu begehen oder eine begangene zu verstecken, wird, außer der für die Holzentwendung selbst angesetzten Geldstrafe, in eine Zuchthausstrafe verurtheilt, die nicht unter 14 Tagen und nicht über 3 Monate seyn soll. Dieser Fall gehört nicht zur Kompetenz der Friedensgerichte.

84) Holzberechtigte, oder solche Unterthanen, denen aus besonderer Rücksicht Holz zu einem gewissen Behuf bewilligt und angewiesen worden ist, werden, wenn sie das Berechtigungs- oder sonst ver-

willigte Holz verkaufen; als Frevler angeführt und bezahlen den doppelten Werth desselben als Strafe.

85) Holzhauer, welche beim nach Hause gehen anderes Holz als dürre Reiser mitnehmen, werden jedesmal um 2 Franken gestraft, und müssen den Werth ersetzen.

86) Wer das Pfand dem Förster auszuliefern verweigert, wird ausser der auf dem Frevel selbst haftenden Strafe noch um 5 Franken gestraft.

87) Wer gepfändetes Vieh eigenmächtig wieder aus dem Pfändestall nimmt, erleidet die auf dem Frevel haftende Strafe doppelt, und wird ausserdem mit 8tägigem Gefängniß belegt.

88) Wer sich Schimpfreden gegen einen, in Ausübung seiner Amtspflichten begriffenen, Förster erlaubt, wird, ausser der auf dem Frevel selbst haftenden Strafe, nach richterlichem Ermessen mit 1 bis 8tägiger Gefängnißstrafe belegt.

89) Wer auf den Anruf des Försters still zu stehen dennoch weglauft, oder wer einen falschen Namen angibt, wird ausser der auf dem Frevel selbst haftenden, Strafe mit einer Gefängnißstrafe von 3 Tagen belegt.

90) Wer sich aber thätliche Widersetzlichkeit gegen den Förster erlaubt, wird ausser der Geldstrafe, welche auf dem Frevel haftet, nach dem peinlichen

Strafgesetzbuch bestraft. Dieser Fall gehört demnach nicht zur Kompetenz der Friedensgerichte.

Kap. XI. Besondere Bestimmungen in Beziehung auf die früheren Kapitel.

91) Wenn Holzberechtigte oder Hirten, Schiffsleute oder Fischer, Holzhändler und ihre Faktoren und Aufseher, Holzhauer, Kohlenbrenner, Holzfuhrleute, Hüttenherren, Besitzer von Hämmern und Glas- oder Ziegelhütten, von Kalköfen, überhaupt Leute, die, wenn sie mit ihr Geschäft und Gewerbe mit der Manipulation des Holzes im Walde in unmittelbarer Berührung stehen, ferner Leute, die einzeln im Walde oder unmittelbar an der Grenze wohnen, einen der in dem Kapitel I. vorhergesehenen Frevel begehen, so werden jedesmal die Strafen und die Pfandgebühren doppelt angesetzt.

92) Wenn Huth- und Weideberechtigte, Schiffsleute oder Fischer, oder Holzhändler und ihre Faktoren und Aufseher, oder Holzfuhrleute, oder Leute, die einzeln im Walde oder unmittelbar an der Grenze wohnen, einen der in den Kapiteln IV (mit Ausnahme der Art. 28 und 29) und V. vorhergesehenen Frevel begehen, so werden jedesmal die Strafen und Pfandgebühren doppelt angesetzt.

93) Wenn Laub- und Streuwerk-Berechtigte, oder Leute, die, wie vorbesagt, mitten im Walde

oder unmittelbar an die große Wohnheit, einen der in den Kapiteln VI und VII. vorhergesehenen Frevel begehen, so werden die Strafen und Pfandgebühren ebenfalls jedesmal doppelt angesetzt.

94) Alle Holz-Welde oder sonstige Forstfrevel, welche in dem Zeitraum zwischen Sonnen-Untergang und Sonnen-Aufgang, oder an Sonn- und Festtagen begangen worden sind, werden mit der doppelten Strafe, die auf den einzelnen Fall haftet, bestraft.

95) Alle und jede Waldfrevel, welche durch Forstbeamte selbst begangen werden möchten, werden uns bestraft, der auf dem administrativen Wege zu ertheilenden Suspension vom Dienste oder Kassation und der peinlichen Verfolgung vor Gericht, mit vierfacher Strafe belegt.

96) Wer auf einem Frevel betreten worden ist, und damit nicht sogleich inne hält, wird, wenn er eine halbe Stunde nachher, oder später, noch von dem Förster in demselben Frevel begriffen angetroffen wird, nochmals aufgeschrieben und dieser Fall als ein besonderer angesehen und bestraft, ohne jedoch als Wiederholungsfall angerechnet werden zu können.

37) Wenn zwei oder mehrere Umstände zusammen treffen, welche jeder eine Erhöhung der Strafe mit sich bringen, so werden die Strafen und

Pfandgebühren nach demjenigen Satz bestimmt und angesetzt, welcher die höchste Strafe nach sich zieht.

98) Für die gerichtlichen Folgen der Forstfrevel in Beziehung auf Geldstrafen und Ersatz des Schadens oder Werthes haften und werden in Anspruch genommen:

   a) Aeltern für ihre Kinder, wenn solche nicht volljährig sind und bei ihnen wohnen.

   b) Herren für ihre Dienstleute, wenn das Vergehen in ihrem Dienste, mit ihrem Werkzeuge, Vieh oder Fuhrwesen geschehen ist.

   c) Gemeinden für ihre Hirten, es mag ein einzelnes Vieh von der Heerde in die verbotenen Orte übergelaufen, oder die ganze Heerde betroffen worden seyn.

99) Wenn sich 2 bis 4 Individuen vereinigen, um gemeinschaftlich einen Frevel zu begehen, so wird der Ersatz des Werthes oder Schadens nur einmal angesetzt, und sie werden zu dessen Bezahlung solidarisch verurtheilt. Die auf dem Frevel haftenden Strafen und die Pfändegebühren werden aber gegen jeden der Mitschuldigen besonders erkannt.

Als Mitschuldige werden angesehen die, welche an dem Frevel-Gegenstand Theil haben, oder bei der Ausübung des Frevels selbst thätig mitwirken, Wache stehen, oder durch Rufen oder Zeichen den Frevler warnen, oder dazu Werkzeuge Vieh oder

haben leihen, oder den Frevel zu verbergen, oder
den Gegenstand verbergen und ihm enstellen helfen.

In die auf dem Frevel haftende Strafe können jedoch nicht als Mitschuldige jeder besonders
verurtheilt werden 2, oder 3 Personen, die nur
zweiräderigen Karren ziehen; sie werden, wo sollt
hartsch in die Strafe, dem Ersatz des Werths, und
die Pfändegebühren, die sie gemeinschaftlich verwirkt
haben, verurtheilt.

100) Wenn sich aber mehr als 6 Individuen zusammen vereinigen, um gemeinschaftlich einen Frevel zu begehen, oder um mit einander in den Wald
einzufallen, und an einem und demselben Orte zu
freveln, so wird dies als eine Zusammenrottung
angesehen, in Betreff welcher das Freelgericht zu
erkennen hat, und wovon die Mitschuldigen, außer
denen, auf den Freveln, die sie gemeinschaftlich oder
jeder besonderen demselben Orte begangen haben
haftenden Strafen, dem Ersatz des Schadens des
Werths, und der Kosten, welche Beträge alle solli-
darisch gegen sie werden, auch noch in Gefängniß und nach Befinden der Umstände in Zucht-
haussstrafe verurtheilt oder peinlich verfolgt werden
sollen.

101) Wenn ein Individuum, das in Diensten
einer Gemeinde steht, einen Forstfrevel begeht, welcher mit Zuchthausstrafe geahndet wird, so soll ihn

die Gemeinde sogleich nach gefälltem Erkenntniß des Dienstes entlassen.

102) Wer gefreveltes Holz oder sonstige Forst-produkte kauft, erleidet dieselbe Strafe, als der Frevler, wenn Umstände vorhanden sind, welche die Ueberzeugung des Käufers, daß das Forst-produkt entwendet sey, ausser Zweifel setzen. Dies ist der Fall, wenn der Verkäufer ein Gewohnheits-frevler ist, wenn keine Möglichkeit vorhanden war, sich das Holz auf eine gesetzliche Weise zu verschaf-fen; wenn das Holz nicht die gewöhnliche Länge und überhaupt nicht die Form desjenigen hat, wel-ches in den Gehauen verkauft wird, wenn endlich das Holz von Berechtigten und Forstleuten herrührt.

103) Personen, welche einzeln in den Waldun-gen oder unmittelbar an der Grenze derselben woh-nen, dürfen keinen Holzhandel führen, und sollen bei Strafe der Konfiskation nie größere Holzvorrä-the anlegen, als sie zu ihrem ökonomischen Bedarf nöthig haben.

104) Schneidemüller, welche Klötze annehmen, und ein jeder, welcher Stämme transportirt oder ausser dem Walde verarbeitet, ohne daß solche mit dem Revierhammer an den beiden Enden angeschla-gen wären; werden als Frevler angesehen und be-zahlen den einfachen Werth als Strafe.

105) Wenn bei Haussuchungen entwendete Ge-

genstände entdeckt werden, deren Spuren im Walde vorher nicht bemerkt worden, in Ansehung welcher folglich die nähere Umstände, welche eine Schärfung der Strafe nach sich ziehen, nicht angegeben werden können, so kann der schuldig Befundene, wenn anders jene Umstände nicht bei der Untersuchung noch ausgemittelt worden sind, nur in die einfache oder geringste Strafe, die auf jeden Fall gesetzt ist, verurtheilt werden.

106) Die Präscriptions-Zeit für Wiederholungsfälle ist auf 2 Jahre vom Tage des ausgesprochenen ersten Urtheils angerechnet festgesetzt.

107) In keinem Falle soll eine Strafe für einen Forstfrevel geringer als 1 Frank ausgesprochen werden.

Kap. XII. Von der Pfändung und den Pfände-Gebühren.

108) Die Förster sollen diejenigen Frevler, welche sie auf frischer That betreten, durch Wegnahme der Aexte, Beile, Sägen, Haken, Rechen, Stricke, Sensen, Sicheln, Säcke, Tücher, Körbe, oder irgend eines andern Werkzeugs, womit der Frevel verübt worden ist, pfänden.

109) Desgleichen sollen sie soviel als möglich die Wagen und Pferde, deren man sich beim Fre-

zel bediente, wenn sie die Thäter auf frischer That betreten, arretiren.

110).Die in dem §. 108 erwähnten Pfänder, werden, jedes mit einem Zettel, welcher den Namen des Frevlers führt, versehen, vor dem nächsten Forstgerichtstag an das Friedensgericht abgeliefert, um dem Angeschuldigten vorgehalten zu werden.

111) Sie bleiben hernach so lange bei dem Friedensgericht in deposito, bis der Verurtheilte demnächst durch Quittung des Domänen-Empfängers erweißt, daß er die, weiter unten festgesetzten, Pfandgebühren erlegt hat; worauf sie zurück gegeben werden.

112) Die von den Förstern bei Holzentwendungen nach §. 109 arretirten Wagen oder Karren, und das Zugvieh aber werden sofort an das Friedensgericht abgeliefert und so lange von demselben auf Gefahr und Kosten des Eigenthümers in Gewahrsam behalten, bis eine der bevorstehenden Strafe gleichkommende Summe entweder baar oder durch sichere Kaution erlegt ist. Dieses baare Depositum oder diese Kaution werden erst nach abgehaltenem Forstgerichtstage und geschehener Verurtheilung des angeschuldigten gegen Produzirung der Quittungen über richtige Bezahlung des Ersatzes des Werths, der Strafe und der Pfändegebühren losgegeben. Bezahlt der Verurtheilte 8 Tage nach geschehener

Annahmung nicht, so ist der Domänen-Empfänger sowohl als der Waldbesitzer rücksichtlich des Schadens und Werths befugt, das Depositum oder die Caution anzugreifen, zu welchem Ende solcher Fälle immer in den Straf-Protokollen besondere Erwähnung geschehen muß.

113) Ist obige Caution nicht binnen 3mal 24 Stunden geleistet worden, so werden Geschirr und Vieh versteigert, der Erlös durch den Friedensgerichtschreiber ad depositum genommen, nach dem Forstgerichtstage die Strafe, der Ersatz des Werthes, die Pfandgebühren und die Kosten an die betreffenden Behörden bezahlt, das übrig bleibende aber dem Frevler zurückgegeben. Das Erforderliche wird solchen Falles auch in dem Strafprotokoll bemerkt.

114) Da bei Wald-Freveln in jungen Schonungen, rücksichtlich des großen Schadens, der durch sie den Waldungen zugefügt wird, mit besonderem Nachdruck verfahren werden muß, so wird hiermit den Förstern zur Pflicht gemacht, dasjenige Vieh, welches sie in eingehegten Orten antreffen, zumal wenn es ohne Hirten ist, so viel als möglich in den Pfänderstall des nächsten Orts zu treiben, wo es unter Sequester des Ortsbürgermeisters, auf Gefahr und Kosten des Eigenthümers, so lange bleiben soll, bis letzterer durch eine Bescheinigung des Frie-

denselbigen darthut, daß er eine der, auf das Weggehen gesetzten, Strafe gleichkommende Summe,
baar, oder vermittelst sicherer Bürgschaft, hinter-
legt, und bis er die Fütterungskosten bezahlt hat.

Um diese Bescheinigung erhalten und die Kaution leisten zu können, giebt der Förster dem Eigenthümer des Viehes einen kurzen Bericht an den
Friedensrichter mit, in welchem er die Umstände des
Frevels auseinander setzt.

Mit dieser Kaution wird es eben so gehalten,
wie es §. 117 vorgeschrieben ist.

Meldet sich der Eigenthümer des Viehes nicht
binnen 5 Tagen, so wird nach §. 113 verfahren.

114) Außer den festgesetzten Strafen und dem
Ersatz des Werthes sollen alle verurtheilt werdende
Frevler, sie mögen durch Wegnahme eines Werkzeugs geschadet worden seyn oder nicht, nachstehende Pfände-Gebühren bezahlen:

für eine Traglast entwendetes trockenes oder
grünes Brennholz oder Rinde oder Gras,
oder grün abgestreiftes Laub oder Eckerich
und Waldsaamen   .   .   12 Centimen
für einen Schiebkarren dergl.   .   24   ——
für einen zweirädrigen Zugkarren,
von Menschen gezogen   .   .   60   ——
für einen zweirädrigen Zugkarren
von Vieh gezogen   .   .   .   80   ——

für einen 4räderigen Wagen voll 1 Fr. 50 Cnt.

Für Bau-, Nutz- oder Werkholz, oder wenn schon verarbeitetes Holz entwendet worden ist, oder für junge Holzpflanzen das Doppelte obiger Ansätze.

Für trockenes Leseholz, Erdstöcke, dürres Laub oder sonstiges Streuwerk, oder Sandsteine, Lehm, Mergel, Thon, nur die Hälfte obiger Ansätze.

Bei Weide-Freveln:

	Fr.	Ct.
für ein Pferd, ein Stück Rindvieh, oder Ziege	—	20
und für eine ganze Heerde	4	—
für ein Schwein oder Schaaf	—	10
und für eine ganze Heerde	2	—
Bei allen im Kap. VIII. bestimmten Fällen	—	50
Bei allen im Kap. IX. bestimmten Fällen	1	—
Bei denen in dem Kap. X. vorhergesehenen Fällen	—	20
und wo Wagen und Zugvieh gebraucht worden sind	—	50

116) Wenn der Frevel in dem Zeitraum zwischen Sonnen-Untergang und Sonnen-Aufgang oder an einem Sonn- oder Festtage begangen worden ist, oder wenn der Förster einen der Gefängnißstrafe fähigen Frevler, oder Wagen und Zugvieh, arretirt und vor den Friedensrichter, oder Weide-Vieh in

den Pfahlbestand gebracht hat, so werden doppelte Pfandegebühren bezahlt.

117) Die Domänen-Empfänger erheben diese Pfandegebühren, stellen sie aber nicht für die Staats-casse in Rechnung, sondern bezahlen solche am Ende eines jeden Quartals den betreffenden Forstbdiensten gegen Quittung.

Den Förstern ist es bei dreimonatlicher Suspension vom Dienst zum erstenmal, und bei Kassation zum zweitenmal verboten, selbst Pfändegebühren von den Freulern einzunehmen.

II. Abtheilung.

Von dem bei der Konstatirung, Verfolgung und Bestrafung der Forstfrevel zu beob-achtenden Verfahren.

Kap. XIII. Festsetzung der Kompetenz. Appellation. Contumatial-Erkenntnisse. Opposition.

118) Die Kompetenz über gewöhnliche Forstfre-vel aller Art ist den Kreisgerichten entzogen und auf die Friedensgerichte übertragen. Diejenigen, mit besondern Umständen begleiteten, Fälle, welche, als Ausnahme, ferner unmittelbar vor die Kreisgerichte

gebracht werden sollen, sind jedesmal in gegenwärtiger Verordnung ausdrücklich angegeben.

119) Der Ort des Vergehens (Forum delicti commissi) bestimmt die Kompetenz eines jeden Friedensgerichts. Sollte es jedoch der Fall seyn, daß Waldungen, die zu einem und demselben Forstreviere gehören, in zwei verschiedenen Kantonen liegen, so soll die Erkenntniß über die Forstfrevel in dem ganzen Reviere zum Ressort desjenigen Friedensrichters gehören, in dessen Amtsbezirk der größere Theil der Waldfläche des Reviers gelegen ist.

120) Das Verfahren bei den Friedensgerichten ist summarisch. Die Zeugen, wenn deren erforderlich sind, müssen von den Partheyen gleich mitgebracht werden. Sollte aber das Friedensgericht hinlängliche Gründe haben, um die Sache noch einer nähern Erläuterung und Untersuchung zu unterwerfen, so muß diese bis zum nächstfolgenden Forstgerichtstage geendigt seyn, und diesem muß definitiv abgeurtheilt werden.

Nur in dem Falle, wenn das Eigenthums= oder Berechtigungs=Recht durch einen Angeschuldigten vorgeschützt und mit hinlänglichen Gründen unterstützt wird, wird das Straf=Erkenntniß so lange ausgesetzt, bis die Sache auf dem Civilwege entschieden worden ist.

In solchem Falle muß der Oberförster sogleich durch einen Bericht an den Kreisforstmeister diesen in den Stand setzen, das Staats-Interesse zu wahren.

122) Bis zur Straffumme von 15 Franken, wenn auch Gefängnißftrafe bis auf 5 Tage damit verbunden ift, spricht das Friedensgericht in letzter Inftanz. Der Erfatz des Frevel-Schadens und Werths kommt hier nicht in Anschlag.

121) Wenn aber eine Verletzung des Gesetzes eintritt, oder wenn die ausgesprochene Geldftrafe allein 15 Franken, oder die damit verbundene Gefängnißftrafe 5 Tage überschreitet, so kann an das Kreisgericht appellirt werden, welches sodann in letzter Inftanz entscheidet.

124) Die Erklärung, daß appellirt werde, muß während der Sitzung des Forftgerichts abgegeben, zu dem Ende auch das Urtheil über jeden einzelnen Fall sofort und ehe ein weiterer vorgenommen wird, ausgesprochen werden.

Es bedarf keiner Formalitäten bei der Einlegung des Appells, sondern der Friedensgerichtsschreiber trägt blos die Erklärung in das Protokoll der Sitzung ein, und sendet sodann einen Auszug an das Kreisgericht, worauf dieses das weitere Verfahren einleitet.

125) Wer auf geschehene Vorladung bei dem Friedensgerichte nicht erscheint, wird in Contumaciam verurtheilt, welches ausdrücklich in dem Forstprotokoll bemerkt wird.

126) Die Anmahnung des Domänen-Empfängers, wegen Bezahlung der Strafe, oder wenn auf Gefängnißstrafe erkannt worden ist, eine deshalb durch den Friedensrichter an den Ortsbürgermeister zu richtende Benachrichtigung, dienen statt einer Signification des Contumacial-Erkenntnisses, und der Verurtheilte hat 3 Tage Zeit, nach erhaltener Anmahnung oder Benachrichtigung, um Opposition einzulegen, welches ebenfalls vermittelst einer einfachen Erklärung bei dem Friedensgerichte geschieht. Der Gerichtsschreiber führt darüber eine besondere Annotation und stellt eine Bescheinigung aus, welche der die Opposition Einlegende dem Domänen-Empfänger einhändigt, damit dieser nicht mit Exekution vorschreite.

127) Derjenige, welcher die Opposition eingelegt hat, ist sodann, ohne weitere Vorladung, verpflichtet auf dem nächsten Forstgerichtstage vor dem Friedensgerichte zu erscheinen, widrigenfalls das früher gegen ihn gefällte Erkenntniß unumstößlich rechtskräftig wird. Bei eingetretener physischer Unmöglichkeit muß der Beweis schriftlich, drei Tage vor der Sitzung, dem Friedensgerichte übergeben wer-

den. Am Fortgerichtstage wird sodann entschieden, ob der Beweis annehmbar sey, und ob eine Verlängerung bis zur nächsten Sitzung gestattet werden könne.

128) Damit die, statt der Signifikation der Contumacial-Erkenntnisse dienende, Anmahnungen der Domänen-Empfänger desto sicherer an die Bezirkstheilten gelangen und deren Einhändigung an dieselben ein authentisches Datum erhalte, so sollen die Domänen-Empfänger dergleichen Anmahnungszettel an die Ortsbürgermeister senden, und letztere solche sowohl, als die im §. 126 erwähnten Benachrichtigungen wegen erkannter Gefängnißstrafe, sogleich den betreffenden Personen zustellen, wobei sie den Tag, an welchem dieses geschieht, unter dem Anmahnungs- oder Benachrichtigungszettel bemerken, vorher aber demselben in einem besonders deshalb zu führenden Nachweisungsregister eintragen.

(Die Fortsetzung folgt.)

2.

Verordnung

die Forstverwaltung im Herzogthum Nassau
betreffend.

Wir Wilhelm von Gottes Gnaden, souverainer Herzog zu Nassau ꝛc. ꝛc.

Haben erwogen, daß in Unserm Herzogthum die
Forstverwaltung nicht nach einförmiger Anordnung
geführt wird, indem die bestehenden Verwaltungs-
behörden in den verschiedenen Landestheilen nach
früheren von einander abweichenden Staatseinrich-
tungen eben so verschiedenartig gebildet worden sind,
als sie ihren verschiedenen Wirkungskreisen nach von
einander abweichen, und daß dabei noch Einrichtungen bestehen, welche die verfassungsmäßige freie Benutzung des Grund-Eigenthums hemmen. Um diese verfassungswidrige Einschränkungen aufzuheben

und die aus einer ungleichförmigen Verwaltung entstehenden Nachtheile zu entfernen, haben wir in
Folge des von Unsern in Gott ruhenden Regierungs-
Vorfahren erlassenen Edicts vom 9/11 September
v. J. auf den Antrag Unserer Landesregierung und
nach Anhörung des Gutachtens Unseres Staatsraths
beschlossen, und verordnen hierdurch wie nachfolgt:

§. 1.

Verwaltungs-Behörden überhaupt.

Es sollen Oberforstbeamten bestellt werden, welche bestimmt sind die Localverwaltung zu beaufsichtigen. Unter ihnen stehen die Oberförster, welche die
Forstverwaltung unmittelbar und dergestalt führen,
daß ihnen die Leitung der Holzfällungen und der
in den Waldungen erforderlichen Culturen übertragen bleibt; sodann werden Förster bestellt, welche
den Forstschutz aufrecht erhalten.

§. 2.

Bildung der Bezirke.

a) der Oberforstbeamten.

Es sollen acht Oberforstbeamte bestellt werden,
nämlich zu Dillenburg, Hachenburg, Weilburg,
Wiesbaden, Idstein oder Camberg, Geisenheim,
Nastätten oder Schwalbach, und Montabaur.

Als Inspections-Distrikte werden zugetheilt:

1) Dem Oberforstbeamten zu Dillenburg die Verwaltungsbezirke der Oberförster zu Haiger, Ebersbach, Dillenburg, Oberscheiden, Stud, Schönbach und Rennroth.

2) Dem Oberforstbeamten zu Hachenburg die Verwaltungsbezirke der Oberförster zu Marienberg, Rennerod, Hachenburg, Kirburg, Krappach, Höchstenbach, Styzen und die Fürstlich-Wied-Neuwiedischen und Gräflich-Leiningen-Westerburgischen Standesgebiete des Amts Selters und der Grafschaft Westerburg.

3) Dem Oberforstbeamten zu Weilburg die Verwaltungsbezirke der Oberförster zu Einzenbergen, Usingen, Weilburg, Ehringen, Weilmünster, Cleeberg, Wehrheim und ein Theil des Gräflich-Bassenheimischen Standesgebiets zu Cromsberg.

4) Dem Oberforstbeamten zu Wiesbaden die Verwaltungsbezirke der Oberförster zu Nauroth, Chausseehaus, Platte, Königstein, Hofheim, Langenheim, Niederjosbach und Cronberg.

5) Dem Oberforstbeamten zu Idstein oder Comberg die Verwaltungsbezirke der Oberförster zu Kirberg, Wallrabenstein, Burgschwalbach, Breithardt, Oberems, Idstein, Neuweilnau, Haintchen, Eichelsbach, sodann die fürstl. Wied-Runkelischen, gräfl. Leiningen-Westerburgischen und Bassenheimischen

Standesgebiete der Herrschaften Runkel, Schadeck und Reifenberg.

6) Dem Oberforstbeamten zu Weilenheim die Verwaltungsbezirke der Oberförster zu Eberbach, Stephanshausen, Weisenthurm, Cammerforst, Caub, Springen und Rothenberg.

7) Dem Oberforstbeamten zu Naßheim oder Schwalbach die Verwaltungsbezirke der Oberförster zu Nassau, Ems, Oberlahnstein, Camp, Naßheim, Kemel, Niederließenbach und Cochenheimbogen.

8) Dem Oberforstbeamten zu Montabaur die Verwaltungsbezirke der Oberförster zu Mende, Montabaur, Welschneudorf, Hilscheid, Gackenbach, Dietz, Arzbach und das Erzherzoglich Oesterreichische Standesgebiete der Herrschaft Schaumburg und die Grafschaft Holzappel.

b) der Oberförster.

Die Verwaltungsbezirke der Oberförster sollen nach den Gemeindebezirken gebildet werden *).

---

*) Nun folgen die Namen der Gemeinden, welche zu dem der 60 Oberförsterbezirke zugetheilt, welche hier aber als nicht für das größere Forstpublicum von Interesse, weggelassen sind.

Laurop.

Die voranstehend verfügte Bildung der Verwal=
tungsbezirke der Oberförster ist jedoch in der Art
nach einiger Abänderung unterworfen, daß es Uns
ſerer Landesregierung überlaſſen bleibt, ohne die
Anzahl derſelben zu mehren oder zu mindern, auf
den Antrag der Oberforſtbeamten die Begränzung
derſelben an einzelnen Punkten, nachdem die Ge=
meinde = Bezirke überall nach den hierüber beſtehen=
den geſetzlichen Vorſchriften gebildet ſeyn werden,
abzuändern, auch den jeweiligen Wohnort der Ober=
förſter nach den Erforderniſſen ihrer Dienſtverwal=
tung zu beſtimmen.

§. 4.

a) Förſter.

Die Beſtimmung der Aufſichtsbezirke für die
Förſter bleibt, ſo viel die ſtandes = und grundherr=
lichen auch ſonſtige Privatwaldungen betrift, ledig=
lich den Waldeigenthümern, und ſo viel die Domä=
nial = und Gemeindewaldungen betrift, den Ober=
forſtbeamten überlaſſen, welche den Bildungsplan,
ein jeder für ſeinen unterhabenden Inſpectionsbi=
ſtrikt, bei unſerer Landesregierung zur Genehmi=
gung eingegeben haben.

§. 5.

Allgemeine Verwaltungs-Vorschriften.

Die Verwaltung und Benutzung aller Waldungen ist dem Eigenthümer zur freien Verfügung überlassen, und derselbe kann darin keiner andern Be-
schränkung unterliegen, als der allgemeinen Oberaufsicht der Staatsbehörde über die Benutzung des
Grundeigenthums nach den bestehenden Gesetzen.
Der ständes-grundherrlichen und andern Privatwaldungen betrifft dieselbe blos Vorkehrungen gegen
Zerstörung oder gänzliche Ausrottung der vorhandenen, und über die Anlage neuer Waldungen.

Bei der verhältnißmäßigen Unbedeutenheit derselben kann durch diese dem Eigenthümer hingege-
bene freie Benutzung seines Waldeigenthums irgend
ein Nachtheil für die Gesammtheit Unserer Unterthanen auch nicht einmal in augenblicklichen vorüber-
gehenden Wirkungen erwachsen. Die Eigenthümer
bleiben zwar verpflichtet, dem vorgesetzten Oberforstbeamten über den jährlichen Fällungs- und Culturplan Auskunft zu geben; sind jedoch nicht gebunden,
von ihm abändernde Vorschriften, insofern solche
nicht die Beseitigung devastirender Anordnungen bezwecken, anzunehmen, oder zu befolgen.

Die Bewirthschaftung der Gemeinde- und Stif-
tungs-Waldungen, welche den bei weitem größten

Theil der vorhandenen, entstehen, geht nur aus
dem nehmlichen Grunde, wie die Verwaltung des
übrigen gesammten Gemeinde- und Stiftungs-Ver-
mögens, und als ein sehr ansehnlicher Theil desselben unter der Leitung Unserer Landesregierung. Sie
hat alljährlich die Nutzungs- und Culturplane für
dieselben festzusetzen.

Die Verwaltung Unserer Domainenwaldungen
bleibt zwar zunächst Unserer General-Domainen-
Direction übertragen, weil diese Waldungen aber
einen verhältnißmäßig wichtigen Theil des in Unserm Herzogthum vorhandenen Forstbestandes, aus
denen das Holzbedürfniß entnommen werden muß,
bilden, so soll der durch die General-Domainen-
Direction jährlich aufzustellende Forst-, Nutzungs-
und Culturplan jedennoch Unserer Landesregierung
zur Nachsicht und Einholung Unserer Genehmigung
mitgetheilt werden; indem Wir diese hierzu, neben
der von ihr auch über die Domainenwaldungen aus-
zuübenden allgemeinen Oberaufsicht, noch besonders
beauftragen.

Sie hat sich nicht nur von dem Zustande der
Waldungen überhaupt Kenntniß zu verschaffen, theils
durch die von dem Oberforstbeamten einzureichenden
Berichte, theils durch, und commissarische Besichti-
gung Unseres von ihr hierzu besonders zu ersuchen-
den jeweiligen Oberforstmeisters oder ihr beigegeben

gen Mitgliede, welche alljährlich die Waldungen zu bereisen haben, sondern sich auch in jedem Jahr gründliche Etats von allen Geldungs-, Gemeinde-, und Unsern Domanialwaldungen anlegen zu lassen über dasjenige Holz, was nach den Regeln der Forstcultur (Holzzucht) gefällt werden muß, oder nur gefällt werden darf, und dasjenige, welches noch im Zuwachs begriffen ist.

Hiernach hat er in allen Landestheilen den Schlagungsplan zu bestimmen, und dabei auf das jetzige und künftige ohngefähre Bedürfniß der Einwohner und den Absatz in das Ausland Rücksicht zu nehmen, das erste aber theils nach der Quantität, welche bisher gefällt worden ist, theils und hauptsächlich nach einer unbefangenen Vergleichung und Beurtheilung der auf der größten Concurrenz im Holzverkauf hervorragenden Holzpreise in den verschiedenen Gegenden des Herzogthums zu ermessen. Bei der Benutzung der in mehreren Theilen Unseres Herzogthums befindlichen Hambüsche sollen ihrer dabei obwaltenden besonderen Verhältnisse wegen, die bisherigen Vorschriften und Eintheilungen bis auf weitere Verfügungen noch beibehalten werden.

Der Wirkungskreis der Unserer Landesregierung untergeordneten Forstbehörden geht auf die möglichste Erhöhung der Holzzucht und anderer Nutzungen in den Waldungen, auf den Forstschutz und auf die

regelmäßige Abgabe des Holzes und anderer Waldnutzungen. Alles Holz oder sonstige Forstnutzungen,
welche jemand auf gesetzmäßigem Wege eigenthüm-
lich erworben hat, stehen eben so unter seiner une
beschränkten Verfügung, wie anderes Eigenthum,
jedoch bleibt derjenige, welcher bestehender Ordnung
zufolge, Geschirr- oder Reparaturholz aus Gemeine-
der Waldungen umsonst oder um zwei Drittheile
des laufenden Preises empfängt, verbunden, dasselbe zu den angegebenen Gebrauch wirklich zu verwenden.

§. 6.

Rortaufstand der Forstverwaltungs-Beamten,
1) der Oberforstbeamten.

Die von Uns zu ernennenden Forstmeister haben
gleichen Dienstrang mit den Beamten, diejenigen
aber, welchen wir den Charakter als Oberforstrath
beilegen, stehen im Dienstrange den Räthen bei Unsern höhern Landes-Collegien oder Directionen
und die von Uns ernannten Oberforstmeister Unsern
Geheimen-Regierungsräthen gleich.

Das Minimum der Besoldungen derselben bestimmen wir auf 1500 fl., das Maximum auf 1800 fl.
in ... Staatscasse. ...

doppelter Pferdefourage 100 fl. und eine verhält=
nißmäßige Vergütung für Canzlei=Nothwendigkei=
ten erhalten, und ausserdem die Forstmeister 300 fl.,
die Oberforsträthe und Oberforstmeister 400 fl. jähr=
lich als Vergütung für den mit ihren Reisen in die
entfernten Gegenden ihres Verwaltungs=Districts
verbundenen Aufwand. Den Oberforstmeistern wird
überdies für Standesaufwand ein jährlicher Betrag
von 600 fl. vergütet.

Die Oberforstbeamten nebst ihren Wittwen und
Kindern sind gleich den übrigen höhern Staatsdie=
nern auf Pensionen aus Unserer Staatskasse be=
rechtigt.

~~Andere Emolumente sind mit diesen Stellen nicht~~
verbunden, namentlich werden für die Reisen der
Oberforstbeamten in ihren Inspectionsdistrikt keine
Diäten, Service oder Transportkosten vergütet. Bei
Aufträgen ausser dem ihrer Aufsicht untergebenen
Distrikt aber behalten Wir Uns vor, auf Antrag
Unsers Staats=Ministeriums die Gebühren beson=
ders zu bestimmen.

§. 7.

b) die Oberförster.

Die Oberförster, als verwaltende Beamten für
Unsere Domainen und die Gemeinde= und Stift=

rungs-Waldungen werden von Uns ernannt. In
den Standesgebieten aber bleibt die Ernennung der
Oberförster als Verwalter der Gemeinde- und Stif-
tungs-Waldungen der Standesherrn ferner wie
bisher, d. i. unter Vorbehalt ihrer vorgängigen
Prüfung und Unserer Bestätigung, überlassen.

Sie haben gleichen Dienstrang mit den
Oberschultheißen, welchen ein höherer Dienstcharak-
ter von Uns nicht beigelegt ist.

Ihre Besoldung soll nach dem Flächengehalte der
Waldungen, welche sie zu verwalten haben, dergestalt bestimmt werden, daß sie von jedem Morgen,
den Morgen zu 160 rheinl. Quadratruthen gerechnet, sechs Kreuzer, jährlich von den Waldeigenthümern, also für die Domänial-Waldungen aus Unserer General-Domänenkasse, für die Stiftungs-
Waldungen aus den Renten des Fonds, und für die
Gemeinde-Waldungen aus den betreffenden Ge-
meindekassen in vierteljähriger Vorauszahlung beziehen. Es ist ihnen unbenommen, auch die Verwaltung landes- oder grundherrlicher und anderer
Privatwaldungen, welche in ihrem Revier einge-
schlossen sind, oder an dasselbe anstoßen, gegen eine
Unserer Landesregierung anzuzeigende besondere Remuneration von dem Eigenthümer zu übernehmen
und zu besorgen.

Emolumente irgend einer Art, unter der sie

Besoldungen, namentlich für Schreibmaterialien,
Transport, Diäten, Service, Anweisgebühr und
dergleichen, haben die Oberförster nicht anzuspre-
chen. Wenn sie jedoch Aufträge ausserhalb ihres
Verwaltungsbezirks erhalten, so wird Unsere Landesregierung nach den Umständen den jedesmaligen
Diätenbezug reguliren.

Da sie als kunstverständige Verwalter eines besonderen Grundeigenthums erscheinen, so sind sie
auf Pensionen aus allgemeinen Mitteln des Staats
zwar nicht berechtigt, jedoch sollen denjenigen Oberförstern, welche durch Alter oder zufällige, unver-
schuldete Gebrechlichkeit zu Versehung ihres Dienstes unfähig geworden sind, aus der Zahl der ge-
prüften Forstcandidaten Gehülfen beigegeben werden; denen wenigstens ein Drittheil und höchstens
die Hälfte des für die Dienststelle fixirten Gehalts
zugewiesen wird.

Ueberdies sollen an Wittwen und Waisen der
Oberförster aus Unserer General-Domänenkasse, und
aus den betreffenden Stiftungs- und Gemeinde-
Pensionen, nach dem Maaßstab der für höhere
Staatsdiener bestehenden Pensionsordnung verwilligt
werden, insofern die ihnen aus dem Civil-Witt-
wen-Fond zufließende Unterstützung den entsprechen-
den Pensionsbetrag eines Normal-Dienstgehaltes

von wenigstens 500 fl. und höchstens 800 fl. nicht erreichen sollte.

Auch sollen die Oberförster ohne vorgängige förmliche Untersuchung und richterliches Erkenntniß, gleich den höhern Staatsdienern, von der ihnen einmal übertragenen Dienststelle nicht entsetzt werden.

Standes- und Grundherren, so wie andere Privatwaldbesitzer sind verpflichtet, dem betreffenden Oberforstbeamten diejenigen Personen bekannt zu machen, welche ihre Eigenthums-Waldungen zu verwalten haben, damit die etwa nöthigen Verfügungen unmittelbar an dieselben ergehen können. Diejenigen Oberforstbeamten und Oberförster, welchen der Genuß einer freien Wohnung und einiger Grundstücke überlassen werden kann, haben solchen, von Unserer General-Domänen-Direction zu bestimmenden Ansatz, aus ihrer Normalbesoldung zu vergüten.

Denjenigen Oberförstern, welche sich in ihrer Dienstführung vorzüglich auszeichnen, können besondere Belohnungen durch Besoldungszulagen aus Unserer Staatskasse auf den gehörig motivirten Antrag Unserer Landesregierung von Uns verwilligt werden. Auch werden Wir solches durch hervorragende Berufstreue und Thätigkeit ausgezeichneten Dienern dieser Classe nach Erfinden den Dienst

rakter als Forsträthe beilegen, wodurch sie im
Dienstrang andern charakterisirten Räthen des Landes gleichgestellt werden.

§. 8.

3) Forstassistenten und Accessisten.

Nur wissenschaftliche gebildete, bei Unserer Landesregierung geprüfte und tüchtig befundene Candidaten können künftig als Oberförster und Oberforstbeamten angestellt werden. Aus der Zahl solcher
Candidaten werden Wir jedem Oberforstbeamten einen Assistenten oder Accessisten beigeben, welche zwei
Jahre unentgeltlich zu dienen, dann aber einen Gehalt von 200 — 300 fl. zu beziehen haben, und
von den Oberforstbeamten unter deren persönlicher
Verantwortlichkeit bei ihren Dienstgeschäften verwendet werden können. Ausserdem erhalten die Assistenten statt der Pferde-Fourage die jährliche Vergütung von 150 fl., wogegen sie ein Dienstpferd zu
halten verbunden sind. Uebrigens sind auch für diese Assistenten und Accessisten irgend einige andere
Dienstemolumente nicht gestattet.

§. 9.

4) der Förster.

Die Förster werden von den Eigenthümern und
so viel die Dominial-, Stiftungs- und Gemeinde-

Waldungen betrifft, auf den Vorschlag und nach
Auswahl der Oberforstbeamten von Unserer Landesregierung bestellt. In den Standesgebieten werden
dieselben für die Gemeinde- und Stiftungs-Wal-
dungen von der Standesherrschaft Unserer Landesregierung zur Bestätigung präsentirt. Auffer hin-
reichender Kenntniß im Rechnen und Schreiben,
neben körperlicher Tauglichkeit, bedürfen sie keiner
wissenschaftlichen Ausbildung, sondern es genügt der
unbescholtene Ruf eines rechtschaffenen Mannes.

Die für die Dominial-, Stiftungs- und Gemeinde-Waldungen angestellt werdende Förster sollen, neben den verordnungsmäßigen Anzeigungsge-
bühren von Freveln einen bestimmten Jahreslohn,
der höchstenfalls den Betrag von sechs Kreuzern für
einen Morgen jährlich nicht übersteigen darf, auß-
serdem aber durchaus keine weitere Emolumente zu
beziehen haben. Die Genehmigung dieses Gehalts
wird auf Antrag des betreffenden Oberforstbeamten
von Unserer General-Domänen-Direction oder von
der Landesregierung, je nachdem der zu beschützende
Wald unter ihrer respectiven Administration stehet,
ertheilt. Zu Försterstellen können in Unsern größeren Dominial-Waldungen auch Forstcandidaten verwendet werden, welchen in diesem Fall der Dienst-
charakter als Forstaccessist beigelegt werden kann.

Zur Aufrechthaltung des Forstschutzes in Gemein-

Gemeindungen, soweit sie zur Ortsgemarkung gehören, sind dagegen in der Regel nur Förster aus der Mitte der Gemeinden zu bestellen. Diesen Gemeinde-Förstern liegt der Forstschutz auch für diejenigen Privatwaldungen, ohne eine besondere Belohnung, ob, welche in dem Gemeinde-Cataster eingetragen sind, und wovon hiernach zu den Gemeindelasten überhaupt nach ihrem Grundsteuer-Capital beigetragen wird.

Wenn Stands- und Grundherrn oder sonstige Privat-Waldeigenthümer zum Schutze ihrer Waldungen besondere Förster bestellen wollen, so haben sie dieselben den betreffenden Aemtern zur Bestätigung und Verpflichtung vorzustellen, weil gegentheils die Anzeigen derselben keinen öffentlichen Glauben haben können. Die Förster werden von den Behörden, welche sie anstellen, nach Gutbefinden und ohne weitere Förmlichkeit wieder entlassen.

§. 10.

Wirkungskreis der verschiedenen Forstbehörden.

Der Wirkungskreis für die verschiedenen Forstbehörden soll durch die von Unserer Landesregierung unverzüglich zu erlassenden Dienst-Instructionen für jede Stelle genau bestimmt werden.

Wegen Nachläßigkeit und Ungehorsam im Dienst
sind die Oberförster berechtigt, ihre Dienstuntergebene, die beständigen Holzhauermeister darunter begriffen, mit Disciplinstrafen bis zum Betrag von
drei Gulden in Geld und 24stündigen Haus- oder
Civilarrest zu belegen. Gleichermaßen haben die
Oberforstbeamten die Befugniß zu Disciplinstrafen
gegen ihre Dienstuntergebene, mit Einschluß der
Oberförster und Forstaſſiſtenten oder Forstacceſſiſten,
bis zum Betrag von einem Procent des respectiven
Dienstgehalts derselben, und bis zur Bestimmung
eines achttägigen Hausarrestes, während welcher Zeit
die auswärtigen Verrichtungen des Gestraften auf
deſſelben Koſten von andern durch, den strafenden
Vorgesetzten dazu zu beauftragenden Personen versehen werden.

§. 11.

Besitz unbeweglicher Güter.

Unseren Oberforstbeamten und Oberförstern ist
untersagt, unbewegliche Güter innerhalb ihres Verwaltungsbezirks zu besitzen. Nur die Erwerbung
eines Wohnhauses und so vielen Grundeigenthums,
als für die Bedürfniſſe ihrer Haushaltung erforderlich ist, soll ihnen auf einzuholende specielle Dispen-
sation Unserer Landesregierung gestattet werden.

§. 12.

Jagd.

Die Forstbehörden sind zur Handhabung der bestehenden Polizeiverordnungen über die Ausübung der Jagd- und Fischerei-Gerechtsame beauftragt. Sie wachen darüber, daß dieselben nur von dazu Berechtigten Personen ausgeübt werden.

Sie haben die Uebertreter zur Bestrafung anzuzeigen, und nach den Umständen die auf der That Betroffenen zu verhaften. Ihnen steht das Recht zu, innerhalb ihres respectiven Beschützungsreviers, Verwaltungsbezirks und Inspectionsdistricts Gewehr zu tragen.

Ueberdies sind dieselben in Beziehung auf die Verwaltung der Jagd in den von Uns vorbehaltenen Gehegen Unserem Oberjägermeister, Hofjägermeister oder jeweiligem Chef Unseres Jagddepartements untergeordnet, und dessen Befehle anzunehmen und zu befolgen verpflichtet.

Größere Jagden gegen gefährliche oder schädliche Thiere haben sie nach den Vorschriften Unserer Landesregierung unter Mitwirkung der zur allgemeinen Jagdfolge verpflichteten Unterthanen anzuordnen und zu dirigiren.

§. 13.

Aufhebung der bisherigen Beiträge zu den Besoldungen der Forstbeamten.

Es sollen mit dem Schlusse dieses Jahrs alle bisher sowohl aus Unseren Domänial= als auch die aus Gemeinde= und Stiftungskassen zu den Besol= dungen der Forstbeamten ausser den schon durch das Edict vom 14. December vorigen Jahrs aufgeho= benen Sporteln, Taxen und Gebühren, noch geleis= teten directen und indirecten Beiträge, namentlich auch ausser den ständigen und fixen Besoldungs= Beiträgen die Diäten aufgehoben seyn, und soll die in dem §. 7 und 9 hierüber gegebenen Bestim= mungen eintreten.

§. 14.
Vollziehungstermin.

Mit dem letzten Tage des laufenden Jahrs sollen alle bisher mit der Forstverwaltung beauftragte Die= ner und Gehülfen ihre Functionen schliessen und die neue Einrichtung ihren Anfang nehmen, nach Maasgabe der von Unserer Landesregierung an sie zu erlassenden näheren Bestimmungen. Wir beauf= tragen dieselben mit dem Vollzug dieses Edicts, und weisen sie hierdurch an, darauf zu sehen, daß nir=

gends eine Stockung in den Forstverwaltungs-Geschäften eintrete.

§ 15.

Bestimmungen über die bisherigen Forstbeamten.

Diejenigen bisherigen Forstbeamten höherer Classen, namentlich Oberforstbeamten, Oberförster und Forstverwalter, Amtsjäger, Forstläufer etc. etc., welche bei Vollziehung der hier verordneten neuen Einrichtung entweder ganz in Ruhestand, oder an neue Dienststellen versetzt werden, womit ein geringerer Dienstgehalt verbunden ist, als ihr bisheriger war, sollen durch angemessene Quieszenzgehalte und Leibrenten-Bewilligungen aus unserer Staatskasse entschädigt werden.

Gegenwärtige Verordnung soll durch Abdruck in dem Verordnungsblatt öffentlich bekundet werden. Gegeben Biberich den 31. November 1816.

Wilhelm,
Herzog zu Nassau.

Verlag

Verzeichniß

in der Ostermesse 1817 erschienenen

Forst‑ und Jagdschriften.

1) Abbildungen teutschen Holzarten, für Forst‑
männer und Liebhaber der Botanik, herausgeg.
von Fr. Guimpel, fünftes und sechstes Heft, gr.
4. Vorrätig seit für eine kurze Zeit.

2) Beiträge zur natürlichen Cultur der vorzüglich‑
sten deutschen Holzgewächse und deren Anpflan‑
zung insbesondere, mit 2 Kupf. 8. Erfurt.

3) Deutschland, L. S. ausführliche Anweisung zu
einer faßlichen tabellarischen Uebersicht des Quan‑
teninhalts jeder aufgestellten Fläche, nebst
Aster Jahrgang Leipzig.

4) Fischer's, Prof. C. I., Sammlung der vorzüglichsten Forstrechnungs-Aufgaben. Dritte verbesserte Auflage. 8. Dresden.

5) Fresenius, H. C. Chr., Tabellen zur Reduktion aller Hölzer, welche beim Bauwesen vorkommen. 8. Frankfurt.

6) Dessen ganz neue, möglich kürzeste und leichteste Methode den körperlichen Inhalt walzen- und kegelförmiger, wie auch vierkantiger Hölzer zu berechnen. 8. Heidelberg.

7) Garthe's, C., Tabellen für barometische Höhenmessungen, zum Gebrauche für Forstmänner und Reisende. 16. Gießen.

8) Der zur Jagd und zum Vergnügen abgerichtete Hund, mit 1 Kupf. 2te wohlf. Auflage. 8. Nürnberg.

9) Ein einfacher Unterricht aber wie man in kurzer Zeit auf eine leichte Art ohne Wald messen und berechnen kann, mit Kupf. 8.

10) Hartig, ein Jäger, 8.

11) Kunst Schießpulver zu unterhalten. 8. Leipzig.

12) Jester, F. E., über die kleine Jagd zum Gebrauch angehender Liebhaber. 4 Theile. Neue
verbesserte Auflage, mit Kupf. gr. 8. Königsberg.

13) Kapferer, C. A. Winke für Forstmänner
und Forstbesitzer, mit 4 Kupf. gr. 8. Leipzig.

14) Läuger, C. W., über Hieb- und Kulturlehre
der Waldungen. 2r Theil. 8. Karlsruhe.

15) Lehmann's, K. O. Major, Vorlegeblät-
ter zur Lehre der Situations-Zeichnung, für
den Unterricht in Militär-, Berg- und Forstakademien, herausgeg. von F. A. W. Netto.
1812te verbesserte und wohlfeile Aufl. mit 2 Kupf.
und 58 schwarzen und illum. Vorlegeblättern.
gr. Fol. Dresden.

16) Derselbe, über die Regulirung einer Holztaxe.
gr. 8. Frankfurt.

17) Martin, Fr. Erfahrungen über die verschiedenen Gegenstände des Jagdwesens. gr. 8.
München.

18) Dessen prakt. Erfahrungen und Grundsätze über
die richtige Behandlung und Kultur der vorzüglichsten deutschen Holzbestände. 2te Auflage.
gr. 8. München.

19) Dessen Tabellen des Forst- und Jagdwesens.
gr. Fol. München.

20) Naumann, J. ... und C. Bahle, die Eyer der Vögel Deutschlands und der benachbarten Länder in naturgetreuen Abbildungen. 18 und 26 Heft. gr. 4. Halle.

21) Naumann's, J. A. und J. Fr., Naturgeschichte der Land- und Wasservögel des nördlichen Deutschlands und der angrenzenden Länder. 7r und 8r Nachtrag, jed. mit 8 illum. Kupf. gr. 8. Halle.

22) Neuigkeiten, ökonomische, und Verhandlungen. Zeitschrift für alle Zweige der Land- und Hauswirthschaft, des Forst- und Jagdwesens. Herausgeg. von C. E. Andre. 7r Jahrg. 1817. Mit Kupf. u. Tabellen. 4. Prag.

23) Phalänen zur Unterhaltung für Forst- und Waidmänner. Herausgeg. von Forstrath Fischer. 3s Heft. 8. Karlsruhe.

24) Seyffarth's, F. C., theoretisch-praktisches Examinatorium über die gesammte Forstwissenschaft. 1r Theil. gr. 8. München.

25) Sponeck, C. F. Graf von, forstliche Aufsätze und Bemerkungen, mit 1 illum. Kupf. Neue Auflage. 8. Mannheim.

26) Derselbe über den Schwarzwald, für alle, denen es um gründliche und praktische Kenntniß im Forstwesen zu thun ist. 8. Heidelberg.

27) Ueber verbesserte Anlegung von Baumgärten, oder über Verbesserung der Forstkultur. gr. 8. Leipzig.

28) **Wildungen**, L. C. E. H. F. von, Weidmanns Feyerabende, ein neues Handbuch für Jäger und Jagdfreunde. 3s Böchen. 8. Marburg.

Recensionen.

1) Ueber den Schwarzwald. Für alle, denen
es um gründliche und praktische Kenntniſſe
im Forſtweſen zu thun iſt. Von C. F. Reichsgrafen von Spø̈neck, Doctor der Philoſo-
phie, Grosherzogl. Badiſchem Oberforſtrathe,
Profeſſor der Forſtwiſſenſchaft, und ordentl.
Mitgliede mehrerer gelehrten Geſellſchaften.
Heidelberg, auf Koſten des Verfs. 1817. XX
und 500 Seiten in 8.

Der thätige und durch ſeine verſchiedenen Forſt-
und Jagdſchriften hinlänglich gekannte Verfaſſer fäh-
ret in dieſem gehaltreichen Werkchen, das in drei
Hauptabſchnitte getheilt iſt, erſtlich auf 88 Seiten
eine allgemeine geographiſche, hiſtoriſche, ſtatiſtiſche,
geognoſtiſche und naturhiſtoriſche Anſicht von dem
Schwarzwalde, die ſich für jeden Leſer eignet, das
her auch das Buch von dem Nichtforſtmanne, und

schen, vorzüglich von jedem gebildeten Anwohner dieser interessanten Gegend eine feste Beachtung verdient. Er giebt sodann die prädominirenden Holzbestände an, beschreibt in einem ausgezeichneten Detail die zweckmäßige Behandlung der verschiedenen rein und gemischt bestandenen Holzarten und verzeichnet nebenbei die auf dem Schwarzwalde vorkommenden inn- und ausländischen Holzarten mit Einschluß der Forstunkräuter, zu welchem interessanten Theil 172 Seiten verwendet sind. Er giebt endlich auf 239 Seiten sehr interessante Nachrichten und Aufschlüsse über den Wildstand und über die Fauna des Schwarzwaldes, über Viehweide, Insectenfraß, Harzwälder, Waldkolonien, Sägmühlen, Flößerei und Floßanstalten; über die Femel- oder Plänterwirthschaft, über Waldservituten, Cultur der Sümpfe, über verschiedene Waldgewerbe, oder forsttechnologische Anstalten und über die zu Bereisung des Schwarzwaldes einschlagende verschiedene Reiserouten. — Da der Verf. in verschiedenen Theilen des Schwarzwaldes lebte, und an einigen Königl. Württembergischen Orten desselben geraume Zeit Oberforstbeamter war, so tragen seine Bemerkungen über das Gute und Fehlerhafte der Forstwirthschaft daselbst das Gepräge einer genauen Beobachtung, eines reifen Nachdenkens und einer bewährten Praxis; das vorliegende Werk kann daher

.... und jedem Liebhaber der Forst=
wissenschaft, besonders aber jungen Forstleuten ein=
schätzen werden, die den interessanten Schwarzwald
zu bereisen gedenken, welchen es zugleich zum ver=
leuchtenden Gehülfen dienen kann.

A + B.

....

2) Weidmanns Feierabende, ein neues Hand=
  buch für Jäger und Jagdfreunde, von L. C.
  E. H. E. von Wildungen, kurhessischem
  Oberforstmeister zu Marburg. Zweites Bänd=
  chen. Marburg in der Kriegerschen Buch=
  handlung 1816, V u. 198 Seiten. Drittes
  Bändchen 212 Seiten in 8vo. mit Kupfern.
  (1 fl. 21 kr. für das Bändchen.)

Wie es sich von dem Herausgeber, dem lang=
jährigen Liebling des Jagdpublikums, nicht anders
erwarten ließ, so brachte dieses nette literarische
Maßgeschenk seinen vielen Lesern die mannichfaltige
Belehrung, Unterhaltung und Erheiterung. Jeder
konnte sich an seinen Feierabenden, nach dem Wor=
ten des verewigten frommen Claudius, davon et=
was herauslangen, je nachdem, wie ihm der Schna=
bel gewachsen war, was denn auch der Inhalt bei=
der Bändchen, der jede Anpreisung überflüssig macht,
hier nachweisen wird.

Das zweite Bändchen enthält nämlich Auf=

sätze mit folgenden Titeln: I. Hackelberg (wozu das Titelkupfer gehört). II. Beiträge zur ältern Jagd- literatur. III. Erinnerungen aus der Vorzeit. IV. Einige Worte über das Jagdwesen des alten Hes- bröer. V. Nebenabecke, hühnerartige Vögel. VI. Beitrag zur Naturgeschichte der Rehe. VII. Jagd- legenden. VIII. Bericht nach Waldvögeln, in Eng- land Rwckelhan re genannt. IX. Jägerkalender. X. Wie schwer es ist, die Mittelstraße zu halten. XI. Das Hessische wilde Heer. XII. Sonderbare Hirschjagd in Californien. XIII. Neue, auch für Jäger richtige Erfindung. XIV. Flamings im Jahr 1746 auch in Hessen. XV. Scene aus einem lang- gedruckten Schauspiele „Jägerlatein“. XVI. Verzeichniß des von 1812 bis 1813 geschossenen und abgegebenen Wildpret. XVII. Bericht die Wür- tembergische Verordnung, die Abstellung der Wild- schadens betreffend. XVIII. Auszug aus einem Doc- tats-Instrument für das Kloster Hardhausen, die Jagdschad betreffend, vom Jahr 1783, unter der Regierung des Herrn Prälaten Heinrich Brunn. XIX. Bemerkungen des Hrn. Hofrathe Dr. Mie her zu Offenbach zu den Aufsätzen im ten Bändchen u Deutschkatholische Aufsätzen und über die ungewisse Zeit der Ankunft der Waldschnepfen. XX. Waldg. XXI. Weidmännischer Rechtsfall. XXII. Manderls Eh- rendenkmahl. XXIII. Der Baierische Hiesel. XXIV.

... der gewisse Adler-Eier auf dem entdeckten Titelkupfer auch abgebildet ist). II. Beiträge
zur Forst- und Jagdkunde aus Kurhessen von 1813
nach 16. III. Ueber Jagdwesen und Unwesen. IV.
Literarische Hauptjagd auf gehörnte Hasen (mit einem Kupfer). V. Die ächte Forstapotheke. VI.
... lebendig, in Deutschland. VII. Merkwürdiger Rechtsfall, einen weidmännischen Gebrauch
des Weidmessers betreffend. VIII. Der Trappen-
schütze. IX. Jagdprunk der Sanzetti. X. Merkwürdige Nachricht von einer der ersten Schnepfenjag-
den in Hessen. XI. Jagdtrauer. XII. Warnungs-
tafel, vorzüglich für unkünstige Schützen. XIII.
Ueber Schießpulver. XIV. Jagdlegenden. XV. Allerlei. XVI. Sir Ashton Levers naturhistorisches
Museum in London. XVII. Was der große Roshe-
teau vom edlen Hirsch gesagt hat. XVIII. Anekdoten. XIX. Gedichte. XX. Neues erfreuliches Gewächs der grünen Bibliothek. XXI. Neueste Lese-
jagd. Wer wünscht, und gewiß stimmen alle Leser
mit ihm ein, dem Weidmanns-Feierabenden eines
recht lange Dauer, um durch sie noch vieles Interessante in Erfahrung bringen zu können, und sieht
sohin als Repräsentant des Jagdpublikums dem 4ten
Bändchen schnlich entgegen.

† † †

3) H. C. C. Fresenius ganz neue, möglichst kürzeste und leichteste Methode, den
körperlichen Inhalt walzen- und kegelförmiger, wie auch vierkantiger Hölzer zu berechnen; ein Verfahren, welches alle Kubikta-
bellen entbehrlich macht. Heidelberg und
Speyer bei Oßwald. 1817. 71 S. 8.

Der Verf. stellt hier eine leichte und einfache
Rechnungsart auf, um den cubischen Inhalt kreis-
runder und vierkantiger Hölzer zu bestimmen, wozu
nur drei Multiplicationen erforderlich sind. So
leicht und richtig die Rechnungsart des Verfs auch
ist, und so zweckmäßig diese Erfindung auch in jeder Rücksicht seyn mag, so dürfte mancher doch der
Leichtigkeit wegen die berechneten Tabellen vorziehen, und im Allgemeinen wird man gewiß noch
schneller hier den Kubikinhalt finden, als ihn auf
jene Weise berechnen können. Die Gewißheit von
der Richtigkeit der selbst gemachten Berechnung, gegen die Ungewißheit von der der schon berechneten
Tabellen möchten viele aber die Rechnungsart des
Verfs wählen lassen, und insofern hat derselbe einen sehr schönen Beitrag zu der cubischen Berechnung der Hölzer geliefert.

Der Inhalt dieser kleinen Schrift besteht: In
den nöthigen Vorkenntnissen und Voraussetzungen.
Hier wird eine Erklärung der Decimalbrüche und

die Bestimmungen für Walzen, abgekürzte Kegel und vierkantige Hölzer gegeben. Hierauf wird in drei Abschnitten die Anweisung zur Berechnung dieser Hölzer ertheilt, und solche durch mehrere Beispiele erläutert.

Die leichtere Methode der Berechnung der Körper besteht darin, daß aus dem Umfang die Grundfläche gefunden, solche mit der Länge multiplicirt, und das Produkt durch einen ständigen Multiplicator nochmals multiplicirt wird. Dieser ständige Multiplicator wird für die verschiedenen vorkommenden Fälle von dem Verf. bestimmt.

Diese kleine Schrift verdient in jeder Rücksicht empfohlen zu werden.

4) Sylvan, ein Jahrbuch für Forstmänner, Jäger und Jagdfreunde auf das Jahr 1816, von C. P. Laurop und W. F. Fischer. Marburg und Cassel bei J. L. Krieger mit schw. u. illum. Kupfern, X u. 194 Seiten in gr. 12mo (3 fl.).

Dieses Taschenbuch, welches durch Stände, die es mechanisch auszustaffiren hatten, in einer allzu langen Quarantaine gehalten wurde, und daher beinahe post festum erschienen ist, hat in diesem Jahr folgendes aufzuweisen: n. A. Die Auto = Biographie des höchstverdienten Staatsrathes und Ober = Land=

forstmeisters Hartig zu Berlin mit seinem getrof=
fenen Bildnisse als Titelkupfer. II. Aus der Na=
turgeschichte: 1) die Beschreibung des Seehun=
des oder der Robbe von Fischer, 2) des Wind=
hundes von dem Fohlen, von der Brog, 3) des
grünfüßigen Wasserläufers (Totanus glottis) von
Fischer, 4) der Bastard=Eiche, 5) der täuschen=
den Eiche und 6) der Lerchenbaum=Motte; alle aus
Dr. Bechsteins meisterhafter Feder. III. Aus
der Forst= und Jagdkunde. 1) Ueber die
praktische Bildung des angehenden Forstmannes,
von Laurop, 2) Ueber die Erfindung des Schieß=
pulvers und des Schießens mit Feuergewehren, von
dem verstorb. Oberjägermeister von Berneck. IV.
Topographie. 1) des Jagdschlosses Sababurg in
Kurhessen, von dem Oberforstmeister von Wil=
dungen anziehend und launig entworfen; 2) ei=
nes merkwürdigen Jagddenkmahls im Hardwalde bei
Karlsruhe (wo nämlich der verewigte Großherzog
Karl Friedrich die zwei letzten weißen Hirsche ge=
schossen hatte). V. Vermischte Gegenstän=
de. 1) Jagddenkwürdigkeiten aus der Rheingegend
von den Herausgebern, 2) Forst= und Jagd=
sprichwörter, von Herrn von Wildungen, 3)
Merkwürdige Visir, von dem Herrn Reichsgrafen
von Mellin, 4) Abentheuerliche Wolfsjagden,
vier Vorfälle derselben von demselben und den

Herausgebern. 5) Abermals eine seltene phy siologische Erscheinung, von den Herausgebern — Ein auf dem Thüringer Wald erlegtes Altthier hatte die Knochen von einem verwesten Kalb und einen neu aufgenommenen Fötus bei sich. 6). Cu riosa aus Forstschriften von X***. 7). Die größ ten Fichten von Fischer. — Die Columnia pi nifolia auf Norfolks- und Pines- Eiland von 220° Höhe und 30° Umfang. 8). Unnatürliche Adoption, von Forstinspector Fischer. Eine Dachshündin adoptirte ein Rehkalb. 9) Ergiebige Seehundsjagd im letzten Jahr von dem Herausgeb. 10) Treue Liebe bis zum Tode von Fischer. — Ein Hirsch verläßt ein erlegtes Altthier nicht, so daß er selbst dabei geschossen werden mußte. VI. Neue Erfindun gen. VII. Anekdoten. VIII. Gedichte von Frhrn. von der Borg, A. Schreiber, Joseph, Pfeil ꝛc. ꝛc. IX. Verzeichniß der neu erschienenen Forst- und Jagdschriften. Die 7 Kupfer stellen dar: den Seehund, die Windhunde, den grünfüßigen Wasserläufer, die zwei Eichenarten, das Schloß Sababurg und das erwähnte Jagddenkmahl. — Damit dieser wohlaufgenommene Jagd-Almanach künftig zur rechten Zeit erscheinen kann, werden für den nächstfolgenden Jahrgang die zwei Jahre 1817 und 1818 zusammengefaßt, und dieser wird in der Herbstmesse 1817 längst Neujahr 1818, die

folgenden Jahrgänge aber jedesmal in der wochent=
gehenden Handblätter ausgegeben werden. . . . . .
. . . .

5) Taxidermie (,) oder die Lehre (,) Thiere al=
ler Klaffen am einfachsten und zweckmäßig=
sten für Kabinette auszustopfen und aufzube=
wahren (,) praktisch bearbeitet von J. Fr.
Naumann (,) Mitgliede der Societät der
Forst= und Jagdkunde und der naturforschen=
den Gesellschaften zu Halle und in der Wet=
terau. Mit 5 Kupfertafel. Halle, bei Hem=
merda und Schwetschke 1815. gr. 8. XII u.
180 Seiten. (1 Rthlr.)

Der durch seine Naturgeschichte von Deutsch=
land (und Wasservögel) berühmte Verfasser wollte
eine ausführliche Schrift über den gedachten Ge=
genstand liefern und dieses wird ihm auch gelun=
gen seyn, wenn er sich in dem ersten, zweiten und
dritten Abschnitt nicht allzugenau an die gewohn=
te Weise des Ausstopfens von Säugthieren und Vö=
geln gehalten, sondern auch noch die eben so einfa=
che und zweckmäßige, oder vielmehr bessere Me=
thode des Hautmachens Schaumburg nach
Oberforstraths Becker beschrieben hätte. Neben
diesem Erforderniß von Ausführlichkeit vermißte aber
ganz auch noch die Angabe verschiedener Vortheile
und Mittel über die Zubereitung und sichere Aufbe=

wahrung der anderen Thierklaſſen, von welchen in
dem vierten bis zum ſiebenten Abſchnitte die Rede
iſt. Man findet ſolche Vorſchriften in verſchiedenen naturwiſſenſchaftlichen Zeitſchriften, z. B. in
Voigts Magazin der Naturkunde, in den Annalen
der Wetterauiſchen naturforſchenden Geſellſchaft in
den Schriften der Berliner Geſellſchaft u. ſ. w.
Sie ſind größtentheils bewährt, da ſie gleichfalls
von praktiſchen Naturforſchern und Sammlern herrühren.

Dahingegen kann man ſich aus der vorliegenden
Schrift über manche Gegenſtände belehren, nach
welchen man in anderen vergebens ſucht, z. B. über
das Zubereiten und Mahlen der künſtlichen Glasau-
gen, über das Ausſtopfen ganz junger Vögel, über
die Behandlung ſchlecht ausgeſtopfter und verdorbe-
ner Vögel, wie auch der Bälge zu weiten Verſen-
dungen, über das Aufbehalten der Neſter und Eier,
über das Ausblaſen der Raupen, Reinigen der Conchilien, und über das Einpacken und Verſenden ausgeſtopfter Thiere u. ſ. w. Die Kapſel enthalten Abbildungen der nöthigen Inſtrumente, und der be-
ſchriebenen Verfahrungsart im Zubereiten der verſchiedenen Thierklaſſen, inſoweit jene durch Zeichnung verſinnlicht werden kann. Sowohl der geüb-
te Liebhaber als der Neuling in dieſer Kunſt darf
ſich daher die Anſchaffung dieſes Buches nicht ge-

repen lassen; er wird immerhin etwas Nützliches
hieraus schöpfen können.

A + B.

6) Der Hund, seine verschiedenen Zuchten und
Varietäten, Geschichte seiner Verbreitung
und Schicksale, Erziehung, Benutzung, Krank-
heiten und Feinde, von Dr. Friedrich
Ludwig Walther. Gießen 1817. bei
Georg Friedrich Heyer. 96 Seiten in 8vo.
(36 kr.)

Obschon dieses Büchlein nicht für Jäger und
Jagdliebhaber, sondern für Hundeliebhaber im Allg-
gemeinen geschrieben, und mehr naturhistorischen als
ökonomischen Inhaltes ist, der Jäger mithin keine
ausführliche Anleitung zur Erziehung, Abrichtung
und Heilung der Hunde darin findet; so darf man
es ihm doch mit allem Recht empfehlen. Es wird
ihm für den geringen Preß manche angenehme Unterhaltung und Belehrung gewähren, und wenn er
seine Erwartung nach dem angegebenen Titel nicht
zu hoch spannt, wird er sich nach Durchlesung desselben ganz befriedigt finden.

7) Der zur Jagd und zum Vergnügen abgerichtete Hund. — In einer praktischen Anleitung, dieses gelehrige Thier ohne große

... Pferde selbst abzurichten. Nebst einer kurzen
Anweisung zur Dressur der Kunstpferde und
Vögel. Herausgegeben von J. P. Geist.
Neue, mit einem Kupfer versehene wohlfeile
Ausgabe. Nürnberg in der E. H. Zehschen
Buchhandlung. 8. 109 Seiten. (40 kr.)

Die Anzeige dieses, durch neuen Titel aufge=
wärmten literärischen Machwerks kann in keiner an=
dern Absicht geschehen, als um die Leser der Forstan=
stalten vor dem Ankauf zu warnen. Es enthält blos
eine unvollkommene, zum Theil lächerliche Anweisung
zur Dressur des Hühnerhundes und Angaben zur Ab=
richtung des Haushundes, des Fanghundes und be=
sonders des Pudels zu allerlei Pudelkünste, die der
Janhagel mit andern Künsten, mit welchen man
das für die Oekonomie nützlichere Pferd, wie auch
die Stubenvögel, z. B. den Canarienvogel,
Stieglitz und Zeisig quält, auf Jahrmärkten und
Gassen bewundert. Für Liebhaber der Künste der letzt
gedachten Art hatte der Verfasser und Verleger dieser
Druckschrift, selbe im Jahr 1814 viermal um einen
Dritttheil des Preßes theurer bestimmt; der Jäger
und Jagdliebhaber verliert nichts, gewinnt vielmehr,
wenn er von der Generosität des Verlegers keinen
Gebrauch macht, sondern sie jenem Publikum oder
auch den Käsekrämern zu Theil werden läßt.

VI.

1.

Verwandlungs-Maschine,

zum Ersatz des schnellsten Rechnens bei dem Feldmessen ꝛc. ꝛc. Erfunden von Karl Freiherr v. Drais. Karlsruhe 1816.

Beschreibung

nach beiliegender Zeichnung und dem Modell in dem Großherzogl. mathematisch-physikalischen Cabinet.

Fig. 6. A ist ein ebenes Brett oder Platte.

B ein gerader, schmaler, versenkter Schieber, der perpendicular auf eine andere Linie der Scheibe ab paßt.

C ein Rechteck, welches sich in seiner Spitze um einen Punkt der Mittellinie des Schiebers dreht.

und auf dem Schieber wie auf der Platte eben aufliegt.

D Bänder zur Befestigung der Platte an den Tisch und des Schiebers an den Leib, um mit diesem jenen mit dem Daumankel anziehen zu können, 'daß man, bei der Manipulation der Vers wandlung selbst, die Zirkel nicht aus der Hand zu legen braucht, und also die Sache um so fruchtbarer wird.

Manipulation.

A. Allgemeine Vormanipulation.

Man nehme, wo der Morgen Feld 160 Ruthen hat, nach dem verjüngten Maasstab etwa 32° (nach Umständen auch 320° ꝛc.) in den Zirkel, trage diese von der Durchkreuzung der Schieberlinie mit der Linie a b auf dieser gegen eine Seite, etwa gegen a, und merke sich diesen Punkt, mittelst einer kleis nen Zuführungslinie für den Zirkel; daneben mache man auf ein Nebenpapier eine Parthie von Linien, welche gerade die Länge von 100° (nach Umständen 1000° ꝛc.) haben.

B. Manipulation der Verwandlung selbst.

Man nehme in jede Hand einen Zirkel, messe mit einem die Grundlinie, mit dem andern die Höhe eines Dreiecks, trage von c, dem Durchkreu zungspunkt der Maschine, eine Dimension gegen a, die andere gegen b, erhebe die Zirkel von dem Durch-kreuzungspunkt, und ziehe mit dem leitenden Schie-ber ein, bis beide Seiten des Rechtecks, an den beiden äußern Zirkelspitzen — die bisher noch stehen geblieben sind — entlegen. Alsdann hebe man den noch Zirkel ganz in die Höhe, rücke die noch auf stehende Spitze des andern zu dem festen Punkt, der gerade etwa 3 Ruthen von dem Durchkreu-zungspunkt der Maschine entfernt ist, lege die be-treffende Seite von neuem (aber mit Verstellung des Schiebers) an diese Zirkelspitze an, messe als-dann mit dem andern Zirkel die Entfernung von der Durchkreuzung des andern Schenkels des Recht-ecks mit der Grundlinie a b zu der Schieberlinie, oder den Hauptdurchkreuzungspunkt der Maschine c, trage alsdann diese Entfernung auf den Anfang der ersten Linie des Netzpapiers, füge die auf gleiche Art gefundene Linie des zweiten Dreiecks dazu, und führe so fort, bis man am Ende der ersten Linie ist. In diesem Fall setze man die eine Zirkelspitze zuerst in den Endpunkt ein, und darauf die andere gegen den Anfang, um durch die Messung von die-sem Punkt, zu dem letzten des vorigen Dreiecks, um den Ueberrest zu bekommen, der auf die folgen-de Linie zu tragen ist, auf der man wie auf der vorigen, und noch vielleicht auf weitern Linien fort-

fährt, bis man mit allen Dreiecken des zu berech=
nenden ganzen Flächengehalts, auf diese Art, fertig
ist. Alsdann hat man nach dem vorgelegten Bei=
spiel die ganze zu berechnende Figur in ein Oblon=
gum verwandelt, dessen eine Seite gerade 16 Ru=
then (160°) ist, und dessen andere aus der Sum=
me der abgestochenen Linien des Nebenpapiers be=
steht. So oft man auf diesem 10 Ruthen (1°)
abgestochen hat, so oft hat man einen Morgen des
Flächengehalts darauf angezeigt, also zeigt sich jede
abgestochene Linie von 100 (1000) Ruthen, den
Flächengehalt von 10 (1000) Morgen an, und das
übrige, dieß muß man auf dem Maaßstab, um
zu sehen, wie viel ganze (und so) zehntel (eins
zehntel) und hundertel (zehntel) Morgen noch wei=
ter dazu zu zählen sind. *)

Beweis.

Ein allgemeiner und bekannter Satz ist folgender.

„Wenn man aus dem Rechteck eines rechtwink=
„lichten Dreiecks eine Perpendikular=Linie auf die
„entgegengesetzte Grundlinie fallen läßt, so ist das
„Product der 2 Theile, in die, dadurch die Grund=

*) Wenn ein Dreieck zu groß für die Maschine ist, so
.. vertheile man es in Kleinere.

„.line getheile wird, immer gleich dem Quadrat
„der Perpendicularlinie, die dieses bewirkt.["]

Wenn also bei der Maschine die Entfernung der
Spitze des Rechtecks (d), von der Linie a b, durch
das Ziehen an die Zirkelspitze bestimmt ist, so
mag man das Rechteck drehen, wie man will, so
ist immer das Product der Entfernung von der
Hauptdurchkreuzung oder Maschine (c), bis zu den
Durchkreuzungen der Grundlinie mit den beiden
Schenkellinien des Rechtecks, gleich dem Quadrat
der Entfernung von d nach c, folglich auch unter
sich selbst gleich.

Man kann also durch diese kleine Maschine schnell
ein Parallelogram, wovon Grundlinie und Höhe ge=
geben sind, in ein Oblongum verwandeln, wovon
die eine Seite gegeben ist.

Nach meiner vorgeschlagenen Methode werden
die Parallelogramme der Dreiecke in Oblongen, die
z. B. 32 Ruthen — oder die Dreiecke Höhe zur sol=
che verwandelt, die 16 Ruthen auf einer Seite ha=
ben, und die also gerade so viel Morgen enthalten
als die andere: Dimensum 10 Ruthen hat, weil
10 × 16 = 160 ist

Schlüßlich bemerke ich noch weiter

[...] nämlich [...] Multiplicationen, Dreimach-,
Quadratigen [...] Quadratwurzel-Ausziehungen,
nach [...] Gestalten benutzen, am besten
aber nach dem [...], weil dabei keine zu [...]
[...] Blätter vorkommen, welche in diesem Fall die
Genauigkeit etwas mindert. [...] vom
[...] Auch für höhere Berechnungen, z. [...] also
[...] der lassen sich [...] Resultate angeben [...]

2.
Merkwürdiger Wachs[...]
zweier Weißtannen.

Die Zeichnung, Fig. 7, stellt zwei Weißtannen
vor, welche sich in dem zum [...], Lauterstein
gehörigen [...] Musterthal befinden, [...] wegen [...] eine drei kleinere Stämme mittelst des
größeren genährt wird, und in seinem Wachsthum,
sogar fortschreitet, als [...] erscheinen. [...]

Schon im Jahr 1806 wurde der kleinere damals 3 Schuh 9 Zoll im Umfang gehabte und von
der größeren Tanne einige Schuh entfernt gestande-
ne Stamm zum Fällen angewiesen. Als solcher
aber, nachdem [...]

[...] Stamm gleichzeitig wie an den [...]

[...] Nahrung unmittelbar aus der [...]

Weg, von oben [...] seine Masse, [...] lichen Zuwachsverhältniß wie vor 10 Jahren durch Anlegung neuer Jahrringe vermehrt habe. Dabei ist besonders merkwürdig, daß das allmählig abtrocknende Stammende sich nach und nach aufwärts entrindet, und die neuen Holzanlagen schuppenähnlich übereinanderliegend erscheinen; wie dies bisweilen an zurückbleibenden Stumpen abgehauener Nadelholzstämme [...]

Die noch stehende 78 ... Buch ... hat gegenwärtig, nahe an der ... 10 Buch ...

Beide Stämme sind noch sehr gesund und ...

... Fischer,
Forstinspector.

3.

Erfahrung,

daß man mit dem besten Erfolge die Ver-
setzung der Holzstämmlinge reichen vornehm

benannten Umständen, das Versetzen der Pflänz-
ge bis zum Wiederausbruche des Laubes, ohne dem

im vorigen Sommer gingen von den damals insge-
sammt versetzten etwa 250 Stück Eichen nur 2 Stück
und in diesem Sommer kein Stück mehr aus. Ueberdies stehen sie sämmtlich in so gutem Wachsthum,
daß Niemand zwischen diesen und den in demselben
Frühjahr früher verpflanzten Eichen einen Unterschied erkennen kann. Doch durch diesen Versuch
noch nicht völlig überzeugt, ob dies Verfahren auch
unter ähnlichen Umständen sich stets bewährt zeige,
da das gute Gedeihen jener Pflänzlinge vielleicht
von, in vorigen Jahre Statt gefundenen, günstigen Umständen hätte mögen abgehangen haben, so
schloß ich, ehe ich diese Erfahrung öffentlich bekannt
machen wollte, einen abermaligen Versuch anzustellen.
Hierzu erbot sich mir dann in diesem letzt verflossenen Frühjahre wieder die Gelegenheit, denn kaum
war das Laub ausgebrochen, so wurde es von Nacht-
frösten wieder ruinirt; nunmehr ließ ich sowohl Ei-
chen- als Buchen-Pflänzlinge, und zwar über 1000
Stück derselben, bis zum abermaligen Ausbruche der
Lauber verpflanzen, und auch hiervon bestätigt den
guten Erfolg, daß man sich unter vorliegenden Umständen durchaus an der Fortsetzung des Pflanzungs-
geschäfte nicht brauche stören zu lassen.

Schlingshof im Oktober 1815.

Sarthe,
Fürstl. Schaumburg-Lippscher Revier-Förster.

4.

Bemerkungen

über den Schaden, den die Eichhörner den Lerchenbäumen zufügen.

Mitgetheilt von dem Königl. Preuss. Forstmeister Henry Linn zu Kreuznach.

Daß die Mäuse und vorzüglich die Haselmäuse den Laub- und Nadelhölzern, sowohl durch Verzehrung der Holzsaamen, als auch durch Abnagen der Rinden vielen Schaden zufügen, ist eine bekannte Sache; nicht aber eben so verbreitet mag die Erfahrung seyn, daß das Eichhorn den Lerchenbäumen durch Entrinden des obersten, letztjährigen Schusses, großen Schaden zufügt. Einige Stunden von hier, unweit Kirchberg, im Wathbanner Forstrevier, ist eine schöne 30 — 40jährige Anlage von Fichten, Kiefern und Lerchen, ohngefähr 60 Morgen groß, welche der ehemalige Markgräfl. Badensche Oberforstmeister v. Tettenborn anfäen ließ. Die Lerchen stehen in einem freudigen Wuchs, unter zehn derselben kann man aber gewiß immer eine zählen, deren letzter Haupt-Jahresschuß abgenagt und verdorrt da steht. Es versteht sich, daß immer die Nebenäste, wie gewöhnlich, diesen Schaden durch Anstreben zur Höhe hin, zu ersetzen suchen. Der Verlust ist nichtsdestoweniger sehr groß, indem diese

ihrer schönen Kronen beraubten Bäume selten ein
taugliches Bauholz liefern. Auffallend aber ist es,
daß die Eichhörner nicht nur die Fichten und Kiefern, welche in Vermischung mit den Lerchen stehen, mit dem Benagen verschonen, sondern auch,
daß, wie ich bemerkt habe, dieses Benagen der
Rinde des äußersten Jahrsschusses bei den mehrsten
Lerchen erst in den letzten 3 — 4 Jahren stattge-
funden hat. Ob dies Zufall ist; daß nämlich erst
seit dieser Zeit diese Thiere sich häufiger einfanden,
oder ob, wie ich vermuthe, der Saft und die Rinde der Lerchen in der zarten Jugend ihnen weniger
angenehm seyn mag, steht noch zu untersuchen. Die
Thatsache an sich ist immer merkwürdig, sowohl rücksichtlich der Naturgeschichte der Lerche als auch in
Beziehung der schädlichen Waldthiere.

Ist diese Bemerkung übereinstimmend mit der
meinigen in andern Lerchenpflanzungen bewährt worden; so wünsche ich sehr, daß man solche ebenfalls
mittheilen möge.

5.

Bezug des bürgerlichen Gabenholzes.

Wer im obern Schwabenlande lebt, weiß, welche Erbitterungen die Almendtheilungen in den letztern Jahren bereits in allen Gemeinden, in welchen solche Theilungen vorgenommen worden sind,

erzeugten. Der Bürger wurde seinem Mitbürger,
der Bruder dem Bruder und der Vater seinem Kin-
de Feind.

Nun beginnt unter vielen Gemeindegenossen ein
neuer, heftiger Wettkampf. So wie die Allmend
soll auch das bürgerliche Gabenholz gleich getheilet
werden.

Dieses Gabenholz ist jenes Ofenholz, welches
der Bürger aus den gemeinschaftlichen Waldungen
jährlich bezieht. Jener Bezug geschah fortwährend
größtentheils unentgeltlich, an wenigen Orten aber
gegen eine kleine Abgabe zur Dotation der Gemeindekasse.

Es gab ein Zeitpunkt, in welchem man für Vertheilung der Gemeindewaldungen nach dem Flächengehalt unter die Bürger oder Holzbezugsberechtigten
Gemarkungsglieder stimmte. Dieser Gedanke, so
viele Anhänger er auch fand, verschwand endlich
wieder, und wir wollen die Vorsehung bitten, daß
er nie wieder erwachen möchte.

Einmal, da früher, dort später, war der Umfang einer Gemarkung begränzt. In dieser Gränze
siedelte sich ein oder mehrere Feldbauern an. Ihre
Zahl vermehrte sich nach dem Zuwachs ihrer Familien, oder nach der Zunahme der Bevölkerung überhaupt.

Von der Landesherrschaft, oder von den Gemar-

lange Eigenthümern nach dem ſtände oder Orts
verhältniſſen, nach beſondern Befugniſſen und Pri
vilegien geſchah dabei neue Aufnahmen, und grö
ßer wurde die Zahl der Bürger, deſen theilte man
für ihren Gebrauch auch Holz zu.

In den früheſten Zeiten ohne und in das graue
Alterthum zu verfolgen, war die Waldung jedem
Markgenoſſen zur freien Benutzung offen; in der
Folge änderte ſich dies.

Rodungen ſchmälerten den Anfang und größeren
Holzverbrauch den Beſtand der Waldungen. Es er
folgte eine gleich alter den Intereſſenten ausge
magene Beſtimmung des Antheils am Gabenholze
Den Maßſtab gab für jeden Bürger der Beſitz des
Eigenthums.

Man ſchrieb die Bürger nach Klaſſen auf, und
ſo zählte man dergeſtalt ganze und halbe Bauern,
Stimpler, Taglöhner und in der Folge auch Handwerker. Der Bauer, in deſſen Haus mehr gebacken,
gewaſchen, gekocht, ſomit mehr gefeuert werden
mußte, der damals wie jetzt mehrere Dienſtleute als
die Bürger der geringeren Klaſſen zu halten gezwungen war, hatte auch mehr Holz als dieſe. Weit
richtiger als jetzt war das Bedürfniß an Holz damals abgemeſſen.

Nun ſind in ſehr vielen Gemeinden — darüber
kann man bald tägliche Amtsbeſcheide leſen — im

Holzbezuge alle Bürger gleichgestellet. Der größere Feldbesitzer, der eigentliche Bauer, ist im Falle, Holz kaufen zu müssen, und der kleinere Bürger, der Taglöhner, und Handwerker nachöriget, verkauft und handelt öfters mit Holz.

Man spricht so viel von Ordnungen, Observanz, und von Verschreibung. Gilt hier keiner von diesen rechtlichen Grundsätzen? Es ist keine deutsche Gesetzgebung bekannt, die sie ausgeschlossen hätte; und doch finden sie ihre Anwendung nicht mehr.

Verzeihlich wird es einem Manne seyn, der sich nicht unter die Klasse der Rechtsgelehrten zählet, der aber sein rechtliches Gefühl so oft schon richtig geleitet hat, wenn er über einen so wichtigen Gegenstand als die Gleichstellung der bürgerlichen Lasten ist, zweifelhaft wird, sich öffentlich um Belehrung oder um Vorlage der sogenannten rationes decidendi bittet.

Dankbar wird der ausübende Forstmann jedem Rechtsgelehrten seyn, der seine rechtsbegründete Ansichten in der gegenwärtigen allgemein beliebten Zeitschrift niederschreiben, und so viele bisher bestrittene Zweifel lösen würde.

D.

6.

Die Stiefelwüchser.

Vor einem Jahre besuchte ein Oberforstmeister bei Gelegenheit einer Waldvisitation den Pfarrherrn eines kleinen Landstädtchens, mit dem er aber Mittag speiste. Das Tischgespräch führte auf das Forstwesen, was dem Gast angenehm zu seyn schien. Ich glaube, sagte der Stadtpfarrer, die Waldungen in dem benachbarten Fürstenthum werden gut behandelt? Ja — man sagt — Stiefelwüchser, erwiederte der Oberforstmann, Stiefelwüchser sind die Forstmänner daselbst, und was kann man da erwarten? Der Geistliche staunte, lenkte das Gespräch von dem Forstwesen ab und fragte, wie der Wein schmecke, worauf leicht begreiflich lauter Schmeicheleien erfolgten.

Mir und meinen Kollegen ist nicht bekannt, daß wir die steifen Kappenstiefel, noch viel weniger die in diesen befindlichen bocksteifen Läufe des Herrn Nachbars Grünrock gewüchset haben, oder wüchsen zu dürfen uns bemühten. Vielleicht — was aber noch nicht erwiesen ist — zählt der Herr Nachbar einige ebenbürtige Ahnen mehr als ein oder der andere unserer Gesellschaft *). Diese Mehrzahl, solls

---

*) Gerade dies ist der Stein des Anstoßes, daß nicht

te sie je bestehen, berechtiget selben aber nicht, die
Dienste und Verdienste anderer Menschen lächerlich

---

in allen Staaten die Oberforst-Bedienungen mit
Herren von und zu besetzt sind, sondern sich hie
und da ein guter bürgerlich Gebornet, durch seine
Kenntnisse und Verdienste, zu einem sogenannten
adelichen Posten emporgeschwungen hat. Denn die
Herren von 16 Ahnen, darüber und darunter, selbst
diejenigen, welche so glücklich waren, aus dem bürgerlichen in den adelichen Stand erst aufgenommen
zu werden, glauben, daß die höheren Forstbedie-
nungen einzig für sie vorhanden sind, und daß nur
sie Talente besitzen, um solchen vorzustehen. Mancher verdiente Forstmann wird daher oft nicht geachtet, oft wohl ganz auf die Seite gesetzt, weil
er kein von vor seinen Namen setzen kann, um
theils den Herren von und zu, deren einziges
Verdienst oft auch nur hierin besteht, Platz zu machen, theils damit der adeliche Stand nicht entehrt
werden möge, wenn bürgerlich Geborne gleiche
Posten wie jene bekleiden, sollten sie auch, wie die
Erfahrung so häufig lehrt, mehr Talent und Kenntnisse als jene Herren besitzen. Indessen sind wir
weit entfernt, einem jeden von Adel solche Gesinnungen beizulegen. Aus sind unter denselben
sehr viele Männer von ausgezeichneten forstwiss-
senschaftlichen Kenntnissen bekannt, welche allerdings die Stellen, die sie einnehmen, ganz verdienen und ausfüllen. Diese Männer lassen aber auch

machen zu können. Wer sich getroffen fühlt, lasse
uns künftig in Ruhe und erinnere sich an die alte
und wahre Lebensregel: Laß jeden seyn, wer er ist,
So bleibst du auch, wer du bist.

Am 20ten Sept. 1815.

D.

7.
Mineralien-Sammlungen.

Da ich meine, seit mehreren Jahren bestehende,
Mineralien-Sammlungen, die im Aus-
lande besondern Beifall finden, wo möglich auch für
Förster und Forstbeamte einzurichten, und als an-
schauliche Vorbereitungslehre, als Gegen-

---

dem bürgerlichen Verdienste Gerechtigkeit
wiederfahren, und dulden denselben neben sich,
weil — sie nicht fürchten von ihnen übersehen oder
verdrängt zu werden, wohingegen diejenigen, welche
er bloß ihrer höhern Geburt wegen zu Vor-
sten gelangt sind, wohin sie ihren Kenntnissen nach nicht gehören, sich durch Geringschätzung
und Verdrängung derjenigen, welche niedriger als
sie geboren sind, sich sowohl selbst als ihre Würde
und ihr Ansehen zu erhalten und die ersten Forst-
bedienungen für sich und ihre Nachkommen offen
und rein von niedriger Geborner zu halten suchen.

Theile des Bodens näher kennen zu lernen, aufzus
stellen mir vorgenommen habe, so werde ich mit
vorzüglicher Wahl jene Fossilien sammeln, die näs
heren Bezug auf die ökonomische Mineralogie has
ben. Ich würde hier zum Theil Crome's Eintheis
lung befolgen, der die Bestandtheile des Bodens in
ursprünglich-mineralische und vegetabis
lisch-animalische theilt, theils aber auch auf
die mündliche Mittheilung des Königl. Sächsischen
Bergrathes, Frhrn. v. Herder, Rücksicht nehmens
der seine große Mineraliensammlung nach einem
eigenen Plane geordnet hat. Er fängt nämlich beim
Granit, Gneus, Glimmerschiefer x. x. an, und
legt jeder dieser Gebirgsarten, nachdem er sie, dem
verschiedenen Korne und der fremden Beimengungen
nach, geordnet hat, jene oryktognostische Stüs
cke bei, die mit Granit, Gneus, Glimmerschiefer,
Kalksteine x. x. vorkommen, oder das Ganggestein
bilden. Bei der Grauwacke stehen z. B. die vers
schiedenen Abänderungen des Goldes, Glanzerzes,
Rothkupfererzes, der Silberschwärze und Blende,
des Kupfer- und Schwefelkieses, des Bleiglanzes,
Magneteisensteines, nach allen Weltgegenden.

Sollten sich demnach Liebhaber finden, die sich
für den Ankauf solcher Sammlungen erklärten, so
würde eine Sammlung von 50 — 60 Stücken ohs
ne Metalle 10 Gulden Silbergeld; eine andere

in 100 Nummern bestehend, sämtlich in gefälligem 4zölligen Formate (bis auf die Seltenheiten, die natürlicherweise bisweilen kleiner gegeben werden mußten) mit Metallen, als Silber, Kupfer, und zwar Fahlerz, Kupferkies nach mannigfaltigen Abänderungen, Schwarzerz, Malachit, trist. phos- phorsaures Kupfer, Kupferlasur, Kupferglimmer, Rothkupfererz, Ziegelerz, Schwefelkies, Magnetei- senstein, Eisenglanz, Rotheisenstein, Brauneisen- stein mannigfaltige, besonders die schätzbaren vom Berge Szirk im Gömörer Komitate Braunstein- schaum, Spatheisenstein, Zinnober, Eisensecherz, grüne Eisenerde, Rothbraunsteinerz, gelb und ro- thes Rauschgelb, Arsenikkies, Grauspiesglanzerz, feinkörniges, dichtes und blättriges ꝛc. ꝛc. 24 Gul- den Silbergeld kosten *) Wenigstens 10 Prä- numeranten werden mich bestimmen, das Ganze in 2 Klassen einzutheilen.

---

*) Der äußerst billige Preis dieser Sammlungen ist mehr der guten Sache als des Gewinnstes wegen so gemacht worden, um dadurch selbst den Unbe- mittelten den Ankauf zu erleichtern. Schuleh und Erziehungs-Anstalten bin ich erböthig, diese Samm- lungen, wenn wenigstens zwei auf einmal bestellt werden, um 2/3 des Preises abzulassen.
d. Verf.

I. Foſſilien, die den ſteinigen Untergrund ausma=
chen. Hierher gehört

A. Granit a) mit Speckſtein, b) mit Pyſta=
zit, a) mit häufigen Feldſpathkryſtallen. B. Glim=
merſchiefer a) mit Kupferkies, b) mit großen Glim=
mertafeln. C. Gneis mit ſeinen Abänderungen und
fremdartigen Beſtandtheilen. D. Thonſchiefer eben
ſo vorzüglich mit Pyſtazit=Ader. Sehr ſchön. E.
Porphyr a) Thonporphyr mit Augit, auch mit ge=
meinen Granaten. Die erſtere auch loſe, b) grauer
Trümmerporphyr, c) Thonporphyr mit ausgezeichneter
kryſt. baſaltiſchen Harnblende, d) derſelbe röthlich
mit Kupferglimmer und Kupferlaſur, e) Grünſtein=
porphyr; f) poröſer röthlicher Porphyr, g) Pech=
ſteinporphyr, h) Hornſteinporphyr, zuweilen mit
weißem Opal oder Chalcedon, i) Perlſteinporphyr,
k.) Syenitporphyr, l) Kugelporphyr. F. Kalkſtein
a) mit ſchwefelgelber Serpentin, b) mit Röthel=
überzug, c) lauchgrüner ſchaalig abgeſonderter, d)
im Uebergange in Dolomit, e) Kalkſpath, f) Kalk=
breccie (Trümmerſtein). G. Grauwacke und Grau=
wackenſchiefer a) mit Schaalenkalk, b) häufigen
Feldſpathkryſtallen, c) von verſchiedenem Korne, d)
ſchiefrige rothe Grauwacke. H. Baſalt a) poröſer,
b) derſelbe mit Hyalit, c) mit Augit und Olivin,
d) mit Cubicit. Sehr ſelten.

II. Foſſilien, die den erdigen Untergrund konſti=
tuiren. Sie ſind

A. Thon a) Porzellanerde, b) gemeiner Thon,
c) Lollyrit, d) Polirſchiefer. B. Sand a) Sand=
ſtein mit Muſchelverſteinerungen, b) mit Lenticuli=
ten, c) mit gediegenem Schwefel, d) mit rothem
Rauſchgeld.

Nebſt dieſen ökonomiſchen Sammlungen,
die blos ungariſche Produkte enthalten, ſind
auch kleinere von 1¼ bis 2zölligem Formate bei

dem Unterzeichneten zu haben. Sie enthalten die schätzbarsten und seltensten Sachen. Eine Centurie kostet 2 Dukaten im Gold. Wünscht aber Jemand eine vollständigere Sammlung aus diesem Reiche, oder nur einzelne ungarische Mineralien, der beliebe sich in frankirten Briefen zu wenden an

C. A. Zipser,
Professor zu Neusohl in Ungarn und
Mitglied mehrerer gelehrten Gesellschaften.

Da ich mit dem Herrn Professor Zipser in naher Verbindung stehe, so erbiete ich mich, zur Beförderung der guten Sache, Bestellung und Besorgung von verlangt werdenden Mineralien-Sammlungen zu übernehmen.

C. P. Laurop.

Inhalt
des zweiten Hefts.

Inhalt.

Annalen

der

Societät der Forst- und Jagdkunde.

Herausgegeben

von

C. P. Laurop,

Großherzogl. Badenschem Oberforstrathe, zweitem Director
der Societät der Forst- und Jagdkunde und mehrerer
gelehrten Gesellschaften Mitgliede.

Dritten Bandes drittes Heft.

Marburg und Cassel,
bey Johann Christian Krieger
1818.

Annalen

der

Forst- und Jagdwissenschaft.

***

Herausgegeben

von

C. P. Laurop,

Großherzogl. Badenschem Oberforstrathe, zweitem Director
der Societät der Forst- und Jagdkunde und mehrerer
gelehrten Gesellschaften Mitgliede.

***

Fünften Bandes drittes Heft.

***

Marburg und Cassel,
bey Johann Christian Krieger
1818.

I.

Naturwissenschaftliche
Gegenstände.

Ueber den Splint der Holz-
gewächse. *)

Dem hohen Auftrag zufolge unterlege ich hiermit
meine gutachtliche Aeußerung über den in Frage stehenden Gegenstand. **)

Da derselbe von großer Wichtigkeit ist, so konnte
ich nicht umhin, zur Begründung meiner Folgerungen das Nöthigste von der Structur des Stammes

---

*) Eine Beantwortung der der Forstlehranstalt zu Ma-
riabrunn von dem Kaiserl. Königl. Obersten Hofs- und
Landjägermeister-Amte mitgetheilten Fragen.
**) Zur bessern Beurtheilung dieses Aufsatzes wäre es
zu wünschen gewesen, daß die aufgegebene Fragen
demselben wären beigefügt worden.
Der Herausgeber.

und der Saftverbreitung in demselben in gedrängter Kürze vorauszuschicken.

Nach den neuesten, sorgfältig unternommenen
Beobachtungen, Zergliederungen und Versuchen mit
dem Stamm, hat sich einerseits die Beschaffenheit
der einfachen Organe desselben, anderseits aber die
Function dieser Organe enthüllt.

Der äußerste, graue oder weißliche, oft ganz trockne Ueberzug (eigentliche Rinde) welche den Stamm
rings umgiebt, verstattet bey den Bäumen den
Luftstoffen einen Durchgang zu den Säften, und befördert durch Einsaugung die Ernäh-
rung der Holzpflanzen, nach dem Tode aber die Stockung der Säfte, die Fäulniß.

Unmittelbar nach der eigentlichen Rinde, folgt
die grüne Rinde, ein zelliges Gebilde, voll von gewöhnlich grünen, immer aber zubereiteten Säften,
welche nach Verschiedenheit der Holzpflanzen, sich
in Farbe, Geruch ꝛc. unterscheiden, und eigenthümliche Säfte heißen.

Die Zellen sind locker, 4 oder 6eckig; sie dringen durch die Maschen des darneben befindlichen Bastes in den Splint und von
diesem in das Holz bis zum Marke. In
ihrem Durchgänge in den Splint und das Holz
ziehen sie sich mehr in die Länge (horizontal) und
stellen zusammenhangende und nach dem Maaße ih-

rer Annäherung zum Marke immer mehr verhärtete
Gänge dar. Man nennt diese Gefäße Spiegel=
fasern oder Strahlengänge.

Sie sind an Eichen bey einem Querschnitte deut=
lich wahrzunehmen.

Die Zellen haben im Allgemeinen nicht nur die
Bestimmung, die Säfte aufzubewahren, sondern sie
auch durch ihre Wände durchzuschwitzen und so zu
verbreiten. Der Bast, eine Art des gestreckten Zell=
gewebes, ist hinter der grünen Rinde befindlich;
er ist mehrentheils eine weißliche Schichte, die sich
durch einen scheinbar faserigen Bau, und durch gro=
ße Dehnbarkeit, Zähigkeit und Dauerhaftigkeit aus=
zeichnet. Die scheinbaren Fasern sind nichts anders
als feine Röhrchen, die zum Theil paralell laufen,
zum Theil auseinander weichen, (Maschen bilden).

Die Schichten werden alljährlich um Eine
vermehrt.

Aber auch im Holze und Splinte sind die Bast=
röhrchen einzeln zerstreut; Ihre Function
ist: den rohen Nahrungssaft, welcher durch die Wur=
zeln eingesogen wird, hinaufzuleiten.

Der Splint, der auf den Bast folgt, ist nichts
anders, als junges Holz; dieselben einfachen Or=
gane, als: Zellgewebe, Spiralgefäße, Treppen=
gänge, getüpfelte Gefäße werden sowohl im Splinte
als im Holze nur mit den einzigen Unterschiede,

gefunden, daß sie in diesem fester und steifer geworden, und die Spiegelfasern oder Strahlengänge, wie der Forstmann sagt, verheilt sind.

Der Splint ist voll roher, schleimiger, halb oxidirter leicht gährbarer Säfte, hat wenig feste, carbonisirte Bestandtheile, daher er leicht in Fäulniß geräth. Dagegen enthält das Holz weniger Säfte, mehr feste carbonisirte Bestandtheile; daher ist es auch dichter, schwerer, widersteht der Fäulniß mehr, und ist dunkler gefärbt.

In den meisten Bäumen ist das Holz um so dichter, je mehr es sich dem Mittelpuncte nähert. In solchem Holze lassen sich keine Schraubengänge, kaum noch Treppengänge und punctirte Gefäße wahrnehmen.

Der Splint wird alljährlich in einer Schichte angelegt, wovon ein Theil in Holz verwandelt wird.

In den durchschnittenen Stämmen der meisten Bäume findet man diese Schichten in concentrischen Kreisen wo härtere Ringe mit weichern abwechseln.

Man nennt sie Jahrsringe und der Forstmann bestimmt aus ihrer Anzahl das Alter des Stammes.

Genaue Beobachtungen und überzeugende Versuche haben folgende Theorie über die Erzeugung der Jahrringe aufgestellt:

In gemäßigtem Clima steigt der rohe Nahrungssaft zu Ende Hornung in dem Baste und den zerstreuten Basträhren auf; die Knospen entwickeln sich, und die Blätter brechen zu Anfangs Aprils aus. die Bestimmung der Blätter ist eines Theils: die indifferenten Stoffe als: Kohlensäure, Sauerstoffgas auszuhauchen, und die tropfbar flüssigen Theile auszudünsten, andern Theils aber sind sie dazu bestimmt, die zur Umwandlung der Säfte nöthigen Bestandtheile aus der Atmosphäre in sich aufzunehmen.

Durch die Einsaugung der Luftstoffe vermittelst der Blätter und der Rinde, wird der ursprünglich rohe Pflanzensaft, je höher er steigt, desto mehr carbonisirt, und fähig Bildungssaft zu werden. Der Ueberfluß schwitzt durch, mischt sich mit dem von den Blättern zwischen Bast und Splint sich herabsenkenden Safte, und verfärbt beyde Theile durch neue Lagen die sich aus ihm bilden.

Diese neue Schichten setzen sich bis im August an; alsdann hört der starke Trieb des aufsteigenden Saftes auf, eine stille ruhige Seitenbewegung tritt

ein; die Strahlengänge verbreiten den Bildungssaft dergestalt, daß der letzte Sommertrieb dadurch
verdichtet wird und einen harten Ring bildet.

Da nun aber auch im strengsten Winter noch
immer einiger aufsteigender Saft in den Bäumen
gefunden wird, so hört auch in dieser Jahreszeit
nicht aller Trieb auf; aber er findet vom Herbste
an schwächer statt. Der Bildungs-Saft kann sodann wegen Mangel an Blättern, und daher wegen schwächerer Einsaugung der Luftstoffe nicht die
gedrängte Beschaffenheit annehmen. Daher werden
die sich jetzt am Umkreise anlegenden Schichten wei-
cher und zarter; sie ziehen auch den sich horizontal
bewegenden Bildungssaft weniger an und bleiben
Splint.

Es giebt einen Unterschied der Hölzer in Rücksicht der Jahrsringe, manche haben sehr dichte und
feine, wie Nußbaum, andere sehr weit auseinander-
stehende, wie Kiefern und Tannen; bey einigen sind
sie fast gar nicht zu bemerken, wie manchmal bey
den Eschen.

Aber auch bey Bäumen von derselben Art sind
die Jahrsringe verschieden, so daß die verhärteten
Ringe von größerer Mächtigkeit sind, als die weichern, oder umgekehrt, daß der ganze Stamm fast
aus Splint besteht.

Boden, Clima, Standort, Gesundheitszustand des Baumes, und athmosphärische Einflüsse befördern oder hindern die Umwandlung des Splintes in Holz; daher es Stämme geben kann, welche bey ungünstigen Umständen fast ganz oder zum größten Theile aus Splint bestehen, dahingegen andere Bäume derselben Art auf Höhen oder Kalkboden gewachsen, fast ganz aus Holzringen bestehen.

Steht der Baum auf zu üppigem feuchtem Boden, so erhält er zu viele Nahrung, erzeugt dadurch zu viel Splint, als daß derselbe durch den Bildungssaft während des Spätsommers in Holz umgewandelt werden könnte.

Solche Bäume erhalten frühzeitig einen großen Umfang, das Holz bleibt aber schwammig (splintig) auch werden sie vor der Zeit kernfaul, weil die in ihrer Mitte aufsteigenden häufigen Säfte nicht umgewandelt werden können, zu stocken anfangen, und Fäulniß im Holze verursachen. (Von dieser Beschaffenheit scheinen die Stämme von Terra ferma und Montello zu seyn).

Es geschehen, wie aus dem vorhergehenden zu entnehmen ist, in der lebenden Holzpflanze Zusammensetzungen und Ausscheidungen, ohne daß Form oder Eigenschaften derselben wesentlich verändert werden.

In der lebenden Pflanze also äußert sich die Wirkung der chemischen Verwandschaft an den Grundstoffen anders als in der todten, in welcher die Grundstoffe sich den allgemeinen Verwandschafts-Gesetzen unterwerfen, und die Fäulniß nach und nach herbey führen wobey die Form und Eigenschaft derselben verändert wird.

Die Fäulniß rückt in ihrem Fortschreiten um so schneller vor, als sie durch die vorhandenen Verhältnisse ihrer Bedingnisse: der Luft, der Wärme, des Wassers und der Ruhe begünstigt wird.

Das Verhältniß dieser Bedingnisse modificirt die Fortschreitung und die Art der Fäulniß; ihre gänzliche Abwesenheit hebt die Fäulniß auf, manche Substanzen würden schon für sich länger dem Verderben widerstehen wenn gewisse Stoffe ihnen entzogen oder nicht beygegeben würden, z. B. die schleimigen Theile in dem Splinte, oder die Hefen im Taige.

Man nennt solche Substanzen Gährungs-Mittel (Fermente) weil man durch sie Gährung in die gährungsfähigen Substanzen bringen kann.

Diese Prämissen sind nun diejenigen Stütz-Puncte, auf welche ich meine Folgerungen baue. Um das ganze über den Splint zu erschöpfen will ich hier des Nutzens erwähnen, welchen er in jedem Zustande gewährt.

Im lebenden Baume ist seine Bestimmung in Holz umgewandelt zu werden, seine größere Mächtikeit gegen das Verhältniß der Werkzeuge oder der einwirkenden Umstände, welche seine Umwandlung begünstigen sollen ist für den ganzen Baum verderblich; nicht nur darum, weil die vielen durch ihn sich bis in die Mitte verbreitenden Säfte leicht in Fäulniß übergehen, sondern auch, weil selbst durch ihr Gefrieren somit durch eine größere Ausdehnung der Baum leicht eisklüftig wird.

Bäume von voller Lebenskraft erzeugen wenig Splint, nehmen an Umfang weniger zu, haben aber dafür festeres und dauerhafteres Holz; Bäume von derselben Art mit vielem Splinte deuten auf ihren schwächlichen kränklichen Zustand und auf wenigere Brauchbarkeit ihres Holzes.

Die Schnellwüchsigkeit ist entweder in den Umständen, oder aber in der Art der Bäume begründet. So z. B. Weiden, Pappeln, welche sehr schnell wachsen, dafür aber fast aus lauter Splint bestehen.

Es sey mir hier vergönnt anzumerken, daß Bäume, welche gegen ihre Natur viel Splint anlegen, durch eine zweckmäßige Bewirthschaftung von diesem Uebel befreyt werden, und dadurch eine größere technische Brauchbarkeit erlangen können.

Ein ausgedehnt geführter Lichthau und das Abschälen der Rinde ein paar Jahre vor dem Abtriebe, dürfte den gewünschten Erfolg gewähren. Durch den erſten würde der Boden mehr ausdünſten durch Wind mehr getrocknet werden, die überflüſſigen Säfte des Baumes würden auch nicht nur zur Erzeugung neuer Zweige und Blätter verwendet, ſondern dieſe ſelbſt würden nach dem Maaße ihrer Vervielfältigung eben ſo viele Werkzeuge zur Erzeugung des Bildungsſaftes und der Ausdünſtung werden.

Das Schälen vor dem Abtriebe erzeugt nach der Erfahrung ein feſteres Holz, da durch die unmittelbare Einwirkung der Atmosphäre, insbeſondere aber durch ihren Sauerſtoff daſſelbe verdichtet wird. Ein Verſuch mit einigen Bäumen wird zur Ueberzeugung führen; das Verfahren dabey iſt Folgendes:

Im Frühjahre, wenn der Saft völlig in die Bäume eingetreten iſt, löſet man an den Stämmen die Rinde, und zwar von der Wurzel an bis an die Zweige, völlig ab, und läßt die Bäume in dieſem Zuſtande auf der Wurzel ſo lange ſtehen, bis (gewöhnlich nach Verlauf von 1 bis 2 Jahren) die Zweige gänzlich abgeſtorben ſind. Sobald dieſer Zeitpunct eintritt, werden die Bäume ſogleich gefällt. Nach erlangter Ueberzeugung dürfte die Anwendung dieſes Vorſchlags an den Eichen um ſo weniger dem Vorwurfe der mit einem ſolchen Verfahren verbundenen Koſtſpieligkeit unterliegen, da die dadurch erhaltene und zum techniſchen Gebrau che geeignete Eichenrinde nicht nur die gemachten Auslagen ersetzet, sondern selbst durch einen möglichen Ueberschuß die Forstkasse noch vermehret.

Um sich nach einer solchen Behandlung überzeugen zu können, ob das Holz in getrocknetem Zustande an Festigkeit wirklich gewonnen habe; so sey es hinlänglich hier zu sagen, daß die Festigkeit des Holzes im geraden Verhältnisse mit seiner specifischen Schwere stehe.

Die nach diesem Grundsatze unternommene Untersuchung des Holzes dürfte vor jeder Verwendung desselben vorgenommen werden, wenn die Zweckmäßigkeit der letztern nicht schon durch ihre Erfahrung hinlänglich erprobt ist.

Doch um jedem Mißverständnisse zu begegnen, füge ich bey, daß diese Untersuchung nicht an jedem Stamme, sondern nur an einzelnen Stämmen ganzer, sich dem Boden oder der Lage nach unterscheidenden Bestände, unternommen werden darf.

Nach dieser umständlichen vielleicht aber nicht überflüssigen Digression gehe ich zur Untersuchung des Nutzens über, welchen der Splint nach der Fällung der Bäume gewährt.

Ist der Baum im Winter gefällt, so schadet der vorhandene Splint dem Holze bis ins Frühjahr nicht, da die Bedingnisse zur Gährung nicht günstig sind.

Die Erfahrung bestätigt diese Behauptung.

Bäume, welche in dieser Zeit abgestockt und an der Durchschnittsfläche mit Pech überzogen werden, schlagen im Frühjahr aus; Pappeln, Weiden, thun dieses ohne jede Vorrichtung.

Wird aber der Baum im Frühjahr, das ist, in der Saftzeit, oder im Sommer gefällt, so erleiden die Säfte in dem Splinte durch die steigende oder vorhandene Wärme alsobald die Gährung; das Holz leidet.

Bäume, welche zum Werkholze bestimmt sind, sollen in dieser Jahrszeit vorsichtig entrindet, sobald als möglich in schattige Orte, oder in die Conserven gebracht werden.

Durch die Entrindung verliert der Splint seine Feuchtigkeit, und somit ein Bedinguiß zur Gährung.

Indessen kann der Splint nach seiner Entrindung die nachtheiligsten Folgen für das Holz herbeyführen.

Der Splint enthält in seinem natürlichen Zustande mehr Feuchtigkeit als das eigentliche Holz, welches er umgiebt, deshalb zieht sich auch der Splint beym schnellen Trocknen mehr zusammen, als das ältere reifere Holz. Dadurch entsteht in den Splinttheilen eine Spannung, und wenn diese die Kraft des. Zusammenhanges derselben überwältigt, so erfolgen Risse, die oft tief ins Holz reichen.

Bäume, welche in ihrer ganzen Masse Splintig sind, sind diesem Uebel nicht so sehr unterworfen, weil die Spannung gleichförmiger im Stamme wirkt.

Es ist daher räthlich, jene Hölzer, welche zum Auslaugen bestimmt sind, und wegen eingetretener Hindernisse vor dem Frühjahre in die Conserven nicht abgeführt werden können, so zu entrinden, daß die Verdünstung des Splints nicht zu schnell erfolgen kann.

Bleibt der Stamm nach dem Fällen liegen, und jedem Wechsel der Witterung preisgegeben, so ist es aus dem vorhergehenden ersichtlich, daß die Säfte im Splinte alsbald in Gährung übergehen, denselben zerstören, und das Holz selbst durch Homogenität der Säfte zum Gähren und zur Verwesung anreizen.

Im Splinte geht die Zerstörung schnell und auffallend vor sich, im Holze nach dem Verhältnisse seiner Dichtigkeit, langsam und oft selbst mit dem bewaffneten Auge nicht bemerkbar.

Holz, dessen Splint verfault ist, und wo sich von dem letztern die Fäulniß in die angränzenden Holzschichten selbst verbreitet hat, ist zum technischen Gebrauche verdächtig, ja ohne Gefahr, wenn es dem Anscheine nach auch gesund ist, nicht zu gebrauchen.

In diesem Fall ist der Splint als ein Behältniß des nachtheiligen Gährungsmittels zu betrachten.

Die begonnene, und im Holze sich schon verbreitete Gährung, kann selbst durch das Eintauchen ins Wasser nicht unterdrückt, sondern blos verzögert werden.

Im Holze selbst sind viele Luftgefäße, welche ihren Gehalt zum Gährungs-Prozeß abgeben.

Dadurch wird dieser fortgesetzt; es entwickeln sich Luftarten, welche durch die fortgerückte Zerstörung die im Holze entstandenen Räume ausfüllen, und das Holz immer leichter machen, bis es sich endlich auf die Oberfläche des Wassers erhebt.

Es ist also dem Gesagten zufolge wieder unräthlich das verdächtige Holz in die Conserven zu bringen.

Wird das Stammholz zum Schiffsbau ausgelangt, und ist der Splint am Holze gesund, so ist um das Holz recht brauchbar zu machen, nichts für dasselbe gedeihlicher als solches sogleich nach dem Fällen, so lange noch die Säfte keine Gährung erleiden, samt dem Splint in die Conserven zu bringen.

Untersucht man die Wirkungen des Splints auf das Holz beym Auslaugen, so ergiebt es sich, daß der Splint zwar etwas den Fortgang des Auslaugens verzögern, keinesweges aber nachtheilig auf das Holz einwirken kann. Nur muß ein solches,

mit Splint versehenes Holz länger als ein entsplin=
tetes im Waffer bleiben.

Durch das Auslaugen in den Conserven bezweckt
man blos die Entfernung der schleimigen Stoffe, wel=
che die Verwesung des Holzes herbeyführen. Der
Splint läßt sich, vermöge seiner lockern Textur, leich=
ter von dem Waffer durchdringen, dieses löst die schlei=
migen Theile auf und entfernt sie durch seine Bewegung.

Daher verdienen Conserven mit fließendem oder
auch von Ebbe und Fluth bewegtem Waffer den Vor=
zug vor solchen, die nur ein stehendes Waffer haben.

Das Auslaugen wird um so eher vollendet, je be=
wegter das Waffer ist, in dem dadurch die mit schlei=
migen Theilen gesättigten Waffertheile von auszu=
laugenden Holze entfernt, und durch ungesättigtes
Waffer zu demselben Zwecke ersetzt werden.

Auch führen oft Waffer zufällige Bestandtheile mit
sich, welche beym Auslaugen in den Zwischenräumen
des Holzes niedergeschlagen werden, und dadurch dem=
selben eine größere Dauerhaftigkeit eine andere Far=
be, 2c. ertheilen. So erhält z. B. die Eiche in eisen=
haltigem Waffer eine dunkle oft schwarze Farbe.

Kommt ein entsplintetes ganz gesundes Holz ins
Waffer, so wird es, in einer verhältnißmäßig kür=
zern Zeit ausgelaugt.

Was die Entsplintung der zu transportierenden Ei=
chenstämme betrifft, so sollen die Stämme von Fagare

und Dordenone, welche trotz ihres verfaulten Splintes der Aussage nach doch ein sehr festes Holz haben sollen, dessen ungeachtet entsplintet werden, um an Ort und Stelle die Güte des Holzes noch genauer untersuchen zu können und dasselbe vor den nachtheiligen Einflüssen des Splintes auf das Holz zu verwahren; denn es ist besser, einen nur möglichen Schaden beym Transporte zu haben (welcher Schade durch Vorsicht und günstige Umstände noch vermindert werden kann) als sich der Gefahr auszusetzen ein ganz unbrauchbares Gut in die Conserven zu bringen, und sich des für die Zukunft nöthigen Vorrathes nicht einmal versichert zu haben.

Der Transport der Stämme von Terra Ferma und Montello wäre wegen des splintigen und gewiß schon modernden Holzes derselben auf keinen Fall anzurathen.

Mariabrunn, den 4ten Januar 1817.

Franz Höss.

Professor der Forst-Naturkunde an der Kaiserl. Königl. Forst-Lehranstalt zu Mariabrunn.

11.

II.

Forstwissenschaftliche

Gegenstände.

Bemerkungen über die Kultur der Birke nach eigenen Erfahrungen gesammelt von G. C. Göße, Förster zu Leußendorf im Würzburgischen.

Ob wohl über den Anbau der Birke in neuern Zeiten des Lehrreichen viel bereits gesagt, und dieser, in die gesammte Forstkultur so wesentlich eingreifende, Gegenstand von gelehrten und erfahrenen Forstmännern ausführlich bearbeitet worden ist, so fürchte ich doch keinesweges den Verdacht einer unbescheidenen Anmaßlichkeit auf mich zu laden, wenn auch ich meine hierüber gesammelten Erfahrungen,

so abweichend von den gegebenen Theorien sie in
mancher Hinsicht auch erscheinen mögen, zur öffentlichen Kenntniß zu bringen wage. Fern sey es jedoch von mir, die schätzbaren Belehrungen über Kultur der Birke, womit anerkannt gelehrte Forstmänner das Publikum beschenkt haben, berichtigen oder
tadeln zu wollen; denn sie sind es ja eben, deren
Leitung ich bei meinen Versuchen vorzüglich gefolgt
bin. Wenn ich nun aber in einem Zeitraum von
sechs Jahren, während welchem ich mich mit dem
Anbau der Birke fast ausschließlich beschäftigte und
beschäftigen mußte, Erfahrungen sammelte, die —
wenn auch nicht gerade zu widersprechend — doch
wenigstens in einzelnen Fällen abweichend von jenen Theorien sich ankündigen, so halte ich die öffentliche Mittheilung derselben schon darum nicht für
unstatthaft und überflüssig, weil ich überzeugt bin,
daß ein Gegenstand, wie dieser, bei welchem es auf
practische Erfahrungen hauptsächlich ankommt, nur
durch vielseitige Beleuchtung zu einem endlichen,
das Ganze erschöpfenden, Resultat geführt werden
könne.

Warum ich aber — wie ich so eben erwähnte —
mich seit mehreren Jahren mit der Kultur der Birke ausschließlich beschäftigte, darüber erst noch ein
Wort der Rechtfertigung.

Herr Pfeil sagt in einem schätzbaren Aufsatz der Annalen der Forst= und Jagdwissenschaft, der sich im 2ten Heft des 4ten Bandes findet:

„es gehört die Anpflanzung der Birke in vielen Gegenden jetzt blos zur Mode, und in allen Forsten und von allen Forstmännern sieht und hört man nichts anders und von nichts anderm, als von der Birke und abermals der Birke."

Es könnte daher leicht den Anschein haben, als hätte auch ich bei meiner Anzucht nur der Mode huldigen, nicht aber auf die Möglichkeit des Gedeihens edlerer Holzarten Rücksicht nehmen wollen. Eine solche Nachgiebigkeit gegen ein bloßes Gesetz der leidigen Mode würde ich mir jedoch nie zu Schulden kommen lassen, gesetzt auch ich wäre durch keine anderweiten Verhältnisse — wie dies doch bei mir der Fall ist — gebunden.

Die ungewöhnlich hohen Preise, zu denen seit mehreren Jahren gerade das Birkenholz in hiesiger Gegend emporstieg, veranlaßten die Gutsherrschaft, deren Waldungen meiner Aufsicht anvertraut sind, mir den Befehl zu ertheilen, mich vorzüglich mit dem Anbau der Birke zu beschäftigen. Um diesem Befehl Genüge zu leisten, machte ich mich mit den Anweisungen bekannt, die Hr. Laurop und Andre über die Anzucht der Birke gegeben haben, wendete diese Belehrungen, mit steter Hinsicht auf die Lo=

calität des vorhandenen Bodens an, machte jedoch
hierbei Erfahrungen, die mich allmählig auf eigenthümliche Grundsätze hierüber leiteten, und welche
ich jetzt öffentlich darzulegen wage. Zu dieser Mittheilung veranlassen mich auch hauptsächlich die Bemerkungen, die Hr. Pfeil über den Anbau der Birke
im Allgemeinen gemacht hat. Denn nicht genug, daß
er den Werth der Birke offenbar zu schmälern sucht und
ihr unter den edlern Holzarten gar kein Plätzchen
vergönnet, auf dem sie mit Ehren sich behaupten
könnte, so schildert er die Kultur derselben überhaupt als etwas so schwieriges, daß — wenn man
seinen Ansichten unbedingt folgen wollte — man
von allen Versuchen zu ihrer Fortpflanzung abge-
schreckt würde. Die Ehre der Birke zu retten, und
darzuthun, ihre Erziehung sey keineswegs mit so
viel Schwierigkeiten verknüpft und ihr Gedeihen keine
blos zufällige, sondern eine sicher zu berechnende
Sache, darum habe ich also auch meine hierüber gemachten Erfahrungen aufgezeichnet.

Damit jedoch die Mittheilung meiner, aus der
Erfahrung geschöpften, Bemerkungen über Birken-
Kultur in einer gewissen Ordnung erscheinen, so
werde ich erstlich über die Einsammlung und
die Aufbewahrung des Birkensaamens,
2) über die Zubereitung des Bodens und

die Saat selbst, und 3) über das Pflan=
zen der Birken meine Gedanken äußern.

Ueber die Einsammlung und Aufbe=
wahrung des Saamens.

Um den Birkensaamen, deſſen Reife der Forſt=
mann an der Bräune der Kätzchen und an dem
leichten Ablöſen des Saamens von den Spillen er=
kennt, einzuſammeln, iſt gewöhnlich das Ende des
Monats September, oder der Anfang des Octobers,
nach meiner Erfahrung, der einzige ſchickliche Zeit=
punkt. Zu läugnen iſt es zwar nicht, daß es Saa=
men geben kann und wirklich giebt, der früher, und
zwar ſchon in den Monaten Julius und Auguſt zur
Reife gedeiht; allein ſo viele Verſuche ich auch mit
Ausſäung deſſelben angeſtellt habe, ſo wenig haben
ſie Erfolg gehabt. Ich habe dergleichen, im Julius
und Auguſt geſammleten, Saamen öfters in Blu=
mentöpfe, die mit reiner Dammerde gefüllt waren,
nicht weniger auch auf verſchiedenen Stellen des
Waldes in einen zur Birkenſaat völlig geeigneten
Boden geſtreut, allein, der ſorgſamſten Wartung
und Pflege ungeachtet, nie ein Pflänzchen davon
erziehen können. Ich bin daher vollkommen über=
zeugt, daß der Saame in jenen Monaten nur eine
ſogenannte Nothreife erhielt, die wie auch bei unſern
Obſtarten dies öfter der Fall iſt, durch den Anſtich der

Insekten, oder durch andre uns noch nicht bekannt
gewordene Unfälle früher herbey geführt wird, als
sie der Ordnung der Natur nach, und bey ungestörter Vegetation erfolgen sollte; denn nie habe ich
im Monat August, wo dergleichen reifer Saame sich
schon findet, einen Stamm entdecken können, an
welchem der daran befindliche Saame sämmtlich zur
Reife gediehen gewesen wäre, gewöhnlich fand
sich — im Vergleich mit den übrigen — eine nur
ganz unbedeutende Anzahl reifer Zäpfchen an demselben.

Was die Einsammlung des Saamens anlangt,
so sind vorzüglich heitre, sonnige Tage hierzu am
passendsten, an denen man von 9 — 10 Uhr Morgens an, wo der Saame schon völlig trocken ist, bis
gegen 4 Uhr des Nachmittags wo die Luft schon
wieder feucht zu werden beginnt, das Geschäft des
Einsammlens vornehmen muß. Den Saamen kann
man entweder am Ende der Saamenspille abreißen
oder, auf irgend eine schnell fördernde Art, denselben abstreifen. Sobald man ihn zu Hause bringt,
reibt man ihn — wenn er nemlich mit den Kätzchen
gesammlet ist — zwischen den Händen ab, und son-
dert ihn von Laub und übrigen Unrath. Ist
dies geschehen, so kann man ihn ohne Bedenken
bis zum nächsten Morgen in einem Sack oder in
einem andern Gefäß über einandergehäuft stehen

laſſen, dann laber muß er ſogleich auf einen Bo=
den, welchen die Luft gehörig durchſtreichen kann,
dünn, d. h. höchſtens 2 = 3 Zoll hoch ausgebreitet,
und in den erſten 8 = 10 Tagen mit dem Rechen
täglich gewendet werden. Nach Verlauf dieſer Zeit
iſt es hinreichend, wenn dieſes Wenden alle 3 = 4
Tage einmal erfolgt, doch muß bis zum Eintritt
des Winters, und bis der Saame ſelbſt einige Fröſte
ausgehalten hat, damit fortgefahren werden. Iſt
dies geſchehen, ſo kann man denſelben, wenn viel=
leicht der Platz anderweit benutzt werden ſoll, bis
zur Höhe eines Schuhes über einander ſchichten und
alle 14 Tage einmal umwenden.

Von der Zubereitung des Bodens zur Birkenſaat, und von der Ausſaat ſelbſt.

Unſre berühmteſten Forſtſchriftſteller begegnen ſich
faſt ſämmtlich in der Meinung: der Herbſt ſey zur
Ausſaat des Birkenſaamens die beſte und ſchicklich=
ſte Jahrzeit, und zwar auch darum, weil das Auf=
bewahren des Saamens mit vielen Schwierigkeiten
verknüpft ſey: dieſe heben ſich jedoch bei meiner
oben angeführten Behandlungsart deſſelben von
ſelbſt. Wiederhohlte Verſuche und hinlängliche Er=
fahrungen haben mich hingegen überzeugt, keine
Jahrzeit eigne ſich beſſer zur Birkenausſaat, als

gerade das Frühjahr, und zwar aus folgenden Grün=
den: Unsre Waldungen bestehen entweder aus stei=
len Höhen oder sanften Abhängen, die wenigsten
aus fast horizontal liegenden Ebenen. Wird nun
die Saat im Herbst, d. h. im Octbr. oder Anfang
des Monats Novbr. begonnen, so hat der Saame
immer das traurige Schicksal, daß die Regengüsse,
die um diese Jahrzeit gewöhnlich eintreten, densel=
ben vermöge seiner Leichtigkeit und seiner Flügel
hinwegschwemmen, in die vom Regen abgelößte leichte
Erde vergraben, und auf diese Weise zum Aufge=
hen völlig untüchtig machen. Den geringen Ueber=
rest, der diesem Schicksal etwa noch entgangen seyn
dürfte, nimmt endlich im Frühjahr das Schneewas=
ser mit dahin, und so ist die ganze mühsame Herbst=
saat gewöhnlich verlohren.

Ich gebe jedoch zu, daß sich Ebenen finden, auf
denen man dergleichen Unfälle nicht zu befürchten
hat; allein hier ist vielleicht die Beschaffenheit des
Bodens der Herbstsaat gerade nicht günstig, und
stöhrt das Gedeihen derselben in eben dem Maaße,
in welchem anderswo die örtliche Lage ihr hinder=
lich ist. Ist man also in ebenen und flachen Ge=
genden für die Herbstsaat nun einmal eingenom=
men, so kann — soll sie anders nicht ohne allen
Erfolg unternommen werden — wenigstens eine
sorgfältige Untersuchung des Bodens nicht dringend

genug empfohlen werden. Findet sich hier nemlich
ein Boden, welcher in einer Tiefe von 1½ Schuh
sehr bindend ist, (in welchem Birken noch recht gut
gedeihen) und welcher mithin bei herbstlichen Re-
gengüssen, oder im Frühjahr beim Wegthauen des
Schnees das Wasser nicht sattsam einzusaugen vermag, so wird der im Herbst gesäete Saamen hier
unendlich leiden und größtentheils verderben müssen. Mit einem Worte: ich würde nur dann eine
Herbstsaat mir erlauben, wenn ich eine horizontale
Ebene zu besäen hätte, deren Boden eine gehörige
Mischung von Sand- und Lehmerde zeigte. In allen andern Fällen sprechen meine Erfahrungen für
die Frühjahrssaat.

Daß ein Boden, welcher aus ⅓ Sand und
⅔ Lehmerde besteht, für die Birkensaat am gün-
stigsten sey, ist bekannt, und keines Beweises bedarf es, daß von der mehr oder weniger damit vermischten Dammerde das bessere oder schlechtere Gedeihen der Pflanzen abhängt. Doch, daß auch in
einem Boden, wo Dammerde gänzlich mangelt, und
Lehmerde nur in sehr geringem Grade vorhanden
ist, eine Saat recht gut gedeihen könne, darüber
werde ich weiter unten meine Bemerkungen mittheilen.

Das Frühjahr also, und zwar das Ende des
Monats April, oder der Anfang des Monats Mai,

wo anhaltende Nässe und heftige Regengüsse minder häufig vorzukommen pflegen, bleibt — wie schon gesagt — immer die beste Zeit zur Aussaung des Birkensaamens. Man nehme sie vor an windstillen, wo möglich, etwas regnerigen Tagen, weil an selbigen der Saame sicher und gleich vertheilt den Boden erreicht. Junge erst abgetriebene Schläge, von denen die darauf befindliche Laub-Nadel- oder Moosdecke mit dem Rechen leicht abgenommen wird, sind zur Aufnahme des Saamens am besten geeignet. Ist er gesäet, so kann das besäete Land mit dem Rechen leicht überfahren werden; unbedingt nothwendig ist letzteres aber nicht, ja es muß vielmehr ganz unterbleiben, sobald die Aussaat an einem Regentage erfolgte.

Ist der Boden vielleicht mit dünnem Graswuchs überzogen, so daß er an manchen Stellen mit dem Rechen nicht wund zu machen wäre, so schäle man ihn, so dünn als möglich ab, damit die Dammerde ihm erhalten werde, und streue nach obiger Angabe den Saamen auf. Gesetzt aber der Platz wäre mit fettem Graswuchs überdeckt und völlig filzartig, so lasse man sich deshalb nur zu keiner Riefer- oder Plattensaat verleiten, sondern schreite über hier sofort zur Pflanzung und zwar darum: ein solcher Boden war gewöhnlich schon mehrere Jahre hindurch von allem Holz gänzlich entblößt; die Grasarten, die auf ihm sich erzeugten, zogen die vorhandenen Dammerdentheile zu ihrer Nahrung an sich, und drangen mit ihren Wurzeln tief in den Boden ein, schält man nun den Rasen zur Riefensaat nicht sorgfältig und tief genug ab, so schlagen die Graswurzeln von neuen aus, und überziehen mit einem desto üppigern Graswuchs die Riefen, so daß man in kurzer Zeit von der gemachten Aussaat keine Spur mehr sieht. Macht man hingegen die Riefen zu tief, so stößt man gewöhnlich auf einen unfruchtbaren Boden, der gar nicht mehr fähig ist, Birken zu erzeugen, und gesetzt, es keimten auch hier und da noch einige Pflänzchen sparsam auf, so würden sie doch immer nur den krüppelhaften Rankengewächsen gleichen, und nie zu kraftvollen Pflanzen emporsprossen. Ich muß überhaupt bekennen, daß ich ein erklärter Feind aller Riefensaaten bin, denn nicht nur die eigenen Versuche, die ich damit angestellt habe, sind sämmtlich verunglückt, sondern ich habe auch noch nie auf andern Revieren, deren ich doch eine ziemliche Menge zu sehen Gelegenheit hatte, erfreuliche Resultate von dergleichen Saaten wahrgenommen. *)

*) Bey dieser Gelegenheit muß ich auch eine Bemerkung über einen Versuch einschalten, den ich im vorigen Frühjahr nach Angabe des Hrn. Pfeils (in den

Auf schlechtem Sandboden, der von aller Dammerde gänzlich entblößt war, ist — wie Herr Pfeil
ebenfalls darthut — auch mir nie eine Saat gelungen; allein auf abgetriebenen Schläges geschlossener
Bestände, wo Dammerde sich immer erzeugt, gedeihen meine Saaten, selbst, bei solchem Sandboden,

Annalen der Forst- und Jagdwissenschaft Band 2
Heft 2. Pag. 78 Nr. 4.) mit einer Birkensaat unternommen habe. So genau ich mich aber auch hierbei nach der Vorschrift des Hrn. Pfeils richtete, so
wenig wurden dennoch meine Erwartungen befriedigt, denn nur ein sehr geringer Theil des Saamens
ging auf, und selbst dieser mußte sich durch den überaus starken Graswuchs mühsam kämpfen. Ich gebe
jedoch zu, daß die allzunasse Witterung des vorigen
Jahres, die bekanntlich dem Birkensaamen durchaus
nicht günstig ist, auch hier das Aufgehen desselben mit
behindert haben mag; denn an der Güte des Saamens
selbst darf ich um so weniger zweifeln, weil sich die-
sey bei einer unternommenen Haidesaat — von der ich
weiter unten reden werde — vollkommen bewährte.
Hauptsächlich aber aus einem andern Grunde scheint
mir des Hrn. Pfeils Methode nicht zweckmäßig genug
zu seyn. Der Forstmann muß doch bekanntlich bei
seinen Anpflanzungen von dem Grundsatz ausgehen,
mit so wenig Arbeit und Kostenaufwand als möglich
ist, viel Holz zu erziehen. Dieser Grundsatz läßt sich
aber, nach meiner Einsicht und nach meinen hierüber
angestellten Beobachtungen bei der Behandlungsart

auf das erfreulichfte. Sehr gewagt finde ich es
aber, wenn man vielen, um die Forstwiffenschaft
fonft hochverdienten Schriftftellern darin folgen, und
den Haideboden, da doch Haide lediglich auf Sandboden erzeugt wird, nach ihrer Angabe zur Birken-
faat bereiten, d. h. den Boden entweder abfchälen,
oder zur Riefenfaat vorrichten wollte. Vielfältige
Verfuche haben mich belehrt, daß bey folcher Vor-

---

des Hrn. Pfeils nicht füglich in Ausübung bringen.
Hätten unfre Waldbäume keine größern und ftärkern
Wurzeln, als unfre Gartengewächfe, dann könnte man,
nach der Pfeilfch. Angabe, eine Fläche Waleboden freilich mit leichter Mühe umgraben. Wer es aber weiß,
mit wie viel Zeit- und Geldaufwand das Ausgraben
der Wurzeln und Stöcke in den Waldungen verknüpft
ift, der wird fich leicht überzeugen, welche Schwierigkeiten das vorgefchlagene Reolen des Bodens, namentlich auf holzreichen Stellen hat, und wie wenig
diefe Methode eine Anwendung im Großen leidet.
Gefetzt aber auch, man hätte bei diefer Behandlungsart blos die Erziehung junger Pflanzen zum weitern
Verfetzen, und folglich nur die Anlegung eines Pflanz-
gartens, zur Abficht, fo bin ich doch immer noch der
Meinung, daß auch diefe Abficht auf eine leichtere,
fchnellere und minder koftfpielige Weife erreicht werden könne, wenn man dabei fo procedirt, wie ich bereits angegeben habe, und worüber ich hernach, bei
Gelegenheit der Pflanzung, noch einiges fagen werde.

richtung die Saat immer fehlschlägt und jeder Aufwand an Zeit und Geld nutzlos versplittert wird.

Viele Waldungen in unserm deutschen Vaterlande gerathen leider durch Hüthung und Streure-
chen, diese nagenden Uebel, die, dem Krebsschaden
gleich, am Mark der Forsten zehren, in Verfall, und
eine unrichtige Stellung der Schläge, die man häufig
genug antrifft, beschleunigt ihren allmähligen Ruin.
In solchen Waldungen nun giebt es Blößen in Menge, auf denen bey sandigen Boden die Haide bald
weniger bald mehr üppig emportreibt, die wenige
Dammerde, als ihren Nahrungsstoff, aussaugt, und
so den Boden für den Anbau der Birke untüchtig
macht. Hier nun ist es wohl der Mühe werth, zu
wissen, wie solche Stellen behandelt werden müssen,
wenn Birkenbau hier dennoch vorgenommen werden
soll. Das Abschälen der Haide, oder gar eine Rie-
fen- oder Plattensaat, wäre hier völlig am unrechten Orte. Das einzige Mittel solchen Boden zur
Kultur geschickt zu machen, bleibt das Abbrennen
der Haide im Herbst oder im Frühjahr, denn die
durch das Abbrennen erzeugte Asche ersetzt doch so
ziemlich die mangelnde Dammerde. Ehe man dann
aber zur Saat schreitet, ist nothwendig, zuvor einen Regen abzuwarten, der die ätzenden, dem Saamen schädlichen Aschentheile auflöse. Sollte freilich
der Regen zu lange auf sich warten lassen, so muß

man seine Zuflucht zum Begießen nehmen, wenn
anders das Wasser ohne bedeutenden Kostenaufwand
herbeygeschafft werden kann. Obgleich das Abbrennen der Haide von manchem Schriftsteller widerrathen und als nachtheilig geschildert wird, weil die
dadurch erzeugte Asche den Wurzeln und Stöcken
der Haide eine gute Düngung gewähre und solche
dann um so gewaltiger wieder emportreibe, so kann
ich doch, meinen Erfahrungen zufolge, diesem Urtheil durchaus nicht beipflichten. Ich räume zwar
ein, daß dies der Fall da seyn könne, wo die Haide
vielleicht eine Höhe von 2 : 3 Fuß erreicht, und die
Stengel so holzartig sind, daß man Besen aus ihnen binden kann. Allein in volkreichen Gegenden,
wo man der Streu eifrig nachstellt, gehört Haide
von solcher Größe und Stärke offenbar zu einer Seltenheit; gewöhnlich übersteigt sie nicht die Höhe von
3/4 : 1 Schuh, und hier läßt sich das Abbrennen
derselben mit sehr gutem Erfolg anwenden. Im
ersten Jahre werden die frischen Triebe der Haide
kaum 3/4 : 1 1/2 Zoll hoch und bei dieser Höhe
leisten sie den jungen Pflanzen, vermöge des Schattens, den sie verbreiten, wesentliche Dienste. Im
zweiten Jahre wird die Haide zwar um einige Zoll
höher, aber darum den jungen Pflanzen keinesweges verderblich.

Im vorigen Frühjahr machte ich mit dem Abbrennen der Haide einen Versuch auf zwei kleinen Stellen, einer mittäglich liegenden, der Sonne stets blos gestellten Bergwand, die einen so schlechten Boden hatte, daß selbst die Haide nur spärlich ihre Nahrung auf selbigem fand. Ich besäete hierauf diese Plätze, und zwar mit demselben Saamen, von welchem mir, wie ich oben erwähnte, eine Aussaat, nach Hrn. Pfeils Methode, verunglückte, und schnell und in Menge ging hier der Saame auf, so daß ich, an einer Stelle von ein □ Schuh Fläche 121 Stück junge Pflanzen zählte. In diesem Frühjahre gingen freilich an dieser Stelle über 2/3 davon verlohren, allein die übriggebliebenen haben ein frisches Ansehn, und ihr Wachsthum geht schneller von Statten, als auf einem Boden, der aus gehöriger Mischung von Lehm und Sand besteht, wo aber die Dammerde mangelt.

Ich muß hierbei noch eines Versuchs auf Brandstellen gedenken, den ich zwar nicht auf Haideboden, sondern auf einem ausgegrabenen Stockloche von 1 1/2 □ Ruthen Umfang vornahm. Beim Einebnen des Loches hatten die Holzhauer den unteren, ganz aus rothen unfruchtbaren Letten bestehenden Boden heraus, und den oberen bessern Boden in die Tiefe geworfen, ich sah mithin voraus, daß hier eine Saat unmöglich gedeihen werde. Ich ließ
also

also Nadeln und dürre Reiser, womit einige Stellen dieses Schlages reichlich versehen waren, abrechen und im Herbst auf diesem Stockloche verbrennen. Im Frühjahr besäete ich diesen Platz, und einen üppigern Wuchs einjähriger Pflanzen habe ich nie gesehen. Ich fand unter ihnen z. B. eine Pflanze von 14 Zoll Höhe und 3 und 3/4 Linie Durchmesser (Nürnberg. Maaß) eine andere hatte 2 3/4 Linie Durchmesser und gleichfalls 14 Zoll Höhe; die kleinsten Pflanzen waren doch wenigstens 5 Zoll hoch.

Vermieden muß freilich das Abbrennen werden, wenn unter der Heide Grasarten befindlich sind, denn da würde das Gras nur um so mehr die Oberhand wieder dadurch erlangen, und auf solchen Stellen bleibt die Pflanzung wohl das einzige Mittel, um Birken zu erziehen; denn wie hier eine Saat mit Vortheil und gutem Erfolg unternommen werden könne, diese Aufgabe ist zur Zeit noch nicht gelößt worden.

In einem mit Dammerde reichlich geschwängerten Boden geht bei günstiger Witterung der Birkensaame nach 5, 6 Wochen schon auf. Ist die Dammerde in geringerer Quantität vorhanden, so kommt er auch wohl erst nach Jahresfrist zum Vorschein. Auf Brandstellen zeigen sich oft schon den 21ten oder 24ten Tag nach der Aussaat junge Pflan-

zen; es gehen aber hier auch manche noch nach
einem Jahre auf. Eine Ausnahme macht jedoch der
Saame der Betula odorata (Riechbirke). Dieser
geht in jedem Boden und auf jeder Stelle schon
nach 5 – 6 Wochen auf; und nie habe ich, bei aller
Aufmerksamkeit, ein Pflänzchen entdecken können,
das erst nach Verlauf eines Jahres erschienen
wäre.

Daß die Sonne auf junge, freistehende Birken — wie Manche behaupten — nachtheilig wirken sollte, habe ich nie bemerkt; freilich gediehen
sie da immer am schönsten, wo einzelne Grasarten
ihnen gleichsam zum Schutz dienten. Nimmt das
Gras aber überhand, was, zumal auf gutem Boden,
im zweiten oder dritten Jahre nach der Aussaat zu
geschehen pflegt; so darf man nicht verabsäumen,
dasselbe vorsichtig und mit Bedacht über den jungen
Pflanzen abschneiden zu lassen, weil sonst zur Win-
terszeit, wo der Schnee das hohe Gras beugt, die
jungen Pflanzen von Letzterm niedergedrückt werden. Auch nisten sich unter diesen Graslagen im
Winter die Mäuse gerne ein, und legen hier ihre
Straßen an, wo sie dann durch Abnagen der Rinde
den Saaten bedeutenden Schaden zufügen. So
lange sie freilich sich bloß mit der Rinde des Stäm-
chens begnügen, so lange ist dieser Schaden minder
erheblich, weil die Stämmchen im Frühjahr doch

wieder ausschlagen, allein sobald sie die Wurzeln
benagen, dann ist die Pflanze dahin. Starke Pflanzen heben sich zwar im Frühjahr auch unter der
Grasdecke wieder empor, die geringern aber gehen
unter derselben zu Grunde.

Was nun aber der zur Besaamung eines Morgen
Waldes erforderlichen Saamen anlangt, so weiche
ich darin von den Angaben eines Hartig und
Friedel bedeutend ab. Jener verlangt auf den
rheinl. Morgen 30 à 40 Pfund dieser auf den baier.
Morgen, von 40,000 ☐ Schuh 20 Pfund. Da,
wo ich meine Saaten vorgenommen habe, hält der
Morgen 150 ☐ Ruthen Flächenmaß, und die ☐
Ruthe 144 ☐ Schuh: auf einen solchen Morgen
brauchte ich, wenn anders viel Dammerde vorhanden war, nicht mehr als 6 à 7 Pfund, bey weni-
gerer Dammerde 9 à 10 Pfund, und auf abgebrann-
ten dürren Haidebaden dürften wohl 12 à 14 Pfund
hinreichend seyn. Diese Quantität Saamen lieferte
mir — wie meine Ansaaten beweisen — nicht nur
so viel Pflanzen, als zur Bildung eines regelmäßigen Bestandes erforderlich war, sondern gewährte
mir auch immer eine solche Anzahl Pflänzlinge, als
ich zur Besetzung andrer leerer Stellen bedurfte.
Denn so einleuchtend die Vortheile auch immer scheinen mögen, die das Erziehen junger Pflänzlinge
in eigends hierzu angelegten Saamenschulen gewäh-

ken soll, das Anlegen derselben bleibt doch immer,
wegen der besondern Zubereitung des Bodens, und
wegen der nöthigen Schutzmittel, die man gegen
den Anlauf des Wildprets sowohl, als des übrigen
Viehes anbringen muß, mit manchem Kostenaufwand
verknüpft. Dieser Aufwand, den der sparsame Forstmann, so viel wie möglich, zu vermeiden sucht,
fällt aber von selbst hinweg, so bald man die jungen Schläge dergestalt erzieht, daß sie hinlängliche Pflanzen zum weiteren Verbrauch darbieten
können.

Ueber das Pflanzen der Birke.

12. Ob wohl ich mit gleich gutem Erfolg, so wohl im
Herbst, als im Frühjahr Pflanzungen unternommen
habe, so hat doch — nach meinen Erfahrungen —
das Frühjahr auch für das Anpflanzen der Birke seine
großen Vorzüge. Denn wie trocken auch immerhin der Boden seyn mochte, in welchen man zur
Herbstzeit die jungen Birken pflanzte, man wird
dann doch wahrgenommen haben, daß im Frühjahr,
beim Weggehen des Schnees, die Pflanzlöcher mit
Wasser gefüllt, die Pflanze selbst, wie fest sie auch
erst angetreten war, vom Froste gehoben, zum wenigsten doch etwas geschoben worden, und man folglich genöthiget war, sämmtliche Pflanzen von Neuen
wieder antreten zu lassen. Diese Arbeit muß viel

leicht zwei bis dreimal wiederholt werden, je nachdem die Frühjahrswitterung günstig oder ungünstig
ist. Alles dieses ist jedoch bei der Frühjahrspflan-
zung nicht erforderlich; man erspart also durch sie,
wenn die Pflanzung nur einigermaaßen beträchtlich
ist, schon eine nicht unbedeutende Ausgabe an Tag-
gelohn. So habe ich auch bemerkt, daß das Laub
an der im Frühjahr gesetzten Pflanze wenigstens
10 , 12 Tage früher zum Vorschein kam, als an
der Herbstpflanze, folglich muß die gewaltsame Operation des Verpflanzens im Herbst empfindlicher auf
das Stämmchen wirken, als im Frühjahr.

Haben die Pflanzen eine Größe von 2 , 2 1/2 Fuß
erreicht, die sie im hiesigen Boden in einem 4 , 5
jährigen Alter haben können, dann fange ich mit
dem Verpflanzen an, und fahre stufenweis bis zu
1 und 1 1/2 Zoll Durchmesser und 15 , 18 Fuß
Höhe fort, je nachdem die zu bepflanzenden Stellen
eine Verschiedenheit im Alter der Pflanzen nöthig
machen. Sind im Frühjahr keine starke Fröste mehr
zu befürchten, so lasse ich mittelst eines kleinen
eigends dazu verfertigten Spadens bei den 4 , 5
jährigen Pflanzen den Anfang mit der Aushebung
machen; denn spät gepflanzte Stämmchen, in denen
der Saft schon stark emporgetrieben ist, sind dem
Verderben leichter ausgesetzt. Der zu diesem Geschäft von mir unterrichtete Arbeiter sticht mit die-

sem Spaten auf ihrer einen Seite ein, hebt die
Pflanze in die Höhe und ziehe sie vorsichtig mit den
Händen heraus. Alles schnelle Ausziehen ohne vorher-
iges Einstechen muß durchaus vermieden werden,
denn selbst im feuchtesten Boden, wo sich doch die
Pflanzen am leichtesten stehen lassen, reißen immer
doch eine Menge Wurzeln ab, und dieses Abreißen
hat auf das Gedeihen der Pflanze einen sehr nachtheiligen Einfluß. Am besten ist es immer, wenn
nicht mehr Pflanzen herauskommen, als den Tag
verpflanzt werden können; und sollte man ja einmal
behindert werden, sie sämtlich an dem nehmlichen
Tage zu verbrauchen, so versäume man doch nie,
die übriggebliebenen einzuschlagen zu lassen. Ehe ich
aber die Pflanzen einsetze, so lasse ich alle ohne
Unterschied an den Wurzeln — wenn solche zu lang
oder vielleicht beschädigt seyn sollten — von der untern Seite gegen die obere zu schief abschneiden,
eben so auch alle Aeste in einiger Entfernung vom
Stämmchen, je nachdem sie lang oder kurz sind,
und so zuletzt den Gipfel der Pflanze selbst, ganz
abschneiden. Im ersten Jahre, wo ich mit Birken-
pflanzung mich beschäftigte, unterließ ich dieses Abschneiden, der Seitenäste und Gipfel, allein die
unangenehme Erfahrung, daß diese Pflanzen in einem Zeitraum von 3 Jahren wenig oder gar nichts
getrieben hatten, belehrte mich bald eines Beßern.

Viele dergleichen unbeschnittene Pflanzen gingen ganz ein, andre hingegen machten von der Wurzel aus einen schönen Lohdentrieb, und die B. odorata, deren Anpflanzung dem Forstmann überhaupt nicht dringend genug empfohlen werden kann, zeichnet sich hierin besonders aus. An einer Pflanze dieser bei der Wurzel ausgeschlagenen B. od. war der erste Jahrestrieb 9 3/4 Zoll, den zweite 10 Zoll mit Seitenästen von 7 1/2 Zoll Länge, und Blätter von 3 Zoll 1 Linie Höhe und 2 Zoll 8 1/2 Linie Breite; der dritte Jahrestrieb hatte eine Länge von 16 1/4 Zoll. Dagegen erreichten die dabeystehenden Pflanzen derselben Gattung, deren Aeste nicht beschnitten waren in dem nehmlichen Zeitraum kaum eine Höhe von 8 Zoll. Das häufige Aufschlagen der auf letztere Weise gepflanzten Stämmchen leitete mich vor 3 Jahren auf die Idee, die Stämmchen in einer Höhe von 1-2 Zoll, oberhalb der Wurzel ganz abzuschneiden, und so zu verpflanzen, wozu Pflanzen von der Stärke einer starken Federspule, am besten sich eignen, und das Wachsthum und Gedeihen dieser abgeschnittenen Stöcke entsprach vollkommen meiner Erwartung. Manche dieser Pflänzlinge treiben im ersten Jahre 5-6 Lohden von 15-16 Zoll Höhe; der zweite Jahrestrieb war freilich unbedeutend, allein im dritten Jahre hatten diese Triebe sämmtlich eine Höhe von 2-2 1/2

Fuß erreicht; ja selbst im schlechtesten Boden fand
ich zuweilen einjährige Triebe mit einer Höhe von
10 ; 11 Zoll.

An Orten also, wo man die Absicht hat, Birken blos zum Brennholz zu erziehen, gewährt die
so eben beschriebene Verpflanzungsart offenbar die
größten Vortheile, weil man wegen der starken Loh-
dentriebe den jungen Bestand weit früher geschlossen erhält.

Daß stärkere Stämme, von 5 ; 15 jährigem Alter, die ich gleichfalls mit gutem Erfolg verpflanzt
habe, eine noch größere Vorsicht beym Herausgra-
ben erfordern, bedarf keiner besondern Erwähnung.
Ich habe z. B. in diesem Frühjahre 24 Stück Birken, die, bei einer Höhe von 18 ; 20 Fuß, eine
Stärke von 3/4 ; 1 1/2 Zoll hatten, und die —
was ich noch besonders bemerken muß — bereits
schon sämmtlich mit einer weißen Rinde überzogen
waren, nachdem ich Gipfel, Aeste und Wurzel, nach
der oben beschriebenen Weise, bis zu einer Höhe
von 12 ; 15 Fuß hatte abschneiden lassen, auf eine
kleine Blöße in einem 16 jährigen Holzbestand gepflanzt; von allen diesen Stämmen ist auch nicht
ein Einziger ausgeblieben, ja manche hatten oben
an den abgeschnittenen Aesten Triebe von 17 Zoll
Höhe gemacht. Eben so habe ich an andern Orten
Stämme, die sämmtlich mit weißer Rinde überzo-

gen, und auf ähnliche Art verpflanzt waren, trefflich gedeihen sehen. Ich kann also auch dem Aus-
spruch mehrerer Forstmänner, die das Verpflanzen
der Birken, so bald sie schon weiße Rinde haben,
gänzlich widerrathen, und als unzweckmäßig darstellen, durchaus nicht beipflichten, denn vielfältige Erfahrungen haben mich völlig vom Gegentheil überzeugt, und in der Meinung mich bestärkt, daß wo
dergleichen Stämme nicht gediehen, die Ursache in
dem fehlerhaften Verfahren beim Verpflanzen selbst
allein zu suchen sey.

An welchen Stellen die Pflanzung vorgenommen
werden müsse, darüber habe ich mich bereits schon
erklärt, und bemerke nur noch, daß wenn man die
aus jungen Schlägen ausgehobenen Stämmchen in
einen andern Distrikt verpflanzen will, man eine
mit dem vorigen Standort so viel wie möglich ähnliche Lage und Erdart aussuchen muß, was sich wohl
ohne große Schwierigkeit thun läßt, und was namentlich bei der B. alba sehr erforderlich ist. Wie
weit die Stämmchen von einander gepflanzt werden
müssen, das giebt schon die Größe der Pflanzen
selbst an die Hand; so nehme ich z. B. bei Pflanzen von 3 - 4 jährigm Alter eine Entfernung von
2 1/2 - 4 Fuß, und eben so richtet sich auch die
Größe der Pflanzlöcher nach der Beschaffenheit der
Pflänzlinge. Uebrigens habe ich gefunden, daß ge-

rade diejenigen Pflanzen recht vorzüglich gut gedeihen, zu denen die Löcher erst an dem nemlichen Tage, an welchem das Pflanzen vor sich ging, verfertiget wurden. Bei andern Holzarten ist es wohl zuträglicher, wenn die Löcher ein halbes Jahr vorher gemacht werden, bei Birken aber ist es keineswegs erforderlich. Darauf aber hat man hauptsächlich zu sehen, daß man so viel als möglich klar gehackte Erde gewinne, um die Pflanzen recht fest andrücken zu können, dann der Nachtheil, der aus dem Vernachlässigen dieses Andrückens entspriesst, wird zu bald sichtbar. Wie tief jedoch die Pflanze in die Erde kommen müssen, darüber braucht man sich eben nicht ängstlich zu kümmern; es ist hinreichend, wenn sie nur allemal etwas tiefer zu stehen komme als ihr Stand zuvor war.

Nun zum Schluß noch eine kurze Bemerkung über die Batula odorata (Riechbirke).

Der um die Forstbotanik und um die gesammte Forstkultur so hoch verdiente Dr. Geheime Kammer und Forstrath Dr. Bechstein, dessen unermüdeter Forschungsgeiste es gelungen ist, das forstmännische Publikum mit so vielen neuen und schätzbaren Ansichten zu bereichern, und dem der fleißige, sein Geschäft mit Liebe und Umsicht treibende Forst-

mann das vorzüglichste Licht verdankt, womit er jetzt
die Bahn beleuchtet sieht, auf der er zur Einsicht
in manche ihm zuvor noch dunkle Zweige seiner
Wissenschaft sich jetzt zu erheben vermag. Dieser zum
Seegen der Mit- und Nachwelt rastlos wirkende
Forstgelehrte, hat uns auch damit ein sehr werthes
und wichtiges Geschenk gemacht, daß er uns zuerst
auf diese Birkenart und deren Vorzüge aufmerksam
machte und ihren Werth uns kennen lehrte.

Im 1sten Bande seiner Gesellschaftsschrift zur
Erweiterung und Berichtigung der Natur- Forst-
und Jagdkunde hat Hr. Bechstein P. 24 der B.
odor. einen eignen Abschnitt gewidmet, in welchem
er sich aber den Nutzen derselben ausführlich erklärt. Hierdurch aufmerksam gemacht, beschäftigte
ich mich vorzüglich auch mit ihrem Anbau und fand
meine hierauf verwendeten Bemühungen in reichem
Maße belohnt.

Einsammlung so wie Aufbewahrung des Saamens und Zubereitung des Bodens, den diese B.
odor. heischt, so wie die Art und Weise ihrer
Aussaat, ist mit der gemeinen Birke völlig gleich,
so ich möchte behaupten; daß man zur Besaatung
eines Morgen Landes noch eine geringere Quantität Saamen von dieser Gattung bedürfe, als von
der gemeinen Birke; auch fliegt der Saame, wenn
er vom Mutterstamm sich ablöst — seiner schwereren

Flügel und Saamen halter, selten aber 100 : 200 Schritt davon weg. Die Bemerkung des Hrn. Bech= stein', daß sie am Stockausschlage mehr Hiebe aus= daure, als die gemeine Birke, habe ich ebenfalls zu machen Gelegenheit gehabt; ich sahe in hiesiger Waldung, daß Stöcke sogar, in einem 60 jährigen Alter, davon ich eine Menge aufweisen kann, noch rechten vorzüglichen Ausschlag oder Lohdentrieb mach= ten, und daß noch im vorigen Frühjahr einer die= ser Stöcke, dessen Stamm 18 Zoll im Durchmesser hatte, ungemein viele Lohden trieb, wovon die größten 3 Fuß 8 Zoll, die kleinsten aber 16 1/2 Höhe machten. Junge Pflanzen dieser B. odor. von einem 3 = 4 jährigen Alter, und nach meiner Methode behandelt, lassen sich auch auf dem aller= schlechtesten Boden, auf welchem keine unsrer deut= schen Laubholzarten mehr gedeihen wollen, mit Nutzen verpflanzen und zeigen sich stets in kräftiger Vegetation; ja ich habe solche auf den Aufwurf der Heegräben in ganz sandigen Boden verpflanzen, und die schönsten Triebe machen sehen. Man kann sie sogar noch kurz vor dem Aufbruch der Knospen, wo man die B. alba nicht mehr versetzen darf, wei= ter pflanzen; und dies brachte mich auf den Gedan= ken, zu Anfang des Monats August noch einen Ver= such damit zu machen; weil ich da gerade mit eini= gen jungen Kiefern und Fichten ähnliche Proben

besondre Fertigkeit des Schützen, in deſſen Meinung alles dasjenige beseitigt hat, was nach dem
Urtheil des unpartheiischen Kunstrichters als entſchieden mangelbar anerkannt werden könnte.

Bei vielen Geschöpfen der Menschenhand, gelingt
es dem Geist weit leichter die richtigen Begriffe das
von gehörig zu trennen, wenn er ſich nicht allein
auf die Eigenschaften der vorhandnen Sache selbſt
beschränkt, sondern wenn er auf die Urſtoffe derſelben zurückgeht und deren Verbindung genau prüft,
um zu unterscheiden, in wiefern ein Kunſtprodukt
als ſolches wirklich besonders vervoll-
kommt, oder in wiefern die gepriesene Vorzüglich-
keit deſſelben nur eingebildeter Werth iſt.
Auf diese Art beginnt nun ein ziemlich lebhafter
Kampf gegen Vorurtheile, der aber noch lange un-
entſchieden bleiben wird und von dem hier nur ſo
viel in Rede gezogen werden ſoll, als es die nach-
ſtehenden Zergliederungen fordern, zumal da es beſonders viel äußere Beschaffenheiten der Gewehre
giebt, die ſchon wegen der Individualität verſchie-
ner Beſitzer ganz entgegengesetzt beurtheilt werden
müſſen, denn ſchon die Eigenschaften des Körper-
baues jedes Einzelnen —, fordern ihre eigene
Rechte.

Doch was ſchadet es, wenn die beziehungsweiſ-
ſen Urtheile über äußerliche Eigenschaften nicht frey

von Leidenſchaft und Meinung ſind? Uebung und
das ſogenannte Vertrauen zu liebgewonnenen
Jagdgewehren, werden ſelbſt augenſcheinliche Mängel verſchleyern, aber frage ich: kann dieſes nemliche Vertrauen auch innerliche Gebrechen hei-
len und das Auge bereden ſchlechten Schrot- oder
Kugelwurf gut zu nennen? In der That! faſt
fühle ich mich verſucht, auch hier mit ja! zu ant-
worten, denn mit wahrem Staunen, wohnte ich
nicht ſelten den Prüfungen von Jagdgewehren bei,
deren Ruf ſo glänzend war, daß er ſelbſt die Gränze
des non plus ultra zu überſchreiten drohte: allein
die unwiderlegbarſten Beweiſe von eingebildeter Vor-
trefflichkeit eines ſolchen hochgerühmten Gewehrs,
konnten dem Eigenthümer am Ende doch keine andre
Meinung als die einmal vorgefaßte abgewinnen,
höchſtens änderte ſich ſein Urtheil dahin ab, daß er
verſicherte, ſein Rohr habe verzweifelten Brand
und wer dies nicht glauben will, (oder gereinigte
Begriffe über Brand hat) der mag ſich nun ſelber
brennen laſſen. Die wohlgegründeten Gegenbemer-
kungen, daß Entfernung, Ladung, Art und Ort der
Verwundung, ſo wie ſpezielle Eigenſchaften des Rohrs
hier eine ſehr mächtige Hand im Spiel hätten, würden gewöhnlich mit vieler Intoleranz in Zweifel gezogen und zwar nicht ſelten von Perſonen, von
deren Urtheilsſchärfe man übrigens alles Rühmliche

von

von der Welt sagen könnte. Sind nun aber genaue
Demonstrationen nicht vermögend das Urtheil zu be=
richtigen, das über dergleichen allzusehr gerühmte
Jagdgewehre gefällt werden soll, so ist nur zu be=
dauern, daß man die mit diesen Zauberflinten erleg=
ten und respective angeschossnen Wildgattungen nicht
zu Protokoll nehmen und fragen kann, in welchem
Grad die Kraft — und in welchem, der Brand
des abgeschleuderten Bleyes, ihre Habhaftwerdung
veranlaßt habe. Doch wer vermag die Hyder der
hier obwaltenden vorgefaßten Meinungen auf ein=
mal zu besiegen? ich will mich daher nur bemühen,
die innere Güte der Gewehre nach den Eigenschaf=
ten des Laufes etwas näher bestimmen zu helfen,
denn obschon mehreres über diesen Gegenstand ge=
schrieben wurde, so fehlen doch noch mancherlei Be=
richtigungen, bevor man ein genügendes Ganze wird
zusammenstellen können.

Als Eigenschaften des Rohrs fordert man fast
einstimmig, daß die Maße des Eisens möglichst rein
von Gruben und fremdartigen Theilen, zähe, auf=
richtig (von egaler Stärke) und frey von gewaltsamen
Beschädigungen sey, damit die Reibung des Bleyes
an der Wand des Hohlcylinders gleichförmig erfolgen
und durch die Entzündung des Pulvers keine Ge=
fahr veranlaßt werden könne. So manche Stunde,
die der Verfasser in den Werkstätten von geübten

Büchsenmachern zubrachte, giebt ihm die Erinnerung wieder, daß letztere sich öfters beschwerten,
wenn sie bei Bearbeitung der Seele des Laufs un-
gleichartige, abwechselnd härtere Eisenschichten ge-
wahrten, so daß die kleinen halbrunden Kolbfeilen
nur zeitweilig angriffen und auf den harten Schich-
tungen gleichsam abgleiteten, daher es natürlich äus-
ßerst schwer hielt das Innere des Rohrs nach gewissen Gesetzen zu bearbeiten. Gesetzt aber — es ge-
länge dennoch, die Seele des bald weichen bald harten Laufes nach dem Bedürfniß entweder als voll-
kommnen Hohlcylinder oder als abgekürzten Hohl-
kegel zu bearbeiten, so ist doch mit sprechender Gewißheit anzunehmen, daß die Abnützung desselben
schlechterdings ungleichförmig geschehen müsse, wodurch aber die Art des vom Büchsenmacher mühsam
erreichten Schrotwurfes nothwendig zum Nachtheil
des letztern verändert werden muß. Die zerstören-
den Einwirkungen auf das Innere des Laufes, werden theils durch häufiges Schießen und Reinigen,
theils auch durch Ansetzung von Salpeter und Rost
veranlaßt, wovon jedes nach seinen naturgemäßen
Gesetzen wirkt. In den erstern Fällen nämlich,
werden mehr die weichen Theile des Laufs angegriffen, so wie sich der Rost schnell wirkender gegen
spröde Eisentheile zeigt. Viele Gewehrliebhaber
versichern bei Beschreibung ihrer Lieblingsflinten,

daß deren Eisen ausnehmend weich sey und halten
dies für die größte Tugend, ohne sich zu fragen,
ob wohl die Masse durchaus gleichförmig diese Ei=
genschaft habe oder nicht? Um zu zeigen, was für
entsetzlich irrig=Begriffe, bisweilen über die Natur
der Gewehrläufe gehegt werden, sey es dem Ver=
-fasser gegönnt eines Falles zu erwähnen, der viel=
leicht einzig in seiner Art ist:

„Ein determinirter Jagdfreund und eifriger Forst=
„mann versicherte nämlich daß er so treffliche und
„weiche Zwillingsrohre habe, daß sich das Ei=
„sen derselben beym Auswaschen des Pulver=
„schmutzes sogar sichtbar an das Werg des Putz=
„stocks anlegte, so daß der Unrath vom Pul=
„ver gleichsam mit einer feinen metallischen
„Kruste überzogen sey. Meine Bemerkung,
„daß diese Erscheinung bei jedem, besonders
„frischgekolbten oder neuen Gewehre wahrzu=
„nehmen sey, indem sich das Bley an die
„noch etwas rauhen Wände des Laufs ziemlich
„stark anlegt — wurde mit Schweigen und
„halbgläubigen Mienen beantwortet.“

Andre sagen, das Eisen einer gewissen Fabrik
habe viel Stahltheile, die das Eisen spröde ma=
chen, wogegen Verfasser dieses selbst von Rohr=
schmiedten und Eigenthümern von Rohrhämmern
die Aeußerung hörte, daß Eisen ohne einen gewis=

sen Stahlantheil ganz unbrauchbar zu guten Flin-
tenläufen wäre, nur müsse dieser Stahl sehr innig
verbunden seyn und nicht in getrennten Adern vorkommen, welche Mischung übrigens Zähheit und Geschmei-
digkeit der Rohre vollkommen zuläßt, denn Stahl ist
erstlich nicht der größere Bestandtheil und zweitens
erscheint er im Laufe jederzeit im ausgeglüheten,
nicht aber im gehärteten Zustande. Der Verfasser
erinnert sich eines Falles, wo ein langes Rohr bei
einem Büchsenmacher abgenommen und zu einer Jagd-
flinte verwendet wurde; nach einiger Zeit, sollte das
abgenommene Rohrstück zu irgend einem Zweck ver-
schmiedet werden und jetzt erst bemerkte der Büchsenmacher, daß es reiner Stahl war, der nur
zufällig zur Verfertigung des Rohrs genommen worden seyn mag, der aber (ungehärtet) so fein und
zähe war, als man dies nur immer von einem guten Gewehrlauf fordern kann. Eisen, welches zu
arm an Stahltheilen ist, schweißt auch nicht so vortheilhaft zusammen, als dies unter den entgegengesetzten Verhältnissen geschieht; es ist aber die erste Forderung eines Büchsenmachers, daß die Läufe
in der Rohrschmiede vollkommen gut geschweißt sind
es mögen gewundne oder Platinenrohre seyn. Bei
den Platinenrohren, läuft die Schweißnath nach
der Länge, in den gewundnen aber geht die Schweißnath durch den ganzen Lauf in Gestalt einer Schne-

ckenlinie, daher die Schweißung noch mühsamer und
sorgfältiger geschehen muß, wenn das Rohr allen
billigen Forderungen entsprechen soll. Diese ge=
wundnen Rohre, hat man in neuern Zeiten oft bis
zur Ungebühr empfohlen, obschon es auch recht er=
fahrne Büchsenmacher giebt, welche gute Platinen=
rohre vorziehen, indem erstere auf ihrer langen
spiralförmigen Schweißnath, selten durchaus so ma=
ckelfrey sind, als dies gefordert wird, und wer=
den muß.

Derjenige Theil meiner verehrten Leser, welcher
über diese wechselseitigen Einflüsse von Stahl und
Eisen andre Begriffe hegte, wird nach Maaßgabe
dessen auch sein Urtheil, sowohl über besondre Eigen=
heiten, als Gattungen der Rohre gerne abändern und
sich durch den einseitigen Ruf gewisser Rohrgattun=
gen weniger irre machen lassen. Der Gewehrken=
ner, geht natürlich in seinen Forderungen unend=
lich weiter, als der bloße Liebhaber, der bisweilen
verleitet wird vom schönen Aeußern auf das Zweck=
mäßige Innere zu schließen; hat man aber im Allge=
meinen die Bestandtheile der Gewehre und ihre
ursprünglichen Mängel, genauer ins Auge gefaßt
und somit sein Urtheil auf festere Stützpunkte ge=
gründet, so liegt hierin zugleich das Mittel, um
den wichtigsten Theil der Gewehre, nemlich die
Rohre, nach ihrem wahren Werth schätzen zu kön=

nen. In der Annahme nun, daß diese, obschon
nur in Kürze mitgetheilten Zusammenstellungen, dennoch geeigenschaftet gewesen seyn dürften, um das
vielleicht allzugroße Vertrauen zu beschränken, welches bisher manche Gewehre genossen, so bringe ich
jetzt noch die damascirten Rohre zur Sprache, für welche häufig' sehr günstige Urtheile gefällt
werden, ohne deren Schattenseite zu berühren.

Nicht jedermann hat Gelegenheit der Verfertigung dieser Rohre beizuwohnen, auch belehrende
Schriften über diesen Gegenstand, dürften manchem
Jagdfreund fehlen, der gleichwohl von seinen damascirten Doppelläufen, nur mit der höchsten Begeisterung
spricht, daher ein kleiner Beitrag zur nähern Wür-
digung dieser Flintenrohre, nicht ohne Interesse
seyn wird. Die Deutlichkeit fordert kurze Angabe
der Bereitungsart jener Eisenmasse, der man den
Namen Damast (aus bekannten Gründen) beizulegen für gut befunden hat, um hieraus die Einflüsse abzuleiten, welche sie besonders auf den Schrotwurf und umgekehrt, welche der Stoß des Schrotwurfes auf diese Vermengung von Stahl und Eisen im Innern (oder in der Seele) eines Rohres hat.

Die Verfertigung des Damastes geschieht folgen-
dergestalt: ein Staab von Eisen und ein zweiter
von Stahl, werden neben einander gelegt, am äus-

ersten Ende verbunden und in Glut gebracht,
gedreht, gestaucht und gehämmert, und so fortge=
fahren, bis beide Stangen in eine umgeschaffen
sind. Je feiner nun das Gewebe des Damastes
werden soll, desto öfter, wird dieses Glühen, Win=
den und Hämmern wiederhohlt, damit sich aber diese
nunmehrige Damaststange nicht allzusehr verlängere,
so muß sie nach der theilweisen Glühung und Win=
dung, auch wieder gestaucht werden. Der somit
erhaltene Staab, der auf einer Seite etwas dicker,
als auf dem entgegengesetzten Ende ist, wird nun,
wie bei Verfertigung der gewöhnlichen gewundnen
Rohre nach und nach um einen sogenannten Dorn
(oder runden Eisenstaab,) stückweise herumgewickelt,
geschweißt und gestaucht; hat nun ein solches Rohr
auch die Bohr= und Schleifmühle, wie andre Ge=
wehrläufe passirt, und ist selbes von der Hand des
Büchsenmachers vollends ausgearbeitet, so gleicht es
dem äußern Ansehn nach, ganz einem gemeinen
Rohre; nun wird aber seine Mündung oben und un=
ten mit Wachs geschlossen und die ganze Außenseite
in die gewöhnliche Aetzung gesetzt. Diese Aetze aber
frißt wie das gewöhnliche Scheidewasser die Stahl=
theile schneller als die Eisentheile — daher letztere
den erhabnen Theil im Damast bilden und auch die
Spirallinie der Schweißnath, wird zugleich durchaus
erkennbar. Würde man dieses anjetzt erst sichtbar

gewordne Gewebe des Damaſtes abfeilen, ſo dürfte
man nur das Aetzen wiederhohlen, um daſſelbe wie
zuvor wieder erſcheinen zu laſſen, welches in der
eigenthümlichen Mengung der Beſtandtheile gegründet iſt. Wird dieſe Mengung zu weit getrieben und
Stahl und Eiſen zu innig mit einander verbunden,
ſo zeigt ſich nach dem Aetzen keine eigentliche Textur
des Damaſtes, ſondern man ſieht meiſtens nur lauter kleine erhabene Pünktchen, daher eine gewiſſe
Gränze nicht überſchritten werden darf.

Man unterſcheidet ferner zwei Hauptgattungen
von damascirten Läufen, nämlich mit und ohne Futter. Die Verfertigung der letztern, iſt ſo eben an-
ſchaulich gemacht worden, ſoll aber ein damascirtes
Rohr mit einem Futter verſehen werden, ſo wird
ein gewöhnliches gutes Rohr gewählt, durch ſelbes
ein Dorn geſchoben und um dieſes Rohr ein damas-
cirter Staab von geringerer Stärke herumgewunden
und ſorgfältig aufgeſchweißt, welches Verfahren aber
bei Büchſen und ſtarken Flintenrohren beſſer angewendet werden kann, als bei ſehr ſchwachen Läufen,
die meiſtens kein Futter haben. Auf der Bohrmühle
wird ein Theil des Futters wieder herausgebohrt und
die Seele des Laufs beſteht demnach aus gleicharti-
gem gewöhnlichen Eiſen, indeß gleichſam die äußere
Rinde aus einer Mengung von Stahl und Eiſen oder
aus Damaſt zuſammengeſetzt iſt.

Gewehrliebhaber und Jagdfreunde, welche die
sen Unterschied bisher nicht machten, werden leicht
den Grund errathen, weshalb man auf die Idee
kam damascirte Rohre zu verfertigen, welche mit
einem Futter versehen sind. Dem Verfasser sind
ganz neue damascirte Zwillinge (ohne Futterrohre)
unter die Hand gekommen, welche Anfangs gut
schossen, aber nach wenigen Wochen, war die Seele
innerhalb nicht mehr glatt, wie anfänglich — sondern viele feine Eisensplitterchen hatten sich durch
die Wirkungen des Schießens aufgestoßen und sowohl
beim Laden, als besonders beim Auswaschen und
Reinigen merkte man sehr deutlich das Kratzen der
rauhen Metalltheile an dem Werg (oder Heede)
womit der Wischer oder Putzstock umgeben war, so
daß sogar viele kleine Fasern und Fäden desselben
an den Splittern hängen blieben. Oft wiederhohl-
tes Auskolben der Läufe, war nicht immer hinlänglich die gehörige Glätte und Reinheit in der Seele
des Rohrs herzustellen und mit Verdruß mußte nicht
selten der Verkäufer das Gewehr wieder zurücknehr-
men, weil natürlich der Schrotwurf schlechter geworden war. Die Explosion des Schusses und Reibung des Bleyes, wirkt in einem damascirten Rohr
ohne Futter abwechselnd auf härtere und weichere
Eisentheile, daher sich leicht feiner Schiefer auf-
wirft, der öfters ganz fein, bisweilen auch gröber,

jederzeit aber geartet ist, um die Güte des Rohrs
zu vermindern, wenn es auch eine noch so schöne
Außenseite hat. Gewöhnliche Rohre, werfen zwar
auch zuweilen Schiefer, aber weit seltner, als diese, daher gefütterte damascirte Läufe in mehrfacher
Hinsicht den Vorzug verdienen, wenn sie auch mühsamer zu fertigen und höher im Preise sind; jedoch
giebt es gute damascirte Rohre, die auch ohne
Futter nie Schiefer werfen, besonders türkische,
deren Stahl- und Eisenmasse nicht nur eine schöne
Textur des Damastes bildet, sondern auch eine so
zähe Verbindung unter sich eingeht, daß sich durchaus keine Splitter aufwerfen können. Man sieht
Kugelbüchsen, auf deren Mündung man deutlich
die Stärke des Futters und des dasselbe umgeben-
den Damastes unterscheiden kann; die Besitzer waren zufrieden damit, auch waren die Züge und Felder vollkommen glatt, ohne alle rauhe oder schief-
rige Stellen. Angenommen jedoch, das damascirte
Kugelrohr hätte kein Futter gehabt, so wäre es
doch möglich, daß es weniger Schiefer geworfen
hätte, weil das eingepreßte Bley einer gefütterten
Kugel, wahrscheinlich geringere Prellung gegen
die verschiedene Eisentheile veranlaßt, als rollende
Schrote; doch hierüber fehlen noch die anzustellenden Versuche und gefällt es einem Gewehrliebhaber
dergleichen zu unternehmen, so würde eine Mit-

theilung der erhaltnen Resultate, gewiß jedem Jagd=
freund willkommen seyn, dem es darum zu thun ist
sein Gewehr nicht nach dem Namen des Büchsen=
machers, sondern nach seinen ursprünglichen Vorzü=
gen und Gebrechen zu beurtheilen. Eine Mengung
von Stahl und Eisen giebt wie oben erwähnt eine
zähere Masse, als Eisen welches zu arm an Stahl
ist und weil die damascirten Läufe übrigens wie die
gewöhnlichen gewundnen Rohre behandelt werden,
so sind selbe noch mehr gegen das Zerspringen gesi=
chert und werden durch eine zweimal so starke La=
dung als Platinenrohre geprüft, bevor sie der Büch=
senmacher verfeinert und vollends ausarbeitet.

Man räumt dem türkischen Damast viele Vorzüge
ein, wozu freilich geschickte Bearbeitung ebensoviel
beitragen kann, als eigenthümliche Güte des Me=
talls, übrigens liefern französische und deutsche Fa=
bricken bereits schönen Damast; wenn man aber
obige Bemerkungen allgemeiner bestätigt finden
sollte, so würden gefütterte Rohre immer Empfeh=
lung verdienen, sie mögen aus einer Provinz kom=
men, aus welcher sie wollen, nur muß man sich
hüten wirklich gefütterte Rohre, nicht mit scheinba=
ren zu verwechseln. Letztere ahmt der Betrug vor=
trefflich nach, indem beim Aetzen nicht nur die Mün=
dung des Rohrs, sondern noch ein schmaler Raum
rings um dieselbe mit Wachs bedeckt wird, nun

jederzeit aber geartet ist, um die Güte des Rohrs
zu vermindern, wenn es auch eine noch so schöne
Außenseite hat. Gewöhnliche Rohre, werfen zwar
auch zuweilen Schiefer, aber weit seltner, als diese, daher gefütterte damascirte Läufe in mehrfacher
Hinsicht den Vorzug verdienen, wenn sie auch mühsamer zu fertigen und höher im Preise sind; jedoch
giebt es gute damascirte Rohre, die auch ohne
Futter nie Schiefer werfen, besonders türkische,
deren Stahl- und Eisenmasse nicht nur eine schöne
Textur des Damastes bildet, sondern auch eine so
zähe Verbindung unter sich eingeht, daß sich durchaus keine Splitter aufwerfen können. Man sieht
Kugelbüchsen, auf deren Mündung man deutlich
die Stärke des Futters und des dasselbe umgeben-
den Damastes unterscheiden kann; die Besitzer waren zufrieden damit, auch waren die Züge und Felder vollkommen glatt, ohne alle rauhe oder schief-
rige Stellen. Angenommen jedoch, das damascirte
Kugelrohr hätte kein Futter gehabt, so wäre es
doch möglich, daß es weniger Schiefer geworfen
hätte, weil das eingepreßte Bley einer gefütterten
Kugel, wahrscheinlich geringere Prellung gegen
die verschiedene Eisentheile veranlaßt, als rollende
Schrote; doch hierüber fehlen noch die anzustellenden Versuche und gefällt es einem Gewehrliebhaber
dergleichen zu unternehmen, so würde eine Mit-

IV.

Die

Forstverfassung

betreffende

Gegenstände.

1.

Skizzirte Darstellung der mit dem 1ten July 1817 eingetretenen Forst-organisation in den Königlich Preuß. Staaten.

Mit dem 1ten July 1817 ist die Verwaltung der Forsten in sämtlich Königl. Preuß. Staaten umge-formt worden, nachdem bereits die in Folge des Gesetzes vom 30ten April 1815 angeordneten Kö-nigl. Provinzial-Regierungen ihre Functionen er-

griffen hatten und vermöge der allerhöchsten Verord=
nung vom 24ten December 1816, die Verwaltung
der den Gemeinden und öffentlichen Anstalten gehö=
rigen Forsten in den Provinzen Sachsen, Westpha=
len, Kleve, Berg und Niederrhein, von jener der
Königlichen Waldungen getrennt, und dem Dispo=
sitions = Rechte dieser Eigenthümer vom Tage der
eintretenden allgemeinen Organisation der landes=
herrlichen Forsten zwar überlassen worden war, zu
gleicher Zeit aber zweckmäßige Maßregeln vorgeschrie=
ben wurden, wodurch die Erhaltung und nachthei=
lige Benutzung der Gemeinde = und Institutswal=
dungen gesichert ist.

Eintheilung der landesherrlichen Forste in Oberförstereyen, Re= viere, Unterforste und Forstwar= theyen.

Die landesherrlichen Forste jedes Königl. Regie=
rungs = Bezirkes sind in Oberförstereyen, Reviere,
Unterforste und Forstwartheyen eingetheilt.

Eine Oberförsterey oder Forst = Inspection enthält
in der Regel 30,000 bis 60,000 Preuß. Morgen *),

*) Der preußische Morgen hat 180 Quadratruthen; die
Ruthe 12 rheinische Schuhe.

ein Revier im Durchschnitt 6000 bis 12000, eine Unterförsterey 2000 bis 4000 Morgen, einzelne Waldparzellen unter 1000 Morgen, werden von Forstwärtern gehütet.

Geschäftskreis der Königlichen Forstbeamten.

Die unmittelbar vorgesetzte Behörde des Ober-försters ist die Königliche Regierung — bey welcher ein Oberforstmeister oder Forstmeister oder auch, wenn die Beträchtlichkeit der zu verwaltenden Forst-fläche es erheischt, beyde als Regierungsräthe, erste-rer jedoch unmittelbar nach dem Regierungs-Direc-tor angestellt sind, und in Forst-Sachen der Kö-niglichen Waldungen bey der zweiten Abthei-lung, die Communal-Waldungen betreffend, der ersten Abtheilung des Collegii das Referat ha-ben *). Den Oberforstmeistern und Forstmeistern

---

*) Die den Königl. Regierungen zugetheilten Geschäfte der innern Verwaltung werden in 2 Haupt-Abthei-lungen bearbeitet. Zum Ressort der ersten Haupt-Abtheilung gehören sämtliche von den Ministern der auswärtigen Angelegenheiten, des Innern, des Krieges und der Polizey abhangende Angelegenhei-ten. Die 2te Haupt-Abtheilung bearbeitet sämtliche Geschäfte, welche der obern Leitung des Finanz-Ministers anvertraut sind.

ist noch insbesondere die obere Leitung und Revision des technischen Forstbetriebes übertragen, und haben die Oberförster deren Anordnungen in dieser Hinsicht zu befolgen.

Der Oberförster.

Auf ihm ruht vorzüglich der praktische Forsthaushalt, die Aufstellung des jährlichen Wirthschafts-Planes, die Anlegung und Stellung der Gehaue, die Vorschläge und Direktion der Forstkulturen, die Abhaltung der Holzabzählungen und Verkäufe, mit einem Worte die Leitung des sämtlichen Forst- und Jagd-Betriebes, wovon er in vorgeschriebener systematischer Form der Regierung unmittelbare Rechnung abzulegen hat. Sein Gehalt ist 900 = 1000 preuß. Thaler nebst 15 Klafter freyem Deputatholze; außerdem erhält er die erforderliche Zulage zur Salarirung eines Schreibers und für Anschaffung der Büreaukosten.

Der Revierförster

dem in der Regel auch noch die specielle Aufsicht eines Forstbeganges obliegt, hat unter Aufsicht seines ihm vorgesetzten Oberförsters die praktischen Geschäfte im Reviere zu besorgen, unter welche vorzüglich die Aufsicht der Hauungen und der Kulturen, die Eingabe der jährlichen Grenzberichte, die

Bey=

Beywohnung bey den Forſtſtrafgerichten, die Abſchlie-
ßung der Holzhauungs-Contrakte, ſo wie die Auszeichnung der Schläge, wenn ſie nicht durch den
Oberförſter ſelbſt geſchieht, jedoch immer nach dem
Muſter eines von dieſem ausgezeichneten Probe-
Morgens, und die Adminiſtration der Königlichen
Jagden gehören: er führt die Holzhauerrechnung
und nimmt überhaupt Theil an allen den praktiſchen Arbeiten, welche den Oberförſter in ſein Revier führen. Seine Beſoldung iſt 400 bis 450
Thaler und 9 Klafter freyes Brennholz, außerdem
ſoll der Revierförſter ſo wie ſämtliche Königl. Forſtbeamten eine freye Dienſtwohnung und einige Dienſt-
ländereyen wo ſie vorhanden ſind, gegen die Entrichtung eines mäßigen Pachtes erhalten.

Der Unterförſter oder Waldwärther.

Hat ſich vorzüglich mit dem Forſtſchutze ſeines
Beganges zu befaſſen, und wie natürlich den Ober-
und Revierförſter bey allen Forſt- und Jagdgeſchäf-
ten beſtens zu unterſtützen. Das Dienſt-Einkom-
men des Unterförſters iſt 120 bis 160 Thaler nebſt
6 Klafter Beſoldungsholz und einem Antheile an
den Forſtſtrafgeldern. Der Waldwärter erhält 50
bis 60 Thaler und 4 Klafter Holz auch ebenfalls
einen Antheil an den Strafen.

Von der Benutzung und Berechnung der Forstprodukte.

Die Erhebung und Berechnung der Forst = Ein=
künfte geschieht vermittelst der Forstkassen, die ent=
weder durch die Kreiskassen oder durch besondere
Beamte verwaltet werden, nach den Forst = Etats
und Erhebungs = Urkunden, welche ihnen die Ober=
förster zusenden.

Sämtliches zum Hiebe kommendes Holz wird
gewöhnlich auf dem Wege öffentlicher Versteigerung
nachdem es gefällt und nach Vorschrift in Sorti=
menten geklaftert oder façonnirt worden, in klei=
nen Loosen durch den Oberförster mit Zuziehung des
Revierförsters verkauft. Der Ansatz der Loose ge=
schieht nach der Taxe, den Fällerlohn einbegriffen,
daß also der Käufer außer seinem Gebote keine
Nebenkosten zu bestreiten hat, welche letztere wie
z. B. Stempel= und Bekanntmachungs = Gebühren
vom Oberförster vorgeschossen, von Königlicher Re=
gierung liquidirt und ihm auf eine von dieser hö=
hern Behörde ausgestellte Zahlungsanweisung von
der Forstkasse restituirt werden. Das Original des
Versteigerungs = Protokolls übersendet der Oberför=
ster an die Forstkasse zur Erhebung des Geldes, die
vidimirte Abschrift behält er bey den Belägen zu
der Natural=Rechnung.

Versteigerungen von Windfällen und anderen Kleinigkeiten, deren Werth muthmaßlich nicht über 15 Rthlr. beträgt, können auf spezielle Autorisation des Oberförsters vom Revierförster mit Zuziehung des betreffenden Unterförsters vorgenommen werden.

Die Abgabe nach der Taxe findet in der Regel nur dann statt, wenn der Verkauf nach dem Meistgebote mißlingt, oder für unbedeutende Gegenstände: Windfälle, Frevelhölzer ꝛc. außer den Schlägen.

Die Benutzung der Maß geschieht entweder vermittelst Verpachtung, der Einsehung oder der Ertheilung von Zetteln zum Einsammlen. Ueber Gegenstände worüber keine besondere Erhebungs-Documente vorliegen, werden von den Revierförstern den Oberförstern monatliche Extrakte zur Anfertigung der Erhebungs-Listen an die Forstkassen ausgestellt.

Der Revierförster und Oberförster führen paraphirte mit der Seitenzahl versehene Manuale, in die alle Forstgegenstände der Einnahme und Ausgabe eingetragen werden.

Die Uebersicht des sämmtlichen Forst-Einkommens eines jeden Jahres wird vor Aufstellung des Wirthschafts-Planes von dem Oberförster in dem Forst-Etat der Regierung zur Prüfung vorgelegt und von Königlichem Finanzministerium genehmigt; wel-

cher Etat also: als das Budjet eines Oberförsterey-
bezirks anzusehen ist.

Die Wirthschafts-Pläne der vorzunehmenden
jährlichen Hauungen werden gleich den Kulturplä-
nen ebenfalls nach genommener Einsicht von Seiten
der Regierungen, dem Finanzministerio zur Genehmigung übergeben.

Endlich stellt nach dem Schlusse des Jahres jeder Oberförster die Natural-Rechnung auf, welche
die Einnahme und Ausgabe an Material- und die
Soll-Einnahme sämmtlicher bestimmten und unbe-
stimmten Einkünften seiner Oberförsterey für das
verflossene Wirthschafts-Jahr nachweisen muß.

Von den Forststrafe-Gerichten.

Das Nähere über diesen Gegenstand wird erst
durch besondere Vorschriften bestimmt werden; einstweilen bestehen noch die Provinzial-Rüggerichte in
der bisherigen Ueblichkeit.

Von der Jagd.

Alle Königliche Jagden, welche von den Forstbedienten ohne Nachtheil für die Forstwirthschaft
verwaltet und geschätzt werden können, sollen durch
sie, und zwar in der Regel durch die Revier-

förſter unter Leitung der Oberförſter adminiſtrirt. werden.

Nur diejenigen Jagden, welche zu entfernt oder zu Anſetzung beſonderer Jagdadminiſtratoren zu unbedeutend ſind, werden verpachtet.

Die Benutzung der adminiſtrirten Jagden geſchieht nach einem vom Oberförſter vorgeſchlagenen und von der Regierung genehmigten Abſchuß-Plane.

Die Grenzen der Forſtreviere ſind in der Regel die der Jagdreviere.

Das nach dem Abſchußplane erlegte Wildpret — wenn es nicht in Natur abgeliefert wird — iſt der Benutzung des Revierförſters gegen Erlegung einer Taxe überlaſſen. Dieſe Taxe iſt im Durchſchnitt um den Betrag des Schießgeldes und der Jagdkoſten geringer als der eigentliche Werth des Wildprets.

Das von der Regierung beſtimmte Schieß- und Fanggeld wird regelmäßig von den Revierförſtern an die Unterförſter und Waldwärther für das von ihnen erlegte Wildpret und Raubzeug bezahlt.

Die Vertilgung des werthloſen Raubzeugs muß unentgeldlich von den Revierförſtern geſchehen und wird deshalb im Jagd-Etat beſtimmt, wie viel Sommerfüchſe und Raubvögel ſie zu erlegen haben, bey angemeſſener Geldſtrafe für jeden fehlenden

Sommerfuchsbalg und für jedes fehlende Paar Raubvögelfänge; dagegen gehören unentgeldlich das Raubzeug, die Dachse, Kaninchen, Wachteln, Schnepfen, Bekaſſinen, kleine Brachvögel, Droſſeln und andere kleine Vögel dem adminiſtrirenden Revierförſter.

Von der Fiſcherey.

Die Fiſcherey auf Königliche Rechnung wird gewöhnlich verpachtet, und haben die Königl. Forſtbedienten darauf zu ſehen, daß die Fiſcherey-Polizey-Geſetze pünktlich vollzogen werden.

Dienſtkleidung.

Die Dienſtkleidung ſämtlicher Ober- und Unterforſtbedienten beſteht in grünem Rocke mit 2 Reihen Knöpfen, rothem Kragen und Aufſchlägen, die Rockſchöße aufgeſchlagen die Unterkleider weiß.

Die goldne Stickerey auf Kragen, Rockſchößen und Aufſchlägen nimmt nach den Graden bis zum Revierförſter ab, welcher blos eine einfache Stickerey auf dem Kragen hat. Das goldne Koppel um den Leib, das Porte-Epée, der Hirſchfänger und die Cordons werden ebenfalls mit einigen Modificationen bis inclus. dem Revierförſter getragen.

Das goldne Koppel über die Schulter, die samme
nen Aufschläge und Kragen bey der simplen Uniform bleibt eine Auszeichnung der Oberforst- und
forstmeisterlichen Uniform.

———

Diese zwar kurze Darstellung der neuen Königl.
Preuß. Forstorganisation wird jedoch hinreichen um
eine Uebersicht derselben zu gewähren, welche durch
die Kenntniß der in Hartigs Forstarchive mitgetheilten Instruktionen, die des Hrn. Finanzmini-
sters Grafen von Bülow Excellenz am 21ten April
1817 für die Oberförster, Revierförster, Unterförs-
ster und die Forstkassen erlassen hat, vervollständiget
werden kann.

Jeder unbefangene Forstmann wird nicht nur die
Bestimmtheit, die klare Darstellung der Vorschriften
der ministeriellen Instruktionen anerkennen, sondern
auch den umfassenden vielseitigen Geist der Verwaltung auffassen, welcher aus diesen organischen Vorschriften hervorleuchtet, seinen Gegenstand erschö-
pfend ohne durch tautologischen Ueberfluß zu ermüden und zu verwirren. Diese Instruktionen in
Verbindung mit der vom 14ten August 1814, wonach die Holzkultur in den Königlich Preuß. Forsten betrieben werden soll und einer Hauordnung,
welche das Formelle des wichtigen Gegenstandes der

Fällungen in bestimmte Regeln bringt, bilden ein
Ganzes, dem um als vollständiger Forstcodex betrachtet zu werden, nur noch der Abschnitt des Forst-
rügewesens hinzuzufügen ist; dessen Einheit und
systematische Consequenz eben so sehr zu rühmen
sind, als die Vollständigkeit der Vorschriften in allen Zweigen des forstwirthschaftlichen Handelns,
welche jedem Forstbedienten das streng begrenzte
Feld seiner Wirksamkeit und seiner Pflichten an-
weisen.

Nach diesen Worten über die Form oder den
äußeren Gehalt der Organisation will ich es wagen
meine Ansicht über das innere Wesen derselben in
praktischer Anwendung angeschaut, auszusprechen.

Ein wichtiges Produkt dieser Art kann nur in
der Parallele mit ähnlichen Werken, die bereits
ihren Werth oder Unwerth praktisch beurkundet haben, gehörig gewürdiget werden; nur dürfen vors.
gefaßte Vorliebe zu diesem oder jenem System,
Gewohnheit, Liebe zum alten oder zum neuern, am
wenigsten persönliches Interesse auf unser Urtheil
einfließen, soll dieses durch Wahrheit ansprechen;
verzeihlich ist aber eine irrige Meynung alsdann,
wenn Lauterkeit des Willens ihr nicht abgeht!

Der Einsender dieses ist Preußischer Forstbeamter; Rheinländer von Geburt, begleitete er mehrere
Jahre eine obere Stelle in der franz. Forstverwal-

tung seiner vaterländischen Gegend: er ist also be=
fugt seine Reflexion über die jetzige Preußische Or=
ganisation durch die Kenntniß der ehemaligen franz.
Forstverfassung zu begründen und die Zulässigkeit
seiner Meynung in Erfahrung dessen, was war, zu
prüfen; auch könnte er diese Entgegensetzungen, die
von der Verschiedenheit des forstwirthschaftlichen
Systems in Frankreich und Deutschland herrühren,
mit einigen andern, welche die Betrachtung der
provisorischen Forstorganisationen der Herren Gene=
ral = Gouverneurs v. Gruner und Sack in den
rheinischen Provinzen während der letzteren Jah=
re darbieten, vermehren: jedoch, obgleich manches
Gute an dieser nun erloschenen provisorischen Forst=
Organisation der rheinischen Lande nicht zu verken=
nen ist, besonders im vortheilhaften Kontraste mit
der franz. Forstverfassung, auf deren Trümmer sie
erstand; so war diese ephemere Erscheinung aber zu
wenig dauernd, das Ganze zu rhapsodisch bearbeitet
und hatte zu wenig Charakter von Selbstständigkeit,
zu viel Entlehntes aus anderen Forstverfassungen,
als daß dieser interimistischen Periode in forstlicher
Hinsicht hier Erwähnung geschehen möchte.

Von der Trennung der Verwaltung der herrschaftlichen und Communalwaldungen.

Ob es möglich oder nothwendig, überhaupt aber rechtlich sey, die Gemeindewaldungen gleich den herrschaftlichen der nämlichen Administration zu unterwerfen; diese Controverse scheint heute weniger wie je ihrer Entscheidung zu nahen, seitdem noch kürzlich eine gewandte Feder sich nicht nur für die negative erklärt, sondern sogar für den Verkauf der Staatswaldungen und die vollkommenste Independenz ihrer Bewirthschaftung gestimmt hat. Einsender Dieses wird sich nicht anmaßen in einer Sache entscheiden zu wollen, welche die Meynung so vieler vorzüglichen Forstleute und Kameralisten theilt, am wenigsten hier, als an einem unschicklichen Orte diese Streitfrage zu diskutiren.

Unterdessen hat nach meiner Meynung die Verordnung des Königlichen Kabinets vom 24ten Dezember 1816 das Gepräge rühmlicher Liberalität in Verbindung mit einer weisen Umsicht für die güte Behandlung der Gemeindewaldungen, die alle Nachahmung verdient.

Unbedingter Schutz des Privat- und Communal-Eigenthums von Seiten der höchsten Staatsbehörde, das vollkommenste Dispositions-Recht der Forstein-

künfte wird den Gemeinden garantirt, und wo es
nicht schon wie bisher in den älteren Provinzen
ausgeübt worden war, restituirt; indem es jedoch
nicht der Willkühr der Commünen im Stande der
Minderjährigkeit zugestanden wird, zum Nachtheil
des allgemeinen Besten, das vom Wohle des einzelnen nicht zu trennen ist, den Schatz von Jahrhunderten leichtsinnig zu vergeuden!

Eine patriotische, nicht mißdeutete Anwendung
dieser Verordnung von Seiten der Königlichen Regierung, wie sie sich zuverlässig erwarten läßt, kann
nur eine günstige Wirkung hervorbringen. Es ist wenigstens unläugbar, daß es dieser Verordnung eher
gelingen wird, das Interesse der Gemeinden und
ihrer Waldungen wechselseitig zu fördern, als es
durch das ehemalige franz. Gesetz vom 29ten 7ber
1791 Titel 12 und andern spätern franz. Anordnungen über die Verwaltung und Benützung der
Communalwaldungen geschah, welche den Gemeinden nicht nur alle Einwirkung auf dieselbe, sondern sogar, besonders in den letzten Jahren des
Kayserthums, ihnen fast allen Genuß dieses Eigenthums entzogen, indem sie den größten Theil dieser Einkünfte einer Amortissements- oder Til-
gungskasse der Staatsschulden hinwandten, wo der
freye Gebrauch des Kapitals, ja selbst der Interessen

für die Eigenthümer wo nicht verlohren ging, doch
äußerst beschränkt wurde.

Ueber die Eintheilung der Dienst-
bezirke.

Will man untersuchen ob den Beamten einer
Verwaltung überhaupt eine angemessene Wirksamkeit angewiesen sey, so wird vorzüglich erörtert werden müssen, ob sie hinreichend jedoch nicht übermäßig beschäftigt, ihren Wirkungskreis ausfüllen; ob
ihre Dienstpflichten durch Gesetze und Vorschriften
genau begrenzt in einander greifen und nicht durch
schwankende unbestimmte Anordnungen zu Mißver-
ständnissen Veranlassung, oder anmaßender Willkühr Blöße geben; ob durch die organische Einrichtung der Verwaltung selbst eine zweckmäßige
Controlle beabsichtiget worden und endlich ob Einheit im Plane sey und jeder Beamte zwar möglichst selbstständig für sich handle, aber thätig ein-
greife in den Willen der höheren Staatsbehörde,
die sich im Stande finden muß, die ganze Maschine
mit Leichtigkeit zu bewegen und alle Bewegungen,
welche sie beabsichtiget und hervorbringt, zu über-
schauen.

Das Verhältniß der Kräfte und Wirkungen, die
sie hervorbringen, ist bey dieser Betrachtung um so

mehr, zu würdigen, da die Geschäftskreise einer Verwaltung nie ganz isolirt werden und also auch nicht
auf sich allein berechnet werden können; indem Berührungen mit andern Verwaltungszweigen nicht
selten eintreten; Reibungen und nachtheilige Con-
flikte aber zu vermeiden sind; damit nicht eine
Kraft sich der andern entgegenstelle, sondern in har-
monischer Einheit zu dem nämlichen erhabenen Ziele,
Erhaltung der bürgerlichen Ordnung und des ge-
sellschaftlichen Vereins, hinstreben und die höchste
Staatsgewalt, die Seele des Staatskörpers, diesen
durch geistigen Schwung beleben und in nie stocken-
der Thätigkeit erhalte.

Endlich ist nicht nur zu prüfen, ob jeder Beamte
für seine Arbeit verhältnißmäßig entschädigt werde
und sein Einkommen es ihm erlaube, sich ganz seinen Geschäften zu widmen, sondern auch ob sein
Amt ihm im Ciklus der bürgerlichen Verhältnisse
die Stelle anweise, welche der Importanz des Po-
stens zusteht; indem der Mensch selten sein Geschäft
mit Liebe behandelt, wenn nicht seine Anstrengungen gebührend belohnt und anerkannt werden. —
Und wie kann anderst der Diensteifer eines öffentlichen Beamten, dessen Stelle in der Regel ihm
höchstens das Einkommen eines anständigen Lebens
sichert, gehoben werden, als durch die Achtung des
Amtes, das er begleitet? — Weshalb denn auch

kein Grundſatz mehr bekämpft zu werden verdient
als der, den Beamten als Söldling zu behandeln,
der kein anderes Mobil ſeiner Arbeit kennt als
das ſeines Gehaltes: wahrlich traurig ſieht es in
einem Staate und mit ſeiner moraliſchen Maſſe
aus, wo Gold das einzige und Hauptbindungsmit-
tel zwiſchen ihm und ſeinen Dienern iſt; wenn letztere nach nichts Höherem trachten, und erſterer mit
nichts Würdigerm zu lohnen weiß!

Die Eintheilung der Dienſtbezirke wird vorzüglich durch die Attribute, welche den Forſtbedienten
beygelegt werden, bedingt. Dieſen Grundſatz ſcheint
die Preuß. Forſtorganiſation vorzüglich berückſichtigt
und in glückliche Anwendung gebracht zu haben;
denn niemand wird es läugnen, daß Oberförſter,
Revier- und Unterförſter von einiger Thätigkeit
ihre Dienſtpflichten in denen ihnen angewieſenen
Rayons ohne übermäßige Anſtrengung verſehen können; ja man könnte annehmen, daß die Bezirke
überhaupt eher etwas zu klein als zu groß ſind;
beſonders möchten manche Reviere eines Zuwachſes
fähig, es hingegen bey vielen von Vortheil ſeyn,
wenn ihre Inhaber vom ſpeciellen Begange entla-
ſtet würden. Dieſes Rebengeſchäft der Huth eines
ſpeciellen Beganges, — denn als ein anderes darf
es für den Revierförſter nicht angeſehen werden; —
kann nur bey Waldungen, die wenig dem Raube

ausgesetzt sind, ohne Nachtheil für den technischen Betrieb oder ihren Schutz, durch ihn versehen werden; in jedem Falle wird es zweckdienlich seyn, ihm einen Jägerburschen oder Lehrling zur Besorgung dieser speciellen Huth beyzugeben und zu salariren, wie es denn auch im Plane der Organisation zu liegen scheint.

Die natürliche sich praktisch bewährende Abtheilung des Forstschutzes der Forstbewirthschaftung und der Anordnung und Leitung dieser Bewirthschaftung hat die Organisation fixirt und durch Anstellung der Unterförster, Revierförster und Oberförster festgesetzt; indem sie diesen Beamten weder Funktionen anwies, welche sie aus der Sphäre des der Eigenthümlichkeit ihrer Stelle anhaftenden Wirkens herausgerissen hätten, noch in den Fehler einer unnützen Vervielfältigung der Behörden fiel, die bey Vermehrung der Kosten, den so nachtheiligen Einfluß einer schwankenden Bestimmung der Amtsverrichtungen nothwendig mit sich führt.

Noch trauriger aber ist das Verhältniß für die Beamten und für den Staat, dem sie dienen, wenn der Ueberfluß von ersteren eine beaufsichtigende Controlle bezweckend sich auf das falsche Prinzip eines herabwürdigenden Mißtrauens gründet, welches uns statthaft wird, sobald letzterer jene mit Liebe behan-

delt und berücksichtiget; immer aber zur Folge hat,
daß der Beamte an Ehre und persönlicher Achtung
angetastet, sein Geschäft mit gewissenloser Gleich-
gültigkeit behandelt, nicht als ein sich ehrendes
Glied der Staatsgewalt, durch ein höheres Interesse belebt, das selbst die reichlichste Besoldung
nicht geben kann.

Dieser Vorwurf muß besonders die franz. Forstverfassung treffen. Den Forstbedienten sind sehr
große Dienstkreise angewiesen, die kein Verhältniß
mit den Geschäften haben, welche ihnen obliegen;
letztere stehen in keiner natürlichen Verbindung mit
dem Amte, die Dienstattribute sind nicht hinreichend geschieden und die hierarchische Abstufung
der Grade beruht nicht auf der Natur der Sache
selbst.

Sie haben Conservateurs, Inspecteurs, Sous-
Inspecteurs, Gardegénéraux, Gardes à Cheval
und Gardegénéraux — der Gardes à Cheval am-
bulans nicht zu erwähnen, die eine ganz unnütze
Mittel-Instanz zwischen den Gardesgénéraux und
Gardes à Cheval bilden.

Die Conservateurs stehen an der Stelle der Oberforstmeister, die Inspecteurs und Sour-Inspecteurs
an der der Oberförster, die Gardegénéraux sind unsere Revierförster und die Gardes à Cheval und
à pied unsere Unterförster.

Der

Der Conservateur soll jährlich seine Conservation, ein Bezirk von 2 ، 3 unserer Regierungsbezirke bereisen, Kulturen und Hauungen revidiren ꝛc. Den Inspecteurs und S. Inspecteurs liegt das Geschäft der Auszeichnung der Schläge, der Ausführung der Kulturen in Bezirken von 3 ، 4 preußischen Oberförstereyen ob und zwar in den Gemeinden wie in den Königlichen Waldungen; die Gardesgénéraux stehen ihnen zur Seite, ohne vorschriftsmäßig selbstständig für sich wirken zu können, wenigstens sind sie nur gerade so viel als ihre Vorgesetzte wollen.

Dieser zu großen Ausdehnung der Amtskreise von der einen Seite, der nicht gehörigen Begrenzung und dem Ineinanderfließen der Funktionen von der anderen, welche Verwirrung vorzüglich in den nicht geläuterten Grundbegriffen zu suchen ist, die man in Frankreich von der Forstwirthschaft hegt, indem diese leider gleich jedem anderen Zweige des öffentlichen Einkommens, an dem wie beym Steuerwesen, der Stempeltaxen, der Accise ꝛc. die todte Form alles ist, angesehen wird; ohne zu beherzigen, daß die Forsten Güter sind, von der ewigen Zeit den Völkern zu ihrem Wohle geschenkt, die sich noch immer an der Unvernunft und dem Egoismus rächte, wenn sie dieses Geschenk mißbrauchend entehrten. Solcher unseeligen organischen Anordnung ist es

vorzüglich zuzuschreiben, daß auch der thätigste Forstbeamte in Frankreich nicht das Maaß seiner Pflichten erfüllen kann; woraus natürlich folgt, daß der
Oberförster oder Inspecteur den wichtigsten Theil
seines Berufes, den technischen Betrieb — fast
ohne Aufsicht mit unumschränkter Wilkühr behan-
delnd — den größeren Theil der practischen Geschäfte dem Revierförster oder Gard-gal, dieser aber
dem Förster zuschiebt, und also gewöhnlich die
Haupt - Arbeiten ungebildeten Menschen überlassen
werden; die dazu weder Geschick noch Neigung
haben.

Vom praktischen Forstbetriebe, der inneren Geschäftsführung und Verbindung derselben mit der höheren Verwaltung.

Daß die Organisation das Technische der forstlichen Bewirthschaftung auf eine sehr zweckmäßige
Weise gesichert hat, ist bereits gerühmt worden.
Dem Oberförster ist vorzüglich die Anordnung und
Leitung der Hauungen und Kulturen, dem Revierförster die specielle Aufsicht und Ausführung dieser
praktischen Geschäfte anvertraut.

Wenn es deßwegen gefährlich schien, erstern ausschließlich mit der Auszeichnung der Schläge in ei-

nem Bezirke von 30,000 bis 60,000. Morgen zu
beauftragen, weil derselbe, wenigstens in vielen
Bezirken, sie nicht persönlich ganz, oder doch nicht
mit der Umsicht und Pünktlichkeit hätte ausführen
können, welche sie erheischt; übrigens (bey Voraussetzung einer pünktlichen Auszeichnung der Gehauen durch den Oberförster) den Revierförster aus
der Eigenthümlichkeit seiner Stelle gehoben und zu
einer nicht ersprießlichen Nichtigkeit würde herabgesetzt haben, sobald man ihm bey dieser Arbeit,
die mehr wie jede andere genaue Localkenntniß in
Anspruch nimmt, nur eine Nebenrolle zugedacht
hätte; so konnte es eben so wenig zugelassen werden, dem Revierförster allein ein Geschäft zu überlassen, dem vor allem anderen ein theoretisches
Studium der Holzzucht zum Grunde liegen muß, und
vor der Hand wenigstens nicht bey allen Revierförstern vorausgesetzt werden kann. — Dieser Miß-
stand würde aber unfehlbar eingetreten seyn, hätte
man den Oberförstern die Auszeichnung aller Gehauen der Oberförsterey zur unbedingten Pflicht gemacht.

Der §. 38. der Instruktion für die Oberförster
hat diese große Inkonvenienz trefflich vermieden,
er sagt: „die Auszeichnung und Anschlagung der zu
„fällenden Stämme in den Vorbereitungs- oder Be-
„saamungs- und den Auslicht-Schlägen der Hoch-

„waldungen und das Auszeichnen der starken über-
„gehaltenen Hölzer in den Niederwaldungen, hat
„der Oberförster vorzüglich selbst zu verrichten. Es
„wird ihm jedoch nachgelassen bey überhäuften Ge-
„schäften von jedem Schläge nur etwa einen Mor-
„gen zum Muster wie der Schlag gestellt werden
„soll, auszuzeichnen, und den Revierforstbedienten
„die Fortsetzung zu übertragen; wofür er aber jedes-
„mal verantwortlich bleibt."

Durch diese Anordnung ist der Thätigkeit des
Oberförsters aller Raum gelassen, ohne ihm eine
Pflicht aufzulegen, die er nicht erfüllen kann. Ist
es ihm nicht möglich sämtliche Gehaue selbst anzulegen, so wird es ihm jedoch ein Leichtes seyn, und
ist ihm nicht nachzulaffen in allen einen Probemor-
gen auszuzeichnen. Da diese Auszeichnung mit dem
Control-Stempel des Oberförsters geschieht, so ist
der bleibende Zeuge seiner Anordnung, so wie der
Ausführung des übrigen Theils des Schlages durch
den Revierförster nach diesem Muster-Schlage, stets
vorhanden.

Auch dienet die auf dem Oberförster mit Recht
haftende Verantwortlichkeit der Auszeichnung der
Schläge dazu, daß er diese nur solchen Revierförstern nach seiner Anordnung und Vorzeichnug überläßt, von deren Fähigkeit und Dienst-Eifer er bereits Proben hat.

Ich betrachte diese Vorschrift in Bezug auf die
Auszeichnung der Schläge, als eine der glücklichsten
Ideen der Organisation, die ganz aus dem inneren
praktischen Wesen der Forstbewirthschaftung heraus
gehoben ist.

Auch mag, freylich nur bey einem sehr ungebildeten Personal, die Vorsicht nicht zwecklos seyn;
daß die Grenzen der abzutreibenden Schläge mit
dem Control-Stempel des Oberforstes bezeichnet
werden müssen, wenn Bestände von Beständen sich
trennen; deßhalb läßt sich jedoch nicht voraussetzen,
daß der §. 35. genau die Fläche begrenzt haben
will, die abgetrieben werden soll. Der Wirth-
schaftsplan bestimmt die Zahl der Klafter oder vielmehr der Kubikschuhe, welche geschlagen werden;
an diese Bestimmung hat sich der Forstbediente
möglichst zu binden, ohne von ihm zu verlangen,
daß er das zu fällende Material auf einer oft be-
trächtlichen Fläche deren Gehalt ihm überdies in der
Regel nur beyläufig bekannt ist, so genau abschätze,
daß die Ausbeute dem, nach dem Wirthschafts-Plan
zu schlagendem Holzquantum, ganz gleich komme!
Doch wie gesagt, es würde den §. 35. mißverstän-
des seyn, wenn man ihn so nehmen wollte; indem
eine pünktliche Begrenzung der Schläge, wovon
jedesmal eine Abzeichnung nach vorheriger Messung
genommen wird, nur dann nothwendig und zulässig

ist, wenn die Schläge im Ganzen nach der Mor-
genzahl verkauft werden, wie es nach der französischen Methode des Holzverkaufes im großen der
Fall ist.

Gebilligt muß es werden, daß den Oberförstern
die Vornehmung der Holzabzählungen obliegt; eine
durch diese Behörde bezweckte Controlle der speciellen Aufnahme des Revierförsters ist nothwendig
und legt dieser Verrichtung den Charakter von Wichtigkeit einer öffentlichen Handlung bey, die ganz
an ihrem Orte ist.

Nicht so zweckdienlich und ausführbar scheint
mir die Vorschrift des §. 21 zu seyn, vermöge welcher der Oberförster in der Regel jeden Monat wenigstens einmal sein Revier bereisen und bey dieser
Gelegenheit die Erhebungs-Urkunden einsammlen soll.

Aehnliche Verfügungen periodischer Forstbereisungen finden in den franz. Forstordonnanzen statt,
die meines Erachtens nicht nachgeahmt zu werden
verdienen.

Bey jedem, besonders bey einem oberen Beamten
wie hier, dessen Funktionen durch sich selbst ein
nicht beschränktes Zutrauen nothwendig machen,
kann um so sicherer vorausgesetzt werden, daß er
Liebe genug zu seinem Geschäfte hat, um keinen
Sporn zur Erfüllung seiner Pflichten zu bedürfen,

wenn diese an sich schon ein eignes wissenschaftli-
ches Interesse mit sich führen, das oft bey der kal-
ten wesenlosen Form anderer Verwaltungszweige
vermißt wird. Häufige Besuche des Waldes an sich
allein beweisen noch keine Thätigkeit, so wie letztere
nicht immer in wirkende Handlung übergeht. Der
Oberförster, welcher vielleicht seinen Forst im Jahre
nur einigemahl in der Runde, aber desto öfter
Revierweise besucht, handelt gewöhnlich mehr, un-
terrichtet sich besser von dem was vorgeht, wie andere, die jeden Monat eine generelle Bereisung
vornehmen und zu dieser regelmäßigen Bewegung
oft durch keine andere Impuls als den der Vorschrift
berufen werden.

Es kömmt vorzüglich darauf an ob der Beamte
immer beschäftigt seinen Dienstpflichten obliege oder
nicht: wann er in der Stube, wann im Walde ar-
beite, muß man seinem Ermessen billig überlassen,
sobald er die vorgeschriebenen Amtsverrichtungen
gut und pünktlich erfüllt, soll er nicht zu einer Ma-
schiene herabgewürdiget werden, von der man natürlich auch nur automatische Bewegungen erwarten kann. Einem Scribenten läßt sich allenfalls
befehlen jeden Tag bestimmte Stunden zu arbeiten,
so wie es die Regel erfordert, daß der Inhaber
einer Kasse seine Gelder von Zeit zu Zeit abliefre;
aber diese periodische Eintheilung scheint mir nicht

für Beamten passend, die mit eigner Selbstständigkeit wirken und wirken müssen; ja sie kann der Nachlässigkeit zum Deckmantel dienen, wenn wie im vorliegenden Falle die Nichtbefolgung der Vorschrift oft Mittel der Rechtfertigung für sich hat. Und wird dieser monatliche Besuch Oberförstern zugemuthet werden können in Bezirken, wie es dieser viele giebt, die eine ganze Woche zu einer sehr flüchtigen Durchreise erheischen; werden diese nicht mit weit mehr Erfolg jeden Monat ein und mehrere Tage in diesem oder jenem, zuweilen auch in allen Revieren verweilen, je nachdem die äußere und die oft noch dringendere innere Geschäfte der Schreibstube es mit sich bringen, ohne einer bestimmten Regel unterworfen zu seyn, die den gleichgültigen Menschen nicht zum Handeln anregen, die Thätigkeit des dienstergebenen Mannes aber, welche nur durch eignes Gefühl erhöht wird, lähmen kann, wenn dieser Reiz ihm genommen wird?

Die Auflage einer jeden Pflicht, die nicht streng erfüllt werden kann, sollte immer möglichst vermieden werden. Soll und muß ein periodischer Forstbesuch statt finden, der über dies schon durch die strenge Erfüllung der Amtsverrichtungen, die dem Oberförster obliegen, nämlich der Vornehmung von Holzabzählungen und Verkäufe, der Anordnung und Revision der Kulturen und Fällungen ꝛc. nothwen-

dig wird; so dürfte er höchstens auf die Jahres-
viertel festgesetzt werden, alsdenn aber auch unnach-
läßig in Anwendung kommen.

Das Gesagte ist auch auf den §. 35. — der
Instruktion für die Revterförster, — der die wö-
chentliche Aufzeichnung des aufgemachten Holzes befiehlt anwendbar und schon deßwegen nicht ausführbar, weil nach Umständen der Witterung das Trum-
men des Holzes oder das Binden des Reisiges, wenigstens in den gebirgigten Laubholzwaldungen nicht
wohl geschehen kann, weßhalb die Holzhauer diese
Zeit zum Reißen des Holzes benutzend die Aufmachung des Holzes während ganzer Wochen verschie-
ben müssen; aus welchen Gründen denn auch nachgelassen werden könnte, daß die Einsendung der
Vorrathstabellen anstatt wie es der §. 85. befiehlt
von Monat zu Monat alle 3 Monate geschähe,
da diese Eingabe ohnehin keinen wesentlichen Zweck
zu haben scheint.

Gut gewählt ist das Mittel, die Holzhauer durch
Auflegung kleiner Goldbußen zur Ordnung anzuhal-
ten, da bey dem unkultivirten Menschen Verlust
und Gewinn ein vorzügliches Mobil seiner Handlungen ist, und Geldstrafen seine Aufmerksamkeit
anregen ohne sein Gefühl zu beleidigen, wenn strenge Unpartheylichkeit sie auflegt. — Weit mehr Vorsicht möchte hingegen die seltene Anwendung dieser

Strafen bey Menschen von Bildung erheischen, welche einen öffentlichen Charakter begleiten und nach zurückgelegten Klassen der Schule und des Lebens, auf eine gewisse Selbstständigkeit Anspruch zu machen berechtigt sind. Wie vielseitig kann jede öffentliche Handlung nicht beurtheilt werden, und welche Unbefangenheit setzt nicht die absolute Scheidung der Persönlichkeit von der Thatsache voraus!

Die Anstellung eines Holzhauermeisters möchte aber deßwegen überflüssig seyn, weil der Unterförster und Revierförster ex officio die Hauungen zu beaufsichtigen haben. Das einfache nomatische Verhältniß der Holzhauer begünstiget vielleicht auch schon an sich selbst nicht eine Einrichtung, die unstreitig einen äußerst gehässigen Eindruck hervorbrächte, sobald die Strafen, welche den Holzhauern auf den Grund der Anzeige eines Holzhauermeisters aufzulegen wären, die Belohnung seiner Aufsicht seyn würden.

Des Holzhauers Bedürfnisse sind nicht groß, aber gerade deßwegen um so dringender, unter diesen ist das Gefühl einer gewissen Unabhängigkeit, an die das Aermliche seiner Hütte, so wie die Gegenstände seiner täglichen Anschauung unaufhaltbar erinneren, vielleicht das erste; es werde ihm daher nicht geraubt, und der Verrath im Geleite des

Mißtrauens lagre sich nicht an seine Seite! Die strenge Regel der Gesellschaft laste mit Recht denen, welche ihre Wohlthaten und Vorzüge genießen.

Nachdem gezeigt worden, wie die innere Bewirthschaftung im Walde geschieht, bleibt noch zu erörtern übrig, wie die Ausführung der Anordnungen, welche sich mit ihr beschäftigen, gesichert, und die innere Geschäftsführung der höheren Verwaltung angefügt sey.

Es ist bereits erinnert worden, daß die Oberförster in allem den Regierungen, so wie in technischer Hinsicht noch ins besondere der oberforstmeisterlichen Behörde untergeordnet sind. Nichts geschieht also im Walde wovon die Regierung und der Oberforstmeister nicht Kenntniß hätten: der ganze forstwirthschaftliche Abschnitt der Hauungen und der Kulturen wird von dieser oberen Behörde dirigirt, ja dieser Gegenstand erhält dadurch das Gepräge der höchsten Wichtigkeit, indem die Kulturpläne und die Vorschläge zu den Hauungen, nicht nur den Königlichen Regierungen und dem Oberforstmeister zur Begutachtung, sondern sogar dem Finanzministerium zur Genehmigung vorgelegt werden. Diese weise Anordnung empfiehlt sich nicht nur vorzüglich dadurch, daß der Impuls, welcher von dieser hohen Staatsbehörde (der die erprobten

Erfahrungen und Tiefe der Kenntniß der ersten
Männer der Monarchie in den Ober-Land-Forst-
meistern als geheimen vortragenden Räthen im Kabinette als General-Forst-Inspektoren im Walde
zu Gebote stehen) mittelst der technischen Bemerkungen und Anordnungen, welche die Genehmigung
dieser forstwirthschaftlichen Vorschläge zu begleiten
pflegen, ausgeht und sich gleich einem elektrischen
Funken über die Forsten des ganzen Reichs verbreitet, — Einheit im System und in den Grundsätzen
zur Folge haben muß, sondern auch noch aus dem
nicht außer Acht zu lassenden Grunde, weil das
Ministerium durch diese Vorschläge einen wichtigen
Beleg zu den Personal-Listen erhält, die den Grad
der Tauglichkeit und der wissenschaftlichen Bildung
der Oberförster bezeichnen.

Es hält freylich selbst für den wenig Geübten, in
unsern Tagen bey dem reichen Vorrathe an Mustern
nicht schwer, sich kurrente Phrasen und Termen
anzueignen, die für die gewöhnliche Fälle des Dienstes durchhelfen; unterdessen hat das Erlernte aus
den Büchern, würde es auch in den blendendsten
Farben aufgetragen und wiedergegeben, doch einen
ganz andern Anstrich wie die empirische Kenntniß,
und dem durchdringenden Blicke solcher Männer,
denen die doppelte Gabe der Erfahrung und des
Wissens geworden, ist es nicht schwer das Reelle

von dem Entlehnten, die scharfe Zeichnung des
Wahren von den schwankenden Umrissen der Nach-
bildung zu unterscheiden.

Die nämliche kluge Umsicht die den Umständen
und Verhältnissen das Schickliche anzupassen weiß,
charakterisirt die Anordnung, vermöge welcher der
ganze technische Betrieb der Forsten, wo nicht von
der Einwirkung der Königl. Regierungen, — (denen keine Handlung, die den Staat interessirt fremd
seyn darf) — abgesondert, aber der speciellen Direction und Revision der Oberforstmeister und Forstmeister übertragen wird; weil die innere Bewirthschaftung oft einen raschern Gang der Geschäfte
erheischt, und sie bey dem unmittelbaren Einflusse
der rein wissenschaftlichen Beleuchtung durch die
oberforstamtliche Behörde nur gewinnen kann; da
hingegen die Bearbeitung und Entscheidung sämtlicher Forstverwaltungs-Gegenstände, gleich den anderen Administrations-Branchen, auf kollegialischem
Wege geschieht.

Von der Verwerthung der Forstpro-
dukte und dem Rechnungswesen.

Wie bereits erörtert worden, geschieht die Verwerthung der Forstprodukte in der Regel auf dem
Wege des öffentlichen Verkaufs.

Die Abgabe des Holzes gegen Taxe ist nur subsidiarisch in Fällen, wo die Lizitation kein gutes Resultat verspricht, oder bey unbedeutenden Gegenständen, zuläßig.

Wenn, wenigstens für manche Gegend, wo Mangel des Brenn-Materials fühlbar ist, die gewünschte Verwerthung des Holzes nach einer Taxe, nicht vor der des öffentlichen Verkaufes den Vorzug erhielt; so haben wahrscheinlich, freylich nicht zu verkennende Hindernisse sich der allgemeinen Anwendung der ersteren Verkaufsweise entgegengestellt, die sich vielleicht mit der Zeit nach den Umständen der örtlichen Verhältnisse werden beseitigen lassen; indem der Wille des Gouvernements in allen Gesetzen und Anordnungen sich deutlich ausspricht, alle Einkünfte des Staates zwar bestens zu nützen und zu vermehren, jedoch mit schonender Berücksichtigung des Unterthanen.

Unstreitig verdient aber die vorgeschriebene Verkaufs-Methode der Versteigerung des aufgemachten Holzes in kleinen Partieen, bey weitem dem franzöf. System, die jährlichen Gehaue auf dem Stocke im Ganzen zu verkaufen, vorgezogen zu werden. Ohne mich hier auf die nachtheiligen Folgen einzulassen, welche dasselbe auf die Behandlung und innere Bewirthschaftung der Waldungen nothwendig hervorbringt; läßt sich jedoch nicht ungerügt vorübergehen, daß eine solche Verkaufsweise ganzer Schläge, daß Bedürfniß des Unterthanen, welches dem Wucher einzelner Monopolisten des Holzhandels Preis gegeben wird, wenig beabsichtiget; unterdessen beym Verkauf in kleinen Loosen, bey Ansetzung eines mäßigen Aestimationspreises, sich jeder Holzbedürftige weit leichter und billiger seinen Bedarf verschaffen kann.

Die franz. Regierung scheint freylich durch das Einfache der Comptabilität, welche der Verkauf im Großen für sich hat; indem sich bereits einige Monate vor Ende eines Jahres die Haupt Forst-Revenüen des folgenden Jahres nach abgehaltenen Holzverkäufen leicht und mit Gewißheit übersehen lassen, auch weil die Verwaltung sich mit der Aufmachung der Schläge und dem Detailverkaufe des Holzes nicht zu befassen hat, für den Verkauf en bloc gewonnen worden zu seyn; unterdessen diese Gründe für ihn haben bey weitem zu wenig Gewicht, als daß sie dem Nachtheil, den er veranlaßt, die Wage halten könnten.

Auch kann der allegirte Grundsatz, daß der Staat nicht Produzent seyn, sich nicht mit der unmittelbaren Administration eines Industriezweiges beschäftigen soll, nicht irriger als auf die Kultur und Benutzungen der Waldungen angewendet werden, wenn er diese als einen Gegenstand des allgemeinen

Bedürfnisses, nicht aber eines fiskalischen Gewinns behandelt.

Das Formelle der Verkaufsweise betreffend, verdient bemerkt zu werden, daß der Käufer außer dem Letztgebote keine Nebenkosten zu entrichten hat; indem diese zweckmäßige Anordnung nicht nur das Geschäft selbst vereinfacht, sondern auch das Angenehme für erstern hat, daß keine Nebenrechnung ihm beschwerlich wird.

Ebenfalls muß die Vorschrift Beyfall finden, welche die Abhaltung den Oberförstern und Revierförstern ohne Zuziehung einer andern Verwaltungsbehörde anvertraut, da die Gegenwart eines dritten Beamten von keinem Nutzen seyn kann, die Lokalforstbedienten aber eines Theils der Verantwortlichkeit, die billigerweise auf sie allein fallen muß, entlasten würde.

Daß sobald die Gebote die Abschätzung oder ausgeworfene Taxe erreichen, keine Genehmigung vorbehalten wird, ist eine Verfügung, die dem Verkäufer nicht minder willkommen als der schnellen Räumung der Schläge förderlich ist.

Das Gesamt-Forstrechnungswesen ist übrigens einfach, klar und befriedigend.

Daß die Oberförster und Revierförster mit keiner Einnahme befaßt sind, kann für den Wald und seine Beaufsichtigung nur vortheilhaft seyn, indem

dies

diese Forstbedienten nur allein mit seiner inneren Bewirthschaftung beauftragt, sich dieser um so mehr mit Nachdruck widmen können.

Der Forst-Etat, die Nachweisungs-Register der Revierförster und die jährlichen Wirthschaftspläne, vorzüglich aber die Naturalrechnungen der Oberförster begleitet von den Erhebungs-Dokumenten, bieten eine untrügliche leicht zu führende Controlle der Rechnung über die Einnahme und Ausgabe der Forstkassen.

Von der Besoldung der Forst-bedienten.

Die Besoldung der Königl. Preuß. Forstbedienten gewährt zwar keine Opulenz, sie reicht jedoch im Durchschnitt hin um nach Stand und Verhältniß — freylich bey Anwendung einer zu lobenden Ordnung — anständig leben zu können.

Wird in Zukunft den Preuß. Oberförstern selten der Vorwurf gemacht werden können, daß sie behaglich mit einem Postzug ihre Forstbereisungen vornehmen, so mag die Bewirthschaftung des Waldes nicht dabey leiden; auch verlangt der Staat nicht, daß der Dienst mit Prunk und Aufwand, sondern mit Pünktlichkeit geschehe.

III. Bd. 3s Heft.

Nicht überall möchte es Beyfall finden, daß mit
Ausnahme des Besoldungs-Holzes und eines Antheils der Unterförster an den Strafgeldern — die
ganze Besoldung in runder Summe ausgeworfen
ist; unterdessen fast alle Accidenzien führen in der
Regel etwas gehässiges mit sich, welches, wenn auch
nicht den Dienst, doch das amtliche Ansehen gefähr-
det und herunter bringt. Glücklich der Beamte,
der dem Staate allein dient, nur von ihm allein
abhängt, und in fixer Besoldung gebührend belohnt
wird!

Freylich kann es nicht geläugnet werden, daß
bey der jetzigen allgemeinen Theurung, es dem Beamten überhaupt schwer hält, mit seinem Gehalte
auszureichen; doch dieser unnatürliche und erkün-
stelte Stand der Dinge kann nicht lange dauern,
und würde gewiß, sollte er von Dauer seyn, von
der höchsten Behörde berücksichtiget werden.

Schon jetzt ist es eine besondere Angelegenheit
der Königl. Regierungen, das Loos der Forstbedienten zu verbessern, und möglichst vom Werthe des
Geldes unabhängig zu machen; indem sie ihnen
nach den Prinzipien der Organisation durch Anweisung von Dienstwohnungen und Ueberlassung von
Wald und Domänenstücken gegen Entrichtung eines
mäßigen Pachtzinses das Mittel geben, sich die
nothwendigsten Bedürfnisse des Lebens zu gewin-

nen: auch erlaubt es die allerhöchste Verordnung vom
24ten Dezbr. 1816, daß den Ober- und Unterforst-
bedienten — nach den Wünschen der Gemeinden
und öffentlichen Anstalten — die Bewirthschaftung
und Aufsicht ihrer Waldungen, gegen eine angemessene Remüneration übertragen werden könne,
welche Befugniß aber in der Regel nicht minder zum
Besten dieser Waldungen selbst als zum Vortheile
des Forstpersonals gereicht.

Schluß.

Die Forstorganisation eines großen Staates, welche sich über mehrere Provinzen erstreckt, deren bisherige Forstverfassungen unter sich sehr verschieden
waren, konnte einer vielseitigen Beurtheilung nicht
entgehen: sie mußte nothwendig einen anderen Eindruck in den altpreußischen Ländern wie in Sachsen
hervorbringen, konnte in Westphalen nicht wie am
Rheine aufgenommen werden; weil es schwer hält
d e r Sache eine reine Ansicht abzugewinnen, in die
wir persönlich verflochten sind. Wenigstens ist es
verzeihlich, wenn der Mensch das, was ihm nützlich und angenehm ist, in hellerem Lichte erblickt,
wie das Mißbehagliche; diese Täuschung ist noch
schwerer zu vermeiden wenn eine früherer Zustand

der Dinge von den gegenwärtigen verschieden, mit
diesem verglichen wird. Dieß die Quelle so ver-
schiedenartiger Urtheile über den nämlichen Gegenstand!

Unmöglich möchte es aber wohl seyn, daß eine
Umwälzung wie diese, welche in die Existenz der
Ober- und Unterforstbeamten eines ganzen Reichs
eingreift, jeden in seinen Verhältnissen und An-
sprüchen zufrieden stelle. Bey aller Berücksichtigung der seitherigen Dienstverhältnisse und Verdienste konnten die Ansprüche der Beamten nicht auf
die enge Umgebung eines jeden Individuums, sie
mußten für das ganze Personal zusammengestellt
und erwogen werden; auch hatten nicht alle Beamte
sich der Gelegenheit zu erfreuen, ihre amtlichen
und häuslichen Verdienste persönlich im Kreis ihrer
Wirksamkeit bey der höheren Behörde geltend zu
machen und diese also Berichten und Personallisten
vertrauen mußte, die manche Berichtigung erheischen mochten! Doch Mißverhältnisse ähnlicher Art,
die unvermeidlich sind, gleicht die Zeit am besten
aus: überdies können selbst alle diejenigen Beamten, denen in der vorherigen Verfassung ein gün-
stigeres Loos geworden war, die Liberalität des
Grundsatzes nicht verkennen, nach welchem ihnen
die Beybehaltung ihres bisherigen Gehaltes und
Charakters zugesichert ist. Daß aber die jetzige

preußische Forstverfassung, wie dieser schwache Um
riß sie zeigt, sich durch ihren inneren Gehalt vor
vielen anderen Forstverfassungen Deutschlands und
des Auslandes rühmlich auszeichnet und im wesent
lichen als Muster der Nachahmung aufgestellt wer
den kann, wird kein unbefangener Forstmann von
Grundsätzen in Abrede stellen.

Die Rheinlande insonders, nach eingedenk der
planlosen verkehrten Bewirthschaftung der Forsten
während der franz. Verwaltung, dürfen unter die
ser Egide ihrem Emporkommen mit Zutrauen ent
gegensehen: denn der Vorwurf, welcher vielleicht
ziemlich allgemein diese Organisation treffen möch
te, in ihren Vorschriften der Ordnung und Pünkt
lichkeit, besonders in Betreff der Rechnungsfüh
rung zu weit zu gehen und durch ein zu ängstliches
Bestreben eine genaue unnützliche Controlle zu er
langen, dem Hauptzwecke, nemlich der inneren
Wirthschaft, der Holzzucht selbst Abbruch zu thun;
ließe sich ohne Zerstörung des organischen Gebäu
des durch einige leichte Abänderungen entfernen.

Diese Modifikationen würden nach meiner Mey
nung, eher in einer Abnahme des Ueberflüssigen,
als im Hinzuthun des Mängelnden bestehen.

Da bereits das Königliche Finanz-Ministerium
die Regierungen aufgefordert hat, nach Jahresfrist
der Einführung der Organisation, die durch Erfah

rung bewährten Bemerkungen und Vorschläge zur
Verbesserung derselben, wo solche statt finden könne,
einzugeben; so ist mit Recht zu erwarten, daß diese
nicht unbeachtet bleiben werden.

Es möchte anmaßlich scheinen, vorher sagen zu
wollen, welche Verbesserungen zum Vorschlage kommen werden; ich will es jedoch wagen auf einige
derselben vielleicht auf die wichtigern, hinzudeuten,
obgleich das Folgende bereits im Vorhergehenden enthalten ist.

1) Den Revierförstern (die nach ihren Verrichtungen Oberförster, diese aber Forstmeister oder
Forstinspektoren heißen sollten) wäre der specielle Begang abzunehmen und ihnen für diese
Huth ein Unterförster oder ein Waldwärter beyzugeben. In dringenden Fällen müßte es dem
Forstmeister unter seiner Verantwortlichkeit erlaubt seyn, die Revierförster mit der Abhaltung der Holzverkäufe überhaupt, selbst ganzer
Schläge, so wie mit der Revision der Abzählun-
gen, jedoch wie gesagt, nur in dringenden Fällen zu beauftragen; alsdann könnten die Revier-
und Forstinspektionsbezirke wohl um die Hälfte
vergrößert werden, wodurch eine Ersparniß von
Verwaltungskosten erlangt würde, die selbst bey
einer raschern Geschäftsführung, theilweise zur

Verbesserung des Loofes der Forstbedienten zu verwenden wäre.

2) Die wöchentlichen Holz-Abmessungen sind zu beseitigen, so wie die Anfertigung der Vorraths= tabellen vor beendigten Schlägen. — Auch er= scheint bey Eingabe der Abzählungs=Protokolle und der Einnahme=Atteste — welche letztere die Abzählungs=Protokolle für unbedeutende Holz= Einnahmen vertreten — als überflüssig und ver= mehrt unnöthigerweise die Schreibereyen.

3) Es möchte nachgelassen werden, daß die Ein= nahme=Atteste und Manual=Extrakte anstatt monatlich, Quartalweise eingesandt würden, wie denn natürlich die periodischen Forstbe= reisungen der Forstmeister ebenfalls dahin abzu= ändern wären.

4) Die Aufstellung der Atteste über den Betrag des Hauerlohns, in und außer den Schlägen, kann auch füglich als eine für die Regierungs= Kalkulatur und die Forstmeister zeitraubende, unnöthige Arbeit wegfallen; da letztere für ihre Anweisungen der Holzhauerlöhne verantwortlich sind und diese Anweisungen durch die Verkaufs= Protokolle oder andere Erhebungs=Dokumente kontrollirt werden.

5) Möchte noch erwähnt werden, daß die Ent= schädigung, welche den Forstmeistern für die

rung bewährten Bemerkungen und Vorschläge zur
Verbesserung derselben, wo solche statt finden könne,
einzugeben; so ist mit Recht zu erwarten, daß diese
nicht unbeachtet bleiben werden.

Es möchte anmaßlich scheinen, vorher sagen zu
wollen, welche Verbesserungen zum Vorschlage kommen werden; ich will es jedoch wagen auf einige
derselben vielleicht auf die wichtigern, hinzudeuten,
obgleich das Folgende bereits im Vorhergehenden enthalten ist.

1) Den Revierförstern (die nach ihren Verrichtungen Oberförster, diese aber Forstmeister oder
Forstinspektoren heißen sollten) wäre der specielle Begang abzunehmen und ihnen für diese
Huth ein Unterförster oder ein Waldwärter beyzugeben. In dringenden Fällen müßte es dem
Forstmeister unter seiner Verantwortlichkeit erlaubt seyn, die Revierförster mit der Abhaltung der Holzverkäufe überhaupt, selbst ganzer
Schläge, so wie mit der Revision der Abzählun-
gen, jedoch wie gesagt, nur in dringenden Fällen zu beauftragen; alsdann könnten die Revier-
und Forstinspektionsbezirke wohl um die Hälfte
vergrößert werden, wodurch eine Ersparniß von
Verwaltungskosten erlangt würde, die selbst bey
einer raschern Geschäftsführung, theilweise zur

tetes und paraphirtes Register, welches Forſtfrevel - Regiſter heißen ſoll, nach dem beiliegen-
den Schema A zu führen, in welches er Tag vor
Tag die entdeckten Forſtfrevel, welche zur Kompetenz der Friedens - Gerichte gehören, mit genauer
Angabe aller Umſtände, die den Frevel begleitet haben, und mit beſonderer Rückſicht auf diejenigen
Verhältniſſe, welche, nach den Beſtimmungen gegenwärtiger Verordnung eine geſchärftere Strafe
nach ſich ziehen, beſtimmt, deutlich und kurz einträgt.

130. Es wird den Förſtern zur ſtrengſten Vor-
ſchrift gemacht die Förſtfrevel - Regiſter, ihrem ge-
leiſteten Eide und der Wahrheit getreu, zu führen,
nichts darin zu bemerken, was ſie nicht auf Pflicht
und Gewiſſen verantworten können, aber auch nichts
von dem zu verſchweigen und wegzulaſſen, was
wirklich geſchehen iſt. Wer überwieſen wird, daß
er vorſetzlich die Umſtände entſtellt und falſch angegeben habe, oder ſich durch Geſchenke habe bewegen laſſen, einen entdeckten Frevel, deſſen Thäter
ihm bekannt geworden, zu verſchweigen und nicht
in ſein Regiſter einzutragen, der wird auf der
Stelle kaſſirt und den Gerichten übergeben, um
peinlich beſtraft zu werden.

131. Nicht minder wird denſelben zur Pflicht
gemacht, die entdeckten Frevel täglich einzutragen,

und solches nicht mehrere Tage lang aufzuschieben. Wer dawider handelt, wird zum erstenmal auf einen Monat suspendirt, zum zweitenmal aber seiner Stelle entsetzt.

132. Es ist den Förstern bei Cassations-Strafe verboten, was sie in ihre Register eingetragen haben, nach der Hand, sey es zum Vortheil oder zum Nachtheil der Angeschuldigten, auszustreichen oder abzuändern. Entdecken sich nach der ersten Einschreibung noch Umstände, deren Kenntniß dazu dienen kann, die Sache mehr in das Klare zu setzen, so soll der Förster solche nachträglich und besonders in die Rubrik der Anmerkungen, mit Angabe des spätern Datums, wo solches geschehen ist, verzeichnen.

133. Die Ober-Forstbeamte und Oberförster können die Frevel, welche sie selbst auf ihren Forstbereisungen entdecken, entweder in das Forstfrevel-Register des betreffenden Reviers eintragen, in welchem Falle sie ihre desfallsige Angabe, in dem Register vermittelst ihrer Unterschrift zu bescheinigen haben, oder sie können auch ein besonderes Protokoll aufnehmen. Dies letzte muß geschehen, wenn der Frevel durch den Förster selbst, oder durch Personen, für welche er haften muß, begangen worden ist.

134. Die Oberforstbeamte und Oberförster haben bei ihren Forstbereisungen ein besonderes Augenmerk auf die richtige Führung der Forstfrevelregister zu richten, sich zu dem Ende solche vorzeigen zu lassen, und dieselben genau zu prüfen; die Förster jederzeit dazu anzuleiten, daß sie ihre Angaben nach den Vorschriften des §. 129. deutlich und mit solcher Bestimmtheit einschreiben, daß die größere oder mindere Strafbarkeit daraus klar hervorgehe, und wo sie finden sollten, daß den Verfügungen der §§. 131 und 132 zuwider gehandelt worden, solches sogleich bei dem Ober-Forstamt zur Anzeige zu bringen.

135. Die Förster haben sich nach wie vor, bei denen Haussuchungen die sie vornehmen, um die Thäter der Frevel, deren Spuren sie im Walde entdeckt haben, ausfindig zu machen, von dem Orts-Polizeibeamten, oder in Ermangelung eines solchen von einem Schöffen begleiten zu lassen.

136. Wenn sie bei diesen Nachsuchungen den entwendeten Gegenstand entdeckt und sich von der Identität überzeugt haben, so sollen sie bei dem Eintragen in das Register die Bemerkung machen, daß nach ihrer pflichtmäßigen Ueberzeugung der gefundene Gegenstand auch der entwendete sey, und die Gründe anführen, auf denen diese ihre Ueberzeugung beruht.

137. Am 1ten und 16ten eines jeden Monats
schließt der Revierförster das Forstfrevel = Register
für den eben verflossenen halben Monat ab und lie=
fert, bei Strafe von 3 Franken für jeden Tag Ver=
säumniß, welche auf dem nächsten Forstgerichtstag,
auf Antrag des Oberförsters, von dem Friedens=
richter erkannt, und in das Forst = Strafprotokoll
eingetragen werden sollen, seinem Oberförster die
nöthigen Abschriften davon, binnen 5 Tagen, also
vor dem 6ten und 21ten.

Diese Abschriften, welche Forststrafproto=
kolle heißen sollen, müssen Wort für Wort so
lauten, wie das Register selbst. Jede vorsätzliche
Abweichung und Entstellung wird nach §. 130. be=
straft. Sie werden in triplo angefertigt und dem
Oberförster eingehändigt.

Sie müssen von dem Förster bescheinigt wer=
den, wozu das Schema B nähere Anleitung
giebt.

Gedruckte Formulare zu den Registern sowohl,
als zu den daraus zu fertigenden Forst=Strafpro=
tokollen sollen von dem Ober=Forstamt ausgegeben
werden.

138. Die Angaben, welche in diesen, auf Eid
und Pflicht bescheinigten, Forstprotokollen enthalten
sind, haben in allen Fällen, in welchen der Förster
den Frevel selbst konstatirt hat, rechtliche Vermu=

thung für sich, und es wird denselben Glauben bei=
gemessen, es sey denn, daß der Angeschuldigte den
Beweis des Gegentheils vollständig führt, wozu
es jedoch keiner Inscription en faux bedarf,
oder unwiderleglich darthut, daß ein Irrthum ob=
walte.

139. Beruht aber die Angabe des Försters auf
der Anzeige einer andern Person, so muß die Wahr=
heit der Angabe erst durch die Untersuchung näher
bewiesen werden.

140. Demnach bedarf es nicht mehr der Bei=
bringung eines besondern Zeugen wenn die Strafe
über 100 Franken ist, so wie die bisherige Affir=
mation, das Visiren als Stempel und die Einre=
gistrirung der Angaben der Förster ebenfalls aufge=
hoben sind. Diese Bestimmungen gelten auch von
denen im §. 133. erwähnten Protokollen.

141. Der Oberförster bemerkt den Tag des
Empfangs der §. 137. erwähnten 14tägigen Forst=
strafprotokolle auf denselben, trägt seine Anträge
in die dazu bestimmte Colunne des Formulars ganz
kurz und nur vermittelst Bezeichnung der Straf=
§§. gegenwärtiger Verordnung, welche bei jedem
Fall anwendbar sind, ein, und sendet sodann ein
Exemplar, so wie auch die einzelnen Protokolle,
welche er selbst oder der Forstmeister nach §. 133.
angefertigt haben möchten, binnen 10 Tagen, das

heißt, vor dem 16ten und 30ten an das Friedens=
gericht.

Zeigt sich der Oberförster hierin nachlässig und
versäumt den Einsendungstermin, so hat das Ober=
forstamt, auf desfallsige Anzeige des Friedensgerichts,
denselben auf dem administrativen Wege in Strafe
zu nehmen.

Kap. XV. Vorladung der Forstfrevler vor das Friedensgericht.

142. Sogleich nach Empfang der Protokolle
läßt das Friedensgericht die Angeschuldigten zum
nächsten Forstgerichtstage vorladen. Dies geschieht
auf folgende Weise:

143. Der Gerichtsschreiber fertigt für jede Ge=
meinde ein namentliches Verzeichniß der angezeigten
Forstfrevler in duplo an, und der Friedensrichter
setzt darunter den Vorladungsbefehl (Schema Lit.
C). Mit diesem Verzeichniß begiebt sich der Ge=
richtsbote in die Gemeinde und ladet, zum wenig=
sten 2mal 24 Stunden vor dem Forstgerichtstag,
die betreffenden Individuen, vermittelst einer kur=
zen Citation, (Schema Lit. D.) vor. Diese Vor=
ladungszettel werden, wenn weder der Denunziat
noch jemand von den Seinigen zu Hause ist, dem
Ortsbürgermeister oder dessen Adjunkten, oder in
deren Ermangelung dem mit den Verrichtungen be=

auftragten Schöffen significirt und hinterlassen, welcher
bei eigner Verantwortlichkeit die Vorgeladenen, so
bald sie nach Hause zurückgekommen seyn werden,
zu sich rufen und ihnen die Citationen einzuhändi-
gen, in jedem Fall aber, das namentliche Vorla-
dungsverzeichniß, ehe der Gerichtsbote die Gemeinde wieder verläßt, unter Bemerkung des Datums
visiren wird. Ehe dies letztere geschieht, muß der
Gerichtsbote die Spalten ausfüllen, aus welchen
ersichtlich wird, wann und wenn die Vorladung significirt worden ist. Das visirte Verzeichniß giebt
der Gerichtsbote vor dem Forstgerichtstag dem Friedensgerichtschreiber zurück.

144. Weitere Förmlichkeiten bedarf es nicht,
und es fällt daher das bisherige Stempelvisiren und
die Einregistrirung der Citationen weg.

145. Für die solchergestalt geschehenen Vorladungen werden dem Gerichtsboten 75 Centimen für
jeden Ladungszettel, mit Inbegriff des Transports,
bewilligt, insofern der Vorgeladene verurtheilt worden ist.

Zu dem Ende füllt der Gerichtsschreiber die be-
treffende Spalte in dem Duplikat der namentlichen
Vorladungslisten, nach abgehaltenem Forstgerichtstage, aus, das Friedensgericht erklärt solches für
exekutorisch, und der Gerichtsbote hat die Beträge
selbst beizutreiben, ohne für die Vorladungen der-

jenigen, welche freigesprochen worden, oder unzahl=
fähig sind, eine Entschädigung verlangen zu kön=
nen, es sey denn, daß bei der Freisprechung ein
Irrthum oder eine undeutliche Angabe des Försters
zum Grunde gelegen habe, in welchem Fall das
Friedensgericht den letztern zur Bezahlung der Vor=
ladungskosten anhalten kann.

**Kap. XVI. Abhaltung der Forst=Ge=
richtstage bei dem Friedensgericht.**

146. Die Forstgerichtstage werden unter Bei=
wohnung des Oberförsters, zweimal jeden Monat,
einmal in der ersten Hälfte zur Thätigung der Straf=
protokolle von der ersten Hälfte des vorhergehenden
Monats, das anderemal in der zweiten Hälfte, zur
Thätigung der Strafprotokolle von der zweiten
Hälfte des vorhergehenden Monats, auf einen, ein
für allemal dazu festzusetzenden Tag, abgehalten.
Wenn auf diesen Tag gerade ein Festtag eintrifft,
wird das Forstgericht auf den nächstfolgenden Tag
verlegt.

Wenn eine Oberförsterei sich in den Amtsbezirk
mehrerer Friedensgerichte erstreckt, so müssen für
jeden Kanton durch Uebereinkunft zwischen den Frie=
densgerichten und Oberförstern, besondere Tage ein
für allemal festgesetzt werden, damit der Oberförster
jedem Forstgerichtstage beiwohnen könne.

Hier=

Hierbei kann auch der Fall berücksichtigt werden, wenn der Amtsbezirk eines Friedensgerichts sich in zwei verschiedene Oberförstereien erstreckt, und ist alsdann die Einrichtung so zu treffen, daß für beide nur ein Forstgerichtstag angesetzt werde, auf welchem die beiden Oberförster sich einzufinden haben.

Den Forstgerichtstagen persönlich beizuwohnen, wird dem Oberförster zur strengen Pflicht gemacht, nur wenn Krankheit oder sehr dringende anderweite Geschäfte ihn durchaus abhalten, ist es ihm erlaubt einen Revierförster erster Klasse, welcher die nöthigen Fähigkeiten besitzt, zur Beiwohnung besonders zu beauftragen.

147. Der Oberförster oder der von ihm kommittirte Revierförster nimmt seinen Platz auf dem Forstgericht neben dem Friedensrichter; ihm liegt ob, die nöthigen forstmännischen Erläuterungen zu geben, welche zur richtigen Beurtheilung der Angabe der Förster erforderlich seyn möchten, die von ihm in die Protocolle eingetragene Anträge durch Auseinandersetzung der Gründe zu rechtfertigen und in allen Stücken das Staats Interesse zu wahren, zu dem Ende das Rechtsmittel der Appellation gegen diejenigen Aussprüche des Friedensgerichts einzulegen, welche ihm als der Forstpolizei nachtheilig und dem Interesse des Staats zuwider erscheinen möchten.

148. Den Forstmeistern wird zur Pflicht gemacht von Zeit zu Zeit, und monatlich wenigstens zweimal, einem oder dem andern Forstgerichtstage in ihrem Amtsbezirk beizuwohnen, in welchem Falle sie ihren Platz auf der andern Seite neben dem Friedensrichter nehmen.

Es steht ihnen alsdenn frei, ihre Bemerkungen für des Staats Interesse zu machen, und nach der Sitzung haben sie einen summarischen Bericht an das Oberforstamt gelangen zu lassen, worinn sie anführen, ob in allem ordnungs = und vorschriftsmäßig verfahren wird, und besonders ob der Oberförster genau seine Obliegenheiten erfüllt; auch sollen sie bei dieser Gelegenheit, so wie bei jeder andern, die Zweifel zur Sprache bringen, welche ihnen über den Sinn und die Anwendung des einen oder andern Strafartikels aufgestoßen seyn möchten.

149. Dem Oberforstmeister steht ebenfalls die Befugniß zu, den Forstgerichtstagen beizuwohnen.

150. Die Forstbeamte sollen jederzeit in Amtskleidung auf dem Forstgerichtstage erscheinen.

151. Die Erkenntnisse des Friedensgerichts werden durch den Gerichtsschreiber in die dazu bestimmten Spalten des Forststrafprotokolls eingetragen. Wird Appellation eingelegt, welches nach §. 124

noch während der Sitzung geschehen muß, so werden die bereits angeseßten Zahlen, welche den Er-
saß des Werths, die Strafe und die Pfandgebühren ausdrücken, mit der Feder einmal durchstrichen,
ohne solche unkenntlich zu machen, und die Erklärung des Appells wird daneben bemerkt. Eben so
wird es jedesmal in dem Protokolle bemerkt, wenn
eine Sache bis zum nächsten Forstgerichtstag ausge-
seßt wird, wobei es alsdann keiner neuen Vorladung bedarf, sondern lediglich dem Denunciaten,
ehe er entlassen wird, angedeutet werden soll, daß
er an dem und dem Tage wieder zu erscheinen habe, ansonsten er in Contumaciam verurtheilt werden würde.

152. Ist in solchem Falle nähere Erkundigung
und Erläuterung zur Wahrung des Staat-Interes-
ses einzuziehen, so hat der Oberförster solches in
der Zwischenzeit zu besorgen, und das nöthige an
dem nächsten Forstgerichtstage vorzutragen. Die
Förster selbst sollen nur dann vorgeladen werden,
vor dem Forstgericht zu erscheinen, welches ohne
Kosten vermittelst eines schriftlichen Befehls des
Oberförsters geschieht, wenn deren Konfrontation
mit dem Denunciaten für unumgänglich nothwendig erachtet wird, indem sie sonst zum Nachtheil
des Forstschutzes zu oft von ihren Revieren sich entfernen müßten.

153. Die beim vorigen Forstgerichtstage ausge=
setzte Sachen oder diejenige Contumacialfälle, gegen
welche Opposition eingelegt worden ist, werden von
dem Forstgericht zuerst abgeurtheilt. Der Gerichts=
schreiber muß zu dem Ende das nöthige aus dem
frühern Strafprotokoll, mit Anführung der frühern
Ordnungsnummer, vor der Sitzung in ein besonde=
res Protokoll nach eben dem Schema extrahiren,
in welches sodann das definitive Erkenntniß einge=
tragen wird. Diese Extrakte müssen ebenfalls in
triplo gefertigt werden. Der Oberförster versieht
den Gerichtsschreiber mit den erforderlichen gedruck=
ten Formularen darzu, und um so wenig als mög=
lich die Expedition zu vereinzeln, und das Ganze
übersichtlicher zu machen, soll der Inhalt der §.
133 erwähnten Protokolle und der darauf ausge=
sprochenen Erkenntnisse, ebenfalls in dieses besonde=
re Protokoll eingetragen werden.

Kap. XVII. Verfahren nach Abhaltung des
Forstgerichtstags und Vollziehung der
Erkenntnisse.

154. Sogleich nach beendigter Sitzung werden
die Duplikate und Triplikate der 14tägigen Straf=
protokolle, welche der Oberförster zu dem Ende mit=
gebracht haben muß, sowohl als der in dem §. 153
erwähnten, besondern Strafprotokolle, nach dem

Original-Protokoll, welches während der Sitzung
geführt worden ist, und bei den Akten des Friedens-
gerichtes bleibt, ausgefüllt, wobei der Oberförster,
um keine Zeit zu verlieren, die eine Abschrift, der
Gerichtsschreiber aber die andere übernehmen kann.
Die Beträge, welche durch den Domänen-Empfänger zu erheben sind, werden mit Weglassung der,
wegen eingelegter Appellation durchstrichenen (§. 151)
summirt, das Ganze collationirt und jedes Exemplar von dem Friedensrichter, als den ausgesprochenen Erkenntnissen gleichlautend, bescheinigt und mit
der exekutorischen Formel versehen, worauf der Oberförster die verschiedenen Abschriften an sich nimmt,
und solche unverzüglich dem Kreisforstmeister zu-
sendet.

155. Von dem Ersatz des Schadens und Werths
aus Gemeinds-Waldungen oder ungetheilten Waldungen an denen der Staat keinen Antheil hat,
aus Waldungen von öffentlichen Anstalten oder Privatwaldungen, welcher den Waldbesitzern zukömmt,
fertigt der Gerichtsschreiber besondere Extrakte an,
und sendet sie sofort dem betreffenden Ortsbürgermeister, oder Vorsteher der öffentlichen Anstalt, oder
Privatwaldbesitzer, dessen Förster oder Rentmeister,
zu, damit diese für die Erhebung sorgen können.
Der Oberförster aber benachrichtigt zur Kontrolle
den Ortserheber für die Gemeindewaldungen und

die übrigen bezeichneten Personen vermittelst eines kurzen Avis-Schreibens, daß in Summe so und so viel Schaden und Werths-Ersatz zum Vortheile ihrer Gemeinde oder ihres Herrn, erkannt worden seyen; worüber ihnen der detaillirte Extrakt von Seiten des Gerichtsschreibers zugehen werde.

Der Ersatz des Schadens und Werths in ungetheilten Waldungen an denen der Staat Antheil hat, wird von den Domainen-Empfängern mit der Strafe erhoben, und den Mitbesitzern ihr Antheil demnächst gegen Quittung ausbezahlt.

156. Für alle Schreibereien, welche nach den bisher ertheilten Vorschriften mit dem Verfahren am Forst-Gerichtstag verbunden sind, werden dem Gerichtsschreiber 25 Centimen von jedem Schuldig befundenden und verurtheilten Forstfrevler zugestanden, welche der Gerichtsbote zugleich mit denen ihm zukommenden Vorladungskosten zu erheben, und an den Gerichtsschreiber abzuliefern hat.

Die Remuneration der Herrn Friedensrichter übernimmt der Staat und sie wird noch näher bestimmt werden.

157. Der Kreisforstmeister trägt die Summen der Strafprotokolle, sogleich nach Empfang derselben, in sein Manual (§. 62 des Forstregulativs vom 16/28 Mai) ein und communicirt das eine Exemplar dem Herrn Staatsprokurator bei dem

Kreisgericht, das andere aber geht er durch, und wenn er finden sollte, daß der Oberförster es versäumt hat, das Rechtsmittel der Appellation in einem dazu geeigneten Fall zu ergreifen, so hat er ihn zur Nachachtung für künftige Fälle darauf aufmerksam zu machen.

Eine gleiche Befugniß steht dem Herrn Staatsprokurator zu, wenn er sich überzeugt, daß eine unrichtige Anwendung des Gesetzes statt findet, und der Oberförster hat denen ihm deßhalb zugehenden Weisungen zufolge, bei dem nächsten ähnlichen Fall, zur Festsetzung des Grundsatzes, das Rechtsmittel der Appellation einzulegen.

158 Der Forstmeister muß, spätestens 8 Tage nach Empfang, das eine Exemplar an den betreffenden Domänen-Empfänger gelangen lassen, welcher unverzüglich mit den Einleitungen zur Erhebung des Ersatzes, des Werths und Schadens in Staats-Waldungen, und in ungetheilten Waldungen an denen der Staat Theil hat, so wie aller Strafansätze und Pfandgebühren vorzuschreiten, und die Beitreibung auf das thätigste und nachdrücklichste zu besorgen hat.

159. Das andere Exemplar reponirt der Forstmeister, nachdem er es von dem Staatsprokurator zurück erhalten hat, (welches binnen 14 Tagen geschehen soll) so lange, bis ihm die Strafprotokolla

vom nächsten Forstgerichtstag zugekommen sind, da, mit er aus der Vergleichung dieser letztern mit sei nem Exemplare ersehen könne, welche Abänderun gen etwa in Ansehung der frühern Kontumacial Erkenntnisse auf eingelegte Opposition eingetreten sind, und er das nöthige deshalb nachträglich in dem Manual zu bemerken im Stande sey.

Nachdem dieses geschehen ist, übersendet er die einstweilen reponirte Strafprotokolle vom vorigen Forstgerichtstag an das Ober-Forstamt.

160. Letzteres hat sie ebenfalls summarisch zu revidiren, die ihm dabei nöthig scheinende Weisun gen an den Forstmeister, zur Nachachtung für die Zukunft, gelangen zu lassen und die Protokolle so dann ad acta zu nehmen.

161. Wenn der Forstfrevler zur Gefängnißstra fe verurtheilt worden ist, so hat der Friedensrich ter (im Fall kein Appell eingelegt worden oder kei ner eingelegt werden kann) solche sogleich an ihm vollziehen zu lassen. Dem Oberförster steht die Be fugniß zu, auf dem nächsten Forstgerichtstage sich darnach zu erkundigen, ob es geschehen sey; und es soll über diese Erkundigungs-Einziehung jedesmals ein kurzes Protokoll, mit Bescheinigung, daß die in der vorigen Sitzung erkannten Gefängnißstrafen vollzogen worden sind, oder mit Angabe der Grün de, die es verhindert haben, aufgenommen werden.

Dieses Protokoll, welches der Friedensrichter und der Oberförster zu unterschreiben haben, wird sofort an das Oberforstamt eingesendet.

162. In denjenigen Fällen auf welche Gefängnißstrafe festgesetzt ist, sollen die Förster den Frevler wenn sie ihn auf frischer That betreten, wo möglich sogleich vor den Friedensrichter führen, dieser sofort die Sache untersuchen, das Erkenntniß fällen, dem Denunciaten bekannt machen und an den Schuldig befundenen, es sey denn, daß sie in den vorbehaltenen Fällen das Rechtsmittel der Appellation ergreifen, die Gefängnißstrafe sofort vollziehen lassen.

Nichts destoweniger haben die Förster dergleichen Fälle in das Forstfrevelregister einzutragen, in dem Strafprotokoll wird solchenfalls des bereits ausgesprochenen Erkenntnisses erwähnt, und die Beträge für Schaden und Werth, Strafe und Pfandgebühr ausgeworfen werden.

163. Unzahlfähige Forstfrevler sollen die gegen sie erkannte Geldstrafen mit Gefängniß abbüßen, und zwar dergestalt daß für die ersten dreißig Franken, immer 3 Franken, für den Mehrbetrag aber 5 Franken für einen Tag Gefängniß gerechnet werden, wobei das Minimum der Abbüßung auf 1 Tag und das Maximum auf 4 Wochen Gefängniß festgesetzt wird.

Die Domänen-Empfänger haben zu dem Ende den Friedensgerichten das monatliche Verzeichniß der Unzahlfähigen zuzusenden, auf deren Grund die Friedensrichter sofort die Abbüßung im Gefängniß eintreten laßen sollen:

Kap. XVIII. Konstatirung der Frevel, welche zur Kompetenz der Kreisgerichte gehören, und weiteres Verfahren in Ansehung derselben.

164. Ueber diejenigen Fälle, welche noch ferner nach den Bestimmungen gegenwärtiger Verordnung zur Kompetenz der Kreisgerichte gehören, (siehe §. §. 13. 14. 54. 58. 59. 83. 90. 100. und 176.) werden durch das Forstpersonal wie bisher einzelne besondere Protokolle aufgenommen, und diese in besondere Nachweisungsregister notirt.

Dergleichen Protokolle bleiben zwar der Einregistrirung und der Stempelvisirung unterworfen, aber der Affirmation bedürfen sie nicht mehr, auch sollen sie, ohne von einem besondern Zeugniß unterstützt zu seyn, fidem haben, die Strafe mag über oder unter 100 Franken seyn.

165. Sie gelangen, wie bis jetzt geschehen, durch den Oberförster an den Kreisforstmeister, welcher die Verfolgung der Frevler, so wie die Verfolgung der eingelegten Appellationen von den Er-

kenntnissen der Friedensgerichte, bei dem Kreisge=
richte zu betreiben, und sich zu den Vorladungen
der Gerichtsboten und nicht mehr der Förster zu be=
dienen hat. Die Gebühren der Gerichtsboten für
solche Fälle werden wie vorhin auf den Grund be=
sonderer Etats aus den Domänen=Kassen bezahlt,
welche die Kosten von den Verurtheilten mit der
Strafe und den Ersatzgeldern wieder einziehen.

166. Zu dem Ende soll der Kreisgerichtsschrei=
ber am Schluß eines jeden Monats in tabellari=
scher Form und mit Angabe des Namens und Vor=
namens des Frevlers, dessen Wohnorts, des Wald=
besitzers, der Beträge an Strafe, Schadens= oder
Werths=Ersatz, Pfand=Gebühren und Kosten aller
Art, einen Auszug der im Laufe des verflossenen
Monats durch das Kreisgericht in Forstfrevelsachen
erlassenen und rechtskräftig gewordenen Urtheils=
sprüche, in duplo anfertigen und solchen, nachdem
er von dem Präsidenten des Gerichts als richtig be=
scheinigt und mit der exekutorischen Formel versehen
worden ist, dem Kreisforstmeister vor dem 10. des
folgenden Monats zusenden. Der Kreisforstmeister
fertigt aus diesem Etat Auszüge für jede Domai=
nen=Kasse, zu deren Erhebungs=Bezirk das Revier
gehört in welchem der Frevler betreten worden ist,
und für jede Gemeinde oder Privatwald=Besitzer,
welche wegen ihnen zuerkannten Ersatzes des Scha=

dens und Werths ein Interesse haben, unter eigener Verantwortlichkeit für deren Richtigkeit, an,
notirt das nöthige in seinem Manual, sendet die
Auszüge den bezeichneten Personen zur Beitreibung
der respektiven Beträge zu und reponirt sodann das
eine Exemplar des Etats in seiner Registratur.
Das Duplikat aber sendet er dem Oberforstamt zu.

Kap. XIX. Konstatirung, Verfolgung, und
Bestrafung der Forstfrevel, welche in
Privatwaldungen begangen werden.

167. Die Frevel welche in Privatwaldungen
begangen werden, werden auf dieselbe Art angegeben, verfolgt, und bestraft, wie diejenigen Frevel
welche in denen der Forst-Verwaltung untergebenen
Staats- und Gemeinde-Waldungen verübt werden.

Die Privatförster haben daher ebenfalls die vorgeschriebenen Forstfrevel-Register zu führen, und
die Abschriften derselben, oder 14tägigen Forststrafprotokolle, nebst denen nach §. 164 etwa aufgenommenen einzelnen Forstfrevelprotokollen, zur festgesetzten Zeit, bei der §. 137 verfügten Strafe im
Versäumniß-Fall, an den Ober-Förster in dessen
Amtsbezirk die Privatwaldungen liegen, gelangen
zu lassen.

Kap. XX. Allgemeine Verfügungen.

168. Die Präscriptions-Frist bleibt auf drei
Monate, vom Tage des Vergehens an bis zum Ta-

ge der geschehenen Vorladung gerechnet, festgesetzt,
für alle Forstfrevel bei denen der Thäter sogleich
entdeckt worden ist, und auf ein Jahr, sobald der
Frevler nicht bekannt ist.

169. Der Frevler ist nicht bekannt, wenn man
seinen Namen nicht weiß, und er denselben anzu-
ben verweigert, oder wenn man ihn nicht entdeckt,
endlich wenn der Ergriffene einen unächten Namen
angibt.

Dergleichen Fälle haben die Förster ebenfalls mit
Angabe aller Umstände, in das Frevel-Register und
in die 14tägigen Forststrafprotokolle einzutragen, sofort aber auch alle nöthigen Nachforschungen anzustellen.

Wenn diese Nachforschungen zu einem Resultat
geführt haben, so wird das erforderliche durch den
Förster wieder unter dem laufenden Datum in das
Frevelregister eingetragen, demnächst in das Strafprotokoll abgeschrieben und bei Abhaltung der Forst-
gerichte werden die in den früheren Protokollen
enthaltene Angaben, auf welche Beziehung genommen wird, nachgeschlagen.

170. Die Festsetzung des Lokalwerths geschieht,
bis dahin daß für jedes Revier eine Holztaxe festgesetzt seyn wird, nach der pflichtmäßigen Angabe
des Oberförsters, wobei nur der wahre Werth des

Holzes im Wald, ohne Hauer= und Fuhrlohn, zu berücksichtigen ist.

171. Es bedarf nicht mehr der bisher üblichen Autorisation, um eine Gemeinde für einen Frevel den sie begangen hat, oder für den sie haften muß, gerichtlich zu verfolgen.

172. Gegenwärtige Verordnung tritt mit dem 1. September in Kraft und Wirksamkeit, und es sollen folglich alle von besagtem Tage an begangen werdende Forstfrevel nach derselben angegeben und gestraft werden.

173. Sie hebt die bisher üblichen französischen Forststrafgesetze, namentlich die betreffenden Artikel der Ordonnanz von 1669, des Gesetzes vom 11ten Dezember 1789, des Gesetzes vom 26. März 1790 und des Gesetzes vom 28ten September 1791 auf.

174. Die Strafen welche in Gemäßheit dieser Verordnung erkannt werden, gehören dem Staate, der Ersatz des Schadens und Werths aber dem Besitzer des Waldes . . . .

Im Fall als letzterer selbst der Frevler ist z. B. wenn eine Gemeinde oder ein Privatwald=Besitzer eigenmächtig Waldland ausstocken, wird nur die Strafe und kein Schadens= oder Werths=Ersatz angesetzt.

175. Zwei Exemplare gegenwärtiger Verordnung sollen stets in den Forstgerichtssitzungen auf dem

ge der geschehenen Vorladung gerechnet, festgesetzt, für alle Forstfrevel bei denen der Thäter sogleich entdeckt worden ist, und auf ein Jahr, sobald der Frevler nicht bekannt ist.

169. Der Frevler ist nicht bekannt, wenn man seinen Namen nicht weiß, und er denselben anzu= ben verweigert, oder wenn man ihn nicht entdeckt, endlich wenn der Ergriffene einen unächten Namen angibt.

Dergleichen Fälle haben die Förster ebenfalls mit Angabe aller Umstände, in das Frevel=Register und in die 14tägigen Forststrafprotokolle einzutragen, so= fort aber auch alle nöthigen Nachforschungen anzu= stellen.

Wenn diese Nachforschungen zu einem Resultat geführt haben, so wird das erforderliche durch den Förster wieder unter dem laufenden Datum in das Frevelregister eingetragen, demnächst in das Straf= protokoll abgeschrieben und bei Abhaltung der Forst= gerichte werden die in den früheren Protokollen enthaltene Angaben, auf welche Beziehung genom= men wird, nachgeschlagen.

170. Die Festsetzung des Lokalwerths geschieht, bis dahin daß für jedes Revier eine Holztaxe fest= gesetzt seyn wird, nach der pflichtmäßigen Angabe des Oberförsters, wobei nur der wahre Werth des

Schema A.

Ordnungs Nummern.	Monat und Tag der Betretung oder Entdeckung des Frevels.	Namen, Vornamen und Wohnort des Frevlers und Beschreibung des Frevels und Angabe der Umstände die denselben begleitet haben.	Wer der Wald- besitzer ist.	Anmerkungen (zum Einschreiben etwaiger Nach- träge.)

Schema B.

Erkenntnisse des Friedens-Gerichts.

Ordnungs-Nummer.	Monat und Tag der Verübung oder Entdeckung des Frevels	Namen, Wohnort und Umstände. Beschreibung des Frevels und Angabe der Umstände die denselben begleitet haben.	Wer der Waldaufseher ist.	Nach-träge und Anmer-kungen	An-träge des Ober-för-sters.	Gründe und In-halt des Er-kenntnisses mit Anführung der Strafartikel die angewendet werden.	Beträge welche der Denunziant meinem Empfänger zu erheben hat.			Ersatz des Schadens und Werths in Ge-meinde und Privat-Waldungen.	Tage Gefäng-nißstrafe.
							Strafe.	Ersatz des Scha-dens und Werths	Pfand-Gebüh-ren.		

Beyde Abschrift mit meinem Forst-Wort für Wort gleichlautend ist darinn enthaltene Angaben der allem getreu sind bescheinige ich Eid und Pflichten

(N. N.) Förster.

1814.

Daß vorstehendes, mit dem Original Straf-protokoll Wort für Wort und auch in Anse-hung der angesetzten Geld-Beträge vollkom-men gleichlautend ist, bescheinigen wir Frie-densrichter des Kantons N. hiermit und be-fehlen und gebieten, u. s. w.

III Bd. 3s Heft.   9

Schema C.

Namentliches Verzeichniß derer Einwohner der Gemeinde N. welche angeklagt sind Forst-frevel begangen zu haben, und daher an dem am . . ten . . . . abzuhaltenden Forstrügetage vor dem Friedensgerichte zu N. Morgens um 9 Uhr erscheinen sollen.

Namen und Vornamen	Kurze Angabe des Forstfrevels.	Tag an welchem die Vorladung geschah.	Wenn der Vorla-dungszettel eingehändigt wor-den ist.	Betrag der Vorla-dungsgebühren welche die verur-theilte Frevler zu bezahlen haben.	Bemerkungen.

Schema D.

In Gemäßheit des von d.. . N. N. aus der Gem.. . . . . Herrn Friedensrichter N. zu N. erlassenen Vorladungsbefehls, hat sich N. N., angeklagt am . . . . einen Wagen voll Holz ent-wendet zu haben, am künftigen Montage als den . . ten dieses vor dem Friedensgerichte zu N. Morgens um 9 Uhr Gerichtsstube einzufinden, widrigenfalls er als des Frevels eingeständig angesehen, ... den wird, welches ich (ihm selbst oder als des Frau-u. s. w.) durch Einhändigung ses Vorladungszettels hiermit significire.
N. den   ten   1814.

(Unterschrift des Gerichtsboten.)

3.

Wir Wilhelm, von Gottes Gnaden, souveräner Herzog von Naſſau ꝛc. ꝛc. Haben erwogen, daß eine allgemeine Verordnung über Forſt- Jagd- und Fiſchereivergehen ſowohl wegen der Verſchiedenheit der in unſerm Herzogthum hierüber noch beſtehenden Geſetze, als auch deshalb nöthig iſt, weil ſie wenig geeigenſchaftet ſind, gerade die ſchädlichſten jener Verbrechen und Vergehen zu verhüten, indem hiernach dieſelben nur als leichte Uebertretungen von bloßen Polizeigeſetzen und Vorſchriften über den Gebrauch eines gemeinſchaftlichen Eigenthums betrachtet und nur mit geringen Geldſtrafen belegt werden, während jedoch das Holz durch den höher geſtiegenen Werth und durch die größtentheils beendigten Marktheilungen und Abfindung der beſtandenen Beholzigungsrechte die rechtliche Natur des ausſchließlichen Eigenthums angenommen hat, welches durch entſprechende Strafgeſetze eben ſo kräftig wie alles übrige Privat-Eigenthum geſchützt werden muß.

Wir haben weiter erwogen, daß viele und ohne Zweifel wohl die meiſten Forſtfrevel bisher entweder aus Gewohnheit oder unredlicher Gewinnſucht, die wenigſten dagegen um der Befriedigung

eines wahrhaften auf andere erlaubte Art nicht zu
befriedigenden Bedürfnisses willen begangen wurden,
letztere aber ebenfalls keine Entschuldigung mehr
verdienen, nachdem die auf Ordnung unserer Landesregierung in allen Gemeinden unsers Herzogthums
angelegten Holzmagazine für die ärmere Klasse der
Ortseinwohner den Ankauf des Holzes zu jeder Zeit
und in den kleinsten Quantitäten bis um den Ertrag
eines halben Taglohns möglich machen, dadurch
aber auch die Entwendung desselben aus den Waldungen als ein nicht minder strafbares Verbrechen
sich darstellt, als das Stehlen anderer nothwendigen Bedürfnisse; Wir haben also nach dem Antrag
unserer Landesregierung und nach angehörtem Gut-
achten unseres Staatsraths beschlossen, zum Schutz
der Forsten, weniger nicht der Jagden und Fische-
reien mit Aufhebung der ältern darüber bestehenden
Gesetze Nachfolgendes allgemein zu verordnen:

§. 1.

I.) Von dem Forst-Verbrechen und Vergehen.

Die Forstverbrechen sind: Forstdiebstähle, sodann
Forstbeschädigungen und Forstpolizeivergehen.

§. 2.

A. Von den Forstdiebstählen überhaupt.

Forstdiebstahl heißt eine in gewinnsüchtiger Absicht
eigenmächtig vorgenommene Zueignung einer fremden

in dem Forstschutz noch bestehenden Sache, in sofern diese Handlung nach den weiter unten erfolgenden Bestimmungen nicht ausnahmsweise blos zu den Forstbeschädigungen und Forstpolizeivergehen gerechnet wird.
Die Forstdiebstähle zerfallen nach Verschiedenheit der
entwendeten Sachen, in Beschwerte, und Einfache.

§. 2.

2.) **Von dem beschwerten Forstdiebstahl.**
  a.) **Sachen woran er begangen wird.**

Ein beschwerter Forst-Diebstahl wird begangen
durch Entwendung.

  1.) Eines Stammes, Stämmchens oder Stamm-
reises und deren Aeste, weniger nicht der Loßerin-
den in so fern sie dem Forstschutz (welcher sich über
den gesammten Waldboden unseres Herzogthums erstreckt) untergeben sind, ohne Unterschied, ob diese
Gegenstände vor dem Diebstahl noch standen, oder
schon gefällt und etwa zu Klafterholz, Wellen, Las-
gerholz, Abholz ꝛc. bestimmt oder geformt waren.*)

  2.) Solchen Holzes, das zu Bildung einer lebendigen Heege oder eines Zaunes um künstliche Anpflanzungen oder Baumschulen in Waldungen dient;

---

*) Hierunter ist das §. 16. weiter unten erwähnte soge-
nannte Leseholz, welches durch natürliche Absonde-
rung der dürren Zweige, nicht aber durch absichtliches
Fällen vom Stamm oder Boden getrennt war, nicht
verstanden.

Doch tritt in Hinsicht dieser Sachen die Einschränkung ein, daß Stämmchen, welche erst bloße Pflanzen' und Aeste die noch Reiffer sind, keine Gegenstände eines beschwerten, sondern eines einfachen Forstdiebstahls ausmachen, welcher hierunten §. II. bestimmt wird.

§. 4.

b.) Strafe des beschwerten Forstdiebstahls.

Der beschwerte Forstdiebstahl wird neben der dem Thäter aufliegenden Verbindlichkeit des Schadenersatzes, bestraft und zwar:

Der erste mit Bezahlung des doppelten Werths der gestohlenen Sache, und es kann die Straffumme nie weniger als einen Gulden betragen;

Der zweite mit vierzehntägigem Gefängniß, unter Abwechselung der warmen Speisen, über den andern Tag mit Wasser und Brod. Sollte der Werth der gestohlenen Sache mehr als einen Gulden betragen, so werden obiger Strafe so viele Tage zugesetzt als vielmal die Summe von dreißig Kreuzer über einen Gulden hinaus in dem Werth enthalten ist.

Der dritte mit drei monatlicher Correctionshausstrafe, wenn die gestohlene Sache zehn Gulden oder weniger Werth gewesen ist. Daneben wird

für jeden Gulden; wenn die Sache über zehn Gul-
pen werth war, obiger Strafzeit noch eine Woche
hinzugesetzt;

Der vierte und jeder weitere beschwerte
Forstdiebstahl wird als peinliches Verbrechen betrachtet und es tritt die Zuchthausstrafe von wenigstens
zweijähriger Dauer ein.

Ist der erste und zweite beschwerte Forstdiebs-
stahl an einem Sonntage oder an Bäumen, z. B.
an Alleen im Walde, oder mit Hülfe einer Säge
geschehen, so wird doppelte Strafe angesetzt, jedoch
soll eine weitere Strafschärfung durch ein Zusam-
mentreffen mehrerer dieser Beschwerungen in einem
Falle nicht Statt finden.

§. 5.

c.) Maaßstab des Schadens #) bei gestoh-
lenen Stämmen.

Der Werth der entwendeten Stämme wird, ohne Rücksicht darauf ob die Aeste eines solchen Stammes mit entwendet worden sind oder nicht und ob
der letztere in freudigem Zuwachs gestanden hat,
oder abständig oder unterdrückt gewesen ist, wie
nachfolgt bestimmt:

Holzsorten.	Stärke der Stämme. Durchmesser. Zoll.	Werth der Stämme. fl.	kr.	Holzsorten.	Stärke der Stämme. Durchmesser. Zoll.	Werth der Stämme. fl.	kr.
Eichenstämme.	24	15	—	Birken-, Erlen-, Espen-, Linden-, Saalweidenstämme, wilde Obstbäume und dergleichen mehr.	16	3	50
	22	12	—		14	2	—
	20	9	30		12	2	50
	18	8	30		10	1	50
	16	7	—		8	1	—
	14	6	—		6	1	—
	12	5	50		4	—	50
	10	4	—		3	—	15
	8	3	50		2	—	3
	6	2	—				
	4/5	1	50				
	3	—	6				
	1	—	2				
Buchen-, Hainbuchen, Espen, Ahorn, Eschenstämme etc. etc.	20	6	30	Nadelholzstämme.	20	7	30
	18	5	30		18	6	—
	16	4	50		16	5	—
	14	3	50		14	4	—
	12	2	50		12	2	45
	10	1	50		10	2	20
	8	1	—		8	1	—
	6	1	20		6	1	15
	5/4	—	15		4	—	8
	3/2	—	3		2	—	—

Iſt der Diebſtahl an einem Stamm oder Stämmchen begangen worden, der einen gröſſeren oder das
einen geringern Umfang hat als in dem vorhergehenden
bei der Art Holz, wozu ſie gehören, angenommen
wird, ſo iſt in jenem Fall eine beſondere Taxation
nöthig, in dieſem Fall der Werth überall auf einen
Kreuzer für jedes einzelne Stämmchen zu ſetzen.

Wer einen Stamm oder Stämmchen in der
Mitte oder weiter oben abgehauen hat, wird eben
ſo beſtraft, als wäre es an der Erde geſchehen.

§. 6.

β.) Bei geſtohlenen Aeſten.

Der Werth einer Tragl aſt Aeſte, die von ſtehen gelaſſenen Stämmen und Raideln aller Art
getrennt und entwendet werden, iſt ohne Unter-
ſchied auf einen Gulden beſtimmt.

§. 7.

C.) Bei gefälltem Holze.

Entwendetes gefälltes Holz, zu welchem letzten
auch Windfälle, Windbrüche und Loherinden gehören
ſollen, bedarf in jedem vorkommenden Falle einer
beſondern Taxation, welche der betreffende Oberförſter
nach Klaftermaas oder Cubicſchuhen und mit Rückſicht auf den höchſten Verkaufpreis dergleichen Qualität aus ſeinem unterhabenden Forſtverwaltungsgebe-

zirk der Behörde, welche das Straferkenntniß zu verabfassen hat, mittheilt.

§. 8.

2.) Bestimmung wann der beschwerte Forstdiebstahl ein wiederholter ist.

Ein zweiter, dritter oder vierter beschwerter Forstdiebstahl ist nur dann vorhanden, wenn der oder die vorhergehenden Forstdiebstähle ebenfalls zu den beschwerten gehören.

§. 9.

3.) Bestimmung wann der beschwerte Diebstahl vollendet ist.

Das Abhauen eines Stammes oder Astes oder die Besitzergreifung des liegenden Holzes, in diebischer Absicht, wird in Beziehung auf die Strafe als vollendete Entwendung angesehen, obschon der Thäter das Holz in seine Gewahrsam zu bringen verhindert wurde.

§. 10.

4.) Verbindlichkeit wegen früher vorgefallener Diebstähle.

Der beschwerte Forstdiebstahl soll auch das Anbringgeld und die Kosten von frühern in der nämlichen Gemarkung von zahlungsunfähigen Thätern begangenen beschwerten Forstdiebstählen bezahlen.

§. 11.

3.) Von dem einfachen Forstdiebstahl,

a.) Gegenstände woran er begangen wird.

Gegenstände durch deren Entwendung ein einfacher Forstdiebstahl begangen wird, sind folgende, deren zu ersetzender Werth zugleich hier neben bemerkt ist.

1.) Junge Pflanzungen der hier oben erwähnten Holzarten welche noch nicht in die Klasse der Stämmchen oder Stamm-Reisser gehören, das Stück:

Werth und Schaden.

fl. | kr.

	fl.	kr.
aus offenen oder gehegten Waldungen	—	1
aus Pflanzschulen	—	2

2.) Reisser von Aesten oder Stockausschlägen, die Traglast:

	fl.	kr.
aus offenen oder gehegten Waldungen	1	—
aus Pflanzschulen	1	—

3.) Erdstöcke, die Traglast:

	fl.	kr.
aus offenen Waldungen	—	20
aus gehegten Waldungen	—	40
aus Pflanz oder Baumschulen	1	20

4.) Haselholz, die Traglast | 1 | — |

fl. | kr.

5.) Gras, die Traglast:

aus offenen Waldungen oder von Wald=
wiesen . . . . — 20

aus gehegten Waldungen und zwar:

a. gerupft . . . . . — 30

b. mit der Sense oder Sichel geschnitten 1 —

aus Pflanz= und Baumschulen, und zwar:

a. gerupft . . . . . 1 —

b. mit der Sense oder Sichel geschnitten 2 —

6.) Futterlaub das durch Abstreifen gewonnen wird,
die Traglast . . . . . — 20

7.) Moos, Rasen, die Traglast:

aus offenen Waldungen . . . — 10

aus Gehegen . . . . — 20

aus Pflanz= und Baumschulen . . — 40

§. 12.

b.) Strafe.

Der einfache Forstdiebstahl wird bestraft, und zwar:

Der erste mit Bezahlung des doppelten Werths
der gestohlenen Sache;

Der zweite mit achttägigem Gefängniß unter
Abwechselung der warmen Speisen über den andern
Tag mit Wasser und Brod. Sollte der Werth der
gestohlenen Sache einen Gulden oder mehr betra=
gen, so werden der Strafzeit so viele Tage zuge=

fetzt als vielmal die Summe von zwanzig Kreuzern über einen Gulden hinaus in dem Werth enthalten ist;

Der dritte mit vierwöchigem Gefängniß, welches noch um so viel Tage wächst als vielmal dreißig Kreuzer über den Betrag von drei Gulden hinaus in dem Werth enthalten ist;

Der vierte und jeder weitere mit dreimonatlichem Aufenthalt im Correctionshaus, dem noch so viele Wochen zugesetzt werden als der Werth um einzelne Gulden über zehn Gulden hinaus beträgt.

§. 13.

c.) Bestimmung wann ein wiederholter einfacher Diebstahl begangen ist.

Ein zweiter, dritter, vierter und weiterer einfacher Forstdiebstahl wird so oft angenommen, als der, welcher sich einen einfachen Forstdiebstahl zu Schulden kommen läßt, schon früher einen, zwei oder drei Forstdiebstähle überhaupt begangen hat, sie mögen beschwerte oder einfache gewesen seyn.

§. 14.

4.) Gemeinschaftliche Bestimmung über beschwerte und einfache Forstdiebstähle.

Auch wird zum Daseyn eines wiederholten beschwerten oder einfachen Forstdiebstahls vorausgesetzt, daß der frühere Forstdiebstahl nach erlangter Gesetzeskraft gegenwärtiger Verordnung begangen und bestraft worden sey.

§. 15.

B.) Von Forst = Beschädigungen die den Forstdiebstählen gleichgeachtet werden.

Sollte eine Handlung, die, wenn sie in ge= winnsüchtiger Absicht vorgenommen worden, nach den vorhergehenden Bestimmungen ein Forstdieb= stahl wäre, z. B. Abhauen der Stämme, Wegtra= gen gefällten Holzes, Abmähen des Grases ꝛc. mit Vorsatz das heißt aus Bosheit oder Muthwillen begangen worden seyn; so wird sie nach der Ver= schiedenheit der Sachen und der vorhergehenden von dem nämlichen Thäter begangenen Forstdieb= stähle oder Forstbeschädigungen einem ersten, zwei= ten, dritten, vierten, und weitern beschwerten oder einfachen Forstdiebstahl vollkommen gleich geachtet.

§. 16.

C.) Von anderen Forst=Beschädigungen und Forstpolizeivergehen.

Wenn aber erweislich nicht aus Vorsatz, son= dern aus Unvorsichtigkeit oder Unbedachtsamkeit die im vorhergehenden §. erwähnten Beschädigungen begangen worden sind; so wird der Thäter mit der

Hälfte derjenigen Strafe belegt, die eintreten würde, wenn die That ein erster einfacher Forstdiebs-
stahl wäre.

Außerdem kommen noch folgende Forstbeschädigungen und Forstpolizeivergehen in Betracht, bei
deren Bestrafung aber, wo es nicht ausdrücklich bestimmt ist, weder auf Wiederholung der That noch
darauf gesehen wird, ob dieselbe absichtlich oder un-
absichtlich begangen wurde.

Diese Vergehen geschehen nämlich:

1.) An Bäumen:

Durch Verwunden derselben mit einer Axt, einem
Säbel, Messer ꝛc. ꝛc., durch Abrinden oder Oeffnen derselben, letzteres etwa um ein Vogelnest
oder einen Bienenstock auszuheben, durch Anboh-
ren der Stämme um den Saft, Anhauen derselben etwa um Kienholz und Anklopfen derselben
mit Aexten, Prügeln, Steinen ꝛc. ꝛc., um die
Früchte oder den Saamen zu gewinnen.

Der Thäter muß neben dem von dem einschlagenden Oberförster zu begutachtenden Schadensersa-
tze eine Geldstrafe bezahlen, welche dem doppelten
Betrag derselben gleich, und mindesten Falls auf
dreißig Kreuzer hiermit bestimmt wird.

	Schadens-Ersatze.		Strafe:	
	fl.	kr.	fl.	kr.
2.) An Gesträuch ꝛc. ꝛc. Durch Holen ohne Erlaubniß der Wachholder, Ginster, Dornen und dergleichen Sträuche, die keine Gegenstände der Forstcultur sind für eine Traglast wird Strafe erlegt	—	—	—	30
3.) In Ansehung der Mast und des Saamens; dahin gehört:				
a.) Das Sammlen der Mastfrüchte und des Saamens ohne Erlaubniß;				
A. in offenen Waldungen ..	—	—	1	30
B. in gehegten Waldungen ..	—	—	3	—
Klopft der Uebertreter die Stämme mit Aexten, Prügeln, Steinen ꝛc. so wird er ausserdem noch mit der hier oben auf diese Handlung gesetzten Strafe belegt.				
b.) Unerlaubtes Treiben der Schweine, zur Mastzeit in die Waldungen, vom Stück:				
A. in offenen Waldungen ..	—	30	1	—
B. in gehegten Waldungen ..	1	—	2	—
c.) Wenn ein Hirt die Schweine über die zur Mast bestimmte Zeit in die Waldungen treibt			3	—

	Schadens-Ersatz.		Strafe.	
	fl.	kr.	fl.	kr.
d.) Wer ohne Erlaubniß Wachholder-beeren klopft oder sammelt . .	—	—	1	—
4.) In Ansehung der Huth und Weide:				
a.) Durch das Weiden der Pferde, Ochsen, Kühe, Kälber; für das Stück wird Schadens-Ersatz und Strafe belegt, wenn es weidete:				
in offenen Waldungen	—	20	—	40
in Gehegen	—	40	1	20
in einem Pflanzgarten	1	—	2	—
b.) Durch das Weiden der Schaafe; für das Stück wird Schadensersatz und Strafe erlegt, wenn es weidete:				
in offenen Waldungen oder Waldwiesen	—	12	—	24
in Gehegen	—	30	1	—
in Pflanzgärten und Schulen .	1	—	2	—
c.) Durch das Weiden der Schweine außer der Maßzeit in Gehegen; für das Stück wenn es weidete:				
in einem schon etwas herangewachse-nen Gehege	—	12	—	24
in einem Saamen- oder erst seit ei-ge	—	30	1	—
in einer Pflanz- oder Baumschule	1	—	2	—

	Schadens-Ersatz.		Strafe.	
	fl.	kr.	fl.	kr.

d.) Wenn das Weiden bloßer An= oder
  Ueberlauf ist, so tritt die Hälfte
  des Schadensersatzes und der Stra=
  fe ein.

e.) Ziegen, die sich in Waldungen Fel=
  dern, Bergen, Gebüschen ꝛc. ꝛc. se=
  hen lassen, sind todt zu schießen;
  sollte das aber nicht geschehen seyn,
  so verfällt der Eigenthümer in ei=
  ne Strafe von . . . . . | — | — | 2 | —

5.) An den bisher aufgezählten Sa=
  chen durch Feuer:

a.) Wer im Walde boshafter Weise
  Feuer angelegt um dadurch das An=
  oder Abbrennen eines oder mehre=
  rer Bäume oder einer Waldstrecke
  zu veranlassen, wird den Umstän=
  den nach mit Corectionshaus= oder
  Zuchthausstrafe belegt, und muß
  den von dem einschlagenden Ober=
  förster und Oberforstbeamten ge=
  meinschaftlich zu tarirenden Scha=
  den ersetzen.

b.) Wer Heide, Ginster, Rasen, Laub,ꝛc.
  ansteckt, um den Boden zu einer

	Schadens-Ersatz.		Strafe.	
	fl.	kr.	fl.	kr.

Cultur vorzubereiten, und durch Vernachläßigung der gehörigen Vorsichtsmaasregeln eine schädliche Verbreitung des Feuers nicht hindert, oder wer überhaupt durch Unvorsichtigkeit einen Waldbrand bewirkt, wird den Umständen nach mit Geld oder Gefängniß gestraft, und muß den auf gleiche Art zu taxirenden Schaden ersetzen.

Ein Holzhauer, oder ein jeder anderer, der sonst ein unschädlich angezündetes Feuer beym Nachhausegehen nicht auslöscht, bezahlt Strafe . . — | — | — | 2 | —

6.) An Grenz und Hegzeichen:

Das Beschädigen, Umhauen, Ausgraben und versetzen eines Grenzbaumes oder Grenzsteines, auch Zuwerfen eines Grenz-Grabens, wird bestraft, wenn die That

a.) aus Unvorsichtigkeit geschah mit — | — | — | 1 | 15

b.) wenn sie absichtlich, um zu Schaden oder die Grenze zu verrücken, geschah, den Umständen nach mit Correktionshaus oder Zuchthaus.

	Schadens-Ersatz.		Strafe.	
	fl.	kr.	fl	kr.

7.) Am Boden

Wer in Waldungen ohne Erlaubniß Kalk, Steine, Lehm, Thon, Sand, Häfnererde ꝛc. ꝛc. gräbt, muß auſſer Erſatz des von Sachverſtändigen zu taxirenden Schadens Strafe erlegen . . . . | | | | 3:5 |

Noch andere unerlaubte Handlungen ſind:

8.) Wer auſſer den beſtimmten Tagen, oder an Orten, wo das Aufſammeln beider Gegenſtände ganz unterſagt iſt, ohne Erlaubniß Leſeholz oder Streu-Laub ſammelt, muß für die Traglaſt neben dem vom Oberförſter zu taxirenden Schadensersatz Strafe bezahlen . . | | | | 30 |

9.) Wer ohne dazu berechtigt zu ſeyn, in Waldungen Bienen aushebt, ſoll auſſer dem vom Oberförſter zu taxirenden Werth Strafe bezahlen | | | 3 | |

10.) Wer einen Hacken, womit Aeſte abgeriſſen zu werden pflegen, im Walde führt, wird geſtraft mit | | | | 30 |

	Schadens-Ersatz.		Strafe.	
	fl.	kr.	fl.	kr.
11.) Wer ohne Erlaubniß eine Axt, Säge oder ein anderes Instrument zum Holzfällen im Walde führet, muß bezahlen	—	—	—	30
12.) Ein Gemeindeglied, daß sein empfangenes Baureparatur-Holz zu dem bestimmten Zweck böslicherweise nicht verwendet, soll den wahren Kaufpreis des Holzes nachbezahlen und ausser dem Strafe erlegen	—	—	5	—
13.) Wer erkauftes oder sonst eigenthümlich erworbenes Holz über die bestimmte Zeit im Walde liegen läßt, soll für das Klafter oder den Stamm gestraft werden mit .	—	—	1	—
14.) Wer einen ihm gehörigen liegenden Bau- oder Werkholzstamm in dem Wald ohne Erlaubniß des Oberförsters schneidet oder schneiden läßt, wird gestraft mit	—	—	1	—
15.) Wenn Gemeindeglieder oder Wald-Eigenthümer ohne Erlaubniß der Landesregierung einen Wald oder Waldtheil ausroden	—	—	10 bis 60	—

	Schadens-Ersatz		Strafe.	
	fl.	kr.	fl.	kr.

16.) Wenn die Mitglieder einer Gemeinde eine nicht genehmigte Holzfällung vornehmen . . . . — — — 20 bis 100

17.) Wären diese oder ähnliche eigenmächtige Handlungen nicht nur ohne Erlaubniß, sondern sogar wider ein ausdrückliches Verbot der vorgesetzten Behörde vorgenommen, so werden die Thäter noch außerdem als Tumultuanten oder Widersetzliche, besonders die Anstifter, scharf bestraft, auch wird die Geldstrafe nicht aus der Gemeindekasse, sondern von den einzelnen Thätern, und zwar von den Anstiftern doppelt oder dreifach soviel wie von andern, erhoben:

18.) Der Holzhauer:

Wenn ein Holzhauer gegen die ihm in seiner Instruktion ertheilten Vorschriften handelt, so soll er nach Verhältniß des verursachtens Schadens neben dessen vom Oberförster zu taxirenden Ersatz gestraft werden, um 1,6

	Schadens=Ersatz.		Strafe.	
	fl.	kr.	fl.	kr.
19.) Der Köhler:				
a.) Wenn ein Köhler dem das Verkohlen des Holzes im Wald gestattet ist, eine neue Kohlstätte ohne Erlaubniß anlegt, außer dem vom Oberförster zu taxirenden Schadenersatz, um	—	—	3	—
b.) Wenn er um seinen Meiler einen Windschirm zu stellen gegen die Anordnung des Oberförsters unterläßt, um	—	—	4	—
20.) Die Fuhrleute: Ein solcher bezahlt Strafe:				
a.) Wenn er sich in einem Bestand junger Pflanzen zu Hemmung seines Fuhrwerks der Schleppreisser bedient	—	—	3	—
b.) Wenn er in einem Bestand junger Pflanzen grobes Holz schleift	—	—	3	—
c.) Wenn er auf einen verbotenen Weg fährt	—	—	1	—
d.) Wenn er einen frischen Weg macht	—	—	2	—
e.) Wenn er Holz im Wald oder durch Abwerfen von seinem Fuhrwerk				

	Schadens-Ersatz.		Strafe.	
	fl.	kr.	fl.	kr.

entwendet, oder wenn er um seinem Fuhrwerk einen Weg zu bah-
nen junge Stangen abhaut, so
wird er nach den oben über Forst-
Diebstähle und Forst-Beschädigun-
gen aufgestellten Bestimmungen bestraft . . . .

§. 17.

D.) Den Forstdiebstählen, Beschädigungen und Polizeivergehen gemeinschaftliche Bestimmungen.

1.) Ausser Verbüssung der Strafe muß der Uebertreter eines der vorhergehenden Strafgesetze noch
das Anbringgeld, die verursachten Untersuchungskosten und den Werth der gestohlenen, oder beschädigten Sache bezahlen, letzteres jedoch nicht bei den
Beschädigungen und Polizeivergehen, für welche ohne den Ersatz des Werthes zu verordnen blos eine
Strafe bestimmt ist.

2.) Nachdem der Förster sich möglichst bemühet
hat, sich von der Qualität der entwendeten oder beschädigten Sache zu überzeugen, so versichert er auf
seinen Eid den Richter, daß er glaube, jene sey

einer bestimmt anzugebenden Zahl von Traglästen, Pflanzen ꝛc. ꝛc. gleich, oder sie habe einen bestimmt anzugebenden Umfang.

3.) Im zweifelhaften Fall wird angenommen, daß ein Karren voll Gras, Aeste, Reiser ꝛc. ꝛc. acht Traglästen gleich sey.

4.) Ist der Gegenstand der Entwendung oder Beschädigung dem Beschädigten wieder verschafft worden oder verblieben, weil der Uebertreter die Sache nicht vollkommen in seinen Gewahrsam brachte, so wird zum Zweck der Strafbestimmung der ganze beabsichtigte Schaden berechnet, zum Zweck des wirklich zu leistenden Ersatzes dagegen soll der Werth dessen, was dem Beschädigten wieder worden und verblieben ist, abgerechnet werden.

§. 18.

II. Von den Jagdvergehen.

Die rücksichtlich der Jagd strafbaren Handlungen sind, das gefährliche Jagdverbrechen, die einfachen Jagdvergehen und die Jagdpolizeivergehen.

§. 19.

A.) Von dem gefährlichen Jagdverbrechen; dessen Begriff.

Das gefährliche Jagdverbrechen besteht darinn, daß jemand da wo ihm die Jagd auszuüben nicht erlaubt ist, nach Wild schießt, oder in der Absicht Wild zu schießen Gewehr bei sich führt.

Dieser Bestimmung zu Folge macht es keinen Unterschied, auf welches Wild in der niedern oder hohen Wildbahn geschossen wurde oder geschossen werden sollte.

§. 20,

2.) Aufzählung der Thiere, die zum Jagd wild gerechnet werden,

Zum Wild werden gerechnet, Hirsche, Rehe, wilde Schweine, Haasen, Füchse, Buchmarder, Dächse, Fischottern, Auer, Birk, Haselhähne und Hennen, Feldhähner, Waldschnepfen, Beccassinen, wilde Enten, Brachhühner, wilde Gänse und wilde Tauben.

§. 21.

3.) Vermuthung.

Wer sich in einer Wildbahn, wo er kein Recht zur Ausübung der Jagd hat, mit Schießgewehr befand, bei dem wird die gehabte Absicht des Wild schießens so lange angenommen, bis er den Grund einer andern und zwar solchen Absicht beweiset, neben welcher nach Berücksichtigung aller Umstände der Person und der That die wilddiebische Absicht wahrscheinlich nicht zugleich vorhanden.

§. 22.

4.) Nähere Bezeichnung der Wildbahn.

Zur Wildbahn gehören Waldungen, Gebüsche, Felder, Wiesen, Berge, Krautländer, kurz alles Land außer den gewöhnlichen Land-, Dorf- und Feldwegen, den mit einem Zaun, einer Mauer oder Hege eingeschlossenen Grundstücken, und den Dorf- oder Ortsberingen selbst.

§. 23.

5.) Strafe des gefährlichen Jagdverbrechens.

Das gefährliche Jagdverbrechen wird bestraft: das erste mit 4 wöchigen Gefängniß oder 30 fl. das zweite mit 3 monatlichem Correctionshaus. Beide Verbrechen werden mit der doppelten Strafe belegt, wenn sie in einem umzäunten Thiergarten geschehen.

Das dritte mit einjährigem Correctionshaus, das vierte und jedes weitere als peinliches Verbrechen, wenigstens mit zweijährigen Zuchthaus.

Außer Verbüßung dieser Strafe, muß der gefährliche Jagdverbrecher den etwa verursachten Schaden ersetzen und an denjenigen, der die Anzeige der That und der Mittel zur Ueberführung des Thäters zuerst machte oder durch einen andern machen ließ, nebst Bezahlung von 15 fl. Anbringgeld, das Gewehr, womit das gefährliche Jagdverbrechen be-

gangen wurde, zum Eigenthum. Ist ein Zahlungs-
unfähiger der That überwiesen worden, so wird
das Anbringgeld von den Herzoglichen Beamten aus
der ihnen zu polizeilichen Ausgaben verwilligten Sum-
ma bestritten und von dem nächsten zahlungsfähigen
gefährlichen Jagdverbrecher in dem nämlichen Amtsbezirk wieder erhoben oder der zahlungsunfähige
Thäter muß dasselbe durch Arbeit, wozu er anzu-
halten ist, ersetzen.

Auf Wilddiebe, die in wirklicher Ausübung der
Jagd betroffen aber von dem Förster oder einen an-
dern zu deren Verfolgung berechtigten bewaffneten
Jagdberechtigten, der sie antraf, nicht gekannt wer-
den, daneben auch auf Zurufen nicht stehen bleiben
sondern die Flucht ergreiffen oder die Abgabe des
Gewehrs und Mitgehen in das nächste Herzoglich-
Nassauische Ort verweigern, dürfen jene scharfes
Feuer geben.

§. 24.
B.) Jagdbeschädigungen und Polizeiver-
gehen.
Noch erlegt Strafe.

Strafe.
fl. kr.

1.) Wer sich erweislich ohne die Absicht des
Wildschießens, jedoch unerlaubter Weise und ohne

einen Grund der Nothwendigkeit, in einer fremden Wildbahn mit einem zur Ausübung der Jagd tauglichen oder brauchbaren Schießgewehr befand 5 fl.

2.) Wer da, wo er nicht zur Jagd berechtigt ist, dem Wild Schlingen legt, dieses auf andere Art als durch Schießen tödet, oder auch lebendig in seine Gewalt bringt, oder gefundenes behält, oder die Eier von Federwild aushebt, soll außer dem Schadensersatz nach Maasgabe des gestifteten Schadens, und des größern, oder geringeren bösen Vorsatzes Strafe bezahlen 1 bis 10 fl.

3.) Wer ohne Erlaubniß einen Vogelheerd anlegt, Vogelschneißen hängt, oder Lerchen 2c. 2c. mit einem Klebgarn fängt .   .   .   .   5 fl.

4.) Der Besitzer eines Hundes der in einer Wildbahn, wo jener nicht jagen darf, jagt, oder ohne seinen Herrn herumläuft .   .   3 fl.

Der Jagdberechtigte ist überdem befugt in seiner Wildbahn einen solchen Hund zu tödten und von dessen Herrn den Ersatz des etwa verursachten Jagdschadens erseßt zu verlangen.

5.) Wer einen Hund bei seiner Feldarbeit mitnimmt, 1 fl. 30 kr. und der Hund wird todtgeschossen.

6.) Wer eine Salzlecke, Vogelschneiße oder einen Vogelheerd beschädigt oder zerstört, außer dem Ersatz des Schadens .   .   .   .   2 fl.

In allen diesen Fällen beträgt das Anbringgeld einen Gulden.

7.) Wer zu Jagddiensten pflichtig ist und zur bestellten Jagd nicht gehörig erscheint . 30 kr.

8.) Jagdpächter, welche dem Inhalt der Pachtbedingungen zuwider

    a.) Rehgeißen,

    b.) Dammgeißen,

    c.) oder Edelthiere.

oder auffer der in den Pachtbedingungen bestimmten Zeit Wild schießen, oder unerlaubterweise mit Bracken jagen, erlegen für jeden einzelnen Uebertretungsfall auffer einen Gulden Anbringgeld 5 fl. Strafe.

§. 25.

III. Von den Fischdiebstählen und Freveln.

1.) Das Fisch und Krebsfangen in einem Wasser, wo der Thäter das Recht dazu nicht hat, so wie das wirkliche Stehlen schon eingefangener und in einem befriedigten Behälter in freien Waffer aufbewahrter Fische und Krebse wird mit Rückficht auf Größe des Schadens und Wiederholung gestraft wie oben von dem einfachen Forstdiebstahl verordnet ist. Das Anbringgeld ist jedoch außerdem für jeden einzelnen Fall auf zehn Gulden festgesetzt unter den nämlichen Bestimmungen, welche von dem für gefährliche Wilddiebe zugesicherten Anbringgeld nach §. 23 hier oben gelten.

2.) Sind betäubende Mittel bei dem Fischen gebraucht worden oder ist der Fisch oder Krebsdiebstahl aus verschloffenen Fischkäften geschehen oder durch Oeffnen derselben versucht worden, so tritt im ersten und zweiten Fall Entrichtung des bestimmten Anbringgeldes und die doppelte Strafe ein.

3.) Wer einen Teich aus Muthwillen oder Bosheit zieht, wird einem Fischdieb gleich geachtet.

4.) Die Fischpächter sollen sich keiner Fischnetze von kleinern Maschen dienen als in den Pachtbedingungen vorgeschrieben sind.

5.) Sie sollen die Laichzeit einhalten, die gepachteten Bäche nicht abstopfen, und die zu kleinen oder mit den Eiern gefangenen weiblichen Krebse wieder in das Wasser werfen.

6.) Auch darf Niemand in ein Fischwasser Flachs legen oder Kalk werfen.

Der Uebertreter einer dieser Vorschriften wird nach Maasgabe des gestifteten Schadens und der Wiederholung mit ein bis zehn Gulden Strafe belegt.

Zugleich muß derselbe den etwaigen Schaden und die Kosten, die er veranlaßt hat, so wie das Anbringgeld bezahlen.

§. 26.

IV. Der Forst-Jagd- und Fischereiverbre- chen gemeinschaftliche Bestimmungen.

1.) Das Anbringgeld welches der Uebertreter eines der vorhergehenden Strafgesetze bezahlen muß beträgt, wo die Summe nicht namentlich anders festgesetzt ist, 24 kr. und wenn der Frevel bei Nacht- zeit oder an Sonn- und Feiertagen verübt wurde, 48 kr. Dieses so wie anderes im Besondern hier oben bestimmte Anbringgeld soll immer nur an die zuständige Behörde, die es demnächst dem Anbrin- ger einhändigt, erlegt werden.

2.) Der Förster darf nur diejenigen Personen arretiren oder zur Abgabe eines Pfandes neben Ab- nahme des Werkzeugs, womit der Frevel begangen wurde, nöthigen, welche ihm unbekannt sind. Be- kannte hat er anzuzeigen.

3.) Außer dem Förster bekommt auch jeder an- dere das Anbringgeld der zuerst eine Anzeige von einem der oben genannten Vergehen machte, die demnächst wahr befunden worden ist, und auf Verlangen soll der Name des Denuncianten sorg- fältig verschwiegen werden.

4.) Ein Uebertreter der dem Förster, damit dieser die Anzeige unterlasse eine Belohnung gegeben hat, wird mit der gegen Bestechung schon verordneten Strafe belegt und überdem soll das Geschenk zum Vortheil der Gemeindekasse eingezogen, der Förster aber, welcher dennoch die Anzeige machte nach Befinden der Umstände zu ehrenvoller Belohnung oder Auszeichnung empfohlen seyn.

5.) Mehrere gemeinschaftliche Uebertreter haften wegen der Geldleistungen einer für alle und alle für einen und die Strafe eines jeden derselben wird nach Maasgabe des ganzen Schadens, wo dieser der Maasstab der Strafe ist, bestimmt.

6.) Rücksichtlich der Geldleistungen haften die Ehemänner für ihre Weiber, Eltern für ihre Kinder und die Dienstherrschaft für ihr Gesinde, wenn sie dessen Frevel schuldvoll veranlaßte oder wußte und die Anzeige davon nicht sofort machte. In keinem Fall darf die Dienstherrschaft ihrem Gesinde, das wegen Uebertretung eines der vorhergehenden Strafgesetze in Untersuchung gerathen ist, weder rückständigen Lohn noch anderes in Verwahrung der Dienstherrschaft befindliches Eigenthum des beschuldigten Dienstboten, ohne Vorwissen der das Vergehen beurtheilenden Behörde verabfolgen, bei Strafe des Ersatzes, wenn dieser nöthig werden sollte, und Bezahlung der Untersuchungskosten.

7.) Ist der Thäter zahlungsunfähig so wird das Anbringgeld aus der Kasse der Gemeinde, wozu jener gehört, bezahlt, der Schuldige dagegen muß sowohl dieses als den Schaden durch Arbeit ersetzen auch statt der Geld- eine verhältnißmäßige Arbeitsstrafe dulden.

Sollte derselbe auch nicht fähig seyn zu arbeiten, so tritt für jeden Gulden eine eintägige das heißt 24 stündige Gefängnißstrafe, je um den andern Tag bei Wasser und Brod ein.

8.) Zum Schutz der Forsten und Jagden wird eine hinlängliche Anzahl Förster angestellt werden, denen es obliegt jede zu ihrer Kenntniß gekommene Uebertretung gegenwärtigen Gesetzes anzuzeigen. Der Förster der eine solche Anzeige wissentlich unterließ, soll mit Corrections- oder Zuchthaus bestraft werden, je nachdem er aus bloßer Begünstigung des Uebertreters oder weil er bestochen war seine Pflicht versäumte.

9.) Bei überhand nehmenden Uebertretungen der vorhergehenden Gesetze, deren Thäter nicht entdeckt wurden, soll gegen den Förster eine Untersuchung angestellt und wenn dessen Nachläßigkeit im Dienst dadurch erhellt, derselbe seines Dienstes entsetzt und zur Vergütung des durch die Uebertretungen verursachten Schadens schuldig erkannt werden.

Dagegen verschafft besondere Auszeichnung durch thätige Dienstführung den Förstern eine, von der Herzoglichen Landesregierung auf Antrag der Oberforstbeamten zu bestimmende Gratifikation, welche nicht unter 2 fl. und nicht über 20 fl. betragen darf und je nachdem sie für Domänial= oder Gemeinde= waldungen angestellt sind, aus der einschlagenden Kasse bezahlt wird.

10.) Die auf eigener Wahrnehmung beruhen= den Anzeigen der Förster über Forst= Jagd= und Fischerei= Vergehen und deren Thäter, so wie über erlittene wörtliche oder thätliche Mißhandlung bei Ausübung ihres Amtes, desgleichen über, an ih= nen versuchte Bestechungen, verdienen bis zum Be= weis der Unschuld vollkommenen Glauben, derge= stalt, daß dieser Glaube durch den Beweis anders= wärts vorgefallener Begünstigungen oder Unterschlei= fe des Försters für diesen Fall nicht geschwächt wird,

11.) Wo ein Schade, für dessen Ermeßung in diesem Gesetz kein allgemeiner Maasstab bestimmt ist, abgeschätzt werden muß, da geschieht die Schä= tzung von dem einschlagenden Herzoglichen Oberför= ster entweder nach eingenommenem Augenschein oder nachdem ihm die nöthigen Thatumstände aus den Akten bekannt gemacht worden sind.

12.) Uebertretungen gegenwärtigen Gesetzes werden, wenn die Strafe 3 fl. und weniger beträgt von
den Ortsschultheißen, wenn die Strafe des Berge-
hens aber höher ist von Unseren Beamten bestraft,
bis eine so große Strafe eintreten mußte, die sie
nach dem Edikt vom 5/6 Januar dieses Jahrs auszusprechen nicht befugt sind, alsdann erkennet Unser Hofgericht über die mit Zuchthausstrafe zu ahn-
denden Diebstähle und solche Handlungen, welche
dergleichen Strafen unterliegen, Unsere Landesregierung aber über alle andere in gegenwärtiger Verordnung über die Strafbefugniß der Schultheißen
und Amtsbehörden hinaus verpönte Handlungen,
welche der Zuchthausstrafe nicht unterliegen.

Gegenwärtige Verordnung tritt mit dem 1sten
April künftigen Jahres in Kraft und soll im Mo-
nat März eines jeden Jahres den versammelten
Mitgliedern jeder Gemeinde vorgelesen werden.

So gegeben Biebrich den 9. November 1815.

Wilhelm,
Herzog zu Nassau.

vt. Freyherr v. Marschall.

Inhalt
des dritten Heftes.

Bey J. C. Krieger in Marburg ist erschienen und in
allen Buchhandlungen zu haben:

Entwickelungsgeschichte

der Schmetterlinge.

anatomisch und physiologisch bearbeitet

von

Dr. Herold,

Prosektor am anatomischen Theater in Marburg.

Mit 33 illuminirten und schwarzen Kupfern. gr. 4.

8 sächsische Thaler, oder 14 fl. 24 kr. Rhein.

Dieses Werk, welches jedem, der Sinn für Naturwiss
senschaft hat, interessiren wird, ist das Resultat einer
vierjährigen Untersuchung, und verbreitet ein neues gros
ses Licht über die innere Organisation der Insekten.

Wer ist es wohl, der nicht die Verwandlung der
Schmetterlinge bewundert hätte, wer ist es aber, der
nicht in größeres Staunen versetzt werden sollte, wenn
er durch anatomische Kunst, die im Innern der Organis
sation während der Verwandlung vorgehenden Verändes
rungen dargelegt siehet?

Der Verfasser hat bei Untersuchung über die Vers
wandlung der Schmetterlinge ein ganz vorzügliches Aus

genmerk auf die Entwickelung der Geschlechts-
theile verwendet. Er beweiset hinlänglich, daß im
Innern der Raupen nicht nur ein deutlicher Unterschied des Geschlechts (Sexus) ausgedrückt, sondern daß dieß schon bei den jungen dem Ey entschlüpfen-
den Räupchen der Fall ist.

Nicht minder hat sich der Verfasser bemühet, auf
die im Lauf der Entwickelung der Schmetterlinge statt
findenden Veränderungen aller übrigen Organe Rücksicht
zu nehmen; und die beigefügten Kupfer sind die sichersten Belege dafür.

Auſſer den physiologischen Bemerkungen über das
verschiedene Verhältniß der Funktionen der Organe zu
einander im Lauf der Verwandlung, stellt der Verfasser
eine eigene Theorie über die Verwandlung der Schmetterlinge auf.

Da über diesen Gegenstand in den Werken älterer
großer Naturforscher blos unzusammenhängende Frag-
mente vorhanden sind, so ist dieses Werk dadurch um so
empfehlenswerther, weil es ein nach einem bestimmten
Plane bearbeitetes Ganze ist.

Die Kupfer sind möglichst fein von Herrn Wal-
wert in Nürnberg gestochen und sauber illuminirt.

Annalen

der

Societät der Forst- und Jagdkunde.

Herausgegeben

von

C. P. Laurop,

Großherzogl. Badenschem Oberforstrathe, zweitem Direktor
der Societät der Forst- und Jagdkunde und mehrerer
gelehrten Gesellschaften Mitgliede.

Dritten Bandes viertes Heft.

Marburg und Cassel,

bey Johann Christian Krieger.

1819.

der

Forst = und Jagdwissenschaft.

Herausgegeben

von

C. P. Laurop,

Großherzogl. Badenschem Oberforstrathe, zweitem Director
der Societät der Forst= und Jagdkunde und mehrerer
gelehrten Gesellschaften Mitgliede.

Fünften Bandes viertes Heft.

Marburg und Cassel,

bey Johann Christian Krieger.
1819.

Vorbericht.

Da der Kiefernwälder in Deutschland so viele sind, und sehr oft in großen aneinanderhängenden Strecken, z. B. im Königreich Preußen, und da in dergleichen Wäldern durch den großen Kiefern-spinner besonders, wie bekannt ist — ungeheuerer Schaden geschehen ist, und viele tausend Morgen verwüstet worden sind, da auch in andern Gegen-den mehr oder weniger Schaden durch dieses und andere Insecten in Kiefernwäldern geschehen ist, und da noch wenige sichere, schnell und kräftig wir-kende Mittel, wenigstens nicht so angegeben sind, daß sie auch von Layen in der Entomologie zweck-mäßig angewendet werden können, und ich seit vie-len Jahren besonders Vergnügen und Interesse an entomologischen Beobachtungen und Schriften ge-funden habe: so finde ich keinen Anstand — nach Aufforderung mehrerer bedeutenden Forstmänner Deutschlands, dasjenige in den folgenden Bögen,

auf eine eigene Weise geordnet — anzugeben was
ich dießfalls auf meinen ehemaligen Forstreisen bey
meinen Dienstverrichtungen als ehemaliger Ober=
forstmeister, und während ich als Oberforstrath und
ordentlichem Professor der Forstwissenschaft in Groß=
herzoglich Badischen Diensten angestellt zu seyn, die
Ehre habe — bemerkt und erlernt habe. —

Der wissenschaftlich gebildete zugleich practische
Forstmann beobachtet überhaupt immer richtiger, als
ein anderer bei dem dieses nicht statt hat, und vor=
züglich, was die Insecten betrifft, wo die Beobach=
tungen anhaltender und pünctlicher geschehen müs=
sen, als bei andern Gegenständen.

Man wird das, was ich hier behaupte, immer
schon als richtig daraus erkennen, weil die Angaben,
welche Insecten betreffen, sich ganz auffallend unter=
scheiden, wenn sie über einen Gegenstand von 2 Män=
nern gemacht werden, bei welchen der Eine Kenntniß
in der Insectenkunde hat, und der Andere nicht; in
letzterem Fall wird Undeutlichkeit, und Mangelhaf=
tigkeit, allzugroße Kürze, oder unnöthige Weitläuf=
tigkeit, unbestimmte, unpassende Ausdrücke ꝛc. ꝛc. —
ein verwirrtes Chaos darstellen, woraus keine rich=
tige, nützliche Resultate sich ergeben können.

Ich werde mich glücklich schätzen, wenn der In=
halt der folgenden Bögen für die Kiefernwäl=
der Deutschlands, durch hier angegebene, aus=

führbare Mittel, wobei mich Insecten-Kunde, und meine eigene Erfahrungen, so wie mitunter glaubwürdigen Fremden geleitet, und unterstützt haben, wenn sage ich durch diese Beyträge dergleichen Wälder in Zukunft mehr gesichert, und erhalten werden können.

I.

Naturwissenschaftliche Gegenstände.

Ueber

das für die Kiefern = Waldungen, so schädli=
che Insekt, der Kiefernspinner (Phalaena
bombyx pini.)

————————

Die eigentlichen Ursachen, warum manche In=
sekten in ältern und neuern Zeiten sehr bedeutende
Verheerungen angerichtet haben, mögen folgende
seyn:

1. Mangel an ordentlichem Unterricht und an gu=
ten Schriften in der Forst=Insekten=Kunde — daraus

2. Unkunde der Forstbedienten aller Classen in
der Forst = Entomologie.

3. daraus Mangel an richtigen Beobachtungen
und bestimmten und richtigen Angaben.

4. Mangel an Mitteln, die anwendbar sind, und
gerade zum Zweck führen.

Diese Haupturfachen verbunden mit einer kaum
begreiflichen Nachlässigkeit im Beobachten vom Früh=

jahr bis Spätjahr in dergleichen Wäldern, um
die schädlich werdenden Insekten bald, und noch bei
geringer Anzahl zu entdecken, haben sogar verur=
sacht, daß Mittel, die bei kleinen Districten helfen
können, und wirklich theils an Orten geholfen ha=
ben, dann ganz unbrauchbar werden, und wenig=
stens allein, ohne besondere günstige Mitwirkung
der Natur nach mehreren Jahren erst, ihre beson=
dern Nützlichkeit beweisen konnten, und zwar mei=
stens in geringerem Grade, als es im ersten Fall
zu erwarten gewesen wäre. —

1.) Bisher hat man mehr nur in e b e n e n Ge=
g e n d e n, wo der Boden tief gehend sandig war,
und mit weniger Beimischung von andern Erdarten
vorkam, Raupenfraß, und zwar besonders von der
großen Kienraupe (Phalaena bombyx pini)
bemerkt. — Die Churmark im Königreich Preußen,
ein Theil Pommerns, und das Mecklenburgische be=
weisen dieses. — In solchen lockern Böden können
die Insekten ihre Puppen leichter bilden, und sogar
auf beträchtliche Tiefe eingraben, wie die Phalaena
noctua piniperda, und Phalaena geometra pinia=
ria beweisen, welche letztere besonders ihre Puppen
bis zu einem Fuß Tiefe in dem Boden an den Stäm=
men verbirgt.

2.) Können dergleichen Gegenden nach ihrer La=
ge bald und lange, der Tageszeit nach, von der

Sonne beschicken werden, was zu ihrem Wachsthum, zur Verwandlung, und zum Gedeihen der
Raupen sehr vieles beiträgt.

Die Erfahrung lehrt, daß solche sonnige Plätze,
weit mehr der Gefahr, durch Raupen verdorben
zu werden, ausgesetzt sind, als andere.

3.) Nach bisherigen Erfahrungen kommen nicht
einmal in Mittelgebürgen bei 1500 Fuß Höhe dergleichen Raupen schädlich vor, noch weniger in eigentlichen Hochgebürgen, wie der Schwarzwald,
der Thüringer-Wald ꝛc. ꝛc. beweisende Beispiele
sind.

4.) Da in reinen Nadelwäldern überhaupt, und
in Kiefernwäldern besonders wenige Nestarten vorkommen, theils weil sie dort die Materialien zu ihrem Nesterbau nicht finden, theils weil sie ihre
mannigfaltige Nahrung ebenfalls nicht darinnen finden, z. B. Beeren, und andere Früchte; so ist die
Gefahr desto größer.

In Nadelwäldern hingegen, die mit Laubhölzer
mehr, oder weniger gemischt sind, und zwar entweder eigentlich untereinander auf jedem Morgen,
oder in Abtheilungen, wo die reinen Laubhölzer nur
zwischen den reinen Nadelhölzern auf allen Seiten
angränzend vorkommen, kann das Gleichgewicht,
das die Natur bei den Insekten unter sich, und
mit den Waldvogel-Arten (denen sie zur Nahrung

dienen) zu erhalten sucht, hergestellt werden, weil sie in Laubhölzern mehr Vogelarten versammelt, als in reinen Nadelhölzern. Manche sind vorzüglich nützlich, nicht nur dadurch, daß sie Insekten in jedem Zustande (als vollkommnes und unvollkommnes Insekt) fressen, sondern sogar auch die Eyer aufsuchen, und zur Nahrung nehmen, dahin das Meisengeschlecht, das weniger zahlreiche Baumklettergeschlecht, (Certhia) und das eigentliche Spechtgeschlecht, (Picus) und der europäische Blauspecht, (Sitta Europaea) zu zählen sind.

5.) In Hochgebürgen wird es gewöhnlich bald im Herbst kalt, oft fällt gleich Schnee, und gegen das Frühjahr hin bleibt der Schnee oft bis in den May liegen (wie der größte Theil des Schwarzwaldes beweist.) Die Raupen leiden dadurch in ihrem Wachsthum, an ihren Verwandlungen, über und unter der Erde, wodurch ihre Vermehrung gehindert wird. Nur die Käfer, und besonders auch der gemeine Borkenkäfer können Kälte ausstehen, ohne zu Grunde zu gehen, und kommen deswegen auch sehr häufig in Hochgebirgen schädlich vor.

In milden Gegenden, und Ebenen ist dieses nicht der Fall.

Ich glaube als Resultat alles dessen, was ich über Insekten s Schaden in Wäldern gelesen, und theilweis selbst gesehen habe, behaupten zu können,

daß, wenn man dergleichen ungebetene Gäste, wie die
Raupen, sogleich entdeckt, wenn nur wenige Morgen
angefallen sind, aller weitere Schaden verhütet werden kann, mit wenigen Ausnahmen; dabei aber setze ich als Bedingung voraus, daß die Untersuchung der bedrohten Wälder, besonders
von Kiefern früh im Jahr (März und
April) angefangen, den ganzen Sommer
über fortgesetzt, und erst im Spätjahr mit
Winter-Anfang beendigt werde!!

Schnell geht zwar bei vollem Fraß und günstiger
Witterung das Wachsthum dieser Raupenarten von
statten, dieses ist wahr; aber doch nicht so schnell,
daß in einigen Wochen ganze Strecken angefallen
werden können. Im Herbst vorher müssen sie schon
vorhanden seyn, klein, und unbeachtet für gewöhnliche oberflächliche Beobachter! — Wird aber erst
im July die Entdeckung gemacht, so sind die meisten Raupen schon erwachsen, der Fraß geht im
Verhältniß ihrer Größe, und Gefräßigkeit schnell
von statten, und der angesteckte, und abgefressene
District ist meistens verlohren. Allein um richtig
beobachten zu können, ist nothwendig diese Insekten
ihrer besondern Natur, und Eigenschaften
nach, und besonders auch in ihren Verwandlungs-
Perioden zu kennen, sonst kann der Zweck nicht

erreicht, die Beobachtungen nicht richtig angestellt
werden.

Die obersten Forstbehörden vom Oberförster an
aufwärts, müssen daher die untern, und untersten
Forstbedienten, (welche zur Ausübung des Forstschutzes besonders bestimmt sind) unterrichten, und
dieß geschieht durch Vorzeigung des Insekts in Na-
tura (was immer am besten ist) in vollkommenen,
und unvollkommenen Zustande mit Larven, Puppen,
Eyern, Gespinnsten ꝛc. ꝛc.)*) oder doch durch ge-
treue illuminirte natürliche Abbildungen.

Gegen das Frühjahr hin werden diese untern
Behörden von den obern, nach und nach in einem
Zeitraum von längstens 14 Tagen beschieden, und
durch Anschauung des Insects in allen Perioden,
und durch Erklärung seiner besondern Natur, und
Eigenschaften so kurz, als es der Zweck erlaubt,
so wie von dem möglichen Schaden besonders,
deutlich belehrt, und diese Belehrung im folgenden
Herbst wiederholt. Wenn dieses geschehen ist, dann
kann man richtige Beobachtungen fordern, ausserdem nicht.

---

*) In Gläsern können Käfer, Puppen, Eyer, und
sogar ausgeblasene Raupen aufbewahrt werden,
welche der Luft und dem Staube unzugänglich gemacht seyn müssen.   A. d. V.

Nur durch diese beinahe ununterbrochenen Beobachtungen wird es auch dem Forstmann, der entomo-
logische Kenntniß besitzt, leichter und möglich, solche
Anstalten vorzuschlagen, und auszuführen, welche
diesem großen und gefährlichen Uebel enge Schran-
ken setzen, und wenigstens bedeutenden Schaden
verhüten.

Ich werde nun von dem vorkommenden Insekt
die passenden Mittel so angeben, wie sie theils
nach der Natur und Eigenschaft der Art, und dem
Zeitraum nach, auf einander folgen müssen bei der
Anwendung — welches bisher selten, und sehr oft
nicht mit nöthiger Genauigkeit von manchen Schrift-
stellern angegeben worden ist — um auch den ganz
ungelehrten Forstbedienten fähig zu machen, die besten, und wirksamsten Maasregeln gegen solche Uebel zu ergreifen, und auszuführen.

Als das furchtbarste Insekt für Kiefernwälder erscheint die bekannte im Preußischen sogenannte große Kienraupe, oder der Kiefernspinner. (Phalaena bombyx pini.)

Die besten illuminirten Abbildungen von diesem
Insekt, in seinen Verwandlungen, und sonstigen
Verhältnissen kommen in folgenden Werken vor:

1.) In des Königl. Preußischen Herrn geheimen
Forstrath Hennerts trefflichem Werk: Ueber den
Raupenfraß, und Winds-Bruch in den Königlich

Preußischen Forsten in den Jahren 1791 — 1794.
Zweite Auflage Leipzig 1798. 4. mit 8 Kupfertafeln
— Auf der ersten illuminirten Tafel kommen vor:

a) der männliche
b) der weibliche } Schmetterling, oder Phaläna

c) die Eyer,

d) die Raupe,

e) das Gespinnst (Coccon)

f) die Puppe

und so noch ferner eine junge Raupe, ohngefähr 5 — 6 Wochen alt, und eine Puppe, so wie eine große Raupe auf dem Rücken liegend. — Alles sehr gut.

2.) In dem besorgten Forstmann von dem Freiherrn v. Linker, 2ter Band, Tafel 3. 1798. 8.

1. Ein männlicher
2. Ein weiblicher } Schmetterling.

3. Eyer,

4. Raupen, Zwey Varietäten;

Eine ganz dunkle, und eine sehr bunte, gelblich mit weißen Ringen, und Flecken. *)

5. Die Puppe. Das ganze ist gut.

3.) In Herrn Bauers Versuch eines Unterrichts für den Forstmann zur Verhütung der Waldverheerung durch Insekten. 1800. 8.

—

*) Welches auch mir mehreremale vorgekommen ist.

A. d. V.

In der ersten Abtheilung dieser Schrift auf der ersten illuminirten Tafel kommen vor;

1. Beyde Schmetterlinge.
2. Eyer.
3. Raupen, und
4. Puppen. — Alles ziemlich gut.

4.) In dem Meisterwerk von Herrn Dr. Bechstein. „Vollständige Naturgeschichte der schädli„che Forstinsekten. 1805. 4.

Im zweiten Theil auf der siebenten illuminirten Tafel;

1. Beyde Schmetterlinge.
2. Eyer.
3. Raupen.
4. Das Gespinnst (Coccon)
5. Die Puppe. — Alles sehr gut.

Eine vollständige Natur-Beschreibung dieses Insekts hier beizufügen finde ich aus dem Grunde unnöthig weil

a. eine solche in den vorangeführten Schriften, besonders von Bechstein vollständig zu finden ist,

b. wegen dem Nachfolgenden in dieser Schrift,

c. weil das Ganze zu weitläufig würde — und deswegen van dem niedern Forstpersonal weniger gelesen würde.

Doch wegen einigem Einfluß auf das Ganze bes merke ich noch ferner: daß dieses Entóma nach Bechstein zu der ersten Horde der Phalänen gehört, die sich dadurch auszeichnen, daß sie 14 — 16 Füs ße haben, und größtentheils rauch sind; daß sie zu ihrer Verwandlung Gespinnste spinnen; daß sie auch Nachtvögel, Nachtfalter, und Nachtschmet terlinge heißen.

Die Kennzeichen der Gattung sind ferner: daß die Fühlhörner borstenförmig gegen die Spitze im mier dünner werden; daß sie meistens dachförmig hängende Flügel haben, und daß sie des Nachts fliegen. Sie werden zu der achten Familie gerech net, die die Halsband-Raupen enthält.

Sie selbst ist halbrauch, und zeigt bei der Beus gung des Halses am zweiten, und dritten Ring meistens einen dunkelblauen, selten einen goldgelben Einschnitt, und unter demselben einige zinnoberrothe Punkte und auf dem letzten Ringe eine Warze.

Die Verwandlung geschieht über der Erde, in einer länglichen, weichen, inwendig weißlich bestäub ten Hülse.

Vorausgesetzt also, daß die Forstbedienten dieses Insekt auch in dem nicht erwachsenen Zustande der Raupe kennen, muß im Anfang des Herbstes genau nachgesehen werden, in jüngern Kiefernwäldern, bis

zu 25 jährigen Alter ohngefähr, *) ob man keine
Raupen entdeckt. Man trifft sie noch in gekrümmter Lage an den Mayentrieben oft auch in den
Ritzen der Rinde an, ehe die meisten sich abwärts
verkriechen. Das beste ist einige Sträucher fällen zu
lassen, weil von unten hinauf durch bloßes Anschauen der einzelnen Stämme, es nicht möglich ist,
sie zu entdecken. — Sie überwintern im Moos unter den Nadeln, oder in der Erde, und auch dort
kann aus Vorsicht kurz vor Anfang des Winters
mit Schnee, wenn es die Umstände erlauben, ein
gleiches beobachtet, und Untersuchungen angestellt
werden. Im Frühjahr bei sonnigen Tagen des
März Monats, oft auch später, begeben sich schon
manche Räupchen kriechend an den Stämmen aufwärts, um den Fraß der Nadeln anzufangen, und
in diesem Zeitpunkt sind sie leichter als im Herbst
zu entdecken, deswegen wird ein beinahe tägliches
Visitiren der Kiefernwälder nöthig.

Sobald nun diese schädliche Raupe in Anzahl entdeckt worden, ist nöthig die Gränzen, wie weit das
Uebel verbreitet ist, durch genaue Untersuchungen

---

*) Weil die Erfahrung lehrt, daß diese Raupe seltner ältere Bestände angreift; so lange jüngere vorhanden sind, zieht sie diese den ältern jedesmal vor.
A. d. B.

zu bestimmen. Dieses kann aber nicht früher mit gewünschtem Erfolg geschehen, als bis die Raupen anfangen an den Nadeln zu fressen, und bis sie eine solche Größe erreicht haben, daß sie auch ohne Fällung der Stämme entdeckt werden.

Hierauf werden diese Gränzen abgeplattet, d. h. die einzelne Stämmchen größentheils an den Gränzen mit Platten bezeichnet was mittelst eines kleinen Handbeils, und zwar so geschehen muß, daß die Platten nach aussen gegen die nicht angesteckten Waldabtheilungen gerichtet, oder angebracht sind.

So bald man die Gränze zwischen den angefallenen Abtheilungen, und den gesunden, oder nicht angegriffenen, ganz sicher, und genau bezeichnet hat, wird die Isolirung des kranken Platzes von den gesunden Theilen vorgenommen, und zwar durch so senkrecht, als möglich ausgestochene 3 Fuß tiefe, und 2 Fuß breite Gräben. *)

Auf der Seite des Grabens gegen die gesunde Waldabtheilung wird ein Aufwurf von der ausgegrabenen Erde gemacht, damit die Raupen weniger über den Graben in die nicht angesteckten Waldabs

---

*) Wo der Boden weniger sandig, und also fester ist, sind 2 Fuß tiefe des Grabens hinreichend.

A. d. V.

theilungen kommen, und sicherer und leichter getödtet werden können. *) : Allein diese Vorsicht allein
wäre nicht hinreichend, wie die Erfahrung lehrt,
das Verbreiten der Raupen zu verhüten. — Es
müssen auch so hoch, als die den Graben be-
gränzende Bäume sind, eben so breit alles
Holz schnell gefällt, **) und starke Zweige
davon mit den Nadeln gegen die kranken Wald
hingekehrte regelmässig, und mehrere Zweige auf-
einander gelegt werden.

Das Erste ist nothwendig, weil sonst bei Stür-
men die Raupen von den dem Graben nahe stehen-

---

*) Obgleich diese Raupen keine eigentliche Processions-
Raupen sind, so gehört es doch zu ihren Eigenschaften, daß sie gleichsam in zahlreichen Familien, aber
ohne alle Ordnung, die abgefressenen Distriete verlassen, und in noch gesunde angränzende (jüngere)
auswandern.   A. d. B.

**) Wenn z. B. die Stämme 30 Fuß hoch wären; so
muß auf 30 Fuß Breite, alles vom Graben aus gegen den angesteckten Waldtheil hin, hinweggehauen
werden, und diese Pläße mit Laubholz, und zwar
mit Birken in Holzwuchs gebracht, oder wenn doch
wieder Kiefern vorkommen sollen, doch stark mit
diesen vermischt werden. Sollte der Boden auch nur
mittelmäßiges Gedeihen der Eichen hoffen lassen, so
können auch gepflanzte Eichen angebracht werden.
In der Folge mehreres davon!
                                              A. d. B.

den Bäumen und deren Zweige aus, über diesen
Graben geworfen, und unmittelbar angränzende
Bestände auch angesteckt werden. — Das Zweyte
ist nöthig und zweckmäßig, weil, nach meinen eig=
nen Erfahrungen sich die von den abgefressenen
Stämmchen herabgekrochenen, und nun gesunde
Stämme suchenden erwachsenen Raupen, in diese
Zweige einspinnen, und dort abgelesen, oder leicht
getödtet werden können.

Auf jede Entfernung von 50 Schritten müssen
im Graben selbst Vertiefungen von wenigstens ein
Fuß Breite, und 1½ Fuß tief angebracht, und die
im Graben zertretene Raupen mit Besen darin ge=
kehrt, mit Erde bedeckt, und diese gestampft wer=
den. Diese Arbeit des Zertretens und Verscharrens
der getödteten Raupen muß täglich 3mal wenigstens
geschehen; Morgens, Mittags und Abends unter
persönlicher Anwohnung eines Forstbedienten.

Man kann dieses Geschäft dadurch befördern,
daß bei Stangenhölzern, die Stangen stark von Män=
nern gerüttelt, oder besser mit einigen starken Schlä=
gen erschüttert werden, wodurch sehr viele Raupen
abfallen. — Ein Beil mit einem etwas dicken und
breiten Oehr an der Rückseite, oder ein hölzerner
Schlegel sind die Instrumente zu dieser Operation,
wodurch freilich die einzelnen Stangen beschädigt
werden. — Ein Theil der gegenwärtigen Mannschaft

dahin gerichteten Seiten der Wälder der Gefahr am meisten ausgesetzt, und an dem Saum derselben sind gewöhnlich die meisten Raupen, Phalänen, Eyer und Coccons. Meine neuesten Beobachtungen im Sommer 1816. bestätigen diese Angabe; dabei wurde noch besonders bemerkt, daß zwar der Fraß sich anfänglich nicht gerade am Saum des Waldes, sondern mehr nach dem Innern gezeigt, sich aber schnell dahin verbreitet habe.

Von dem großen Nutzen dieses etwas kostspieligen Mittels bin ich durch Anschauung überzeugt worden. Ein gesunder Platz neben einem stark angesteckten, wurde großentheils dadurch erhalten, und dabei sehr viele Raupen auf der Wanderung, die Mittags bei Sonnenschein gewöhnlich vorkommt, getödtet. *)

Sollte dieß Insect erst so spät entdeckt werden, daß schon viele Coccons (Gespinnste) davon vor-

----

*) Im Sommer 1816. habe ich bei Käferthal im Badischen, obgleich es viel regnete, im July bemerkt, daß Vormittags sogar bei Raupen die Wanderungen geschehen, und an starken Stämmen habe ich wohl mehrere hundert Raupen auf, und nur wenige abkriechen gesehen. Es war jedoch sehr warm bei diesem Regen. Wenn die Raupen vollen Fraß haben, so kümmern sie sich nichts um Regen, außer wenn es kalt dabei wird, und Hagelschauer dabei vorkommen.

A. d. V.

handen, und sogar schon Schmetterlinge vorhanden sind, so können die Isolir-Gräben wenn sie auch verfestigt worden; im nämlichen Sommer dem Zweck nicht mehr entsprechen, und es ist ein anderes Mittel anzuwenden, das aus der besondern Natur- und Eigenschaft dieses Insects abgezogen ist, nämlich die Leuchtfeuer bei Nacht.

Dieses nützliche Mittel ist schon oft aus Mangel Entomologischer Kenntnisse zu spät, oder zu frühe, der Jahrszeit nach, angewandt worden, oder zu geringe in der Anzahl der Feuerstellen für manche Districts; ferner nicht an passenden Orten, und nicht anhaltend, und genug, sowohl nach den Stunden oder nach ganzen Nächten, und ist deswegen als zweckmäßig in manchen Forst und Entomologischen Schriften, geschildert, und angegeben worden.

Allein wenn man die Schwärmzeit dieser Phaläs nen beobachtet und kennt, das ist, wenn beide Geschlechter sich zur Begattung suchen (Mitte July und Anfang Augusts geschieht dieses); wer da weiß, daß dieses Geschäft nur in stillen, dunkeln und warmen Nächten vor sich geht, und vollbracht wird, und also nur dergleichen Nächte wählt; wer die Feuer hellbrennend, bis zum Anbruch des Tages nicht zu entfernt von einander unterhält, wird durch den Erfolg überzeugt werden, daß es dem Zweck der schnellen Verminderung dieses Insects ganz entspricht.

Um den eigentlichen Zeitpunct des Schwärmens auszuspähen, muß man an stillen und dunkeln Abenden dergleichen Wälder besuchen; das mehr oder weniger häufige Herumstreichen der Phalänen giebt Aufschluß, und noch sicherer geht man einige dergleichen Feuer anzuzünden, und zu bemerken, ob sich verhältnißmäßig viele Nachtfalter sehen lassen, und hineinstürzen. (Auch wird hier noch bemerkt, daß dieser Zeitpunkt gewöhnlich derjenige zugleich ist, in welchem sehr viele ausgewachsene Raupen und Cocons vorhanden sind.)

Wenn es regnet oder windig ist, so streichen oder schwärmen die Phalänen nicht! und die Feuer sind unzweckmäßig.

Das Holz zu diesen Leuchtfeuern muß trocken seyn, am besten sind klein gespaltene Scheiter mit etwas Hecken (Wellenholz) vermischt, die Flamme muß ohngefähr 4 — 5 Fuß hoch, und 3 — 4 Fuß breit werden.

Die Feuer werden an Wegen, und auch am Saum solcher angesteckter Wälder angemacht. Je heller sie brennen; desto mehr stürzen sich Phalänen hinein, und zwar besonders; wenn sie vorher etwas unruhig gemacht werden, durch Anschlagen mit Zweigen an die Stämme, oder bei geringern, durch

Rütteln, von beeden Geschlechtern, und weit mehr
im Ganzen, als wenn das unterlassen würde; doch
kommen immer mehr männliche Phalänen vor, als
weibliche, was mit daher kommen mag, weil die
weiblichen Nachtfalter gleich nach geschehener Begat=
tung und Befruchtung ruhig an Stämmen und
Zweigen sitzen, die männlichen aber nicht; wenn
aber auch nur männliche Nachtfalter sich verbren=
nen, so wird doch die Befruchtung der weiblichen
durch Verminderung der ersten verhindert, denn
natürlicher Weise legt ein unbefruchtetes Weibchen,
nur unfruchtbare Eyer, wie es nach den bekann=
ten Gesetzen der Natur beim Thierreich bestimmt
ist.

Wenn der angesteckte District groß ist, aber we=
nige Wege vorhanden sind, die ziemlich gleiche Ab=
und Durchschnitte bilden, so ist nöthig, zu diesem
Zweck neue anzulegen, und auf solchen auch Feuer
anzumachen, und zwar bei Entfernung von 60 —
80 Schritten, weil die Phalänen nicht viel weiter
gewöhnlich fliegen. Auf den Seiten unter dem Wind
müssen in der Regel die meisten Feuerstellen ange=
bracht werden.

Die Gegenwart des unterrichteten Försters und
seiner Leute ist hierbei abwechselnd nöthig, so wie
Visitirung der obern Forstbehörde, um die Arbei=
ter, deren Jeder eine Nacht sein Geschäft verrich=

tet — wachend und durch sie die Feuer hellbrennend zu erhalten, und um sich zugleich selbst zu belehren und zu überzeugen. Ein Mann kann höchstens 5 Feuerstellen bedienen, wenn das Holz ange-
fahren und vertheilt ist.

Wenn man bemerkt, daß im Verhältniß mit dem
Anfang der Schwärmzeit oder etwas später, wenige Phalänen mehr vorkommen, *) was zuweilen schon
nach 14 Tagen geschieht, so hört die Anwendung
dieses Mittels für diesen Sommer auf, oder wird
noch mehrere Tage auf denen Plätzen fortgesetzt, auf
welchen in jeder Nacht viele verbrannte Phalänen
vorkommen.

Die Anzahl der Feuerstellen richtet sich gewöhnlich
nach der Größe des angesteckten Areals, und nach
der Menge der Phalänen, doch bestimmt auch die
Entfernung eines von dem andern vieles. In zwei
gleich großen Districten kann der Unterschied den
dritten Theil betragen, dieses muß der Beurtheilung
desjenigen überlassen werden, der von dem Forst-
Personal dabei die Aufsicht führt; doch möchten für
die größte Entfernung 100—110 Schritte und für
die geringste 70—80 Schritte anzunehmen seyn.

Es ist auffallend, wie schnell, und wie viele Phalänen sich bei vorangeführten Umständen in warmen

---

*) Was auch die weniger vorkommenden Coccons, aus
welchen die Nachtfalter ausschlüpfen, mitbeweisen.
A. d. V.

stillen Nächten in die Flammen stürzen, oder doch die Flügel verbrennen; aber der Zeitpunct des Schwärmens, muß dabei genau beobachtet werden, sonst ist der Zweck verfehlt.

Es ist höchst nöthig daß diese Feuer alle vorher vorsichtig ausgelöscht werden, ehe die aufsehenden und arbeitenden Menschen die Plätze verlassen. Zu mehrerer Sicherheit, wegen möglichem Waldbrand habe ich sie immer in 1½ — 2 Fuß tiefen Graben machen lassen bei verhältnißmäßiger Breite, wodurch noch der kleine Vortheil entsteht, daß man die unberegnete Asche sammeln, und verkaufen lassen kann. Auch ist noch weiter zweckmäßig, daß mit einer eisernen oder guten hölzernen Hacke (Rechen) auf Entfernung ohngefähr einer Ruthe nach allen Seiten das Feuerfangende Gestrippe und Nadeln weggenommen, und mit verbrannt werden, um den Boden wund, und dadurch nicht Feuerfangend zu unterhalten. Sollten in der Nähe grössere flache Steine zu bekommen seyn, so ist es vorsichtig, die Feuer nach dem Auslöschen damit zu bedecken, und wenn es trockene Witterung ist, einen Mann aufzustellen, der nach Abgang der Uebrigen, diese Feuerstellen untersucht, und bleibt. Man kann die Vorsicht wegen Waldbrand nie zu weit treiben!

Obgleich dieses Mittel durch den Verbrauch des Holzes etwas kostspielig scheint, so ist es doch des-

wegen nicht zu verſäumen, und ſogar zu wiederholen, weil es dem Zweck zur Verminderung des Kie-
fernſpinners mittelbar und unmittelbar entſpricht.
Erſteres geſchieht dadurch, daß die Eyer der weiblichen Phalänen nicht befruchtet werden, letzteres
durch das Verbrennen der männlichen, und theils
auch der weiblichen Falter.

Wenn alles ſo genau befolgt wird, wie es hier
aus Erfahrung angeben iſt, ſo wird der Erfolg die
Vorzüge des Mittels rechtfertigen, und beweiſen. —
Ich habe mir einigen Klaftern Holz, zu 6 Fuß Höhe, 6 Fuß Breite, und 4 Fuß Tiefe, oder Scheit-
klüge, und mit 200 Wellen, jede zu 3 Fuß Länge,
und 1 Fuß Dicke, oder Durchmeſſer angenommen,
viele ſolche Feuer anmachen, und lange unterhalten
laſſen.

Da es durch Beobachtungen aufmerkſamer Na-
turforſcher und Forſtmänner erwieſen iſt, daß dieſe
Raupen im Herbſt ohngefähr den dritten oder vierten Theil ihrer ganzen Größe erreicht haben, und
ſich theils in den Ritzen der Bäume, einzelne auch
unter die aufgeſprungene Rinde verſtecken, vorzüglich aber, und größtentheils Stamm abwärts auf
die Erde kriechen, und dort im Moos und Geſtrip-
pe an der Erde ſich über Winter in erſtarrten Zuſtande aufhalten, aber ſobald es anfängt etwas gelinde zu werden, mehr auf die Oberfläche, und an

den Fuß der Stämme, und von da auf den Stamm
selbst kommen, und auch dieses mit meinen Beobachtungen übereinstimmt; so ergiebt sich daraus ein
drittes Verminderungs-Mittel: nemlich, daß man
im Frühjahr, ohngefähr im Monat März *)
Moos, Nadeln, und Gestrippe aus dergleichen Kiefernwäldern hinwegnimmt, vorsichtig aus dem Walde bringt, und dort ver-
brennt."

Bey diesem, unter forstlicher Aufsicht unternommenen Geschäft können zu gleicher Zeit, noch viele Raupen, aus der aufgesprungenen Rinde, vorzüglich mit stumpfen Besen abgekehrt werden. Die
Hacken oder Rechen dürfen aber nicht von Eisen,
und eben so wenig die Zähne der hölzernen sehr
lang, oder spitzig seyn, weil sonst die feinern Wurzeln der Nadelstämme beschädigt werden.

Auch müssen ehe das Geschäft im Großen unternommen wird, sichere Proben im Kleinen geschehen, daß verhältnißmäßig viele Raupen dadurch ver-

---

*) Damit die Wurzeln der nöthigen und nützlichen, von
der Natur bestimmten Winterbedeckung nicht beraubt
werden, und mit Ursache zum kränklichen Zustand der
Stämmchen sind.

A. d. V.

dorben werden. *) Auch ist nothwendig ganz ge=
naue Beobachtungen anzustellen, ob nicht noch vie=
le Raupen auf der Erde liegend zurückbleiben. Nach
der Hinwegnahme vorbeschriebener Dinge, und in
solchem Fall ist es zweckmäßig mit guten gewöhnli=
chen Besen nachzukehren, und wie ein Häufchen
Raupen vorhanden, solche zu zertreten. Das Ver=
brennen auf dem Platz bloß mit loderndem Feuer
ist deswegen das Beste, weil selbst bei dem vorsich=
tigsten Transport doch noch sehr viele Raupen aus
dem Gestrippe heraus, und durchfallen, im Walde
schädlich zurückbleiben. Sollte man aber genöthiget
seyn, alles zusammen abzuführen, so muß ein be=
sonderer Weg (der kürzeste, der nach Umständen
möglich ist, eingerichtet, und zu beiden Seiten mit ei=
nem kleinen Graben von ohngefähr 1 Fuß Tiefe,
und Breite versehen werden, worinnen nach geen=
digter täglicher Abführung, alles was von der La=
dung verloren ist, vorsichtig zusammengekehrt, und
gut mit Erde bedeckt wird. Auf dem nemlichen
Weg wird das Reisig und die Rinde, der in der

---

*) Weil die Hinwegnahme des Mooses und der Nadeln,
als eines natürlichen Schutzes der Wurzeln gegen
Frost und Hitze sowohl, als auch als Verbesserungs=
Mittel des Bodens zugleich schädliche Folgen hat, und
hier ein Uebel durch ein anderes vermindert werden
soll.   A. d. B.

Abtheilung gefällten, und bewaldrechteten Bäume fortgeschaft. *)

Es kann auch der Fall vorkommen, daß der Boden mit Heide, Heidelbeeren u. s. w. bedeckt, also der Hacken oder Rechen nicht anwendbar ist, alsdann muß der Boden aufgerollt werden. Wo nemlich Sandboden, und die Lage der Pflanzenerde nicht sehr tief ist, laufen die dicht in einander gewachsenen Wurzeln jener Gewächse nur bis zu dieser Tiefe gewöhnlich, und sind dann gleichsam horizontal abgeschnitten. Man darf also nur einzelne Streifen des Bodens abstechen, und das eine Ende ablösen, so kann man es dann zusammenrollen, und wie im andern Fall das Moos und Gestrippe, verbrennen, und wenn auch Letzteres nicht gerade zu geschehen sollte, so werden die Rollen wenigstens so viel erhitzt, und vom Dampf durchdrungen, daß die darin befindlichen Raupen verderben müssen. —

---

*) Wenn die Aeste und Rinde größtentheils abgenommen ist, vorzüglich unten gegen den Stock hin, wo sie gewöhnlich rauh und aufgesprungen ist, so nennt man es in diesem Fall bewaldrechtet.

Der Ausdruck mag daher kommen, weil nur sogleich so viel hinweg genommen wird, was ohngefähr nach und nach abfällt; und zur Verbesserung des Bodens zurückbleibt, worauf der Wald ein Recht hat! — oder was rechtlich erlaubt ist, im Wald wegzunehmen.

A. d. V.

Unter diejenigen Mittel, die auch von mir mit
gutem Erfolg bei mäßig großen angesteckten Districten, welche aber höchstens 8 — 9 Jahr alt waren,
angewendet worden ist, und welches im Nothfall
auch auf größere Districte ausgedehnt werden muß:
gehörte: das Ablefen der Raupen, (und
Schmetterlinge.)

Hiezu können Personen beiderley Geschlechts und
sogar Kinder gebraucht werden.

Der Monat July ist gewöhnlich der Zeitpunct
für die Raupen, allein es kann derselbe 14 Tage
früher eintreten, für die Phalänen, oder Nachtsschmetterlinge aber in dem angegebenen Monat.

Es muß unter beständiger forstlicher Aufsicht, und
mit besonderer Ordnung geschehen, weil in vielen
Fällen, eine geringe Bezahlung dafür an die Arbeiter vorkommt, und zwar nach einem Landes üblichen Maaß. Im Preußischen z. B. nach Metzen.
Bei sehr vielen Arbeitern müssen deswegen alle zwei
Stunden ohngefähr die ersammelten Raupen gemessen, oder eigentlich nur nach dem Innhalt des
ausgeleerten Gefässes und nach dem Namen der
Personen notirt, in tiefe Gruben geworfen, etwas
gestampft, und mit Erde gut und auf 3 Fuß Tiefe
bedeckt werden. Bei weniger arbeitenden Personen kann
dieses in andern Zeiträumen geschehen, welche ders

jenige bestimmt, der die Oberaufsicht von dem
Forstpersonal hat.

Ich rathe dieses Mittel immer in dem Zeitpunct
vorzunehmen, wo die Raupen noch keine Coccons
haben, und also Phalänen ausschlüpfen, weil sonst
mehr davon fliegen, und einen andern Waldort an-
stecken können; wenn aber das Uebel erst alsdann
entdeckt, oder das Mittel erst so spät angewendet
werden sollte, das schon Phalänen ausgekrochen
sind, dann muß freylich auch darauf gesehen, und
das vollkommene Insect abgelesen werden, weil sie
bei hellen Tagen nicht streichen, sondern ruhig an
den Stämmchen sitzen. Auch gilt das Letztere mehr
von höhern Stangenhölzern, wo besonders die weiblichen Phalänen 4 — 5 Fuß hoch daran vorkommen, und abgelesen werden können.

Anmerkung. Puppen zu sammeln ist selten
gut, weil sehr bald manche Ichneumons (Schlupf-
Wespen,) Arten ihre Eyer darinn legen, und
Maden (Larven,) von einigen Mücken (Musca) Arten darinnen vorkommen, welches ich selbst
beobachtet habe, und beide Geschlechter natürliche Feinde der Raupen sind. Wenn beim Berühren die Puppe sich sehr lebhaft bewegt, dann
ist sie noch nicht angestochen und kann weggenommen werden, im andern Fall nicht! —

Wenn die Raupen in sehr großer Menge, und in einem großen Wald-Areal vorkommen, so müssen die Unterthanen, wie zu andern grossen gefährlichen Uebeln, z. B. Waldbrände, oder Feuer in Städten und Dörfern, auch in großer Anzahl berufen werden, wobei die Einrichtung ohngefähr so, wie bei einer Versammlung zu einer großen Jagd gemacht werden kann. Rottenmeister oder Obmänner, die die Nahmen der Rotten-Individuen schriftlich mitbringen, und von Zeit zu Zeit ablesen, um die Fehlenden zur Bestrafung notiren zu können, dürfen Ordnungs halber dabei nicht fehlen. Alle erschienenen Personen aber müssen mit Handschuhen, neben besondern Gefässen, worinn die Raupen geworfen werden, deswegen versehen seyn, weil sie sich sonst schmerzhaften Zufällen aussetzen, die die Haare dieser Raupen an allen bloßen Theilen der Haut verursachen, und vorzüglich an den Augen.

Anmerkung. In irdenen gebrannten, inwendig glassirten Töpfen, die ziemlich tief sind, lassen sich diese Raupen am besten sammeln und einen kurzen Zeitraum aufhalten, weil sie an der glatten glassirten innern Seite nicht leicht in die Höhe kriechen können, wenn der Hals oder der obere Theil beträchtlich enger ist, als der untere. Auch geht das Messen derselben so am leichtesten, so wie das Ausleeren der Gefäße in die Gruben. —

Bei dieſem Geſchäft müſſen beſonders alle diejenigen Unterthanen unentgeldlich dieſe Dienſte leiſten, welche Holz, wäre es auch nur als Brand-Material aus dieſem Waldtheilen erhalten, und nur diejenigen Unterthanen erhalten einige Belohnung im Verhältniß damit, ob ſie ihr benöthigtes Holz um geringern oder vollen Preis bezahlen müſſen, und ob ſie Brand- und Bauholz zugleich, oder nur Eins von Beiden erhalten. Dieſe Belohnung darf aber niemals beträchtlich ſeyn, und wird in Geld entrichtet.

Wenn die bisher angegebenen Mittel alle zu rechter Zeit im Großen (weil das Uebel ſelbſt im Großen vorhanden iſt) mehrere Frühjahr- und Sommer nacheinander, und ganz nach den hier angeführten Vorſchriften angewendet werden, und in allen einander begrenzenden Waldungen, ſie mögen gehören wenn ſie wollen!! dann läßt ſich ein glücklicher Erfolg mit Gewißheit hoffen.

Bei dieſer Landplage (was dieſes im Großen und ſeit vielen Jahren vorhandene Uebel wirklich iſt) kann nur Beharrlichkeit in Anwendung der beſten Mittel zum Zweck führen. Mit dem Gedanken, es gilt die Rettung vieler tauſend nützlichen Wälder; es gilt die Verminderung dieſes Inſects bis zur eigentlichen Unſchädlichkeit, muß man alle große Schwierigkeiten zu überwinden ſuchen; denn ein Jahr nur, worinnen die Vermehrung dieser Raupen von der Witterung sehr begünstigt wird, wirkt sehr viel, und hebt öfters den Erfolg aller in 1 oder 2 Jahren angewendeten Mitteln wieder auf.

Nur Wiederholung 3 — 4 Jahre unausgesetzt vernichtet die wieder vergrösserte Gfahr, und setzt dem Uebel seine engen, unschädlichen Grenzen, im Fall solches mehrere Jahre vorher vorhanden war, und ein beträchtliches Areal beträf.

Auch ist es eine richtige und tröstliche Erfahrung, daß die natürlichen Feinde dieser Raupen aus dem Insettenreich selbst sich im Verhältniß mit dem Uebel gewöhnlich so vernichten, daß im dritten Jahr längstens die Folgen davon sichtbar werden:

Die Jehrwespen oder Raupentödter. (Ichneumon.)

Die Bastard oder Sandwespen. (Sphex.)

Die Laufkäfer. (Carabus.)

Die Waldsandkäfer. (Licindela.)

Die Fliegen. (Musca.) Geschlechter, welche so viele in dieser Hinsicht nützliche Arten enthalten, sind es, welche diese Erscheinung größtentheils bewirken.*) Aber wer sich dieser trügeri-

*) Sie vermehren sich ausserordentlich an solchen angesteckten Orten oder ziehen sich dahin, wie ich solches besonders mit dem Carabus sycophanta selbst beobachtet

schen Hoffnung allein überläßt, und keine künstliche Mittel anwendet, wird es oft schon im folgenden Jahr bereuen, wenn das Uebel wieder in größerem Grade erscheint, und so ergeben sich öfters Abwechselungen.

Es wird also Regel gerade in denjenigen Jahren, in welchen die natürlichen Feinde nützlich wirken, auch diese durch Anwendung künstlicher Mittel zu unterstützen, um sicherer und schneller den Zweck zu erreichen.

Auch wird öfters bei der Vermehrung des Insects ungünstige Witterung eine mächtige Mithülfe, wohin nasse kalte Witterung, Hagelschauer, Platzregen zu rechnen sind.

Als fünftes Praeservativ - Mittel betrachtet man mit Recht.

Die Schohnung aller Waldvögel.

mit Ausnahme der sogenannten Raubvögel aus dem Vultur-Aquila- und Falco-Geschlecht,*) welche

habe, und mit mehreren Fliegenarten der Musca vomitoria und carnaria, welche in andern Somuern sehr häufig auf dergleichen Plätzen anzutreffen waren.

A. d. V.

*) Der Wespenfalke (Falco apivorus,) frißt zwar, wie sein Nahme anzeigt, Insecten; aber nicht gerade Raupen oder Phalänen, und weil nur diese Art bekannt ist, so mag wohl der Satz hierbier passen. Exceptio non tollit regulam!

A. d. V.

nach bisherigen Erfahrungen keine Insecten zu ihrer Nahrung nehmen, sondern vom Raub anderer Säugethiere, Vögel und Fische, kriechenden Thieren, mit unter auch vom Aas leben.

Für unsern Fall und Zweck, werden besonders nützlich:

Alle Eulenarten (Strix,) weil sie sehr viele Nachtfalter vertilgen, besonders die kleine Ohreule, (Strix otus.)

Ferner das ganze Drosselngeschlecht, (Turdus,) was größere und kleinere Raupen zur Nahrung nimmt.

Das Rabengeschlecht, (Corvus,) was sich von Larven und Puppen vorzüglich aber auch von Raupenarten nährt.

Das Würgergeschlecht, (Lancius,) welche, besonders der Dorndreher (Lancius spinitorquus,) sich vorzüglich von Käfern, Larven und Raupen nähren.

Die beiden Kukuks, (Cuculus canorus und rufus,) welche Raupen und Käfer fressen.

Der Ziegen = Melker oder Nachtschatten, (Caprimulgus europaeus,) welcher größtentheils von Insecten lebt, und vorzüglich von Nachtfaltern, und Abendvögeln, die in der Dämmerung streichen.

Das Meisengeschlecht (Parus,) wodurch eine Menge Raupen, Larven und Käfer getödtet, und sogar die Eyer von Insecten gefressen werden, Es kommen in Deutschland vor:

die große Meise,	Parus major,
die Blaumeise, — —	caeruleus,
— Sumpfmeise, — —	palustris,
— Schwanzmeise — —	candatus,
— Perl- oder Tannenmeise,	ater,
— Haubenmeise, — —	cristatus,

welche in Nadelwäldern, eben so wie in Laubwäldern angetroffen werden.

Der Blauspecht oder die Spechtmeise, (Sitta europaea,) lebt vorzüglich von Insecten, Raupen, Puppen und besonders von den Eyern derselben. Eben so:

Die kleine graue Baumkletter (Certhia familaris,) lebt größtentheils von Insecten-Eyern, und kleinen Insecten, als Raupen und Puppen.

Der Wendhals (Igna torquilla) lebt von Insecten, besonders von Larven, Raupen, kleinen Käfern, auch Eyern derselben. *)

---

*) Doch da derselbe vorzüglich von Ameisen, und deren Larven (Eyern) lebt, so ist er zugleich schädlich, wie weiter unten bewiesen werden wird, und die wenige, die gewöhnlich vorkommen, verdienen keine besondere Schonung.　　　　　　　　A. d. V.

Und endlich der **gemeine Staar** (Sturnus vul-
garis,) vertilgt eine große Menge Larven und Raupen, selbst von der größten Art, und dabei Haarraupen.

Allein es ist erwiesen, daß von den hier angeführten Vogelgeschlechtern gewöhnlich nur sehr wenige in
reinen Kiefernwäldern angetroffen werden, und es
ist also nöthig aus der Natur, und denen uns bekannten besondern Eigenschafen dieser Thiere, Mittel herzuleiten, und anzugeben, um sie mehr dahin,
und sogar zum Nisten zu locken.

Anmerkung. Die Ursache, warum im Sommer vorzüglich in reinen Nadelhölzern wenige mitt-
lere, und kleine Vögel anzutreffen sind, mögen
größtentheils darinnen zu suchen seyn, daß sie die
nöthigen vielerley Naturalien zu ihrem Nesterbau,
so wie überhaupt weniger der mancherley Nahrung
bekommen können, und weil diese Nester weder auf
dem Boden, (jungen Anflug ausgenommen,) noch
auf den Zweigen so verborgen, und zugleich geschützt angebracht werden können, als in den meisten Laubhölzern, und die Erfahrung stimmt mit
dieser Angabe und Vermuthung überein.

Die meisten Eulenarten, besonders die gewöhnlichen mittlern Ohreulen sind in solchen Wäldern anzutreffen, wo wenigstens mehrere mit Höhlungen

versehene Eichen- Kiefern ꝛc. ꝛc. vorhanden sind, *)
um sich den Tag über zu verbergen, und um
Nester in die Höhlungen zu machen. Sie werden
auch von vielen Vogelarten verfolgt; können wegen
ihrer großen Augensterne das Licht, besonders
Sonnenschein nicht vertragen, deswegen verbergen
sie sich, und gehen Abends, und Nachts ihrer Nahrung nach; deswegen müssen ja in solchen (Nadel)
Wäldern dergleichen Bäume von jeder Holzart geschont werden, so lange sie zu diesem Zweck passend

Das Drosselgeschlecht lebt, außer von Insecten,
besonders von manchen Beerarten, z. B. von Vogelbeeren, schwarzen und rothen Hollunderbeeren,
und von Wachholder- oder Kranawets- Beeren.
Von erstern werden die Früchte bei uns Ende Augusts reif; öfters erst Mitte Septembers; von den
zweyten ebenfalls um diese Zeit; von den dritten
früher schon Mitte August; und da bei den Wach-
holderbeeren des weiblichen, oder Beerentragenden
Strauchs, der vorzüglich zu schonen ist, immer
zugleich reife, und unreife Früchte, in den Som-
mer- Monaten anzutreffen sind, so entspricht diese
Holzart dem Zweck besonders. Da wo dergleichen

*) Auch sehr dick belaubte Stämme, und dicht mit den
Zweigen verwachsene Nadelstämme dienen zu ihrem
Aufenthalt während der Tagszeit. A. d. V.

ton der Natur schon vorhanden sind, muß das
Schlagen der reifen Beeren, und das Abhauen,
oder Ausgraben dieses Strauchs streng verboten
werden. Er kommt bekanntlich in trockenen, mehr
sandigen, auf freien sonnigen Plätzen fort, z. B.
an Wegen, am Saum der Wälder, oder innerhalb
derselben auf holzlosen, oder ganz schlecht bestandenen Plätzen; und kann durch Herbstpflanzungen,
(wozu die Setzlinge aber in Saatschulen erzogen
seyn müssen) vermehrt werden.

Bei den Vogelbeeren, und Hollunder-Sträuchen
müßte deswegen ein Gleiches beobachtet werden,
damit man bald möglich eine große Anzahl bekäme,
welche ohngefähr im 4ten Jahr versetzt werden
könnten. *)
— Und da diese Vogelarten auch mehrere Insecten
fressen, die auf Eichen vorkommen, besonders Raupenarten, wie ich selbst beobachtet habe, so ist die
Erhaltung aller Eichen, die noch grünen, nöthig,
und zweckmäßig, und in Vertiefungen und andern
etwas freien Plätzen, die etwas bessern Boden haben, können für die Zukunft solche Eichen-Nester

*) Wenn man von Laubhölzern Stämmchen von einem
halben bis ganzen Zoll Durchmesser erhalten könnte,
so würden davon die in den Wäldern sich ergebenden
Durchschnitts-Linien einfach besetzt werden, wodurch
schon mancher Vogel dahin gelockt wurde. A. d. V.

verſetzt werden, welche ſchon eine Höhe von wenigſtens 5, 6 — 8 Fuß haben, die aber in Saat-
ſchulen erzogen werden müſſen. *)

Das Rabengeſchlecht, und beſonders der dazu
gehörige Holz-Heher wird vorzüglich durch Eichen
angezogen, deren Früchte es begierig aufſucht, und
neben vielen andern Inſecten auch Larven genießt.
Ein Aas zieht ferner die gemeinen Raben, und den
Falkraben (Corvus corax,) beſonders an. **) Auch
die Mandelkrähe (Coracis garrula) lebt gern in
Eichenwäldern, überhaupt in Laubhölzern.

Die Kukuks ſind gewöhnlich in Laubhölzern anzutreffen, wo er von Käfern, und andern Inſecten,
vorzüglich von Raupen ſich nährt.

Auch das Würgergeſchlecht (Lanius,) iſt mehr
in Laubhölzern, als in Nadelhölzern anzutreffen,
vorzüglich in lichten Vorhölzern.

---

*) Wie Saat- und Pflanzſchulen in mehr ſandigen Ge-
genden anzulegen ſind, giebt uns Herr Oberforſtmei-
ſter v. Kropf, in ſeinem Werk: „Syſtem, und
„Grundſätze bei Vermeſſung, Eintheilung, Abſchä-
„tzung, Bewirthſchaftung, und Kultur der Forſten,
„von Seite 348 — 389ſte Anleitung. A. d. V.

**) Und deswegen der Vorſchlag, den Schindanger in den
Wald zu verlegen nicht zu verwerfen. Dabei müßten
aber beſondere Beobachtungen mit verbunden werden,
ob dieſe Raben auch wirklich dieſe Raupen freßen,
oder nicht. Im letzteren Fall wäre es nicht nöthig,
dieſe Einrichtung zu treffen. A. d. V.

Die Nachtschatten habe ich immer nur in Laub‐
holz Niedernwäldern angetroffen.

Der in Hinsicht auf Insecten‐Schaden so nützli‐
che Blauspecht nistet in hohlen Bäumen, und auch
deswegen müssen dergleichen Stämme geschont wer‐
den.

Obgleich der gemeine schwarze Staar ein Strich‐
vogel ist, so erscheint er doch schon im Frühling
in ansehnlichen Ketten, im Sommer, und im Herbst
in Schwärmen. Er bleibt bis October bei uns,
und kann also den ganzen Sommer über zur Ver‐
minderung der Insecten überhaupt, und besonders
auch der größern Raupen vieles mitwirken.

Anmerkung. Der Großherzoglich Badische
Förster Gleisner zu Käferthal bei Mannheim be‐
hauptet, daß diese Vögel der großen Kienraupe,
die sich dort 1807. stark zeigte, großen Abbruch
gethan, und täglich im August sich auf dem anges
steckten Platz eingefunden haben.

Auch dieser Vogel liebt vorzugsweise eben ge‐
legene Laubwälder, und nistet in hohlen Stämmen
der Eichen, Aespen ꝛc. ꝛc., wo er häufig vorkommt.
Er fliegt von da seinem Instinkt gemäß auf Wie‐
sen, besonders um dort Maulwurfs‐Grillen, Heu‐
schrecken, Würmer, Larven ꝛc. zu suchen. Kirsche,
und Beerarten gehören aber auch zu seiner Nah‐
rung, und da er beinahe immer Lust zum Baden

hat, so muß Wasser von seinem Aufenthalt nicht zu weit entfernt seyn, und zwar scheint ihnen stehendes, mit Rohrbewachsenes lieber zu seyn, als fließendes, weil sie wenigstens gegen Herbst hin in großer Anzahl in Rohr (Schilf) der Seeen und Teiche übernachten. Anpflanzungen von einzelnen süßen Waldkirschbäumen, Erhaltung der Seeen, und Teiche innerhalb, oder nahe bei Wäldern, Schonung aller hohlen Stämme bei Laub- und Nadelholz, und strenges Verbot diese nützliche Vogelart weder zu fangen, oder aus den Nestern zu nehmen, *) Alles muß zusammen wirken zur Erreichung des eigentlichen Zwecks. —

Um Meisenarten auf mehrere Kiefernwälder zu locken, wäre zweckmäßig hier und da an Waldwegen, wo man bemerkt, daß Sand mit Erdarten gemischt ist, und auf andern lichten Plätzen innerhalb der Wälder, Hanfkörner zu säen. Mit einer Maas **) was wenig kostet, kann schon vieles geschehen. Der weiblichen, oder Saamentragenden Pflanze geht diese Vogelart schon Ende August sehr nach.

---

*) Nur in Gegenden, wo Weinberge vorkommen, kann das Schießen darinnen erlaubt werden, weil sie an den Trauben ungeheueren Schaden thun. A. d. V.

**) Zu 4 Rheinischen-Schoppen gerechnet. A. d. V.

Die Blaue- und Sumpfmeifen können befonders
damit angezogen werden, weil letztere befonders die
Saamen des gemeinen Roßkolien, (Stachys sylva-
tica L.) und des fchwarzen Andorus (Ballotta
nigra L.) liebt, und diefe Pflanzen, die jede Kräu-
terfrau kennt, häufig wildwachfen auf Angern, und
Wegen, und daher der Saame leicht zu bekommen
ift, und in folche Gegenden nach feiner Reifung in
einzelnen Körnern auszuftreuen ift, um wenigftens
fürs folgende Jahr diefen Vogelarten zur Nahrung
und zur Lockfpeife zu dienen.

Anmerkung. Obgleich die Fledermäufe
nicht zu den Vögeln gehören, fondern nur zu den
fliegenden Thieren, fo kann ich doch nicht umhin
ihrer deswegen hier Erwähnung zu thun, weil fie
für Verminderung der Nacht- und Abendfchmetter-
linge fehr nützlich find, wie die neuern Beobachtungen und Angaben des Herrn Ober-Medizinalra-
thes Leisler zu Hanau, eines bekannten fehr
fhätzbaren Naturforfchers, deutlich beweifen. Diefe Thiere find zugleich fehr gefräßig. Mehrere Arten, befonders (Vespertilio miotis, und noctula
Bechftein,) halten fich in Wäldern in hohlen Bäumen und Aeften, nach hunderten auf. Wenn alfo
Schonung dergleichen alten Bäume, die Höhlungen
haben, räthlich wird, fo hat diefes feinen Grund,
in entomologifchen Rückfichten und Beobachtungen.

Herr Leisler versichert zugleich, daß die Proceß
sions-Raupe in solchen Gegenden bey Hanau gros
ßen Schaden da angerichtet habe, wo einige Jahre
zuvor auf Befehl der Franzosen mehrere tausend alte
Eichen gefällt wurden, und zwar in dem Zeitpunct,
wo diese Thiere ihren Winterschlaf in den Höhlun
gen derselben hielten, und dabei meistens zu Grun
de giengen. — Auch bemerke ich noch weiter hier,
das gerade in stillen, warmen Nächten, wo die
Phalänen streichen, und schwärmen diese Fleders
mäuse auch am häufigsten streichen, und also auch
am meisten Nachtfalter fressen können.

Es mag freylich manchen Leser etwas sonderbar
vorkommen, daß hier angerathen wird: alte, hohle
Bäume von Laub- und Nadelholz zu schonen, und
sogar künstlich Summereien in Wäldern gleichsam
als Spielwerk zu machen, allein ehe er urtheilt,
beherzige er, daß alle hier vorkommende Angaben:
„aus richtigen Beobachtungen über Natur- und
„Eigenschaften der Vögel, und anderer Thiere ab-
„gezogen, und nicht im Zimmer erfunden worden
„sind." Er wird gewiß lieber einen gewissen Zeitraum, wenigstens so lange das Uebel währt, miß-
gestaltete, alte, mit Höhlungen versehene Bäume
im Wald bei andern gesunden; als tausende von
jüngern, schönern schnell absterben sehen.

Und da nach meinen neuesten Beobachtungen, womit auch die von andern Forstmännern, und Natur-Forschern gemachten übereinstimmen, die Ameisen *) eine wichtige Rolle bei Verminderung dieses Forstübels spielen, dadurch daß sie tausende von Eiern dieser Phalänen verzehren, und Raupen und Larven so verletzen, daß sie sterben müssen, zuweilen sogleich, zuweilen erst nachher; so wird Regel zugleich:

Sechstes Gegenmittel.

Alles Sammeln oder Verderben der sogenannten Ameiseneyer, oder eigentlich ihrer Puppen, die in ansehnlichen Haufen in Wäldern vorkommen; bei ansehnlicher Geldstrafe für die Vermöglichern, und bei empfindlicher Leibesstrafe für die arme Klasse der Bewohner, in allen Kiesfernwäldern zu verbieten. **)

---

*) Formica rufa, et rubra, und caespitum nach Blumenbach. Auch die nigra. Nur die Roß-Ameise, als die größte unter diesen, lebt mit den andern besonders der rufa in Streit, die andern leben friedlich zusammen in einen Wald.   A. d. V.

**) Da sich in Laubhölzern gewöhnlich mehrerer Ameisen-(Eyer) Haufen vorfinden, als in Nadelhölzern, so ist es möglich, daß dieser Umstand auch eine mitwir-

Es wäre zu wünschen, daß Naturforscher sich besonders bemühten aus besondern Beobachtungen zu
erlernen, wie die Ameisen auf sichere Weise zu versetzen wären, und eben so die Vermehrung der
Laufkäfer (Carabus) als Erb- und furchtbare Feinde der Kienraupen und anderer in den Wäldern zu
befördern.

Bis dieses geschieht kann man doch Proben machen, und Haufen von den Ameisen bei warmer
Witterung mit allen Puppen, und darinnen befindlichen Ingredienzien, und kleines Gestrippe in angesteckte Wälder mit Butten, wie sie die Weingärt-
ner zu ihren Geschäften gebrauchen, tragen zu lass
lassen, *) dort müßten sie in Gruben, nahe an
große unten hohle Stämme gebracht, langsam ein-

_____

kende Ursache wird, daß manche Vogelarten in letztern
Wäldern weniger vorkommen.   A. d. V.

*) Das Erdreich muß locker seyn und aus Dammerde be-
stehen, oder mit viel Sand und Lehmen gemischt seyn,
um theils ihre unterirdische Gänge besser anlegen zu
können, worinnen sie über Winter ihre Puppen verbergen und theils um alles Wasser schnell ablaufen
zu lassen, was durch Regen und Schnee vorkommt,
und ihre Puppen verderben würde. Dabei muß aber
jeder Haufen besonders herausgenommen und fortge-
tragen, niemals aber zwey Haufen, wären es auch
von der nemlichen Art Ameisen, miteinander vermischt
werden.   A. d. V.

gerichtet, und sogleich mit belaubten Zweigen um=
steckt, und großentheils bedeckt werden, damit die
Sonne nicht unmittelbar sie bescheinen könnte. Die
Gruben müssen in der Mitte eine Erhöhung haben,
weil diejenigen, welche die Ameisen selbst einrich=
ten, auch so beschaffen sind.

Man findet die meisten Ameisenhaufen in natür=
lichem Zustand, immer unter oder neben Laubholz=
Büschen, oder an Stämmen, die unten Nebenzwei=
ge haben, und mir scheint diese Einrichtung des=
wegen gut, und nothwendig in dem Institut des
Thiergeschlechts zu seyn, um theilweis den Regen
abzuhalten, und mehr noch die Sonnenstrahlen, die
anhaltend auffallend, die Puppen verderben wür=
den. Die Proben, welche man dießfalls bei Sam=
meln der Puppen gewöhnlich macht, scheinen meine
Angabe zu beweisen, denn sie tragen die Puppen,
immer in Schatten, den man künstlich durch Zwei=
ge, Papier ꝛc. bewirkt.

Die Laufkäfer (nach Bechstein, Carabus, nach
Fabricius Colosorna, Schönkörper) von denen die
meisten, und besonders der Carabus sycophanta,
der Raupenjäger, und der Carabus inquisitor, der
Puppenräuber, häufig in Waldungen angetroffen
werden, leben im Sommer über oder auf der Er=
de, in alten faulen Stöcken, und im Moos. Das
ganze Geschlecht, und besonders die angeführten

Arten sind große Insektenfeinde, und Raupenmör=
der, deßwegen wird zu ihrer Erhaltung und Ver=
mehrung zweckmäßig, daß man in Kiefernwäldern,
besonders die alten faulen Stöcke schont, und we=
nigstens theilweis, und die Platten dicht mit Moos
Arten bekleidet.

Meine Bemerkungen, den Carabus Sycophanta
besonders betreffend, gehen dahin, daß auch dieser
Käfer im Sommer 1807. in der Gegend vom Kä=
ferthal bei Mannheim, die von der Phalaena bombyx pini, stark befallen war, im ersten Jahr nur
wenig, im folgenden Sommer aber sehr häufig in
dem angesteckten Platz angetroffen worden, und zwar
besonders in der 8jährigen Abtheilung des reinen
Kiefernbestandes. Bei dieser Gelegenheit habe ich
einmal beobachtet, daß ein dergleichen Laufkäfer ei=
ne große herabgekrochene Raupe angepackt, todtge=
bissen, und in ohngefähr 1¼ Stund großentheils ge=
fressen hatte.

Besondere Bemerkungen,
die große Kienraupe betreffend.

Im Jahr 1807. hat der Großherzoglich Badische
Förster Gleisner, zu Käferthal bei Mannheim
selbst zugesehen, wie einige Füchse, die Raupen der
Phalaena bombyx pini gefressen haben, davon er

auf der Stelle einen geschossen, aufgebrochen, und in seinem Magen viele Raupen angetroffen hat.

Ein Waldkäufer fand in dem nemlichen Revier einige Tage nach diesem Vorfall einen noch war- men, aber todten Fuchs, der nach der schnellen Untersuchung desselben ebenfalls den Magen voll dergleichen Raupen gehabt hatte.

Daß Füchse Maikäfer (Scarabaeus melolontha) freßen, und Abends im Flug fangen, oder auf- schnappen, ist bekannt, aber daß sie dergleichen Haarraupen fressen ist eine neue merkwürdige Er- scheinung.

Im Jahr 1816. im Monat July habe ich an einem zwar warmen, aber Regentag, Vormittags, die Raupen der Phalaena bombyx pini groß, und mittelmäßig erwachsen zu hunderten an starken Kie- fernstämmen, die aber noch Nadeln halten, auf- kriechen, wenige herabkriechen sehen.

Weil in der nemlichen Gegend, und um ohnge- fähr 10 Tage früher die Raupen auch über die J- solir Gräben gekrochen waren, *) so kam der Förs- ster Gleißner auf den Gedanken, ein Pferd mit einer steinern Ackerwalze auf den breiten, ebenen Waldwegen zwischen den angesteckten Districten aus

---

*) weil sie nicht alle paar Stunden darinnen zusammen- gekehrt und getödtet wurden.   A. d. V.

zuwenden, wodurch tausende schnell zerdrückt wer=
den durch Hin= und Herfahren mit der Walze.

Ich selbst habe Ameisen, und besonders die schwar=
zen, Eyer der Kienraupe anbeißen, und auffressen,
gesehen, und zwar viele in kurzer Zeit von wenigen
Ameisen.

**Bemerkungen über den Raupenfraß im
Jahr 1816. bei Käferthal in der Gegend
von Mannheim durch den Kiefernspinner
Phalaena bombyx pini.**

Der angesteckte Wald mochte ohngefähr 250 rhein=
ländische Morgen, zu 160, 16 schühigen Quadrat=
Ruthen betragen, und ist ein Theil von dem zu=
sammenhängenden ohngefähr aus 4000 dergleichen
Morgen bestehenden Ganzen. Der Bestand ist Kie=
fern ganz rein von verschiedenen Alter, 5, 6, 7, 8,
20, 30 bis 70 Jahren abwechselnd vorkommend.

Der Boden Sand mit Lehmen, auf beträchtliche
Tiefe ohne Steine, oben auf eine dünne Dammer=
deschichte, die kaum ¼ beträgt.

Der angefressene und respective abgefressene Wald
ist größtentheils 30 jährig, auch ein Theil 7 und 8
jährig.

Ich stelle mir nun die Möglichkeit dieses neuen
Raupenfrasses so vor: daß von denen im Jahr 1807.
vorhandene Raupen einzelne übrig geblieben sind,

von denen sich nach und nach diese dermalen vorhandene Menge erzeugt hat.

Durch Untersuchungen auf der Stelle, und durch den Umstand, daß im Herbst diese Raupen ganz klein sind, und im Frühjahr bei günstiger Witterung und vollem Fraß nur schnell erwachsen, überzeugt, daß es nicht möglich ist, in 30 jährigen Beständen, diese Raupen durch Ansehen der einzelnen Stämme zu entdecken, bis sie ansehnliche Größe haben, geht daraus die Wahrscheinlichkeit hervor, daß sie in ziemlicher Anzahl vorhanden waren, und nur seit vorigem Jahr auf einmal in so großer Anzahl sichtbar werden konnten, und der nähere Beweis liegt darinn, daß der Förster schon im April mehrere Raupen von geringer Größe entdeckt hat.

Da es in dem Instinkt dieser Thiere liegt, und da die Erfahrungen dießfalls damit übereinstimmen, daß sie sich gern in diejenigen Waldgegenden ziehen, die der Tagszeit nach früher und länger der Sonne ausgesetzt sind, also Süd-Ost und Süd, so ist es auch begreiflich, warum dieses auch hier, wie bei dem Raupenfraß vom Jahre 1807. in der nemlichen Gegend statt hatte. *)

---

*) Dieser Raupenfraß, mit seiner Kur ist in meinen forstlichen Aufsätzen, und Bemerkungen Mannheim, und Heidelberg bei Schwan und Göz 1810. beschrie

Um aber nun zu erklären, warum gerade diese Gegend von diesem Insekt befallen, und verheert wurde, muß man wissen:

a.) daß in reinen Kiefernwäldern die von andern Laubwäldern entfernt liegen, wenig Vogelarten sich aufhalten, und darinnen brüten.

b.) daß von den natürlichen Feinden aus dem Insectenreich selbst, z. B. aus dem zahlreichen Geschlechtern, Ichneumon, Sphex, Musca, Cinucidela, Carabus, und andere mehr, oder weniger, als in Laubwäldern vorkommen.

c.) daß die kleinen Vögel aus dem Sylvia, und Molocilla, auch Fringilla Geschlechtern diese sehr großen, behaarten Raupen nicht fressen können.

Da nun in dem Fall, wenn Laub- und Kiefernwälder entweder untereinander, oder nebeneinander liegen, die natürlichen Feinde aus dem Insectenreich vorzüglich auf diese Raupe vermindernd wirken können, und auch manche Vogelarten das Ihrige dazu beitragen, so ist leicht begreiflich, warum in solchen Kiefernwäldern, die so gelegen sind kein schädlicher Raupenfraß durch den Kiefernspinner, noch durch andere ähnliche Raupen vorkommen. Das

ben. Alle dort angewendete Mittel, sind aber hier mehr aus einandergesetzt aufgenommen, und angeführt. A. d. V.

mit ſtimmen, die Erfahrungen mehreren Forſtmänner und auch die meinigen überein.

Reine, mehr von Laubwäldern abgeſonderte Kiefernwälder ſind es immer, die angegriffen werden,
und bei denen die Gefahr, und der Schaden im
Verhältniß mit der Größe ihres Areals wächſt.
Ein Beiſpiel giebt ſelbſt die Churmark in Preuſſen,
wo ſeit 1792. dieſe Raupe bekanntlich ungeheueren
Schaden gethan, und erſt ſeit einigen Jahren beinahe ganz aufgehört hat.

Die Mittel, die in unſerer Gewalt ſind, können
alſo nur ſo viel bewirken, das Gleichgewicht wieder herzuſtellen, damit der Schaden unbeträchtlich,
kaum ſichtbar wird; nie ganz ausrotten! da aber
in iſolirten Wäldern von Laubwäldern, die Natur
durch Vögel- und Inſecten-Arten dieſes Gleichgewicht nicht erhalten kann; ſo erfahren wir nach
mehreren Jahren wieder bei Aufhebung deſſelben
auch wieder denſelben Schaden durch ſichtbares
Vermehren des Inſects, und Abfreſſen der Nadeln
von den Kiefern, wie hier bei uns nach 7 Jahren
jetzt wieder geſchehen iſt.

Die voriges Jahr abgefreſſenen Waldabtheilungen bei Käferthal ſahen ſchon im Monat August
ganz abgeſtanden aus, und ein von mir unterſuch-
tes Gipfel eines 30 jährigen Stammes war auf
mehrere Fuß herab ganz dürr.

Von frieblichen Inſectenarten waren da: Ichneumon turionella, Carabae, Sycophanta, Musca,
Vomitoria.

Der ganze 30 jährige Beſtand wurde im Jahr
1816. abgehauen, die Stöcke gerodet, und der
Platz zum Anbau von Kartoffeln, vorzüglich, gegen
eine Geldabgabe, für angrenzende Bewohner abgegeben.

Im Jahr 1807. als die Kiefernſpinner in der Gegend *) von Käferthal bei Mannheim eine Wald-
gegend von 4000 Morgen rein mit Kiefern beſtan-
den, angegriffen hatte, und dabei auch ein junger
8 jähriger Beſtand, und ein ohngefähr 15 jähriges
Stangenholz ganz entnadelt wurde, ſtarben im folgenden Jahr blos diejenigen Stangen ganz ab, bei
welchen der zweite Trieb in Anfang Auguſts mit
neuen Nadeln nochmals **) abgefreſſen wurde, und
im Ganzen genommen, die mehr ſchwächern; doch
erhohlten ſich die ſtärkern Stangen erſt nach einigen
Jahren ganz. Es wäre daher meines Erachtens
belehrend geweſen, wenn man bei dem neuen Fraß

---

*) Dieſe Gegend ſoll, als Sandland, nach der Verſiche-
   rung mehrerer Herrn, die die Churmark in Preußen genau kennen, die größte Aehnlichkeit mit jener
   Provinz haben.   A. d. V.

**) Alſo zweymal in einem Sommer, ſo iſt es hier zu
    verſtehen.   A. d. V.

vom vorigen Jahr (1816.) einen Theil stehen ge=
laffen, und nur die abgestorbenen, und nicht mehr
grünende, und benadelte Bäume herausgehauen hät=
te, um zu sehen wie? und wie viele? sich von den
30jährigen Stämmen erhalten hätten. Solche Pro=
ben, und Erfahrungen müssen gemacht werden, um
bei dergleichen Erscheinungen, und Uebeln in Zu=
kunft bei ähnlichen Vorfällen ganz zweckmäßig han=
deln zu können.

Eines merkwürdigen bisher nicht bekannten Um=
standes muß ich noch erwähnen, nemlich folgendes:

Diejenigen Arbeiter, welche in denjenigen Kie=
ferndistricten, die vorigen Sommer von der Raupe
des Phalaena bombyx pini beinahe ganz abgefress=
sen worden, *) die Stämme fällten, bemerkten,
daß sie bei diesem Geschäft von einem kleinen In=
sect häufig befallen wurden, und erklärten, daß sie
durch diese Läuse (so nannten sie dieses Insect) ge=
hindert wurden, ihre Arbeit fortzusetzen.

Bei der Untersuchung, welche der als Naturfor=
scher bekannte Professor am Lyceum zu Mannheim
Dr. Sukow, auf dem Platz anstellte, indem er
mit einer Holzaxt mehrere Schläge an diese dort

---

*) das heißt wo die meisten (20 jährigen) Stämme
ganz abgefressen, und dürr geworden, viele andere
aber nur angefressen, und uoch grünend waren.
                                        A. d. V

befindlichen Kiefernstämme machen ließ, ergab sich
daß zuweilen tausende von diesen Thieren herabfie-
len, und daß dieses die Aphis pineti ist, welche
Fabricius im 3ten Band Seite 219 folgendes mehr
beschreibt:

Aphis pineti habitat in pini sylvestris foliis
species distincta corpore, nigro albo farinacea,
pedibusque posticis, elongatis ciliatis.

Die Bewegungen dieses, die Größe einer gewöhnlichen Kopflaus habenden Thierchens, sind lebhaft, und öfters machen sie Sprünge, wie die
Flöhe.

Diese Insecten befanden sich nur auf solchen Kiefern, die zwar etwas von der Larve der Phalaena
bombyx pini gelitten hatten, aber doch noch mit
grünen Nadeln versehen waren. An ganz gesunden
Stämmen, so wie an den benachbarten Districten,
nahm Herr Professor Dr. Sukow, keine gewahr.
Sehr merkwürdig ist dabei, daß diese Untersuchung
den 20. Februar 1817. vorgenommen wurde, also
in einem Winter-Monat

Meine Vermuthung dabei ist folgende: daß diese
Blattläuse, die an den durch die Phalaena bombyx pini beschädigten Nadeln ausgetretenen Saft
verzehren, und also diesem ersten Insect nachfolgen,
wenn dieses im Sommer bis zum Herbst die Nadeln angefressen hat, was dadurch noch mehr Wahr-

cheinlichkeit erhält, weil an gesunden Stämmen,
und Nadeln diese Blattläuse nicht vorkommen.

Es ist schade, daß diese Stämme alle abgehauen
worden sind, und der Platz zu landwirtschaftlichen
Anbau, und Benutzung auf einige Jahre gegen ei=
nen Zins abgegeben worden ist, um durch gesetzte
Beobachtungen über den besondern Schaden dieses
kleinen Insects ein richtiges Urtheil fällen, und über
seine Natur und Eigenschaften mehr Aufklärung er=
halten zu können.

Da man bisher nur in ebenen Gegenden große
Verheerungen von der großen Kienraupe entdeckt
hat, und die vorangeführten Mittel bei mäßig gro=
ßem Areal am sichersten wirken, so wäre nützlich,
und zweckmäßig in dergleichen ebenen Wäldern vie=
le Alleeen oder Schaeißen in gerader Richtung von
12 Fuß Breite so durch zuhauen, da dadurch ziem=
lich gleich große Abtheilungen gebildet werden, wo=
von keine weniger als 50, und nicht mehr als 80
Morgen betragen soll.

Die beständigen, künstlichen Isolirungen werden
bei diesem gefährlichen Uebel besonders (oder auch
bei allem Raupenfraß) wichtig, weil durch sie vor=
züglich es möglich wird, manche dergleichen anges
steckten Abtheilungen zu retten; weil die Raupen
hier früher, und leichter entdeckt werden können,
als in Wäldern, wo die einzelnen öfters ganz unte=

gelmäßig gemachten Abtheilungen viel mehrere Morgen betragen, als ich weiter oben angegeben habe,
und weil hier die Mittel schneller, und mit besse-
rem Erfolg gegen dieses Uebel angewendet werden
können.

Bei Waldfeuer, bei der Holzabfuhr, bei Jagden, bei Entdeckung von Freveln überhaupt werden
diese Alleeen, oder Wege sehr nützlich.

Und nun mache ich noch einen Vorschlag, um
den Verlust des Wald-Areals durch diese Schnei-
ßen für den Holzwuchs grossentheils zu ersetzen,
nemlich:

„Dergleichen Alleeen mit Vogelbeerbäumen zu
„beiden Seiten so zu besetzen, daß einer von dem
„andern ohngefähr 10 — 12 Schuhe entfernt zu
„stehen kommt, und sorgfältig der Zahl nach er-
„halten werden."

Dieser von vielen, die seine Vorzüge nicht kennen, wenig geachtete Waldbaum, trägt bekanntlich
am frühesten Früchte, schon mit 10 — 12 Jahren,
und beinahe als dann jedes Jahr. Diese Früchte
geben sehr guten Brahntwein. Ein Schäffel Vogelbeeren ist zu diesem Zweck einem Schäffel Korn
gleich!! —

Wenn man bedenkt, wie leicht die Vermehrung
dieser Holzart in einer Saatschule ist, wie gut sie
auch in magern, sandigen, sogar felsigtem Sand-

ort gedeihen, wie schön solche Alleen aussehen, so
wird dieser Vorschlag, der nur anfänglich wegen
Mangel an Setzlingen einige Schwürigkeit hat! als
ausführbar angenommen werden können.

Ich schließe mit meinem bekannten forstlichen
Wahlspruch:

Nobis placeant ante omnia silvae.

Graf v. Sponeck,

Dr. der Philosophie, Herzoglich Badischer
Oberforstrath, und ordentlicher Professor
der Forstwissenschaft.

II.

Forstwissenschaftliche Gegenstände.

Briefe

eines

Forstmanns an seinen jüngern Freund.

Erster Brief.

Deute es nicht, als eine tadelnswürdige Anmaßung, wann ich den Versuch wage, Dir in einer Reihe von zwanglosen Briefen, einige Erfahrungen mitzutheilen, die nach vieljährigen Treiben und Wirken, in und für den Wald, mir als wichtig, oder doch der Aufzeichnung würdig erscheinen. Eigendünkel, Schreibsucht ꝛc. ꝛc. haben keinen Theil an diesem geringfügigen Unternehmen, wohl aber die feste Ueberzeugung: daß um einen großen Bau zu vollenden, es der Werkmeister gar viele bedarf, daß aber diese sammt Gesellen und Lehrlingen ohne Rücksicht auf Alter, Meisterschaft und dergl. verpflichtet sind, das Ganze zu fördern, mittelst anspruchlosen Umtausches practischer Ideen, individu-

eller Ansichten, Beobachtungen ꝛc. Liebevolle, rück-
sichtslose Beurtheilung solcher Andeutungen müssen
selbst dem Altmeister zur Ehre gereichen und ihre
ganze Mässe wohl verarbeitet, das Material darbieten, dessen Verwendung noch später Nachkommenschaft Früchte bringen soll.

Was ich Dir zu sagen habe hätte sich füglich in
eine Abhandlung zusammendrängen, systematisch vortragen lassen; ich Ungelehrter bin aber weit entfernt,
etwas Gelehrtes sagen zu wollen; habe auch keine
Muße um mich anhaltend literarischen Arbeiten hin-
geben zu können, dabei ist der Briefstiel herzlicher
und wenn ich recht urtheile, sich dem Gemüthe an-
eigender, als der so immer an das Catheder erinnert. Wer belehren will vermeide so viel als möglich den Zuhörer Langeweile zu machen. Der Himmel gebe, daß ich nicht in diesen argen Fehler ver-
fallen möge, denn eben die Erfahrung, daß anerkannte Wahrheiten für den Anfänger häufig verlohren gehen, oder doch wenigstens unbeachtet bleiben, weil sie sich ihm im ungeeigneten Gewand
darstellten, veranlaßte mich zu dem Versuche, Dir
meine eigenthümliche Ansicht des Forstwirthschaftlichen Lebens und Regens, so mitzutheilen, es so
darzustellen, wie ich es mitgemacht — und aufmerksam beobachtet habe. Vielleicht verfehle ich
meinen Zweck für jetzt, es erscheinen Dir meine

Briefe als altkluges — aus der Mode gekommenes Geschwätz, dem Geist der Zeit nicht zusagend. Aber weit entfernt mich durch diese vielleicht unrichtige Voraussetzung, abschrecken zu lassen, lebe ich der festen Ueberzeugung, daß meine Mittheilungen wenn allenfalls auch nicht schon jetzt, doch in der Zeits folge einigen Werth für Dich behaupten dürften.

Die Erfahrungen anderer lernt man erst gehörig schätzen, wenn man selbst dergleichen gesammelt, und sich überzeugt hat, daß nur sie auf den rauhem Wegen zur Vervollkommnung sicher vorleuchten.

Doch dieses möge hinreichen zu meiner einstweilis gen Verantwortung und zur Vorbereitung auf die gut gemeinten, anspruchlosen Briefe, die dieser bald folgen sollen.

Zweyter Brief.

Die Untersuchung der Frage was bewegt den Jüngling sich dem Studium der Forstwissenschaft hinzugeben? verdient meines Bedünkens, eine aufs merksame Beleuchtung.

Gelegenheit fand ich zu bemerken, daß äussere Verhältnisse, Anlagen des Geistes und Körpers, so wie die frühern Eindrücke, veranlaßt durch die Ers ziehung oder durch die ersten Umgebungen des Knas ben, den Entschluß vorbereiten, der allmählig in der Brust des Jünglings zur Reife gedeiht.

Mit Begeisterung nehme ich Theil an der liebens-
würdigen Schwärmerey eines jugendlichen Gemüths,
dessen edles Streben einzig dahin gerichtet ist, mit
und nur für die Natur zu leben, das die Befriedigung seiner reinen Wünsche — von und im Wald
erwartet. Wenn der innere Mensch mit dieser Aus-
schauung bezahlt wurde, und äussere Einwirkungen
seinen Aufflug nicht hemmen, dann läßt sich viel
erwarten; der Zögling zum dereinstigen Priester im
innersten Heiligthum ist gefunden; den Pfad dahin
wird er mit Hülfe älterer Freunde nicht verfehlen.

Tröstlich ist mir die Ueberzeugung, daß auch Du
diese Gesinnungen theilst; lasse Dich nicht durch
den schaalen Spott der Alltagsmenschen, die alles nur nach dem Magen und seinen Bedürfnissen
berechnen, irre machen; Perlen sind nicht für —
Jedermann, doch wohl Dir, wenn du sie zu erhalten, zu benutzen verstehst!

Alltagsmenschen, nenne ich in dieser Beziehung,
gerade diejenigen, die mitleidig auf den Thoren hin-
abblicken, dem mehr um Erreichung eines edlen
Zwecks, als um die Erhaltung und Pflege des ge-
liebten Bauchs, zu thun ist.

Bald zwar werden diese es lernen, geduldig am
Joche zu ziehen, das ihnen auferlegt wird; die
Hand zu ehren die wohl am Tage die Geißel über
sie schwingt, am Abend aber doch die Krippe füllt.

Das Leben wird ihnen unter monotonen Vorrichtungen ohne sonderliche Anfechtungen verschleichen und das Gefühl der Verantwortlosigkeit ihnen eine ruhige Existenz zusichern, allein die höhern Genüße, die in dem Bewußtseyn zu finden sind, für das Gute selbst, ohne Berücksichtigung eigner Bequemlichkeit, für das Vaterland und seine späten Generationen gewirkt zu haben, gehen verloren, so bald das Streben des Forstmanns eine selbstsüchtige oder knechtische Richtung annimmt.

Einer unserer größten deutschen Männer der unsterbliche Friedrich v. Schiller, faßte obgleich nur als Laie, die große Idee dieses Wirkens, für die noch ungebornen Geschlechter, mit einem seinem Gedankenschwung würdigen Enthusiasmus auf.

Wie oft begegneten mir indes auf dem Lebenswege Männer von sehr verschiedenem Stande und Alter, die dem Ideeal durchaus nicht entsprechen wollten, das meiner jugendlichen Phantasie vorschwebte, wenn ich mir den Forstmann dachte. —

Viele darunter verdienten den Namen von Forstoder Waidmännern nicht einmal, sondern eher den von Brodjägern, — ihr Augenmerk gieng nemlich blos dahin zu einem guten Diensteinkommen zu gelangen, dieses aber mit so weniger Anstrengung als möglich.

Der Anblick eines starkbeleibten Oberförsters ge=
wann ihnen ein wohlgefälliges Lächeln ab, der
Wunsch die Stelle des Beneideten, nicht etwann
im Walde, sondern lieber an dessen wohlbesetzten
Tafel einzunehmen, mahlte sich auf ihren Gesich=
tern.

Noch beschämender war es für deinen Freund
auf Individuen zu stossen, die aus eigener oder
fremder Ueberzeugung grosser Geistesarmuth wegen,
zu unserer Fahne schwuren.

Um alle Anekdoten=Krämmerey zu vermeiden,
vergönne ich hier den unzähligen Aeusserungen, Aus=
trägen und Behauptungen keinen Platz, die mir
selbst zu Ohren oder zu Gesicht kamen und zu Be=
legen dessen dienen könnten, was ich eben nieder=
schrieb. Wie oft mußte ich mit halb verbissenen
Grimm, das schamlose Bekenntniß hören: am Ler=
nen habe ich durchaus einen Abscheu, darum gehe
ich zum Forstwesen, oder irgend eines Pflegbefoh=
lenen: der Bursche ist so dumm, lieberlich, träge
oder dergleichen, daß ich nichts mit ihm anzufan=
gen weiß, wir wollen einen Jäger aus ihm ma=
chen! Auch die Klage lautet wenig erbaulich und ist
doch nicht selten: meine geraden Glieder meine Ge=
sundheit, meine schönste Lebensjahre brachte ich dem
Vaterlande zum Opfer, werde ich nun endlich den
langgewünschten Forstdienst erhalten? Leidenschaftli=

che Liebe zur Jagd bestimmt eben so manchen Jüngling eine Laufbahn zu betreten, die er sonst gern
vermieden hätte; auch dieser Quelle fehlte die wün-
schenswerthe Lauterkeit, obgleich kühleres Blut,
reifes Nachdenken und vor allen ein reges, werk-
thätiges Pflichtgefühl den Unverdorbenen nicht lange in der Irre lassen dürften.

Dritter

pfindung tritt der Jüngling mi
Alters und seiner Unerfahrenh
te

zustellen, die unausbleibl
In dem Geist der gemeinen Gemüther die Alles nur auf gehörige Abfütterung bezwecken, kann
ich unmöglich mit Dir mich unterhalten, wir wollen reine und höher strebende Gesinnungen voraussetzen, um die Schilderung zu vollenden.
Kaum eingetreten in den Stand des Forstmanns
und Jägers, kömmt die Natur uns mit anständigen
Freuden entgegen. — —
Der Baum, der Strauch an denen wir sonst
gleichgültig — oder doch nur mit augenblicklicher
Anschauung vorübergiengen, wird nun zu einer
Blattseite in dem großen Buche so offen vor uns

liegt, und aus dem wir lernen sollen. Das einzel=
ne zieht uns an, und in leiser Stuffenfolge erklim=
men wir eine Höhe, von der uns vorhin kein Be=
griff beiwohnte.

Genüße der reinsten Gattung warten unserer an
jedem schönen Morgen, an jedem heitern Abend.
Die Bewegung im Freien, der stärkende Aushauch
der Gewächse, stählt unsere Kräfte, die sich in einans
der schlingenden Beschäftigungen, lassen die Langes
weile unbemerkt hinter sich, alle Jahrszeiten, oder
Monate, gewinnen ein neues Intresse, unter ab=
wechselnden Beschäftigungen schließt sich unbemerkt der
zwölfmonatliche Kreis, um vom ersten Punkte wies
der auszugehen.

Die Jagd und ihre Freuden geben dem Gemälde noch
lebhaftere Farben. Mit vollen Zügen genießt der Jä=
ger aus der Schaale, die Natur reichlich für jeden
Sterblichen gefüllt hat. Kein Moment in den gros
ßen Drama geht für ihn verloren, selbst im Wins
terschlaf belauscht er selber Schönheiten, die von
jedweden andern unbeachtet bleiben, und findet in
diesem Berufsgeschäfte selbst Erholung von abstrats
ten Arbeiten. Reifere Jahre begünstigen dem Forst=
mann ebenfalls mit freundlichen Gaben ungewöhn=
licher Gattung. Aus eigener Erfahrung will ich
sie Dir schildern. — —

Gleichgestimmten Gemüthern schließt man sich
ihnen auf dem Lebenspfade begegnend, an; der
Umgang mit einem Beusau, Burgsdorf, Met-
tin, Wizleben, Hartig, Bechstein, Laurop, Meier und andere, hebt unsere Kräfte, und
gräbt mit unauslöschlichen Zügen das Streben nach
Vervollkommnung in unsere Seele. —

In eben dem Grad wie die Theilnahme an den
Freuden abnimmt, die unmittelbar von Menschen
ausgehen und vorzüglich berechnet sind die Jugend
zu fesseln, wächst allmählig die in frühern Jahren
aufgefaßte Anhänglichkeit an die Natur und an ihre unvergleichbare Schönheiten. Wir sind vertrau-
ter mit ihr worden, mit dieser Himmelstochter und
fühlen dadurch ein Behagen in ihrem Umgange,
von dem sonst kaum eine Ahnbung in uns dämmer-
te. Selbst noch im späten Greisenalter, kommt uns
dieser Genuß entgegen, uns den Abend des Lebens
zu verschönern.

Wenn es Nachmittag geworden ist, nicht früher,
ersehen wir die aufgehende Saat, aus mühsam, sorgsam ausgestreuten Körnern.

Der junge Wald mit dem wir eine öde Fläche
für die Enkel bekleideten, beglückt uns mit oft über-
raschenden Freuden; die fortdauernde Ordnung in
des Forsten, denken wir einst verstanden zu das gute
Benehmen eines früheren Zöglings, der nun selbst

...big nach unsern Grundsätzen wirkt, diese und
noch viele labende Früchte warten lohnend unserer,
wenn schon die Stimme des Lebens sich zum Untergang wendet. Das Bewußtseyn erfüllter Pflicht
umschwebt als ein freundlicher Genius den redlichen Forstwirth selbst im Augenblick des Scheidens
— von dem was wir irdisch nennen.

Vierter Brief.

In meinem letzten Briefe zeigte ich Dir die Lichtseite des Gemäldes; daß es des Schattens nicht
ermangelt würdest Du mir gerne glauben, doch soll
mich die Erinnerung an die bittern und vor mir liegenden mächtigen Leiden des schönen Berufs nicht
verleiten, die dunkle Farbe allzugrell aufzutragen.

Kaum eingetreten in die Zunft der Forst- und
Waidmänner, erblickt der Jüngling nur Mühseligkeiten und Hindernisse.

Den Wechsel der Witterung, den Mangel an gewohnten Speisen und Getränken, den unvermeidli-
chen Strapatzen der neuen Lebensart stämmt vielleicht seine Jugendkraft siegreich entgegen, aber härtere Prüfungen warten seiner. Angereiht glaubt
sich der höher strebende Noviz einem ehrwürdigen
Verein gebildeter und im Dienst der Natur ergrau-
ter Männer, es war Täuschung! im schlimmsten
doch leider nicht im seltensten Falle sieht er sich mit

unbehaglichem Gesicht auf einen ihn nicht anspre=
chenden Boden versetzt. Forstmänner suchte er und
findet selbsüchtige Holzverkäufer, Jägern wollte er
sich anschließen, und rohe Wildschützen suchten ihm
entgegen. Statt der sehnlich gewünschten Belohnung,
stößt er auf krasse Ignoranz, den schnöden Behand=
lungen, den Grobheiten dieser gewöhnlich vom Ei=
gendünkel aufgeblähten Menschen kann er nicht aus=
weichen; nicht viel fehlt und der Muth entsinkt dem
hoffnungsvollsten Jünger. Doch nicht immer geräth
der Neuling auf so schroffe Klippen, sein guter Ge=
nius führt ihn in die Nähe wackerer Geschäftsmän=
ner, wie hart hält es indeß für den Lehrling, mit
diesen die ersehnte genaue Verbindung anzuknüpfen.

Nicht jedem sonst wackern Forstmann, ward die
Gabe der angenehmen Mittheilung, eine lange Rei=
he von Dienstjahren, Erfahrungen mancherley Gat=
tungen ꝛc. ꝛc. haben ihn abgestumpft, überhäufte
Berufsarbeiten verleiden ihm den Umgang, die Mit=
theilung die sich der Schüler wünscht, und diesen
hält ängstliche Besorgniß von eigener Annäherung
zurück. Die verstimmten Gemüther schließen sich ein=
ander nicht an, und die Lernbegierde des Jünglings
bleibt unbefriedigt.

Unter andern Verhältnissen schreckt eine unaus=
stehliche Rechthaberey, eine aus der Rüstkammer
entlehnte längst verlegte Weisheit, schulmeisterhaft

vorgetragen, den Wißbegierigen zurück. Die Ig
noranz verbirgt sich hinter unverschämte Anmaßung,
alle Theorie hörst Du hier verhöhnen, damit der
gänzliche Mangel an Bildung sich hinter diesem schwa=
chen Bollwerk retten möge. Dort tritt eben so uns
verschämt mit der Suade eines Marktschreiers aus=
gerüstet, im grellen Abstand mit dem Erstern, der
Innhaber ungeprüfter Lehrsätze auf, die nichts ge=
heiligt hat, als die Presse des Buchdruckers.

Du unternimmst es, den krassen Empiriker von
dem heilsamen Einfluß der Wissenschaften zu über=
zeugen und predigst tauben Ohren, ein mitleidiges
Lächeln begegnet Deinen gründlichen Bemerkungen,
statt der Wiederlegung der Sophper, und verfolgt
Dich aus Neid, Beschämung, Scheelsucht.

Mit dem eingefleischten Bücherhelden wartet dein
wo möglich ein noch härterer Strauß. — — We=
he Dir, wann Du die Afterposaune, womit er sei=
nen eigenen Ruhm zu verkünden strebt, für disk
harmonisch erkennst! Aus seiner Marktbude, die oft
mit vielen andern in Verbindung steht, verfolgen
Dich Steine, selbst Kothwürfe, wo bleibt die von
Dir gehoffte Belehrung?

Kannst Du durch Verhältnisse gebunden, diesen
Reibungen nicht ausweichen, verurtheilen Dich Rück=
sichten, wie sie im Leben nur zu oft dem Weltbür=
ger Fesseln anlegen, zur Ausdauer mußt Du des

Bewunderer des Marktschreyers abgeben, wohl gar
seine unreifen Plane ausführen helfen, dann stei‑
gert sich Deine Ungeduld bis zur Verzweiflung, Dir
bleibt nichts übrig, als dulden und schweigen.

Auch unter günstigen Umständen sieht sich der an‑
gehende Forstmann nicht selten verhindert, an der
eifrig gewünschten Vervollkommnung mit Erfolg zu
arbeiten.

Die Annäherung des Jungens und Meisters, die
für Beyde vorzüglich aber auch für die Sache selbst
von höchster Wichtigkeit wäre, ist wie schon berührt
worden, so leicht nicht. Selten nur zu selten, be‑
gegnen Dir auf Deinen Waldpfade ein liebevoller
Bechstein, ein zuvorkommender Laurop, ein hei‑
terer Wildungen. Und was ist nun zu thun, hö‑
re ich Dich fragen, um doch endlich in den Hafen
einzulaufen, worinn unsere Vorgänger schon vor
Anker liegen?

Die Antwort in gedrängter Kürze, auf eigener Erfah‑
rung beruhend und ohne Hinansetzung gründlicherer
Ansichten, ist folgende: Hast Du einmal mittelst
nöthigen Vorkenntnisse, den Grund zu Deinem Ge‑
bäude gesichert, dann müssen eigene Ansichten, Be‑
obachtungen, Dir auf dem rechten Wege helfen.
Kein Buch, kein mündlicher Vortrag, überwiegt
Deine eigenen sinnig und klug gesammelten Erfahrun‑
gen. Belausche den gelehrten Forstmann im traulи‑

den Gespräch, beobachte aufmerksam den Prakti-
ker bei seinen Verrichtungen, aber vor allen halte
Dich an die Natur und lerne ihre Kräfte so genau
kennen als es uns Erdensöhnen vergönnt ward.

Doch ist es Zeit diesen Brief zu schließen, im
Nächsten will ich Dir die Trübsaale mittheilen, die
des Forstmanns warten, wenn er seine Dienstlauf-
bahn angetreten hat.

Fünfter Brief.

Alle Stände kommen darinn überein: daß die
sogenannten Candidaten-Jahre, das heißt der Ueber-
tritt vom unabhängigen Leben der Weltbürgers, in
die eingeengte Sphaire des Staatsdieners, wenige
Freuden darbieten.

Auch ich habe diese Erfahrung gemacht, und auf
dem Theil meines Lebenspfad's der Dornen, viele
angetroffen. Müßte ich ihn noch einmal betreten,
würde ich, um nicht anzustoßen, mein Licht so wenig vor den Leuten leuchten lassen als möglich, aller Eigenliebe, Anmaßung und Rechthaberey entsa-
gen, mehr beobachten als reden, mehr hören als
fragen.

Eine schwere Aufgabe wirst du ausrufen, ich er-
kenne sie als solche, allein sie mit Ausdauer zu lösen, bringt Dir gewiß Ehre, und Vortheil.

Betrachtet man ferner diese Station des menschlichen Lebens, als Fortsetzung der Lehrjahre, dann

wird die göttliche Gabe der Geduld und Resigna:
tion uns dem Ziele langsam aber sicher entgegen
führen.

Nur auf eine Klippe stößt man unglaublich oft,
an der selbst die Langmuth eines Engels scheitern
könnte.

Es ist das fast allgemeine, aus Unkunde erwach:
sene Vorurtheil: die Forstwissenschaft seye im Ge:
biet der Kenntnisse, das Leichteste und unbedeuten:
deste, alles Wissenswürdigen! Männer von Bil:
dung, ergraute Kammeralisten, hörte ich mehr als
einmal so urtheilen. Wie tief verwunden solche vor:
gefaßte, oft absichtlich geäusserte — aus Privatan:
sichten genährte Meinungen das Innerste des Red:
lichen, der mit grossen Aufopferungen — an Zeit
und Vermögen, eine Stüffe erklommen zu haben,
glaubt, die ihm allgemeine Achtung zusichern soll.
Seitdem auch von den Lehrstühlen die Wichtigkeit
eines gründlichen Studiums unserer Wissenschaft,
dem Publikum zu Ohren kommt, wird zwar die
Stimme der Ignoranz seltner und weniger hörbar,
allein wie tief dieses äusserliche Vorurtheil Wurzel
schlug, bewies mir erst kürzlich eine Verordnung,
die dem vorkatzenden Forstrath eines Kollegiums,
seine Stelle hinter allen andern Räthen anwies!
— Solche Anordnungen verrathen allerdings keinen
Staatswirthschaftlichen Scharfblick, allein sie kom:

wien häufig vor und tränken das Zurückgesetzte Ehr=
gefühl tief und unheilbar. Aber dieses sind nicht
die einzigen Folgen des wie mit Fleiß genährten
Irrthums.

In den Augen der Gewalthaber besteht der Grund=
satz, daß auch dem Idioten ein bedeutender Forst=
dienst anvertraut werden mag, nun ergreift man
mit Begierde, und wer vermag einen Widerspruch?
— — den Vorwand auf Kosten der stummen Wäl=
der, die an Leib und Seele verkrüppelten Schütz=
linge dem Staat aufzubürden. Auch Du strebst
weiter, aber plötzlich wird der blödsinnige Nepote,
eines Bassas Dir vorgeschoben, es läuft Dir ein
unwissender Weiberknecht, ein begünstigter Prahler,
ein reicher Taugenichts 2c. den Rang ab. Dann
gilt es Ausdauer und Männermuth, nicht zu schmol=
len mit dem ungerechten Schicksal, die Probejahre
nicht für verlohren zu achten, sondern standhaft
dem Ziel entgegen zu steuern, ausdauerndes Wir=
ken zum Besten des Ganzen, rastloses Streben zur
eigenen Vervollkommnung, schützen den Edlen ge=
gen Brandung und Schiffbruch.

Sollte Dir diese Prüfung erlassen bleiben, ent=
gehst Du doch gewiß nicht dem Kaltsinn, womit
Deine eifrigsten Bemühungen, Deine größten Auf=
opferungen unbeachtet bleiben.

Dank, Belohnung werden Dir nur durch mächtige Verbindungen, selbst dann oft nur spärlich zu Theil, und von dem aufgeopferten Capital, erwarte die Interesse höchstens, aus der Hand der Nachwelt am sichersten von Deinem innern Bewußtseyn.

Unzählige Beyspiele könnte ich anführen, um zu beweisen, wie grell dieser Kaltsinn, gegen die enormen Anforderungen absticht, wo der angeführte Forstwirth gepeinigt wird, und die Untersuchung warum der alte Sauerteig, alles Schreibens und Redens ungeachtet, dennoch immer fortwirkt, müßte höchst anziehend seyn, jedoch zu weit führen. Ein Wort des Trostes seye es Dir: daß nicht in allen deutschen Staaten diese Vorurtheile wuchern, daß vorzüglich die Kleinern sich darinn auszeichnen, und dermalen Männer Einfluß gewonnen haben, die mit edlen Eifer bemüht sind, den Klagen des Patrioten, auch in dieser Hinsicht, ein Ziel zu stecken. Mir werde Nachsicht zu Theil, wenn ich mit Mißmuth vor und hinter mich sehe. Die schönste Morgenröthe leuchtete für unser Fach in den Jahren 1787 — 1790. und ich betrat die Laufbahn freudig mit Erwartungen die unbefriedigt blieben, bis auf den heutigen Tag. Schwüle Gewitterwolken trübten den Horizont und in der langen Reihe nachfolgender Jahre, stockte der Wachsthum des Baums, den ich hoffnungsvoll pflanzen sah. Stürme man

cherley Gattung raubten ihm sogar die schönsten
Blüthen.

Sechster Brief.

Noch kann ich meine Jeremiade nicht schließen,
ohne einige Worte beyzufügen, die Bezug haben
auf die ganz individuellen Drangsale, denen der
ausübende Forstmann unterliegt. Die lang ersehn=
te Beförderung findet endlich statt, mit einem gu=
ten, mittelmäßigen, oder geringen Diensteinkommen,
beginnt nun seine praktische Thätigkeit. Wo ist der
Schauplatz dieses Wirkens? Größtentheils entfernt
von der Residenz, oft von jeder bedeutenden Stadt,
nicht selten in unbewohnten, selbst in öden Gegen=
den. Körperliche Anstrengungen, wechseln mit de=
nen des Geistes ab, und dennoch ist Dir die Er=
holung im Kreise gebildeter Menschen, die dem Ge=
schäftsmann zusprechendeste, versagt.

Der Trost abwechselnder Lectüre erwartet Deiner,
doch nur im Fall Du die Ausgaben dafür bestrei=
ten und Dir verschaffen kannst, was Dir zusagt.
Auf den Vorrath von Kenntnissen, den Du gesam=
melt hast, auf das Studium der Natur, auf die
gewissenhafte Erfüllung Deiner Pflichten, kann
Dein Lebensgenuß beschränkt werden, wenn mehre=
re ungünstige Verhältnisse, Deinen Lebenspfad ein=
engen.

Die Berührungen in die wir unvermeidlich und fortdauernd, unmittelbar und mittelbar mit andern Menschen gerathen, geben neuen Stoff zu gerechten Klagen. Boßhafte oder unwissende Vorgesetzte, alsfüchtige Mitarbeiter, verwahrloßte, selbstfüchtige, verläumderische Untergeordnete, habsüchtige Nachbarn und Eingesessene, können uns das Leben verbittern, aber den Muth des tadellosen Staatsdieners niemals ganz niedertreten. Ausdauer, Zurückgezogenheit, Beobachtung der äußeren Formen helfen auch bei dieser Klippe vorüber.

Leuchtet dem Forstmann ein günstiges Gestirn, wurden ihm kenntnißreiche, billig denkende Vorgesetzte, gutgesinnte Collegen, folgsame Untergebene, friedliche Nachbarn zu Theil, dann erscheint ihm das Leben im höheren Glanz und freudig mag er seine Bahn verfolgen. Noch schließen sich diesen moralischen, einige beynahe unvermeidliche physische Uebel an.

Dem Forst = und Waidmann ist die sorgsame Pflege seiner Gesundheit versagt, den Launen der Witterung in Waldgegenden, erliegt nicht selten der kräftigste Körper.

Unordnungen in der Diät denen ebenfalls nicht auszuweichen ist, führen traurige Nachwehen herbey.

Schnell abwechselnd folgen Ermüdungen im
Freien, auf anhaltende Arbeiten am Schreibtisch
und dieser unvorbereitete Uebergang von einem Ex-
trem zum andern erzeugt keine gedeihliche Wirkungen, Revmatische Uebel, Beschwerden des Unter-
leibs warten gemeinhin des alternden Forstmanns,
wenn er den äusserlichen Verletzungen zu entgehen,
das Glück hatte, ärztliche Hülfe steht ihm in seiner
Abgeschiedenheit nicht immer zu Gebothe.

Gegen diese schlimmste aller Plagen, weis ich kein
radikales Mittel, warme und bequeme Kleidung
mit Hintansetzung aller Gefallsucht, Mäßigkeit, das
Schreiben vor einem Pult, das dictiren in Umher-
gehen, das Bearbeiten wichtiger Gegenstände in den
Morgenstunden, den Schlaf Vormitternacht, sind
nach meiner Ueberzeugung diejenigen Maasregeln
mittelst denen wir das schätzbarste Geschenk der Vorsehung, die Gesundheit erhalten können. Noch vieles ließe sich dem Gemälde mit ächten Farben bey-
setzen, doch könnte es zu weit führen und den Arg-
wohn einer menschenfeindlichen Ansicht auf mich laden, zuvor lege ich darum den Pinsel nieder, mit
dem herzlichen Wunsch: daß die Freuden des Forstmanns, Deiner fortdauernd warten, die Leiden dieses Standes, Dir aber so unbekannt als möglich
bleiben möchten.

Siebenter Brief.

Wenn der Beruf des Forstmanns seine abschreckende Seiten hat, so zeigten sich uns doch auch in den vorhergehenden Briefen sehr lichte Partien.

Die Bestimmung, die Pflichten des Forstwirthes sind zum Theil schon aus dem zu entnehmen, worüber wir uns besprachen.

Indeß kann man nicht oft genug wiederholen, daß aussergewöhnliche Verpflichtungen ihm auferlegt worden sind. Gleich dem Erzieher und Lehrer der Jugend soll er wirken für Gegenwart und Zukunft, für die lebenden und nachfolgenden ungebornen Generationen. —

Das große Capital dessen Zinsen die späte Nachkommenschaft, nicht gerathen kann, wurde in seine Hand gegeben, auf ihren Dank hat er gegründete Anwartschaft, wenn er es gewissenhaft verwaltet; vernachläßigt er dagegen eine seiner Obliegenheiten, wird sie ihn als einen ungetreuen Vormund mit Strenge zu richten wissen.

Welch eine Aufforderung für den angehenden Forstmann sich zu einer so schweren Aufgabe mit aller Anstrengung vorzubereiten!

Das höchste Streben gebildeter Menschen aus allen Jahrhunderten gieng dahin: nach dem Tode im Andenken der späten Nachwelt zu leben, dem redlichen und zureichend eingeweihten Forstmann, bietet

sich mittelst gewissenhafter Erfüllung seiner Berufs-
pflichten, dazu eine treffliche Gelegenheit dar. Und
diesen Zweck unverrückt im Auge behaltend, wird,
wenn nicht ungewöhnliche Stürme den kräftigen
Seegler an öde Küsten vorschlagen, als ein sicherer
Leitstern ihn zum Wohlthäter der Enkel stempeln.
Dabei ist es eine aufmunternde und höchstberuhi-
gende Ansicht: daß auch im Fall die Härte des
Schicksaals, den gebildeten hervorragenden Forstwirth verurtheilen sollte, zu einer Subaltern Rolle,
dennoch die Mittel sich ihm darbieten, jenen so gerechten als Folgereichen Nachruhm zu erlangen.

Der Vorstand eines Landeskollegiums, dessen administrativen Leitung das Wohl der ausgedehntes-
sten Forsten, folglich auch das einer lebenden und
nachfolgenden grossen Volksmasse, anvertraut sind,
erwirbt sich durch gewissenhafte Erfüllung seiner
schweren Pflichten ein unsterbliches Verdienst; er
kann der Wohlthäter eines ganzen Königreichs werden; seinen Ruhm muß er aber theilen mit dem,
des unbeachteten, in der Stille wirkenden, Förster.

Nicht nur bleibt die zweckmäßige Ausführung der
gründlichsten Anordnungen, dem Fleiße und der
Treue des Subalternen überlassen, sondern auch
unmittelbar von ihm muß ausgehen, was den Nachkommen Früchte tragen soll.

Eine wohlgerathene Ansaat oder Pflanzung ist mehr werth, als die Registratur eines ganzen Kollegiums, wenn gleich diese als unentbehrlich erscheint, und unbezweifelten Nutzen bringt. Das gewissenhaft benutzte, sorgsam erhaltene, verständig gemehrte Kapital, das der Staat dem ausübenden Forstmann anvertraute, gibt ihm Ansprüche auf dauernde Dankbarkeit; denn sein Verdienst umfaßt mehrere Generationen, eine mit ihm lebende und eine nachfolgende Welt. Und in dem er eines der unentbehrlichsten Lebensbedürfnisse haushälterisch zu Rathe hält, dient er nicht nur seinem Landesherrn mit der ihm auferlegten Treue und Pflicht, sondern wird zugleich ein Wohlthäter der Menschheit gleich jenem, obgleich im engern Kreise.

Vernünftig seyn wollende Menschen sollten, wie nur zu oft geschieht, nicht geringschätzend auf den untergeordneten Forstbedienten herabblicken. Manchen ausgezeichneten Kopf, viele redliche und so unverdrossene als unbeachtet wirkende Individuen dieser Klasse, lernte ich kennen und innig schätzen; oft verbarg die rauhe Schaale einen trefflichen Kern.

Ueber die Verdienste, Bildung, Behandlung zc. dieser wichtigen Staatsdiener, wollen wir uns in der Folge noch ausführlicher unterhalten.

Achter Brief.

Durch anhaltende Beobachtung der Natur, durch regen Eifer der nie erkalten darf, wandelt der ausübende Forstmann unwidersprechlich auf dem Pfade zur Vervollkommnung und die ihm anvertrauten Wälder sind dann gewiß in guten Händen. Aber noch eine Pflicht liegt ihm ob, die er nach Kräften zu erfüllen hat : die Belehrung und Bildung seiner Zeitgenossen. Du wirst mich hoffentlich in dieser Aeusserung nicht mißverstehen, doch will ich mich deutlicher ausdrücken.

Das Lehramt ist nicht für jedermann, belehrende Mittheilung dagegen allgemeine Pflicht gegen die mit uns Lebenden, so wie gegen die, so nach uns leben wollen.

Eine Wissenschaft die sich nicht abstrakt behandeln läßt, die den Kinderjahren noch nicht entwachsen ist, kann man nicht vielseitig genug beleuchten, ihre Vor- oder Rückschritte nicht aufmerksam genug beobachten.

Wie wäre dieses aber das Werk des Einzelnen? nein, viele müssen dazu beitragen. Ferne sey es indessen von mir, daß nur zu allgemein herrschende Juckfieber der Schriftstellerey aufregen zu wollen, durch solche Andeutungen; jenes epidemische Uebel, das auch über unsere Forstwirthe gekommen ist, hat des

Waldunkrauts in Menge erzeugt, der Himmel ge=
be, daß es nicht weiter wuchere!

Bücherschreiben kann der ausübende Forstmann
nicht leicht, Mangel an Zeit, an Hülfsquellen, an
gelehrter Bildung und an dergleichen Verbindungen
sind häufig vorkommende Hindernisse.

Materialien zu gründlichen Lehrbüchern kann und
sollte er dagegen sammeln. Hat die Natur ihn
nicht vernachläßigt, die Erziehung seinen Geist aus=
gebildet, dann wird es ihm nicht schwer, die nütz=
lichsten, selbst die vorzüglichsten Requisiten zu lie=
fern. Dem Gelehrten bleibe es überlassen, sie zu
ordnen, aneinander zu reihen und der Welt mitzu=
theilen.

Tagebücher die alle gewichtige Bemerkungen und
Beobachtungen enthalten, kleine Aufsätze, durchdach=
te gründliche Berichte alles mit Wahrheitsliebe und
ohne Anmaßung niedergeschrieben, sind schätzbare
Quellen, aus denen viel zu schöpfen steht.

Wenn solche schriftliche Mittheilungen von we=
sentlichen Nutzen sind, so verhält es sich eben so
mit den mündlichen.

Forstmänner sollten so viel als möglich den Um=
gang unter sich, jedem andern vorziehen, und ihre
Ansichten, Ideen ꝛc. in freundschaftlichen Gesprä=
chen, gegen einander auswechseln. Ueberhöre ja
nicht den unscheinbaren Vortrag des alten, erfahr=

nen Försters, weil er dir langweilig und seicht vor=
kommt. Ganz ohne Nutzen wirst du das kleine Ge=
duld Opfer selten bringen, öfterer aber Urtheile und
Bemerkungen hören von großem Werth; in jedem
Fall bietet sich dir die Ansicht aller Stände in Be=
ziehung auf deine Wissenschaft dar, du lernst den
Ideengang derjenigen Menschen kennen, mit und
durch die zu wirken, dein Beruf dir auferlegt. Ge=
sprächsweise, im muntern jovialen Ton, kann man=
che anerkannte Wahrheit dem Zuhörer an das Herz
gelegt werden, und dort feste Wurzel fassen, wo=
gegen der Ton des Docenten abschreckt, beschämt
und selbst erbittert. Derjenige aber, dem vorzügli=
che Gaben verliehen sind, der Gelegenheit hatte,
seine Fähigkeiten auszubilden, kann der Vorsehung
für diese große Wohlthaten kein edleres Dankopfer
bringen, als durch die geeignete Mittheilung des
gesammelten Vorraths, durch Belehrung und Un=
terricht anderer. Wer auch nur einen wohlgerathe=
nen Zögling aufzuweisen vermag, hat schon ein vol=
gereiches Verdienst erworben, sein Pfund ist treff=
lich angelegt, und wird spät noch Zinsen tragen.
Es ist wahr, die Belehrung anderer gehört zu den
undankbarsten Geschäften. Die Trägheit, der Ei=
gensinn, die Verstandes Schwäche, vorzüglich der
Eigendünkel des Lehrlings, treten nur zu oft, dem
ohnehin geplagten Geschäftsmann, feindselig entge=

gen. Mit der edelsten Uneigennützigkeit wurde das
Werk von Dir begonnen, du opfertest ihm deine
schönsten Erholungsstunden, schwarzer Undank, Ver-
läumdung sind dein Lohn. Dies darf den Mann
von richtigem Takt indeß nicht abschrecken, der aus-
gestreute Saamen fällt nicht immer in so elenden
Boden. Pflicht ist es, auszudauern und nur auf
die Stimme hast du zu achten, die aus deinem Innern dich ermahnt.

Einen Forstmann lernte ich genau kennen; voller
praktischen Kenntnisse, dabei menschenfreundlich und
hochherzig, allein ihm mangelte die Gabe der Mittheilung, und so vieles gieng mit ihm zu Grabe,
daß nun erst zur reifen Saat gediehen wäre.
Niemand sollte sich solcher Verschlossenheit schuldig machen, und das alte aber wahre Sprüchlein:

Der Lehrende lernt,
nie vergessen.

Neunter Brief.

Der Forstmann soll gewöhnlich auch Jäger seyn.
Die Verrichtungen des Einen wie des Andern sind
nicht so unverträglich, wie von manchem Schreib-
pult aus, bewiesen werden will.

Eben so wenig, darf der Beruf des Waidmanns
nur oberflächlich in Erwähnung kommen. Wildschützen, Jagdläufer, lassen sich bald aus der Hä-
fe des Volks bilden, den Jäger dagegen müssen

Kenntnisse von nicht gemeiner Art stempeln, bevor er diesen Namen nach dem ganzen Umfang seiner vielseitigen Bedeutung verdient.

Worinn eigentlich die wahrhafte Bestimmung des Waidmanns zu suchen seye, will ich dir nach meiner Ansicht vortragen.

Mag sie immerhin als altfränkisch von andern belächelt werden, dein an Offenheit gewöhnter Freund, redet blos aus eigener Ueberzeugung; theile oder bekrittle sie wer da will!

Göthe in einer seiner Xenien sagt: dem Jäger erscheine die ganze Welt, wie ein großer Schnappsack.

Dieser Spott schildert unvergleichlich die profanen Jagdpfuscher unsers Zeitalters. Ungezügelte Habsucht, wilde Mordlust, das sind die Grundfarben zu dem widrigen Gemälde, das dermalen von so vielen unserer leidenschaftlichen Jagdfreunde zu entwerfen stünde. Das wilde Toben, das ungeregelte Würgen der jagdbaren Thiere, ist aber eine Eiterbeule, ein giftiger Auswuchs, den der ächte Waidmann verabscheuen muß.

Wildbahnen unter allen Rücksichten und Verhältnissen erhalten, gehörig schützen und benutzen, ist keine leichte Aufgabe, doch nur der, so diese nach ihrem ganzen Umfang zu lösen versteht, verdient den Namen eines ächten Jägers. Wenn den

Forstmann die genaue Kenntniß der Natur unwidersprechlich zum Ziel führt, so tritt eben der Fall
rücksichtlich der Jagdwissenschaft ein, und mithin
hat der Kreis der das dem Waidmann Wissens-
würdige umschlingt, keine Grenzen.

Durch die in den Studierzimmern ausgeheckte
Behauptung, Jäger und Forstmann, seyen heterogene Wesen, lasse dich ja nicht irre führen. Unwissenheit, körperliche Mängel, Trägheit verkriechen sich gerne hinter diesen durchaus falschen Lehr-
satz.

Der blos an die Luft der Schulstube gewöhnte
Schwächling, der allenfalls auf besondere Veranlassung aus einem andern Stande zu uns überge-
tretene Glücksritter, der Kurzsichtige, Engbrüstige und
so weiter, wird jeden Vorwand ergreifen, um sich
von einer Beschäftigung loszusagen, die ihm durchaus nicht entspricht; Gelehrte aber, mit dem innern
Triebwerk der Forstwirthschaft nicht zureichend ver-
traute Männer, brandmarkten den Jäger als Sohn
früherer Barbarey und Flachköpfe unter den ausübenden Forstleuten bliesen, aus Furcht, zu den
Obscuranten gezählt zu werden, in eben dieses miß-
tönende Horn. Wer einige Erfahrung in ausübenden Forstgeschäften mit Unbefangenheit verbindet,
wird eingestehen müssen, daß die Abhärtung des
Körpers die der Jäger im poetischen Taumel unbe-

merkt erlangt, indeß der andere durch seine Ent-
behrungen große Opfer zu bringen glaubt, vom
Forstmann als unentbehrlich anerkannt werden muß.
Eben so ausgemacht bleibt es, daß bei Ausübung
der Jagd, der Schutz der Wälder gewinnt, indem
Neigung, fast mögte ich sagen Instinkt, bei jeder
Witterung, bei jeder Tageszeit die Veranlassung da-
zu wie von selbst herbeiführen.

Traue den Betheuerungen der Jagdgegner ja
nicht, als ersetze ein unbedingtes Pflichtgefühl, ein
brennender Eifer das Wohl der Waldungen zu fördern, jene mit der Natur des Menschen, so innig
verschwisterten Triebe.

Unter allen Verhältnissen des Lebens, verläugnet
der Erdensohn nie den Hang, nur dem zu huldigen, so ihm Vergnügen, Belohnung, Ehre einträgt; selten, ach nur zu selten! redet das Gewissen laut genug, um die Stimme, der Selbstsucht,
zu übertönen.

Die Kehrseite zeigt uns den Jäger in seiner dem
bürgerlichen Verein grossen Nachtheil bringenden Aus-
geartetheit. Ekel vor aller andern Beschäftigung, Ver-
nachlässigung der heiligsten Pflichten, Verwilderung
des Gemüths sind die traurigen Folgen einer unge-
zügelten Jagdleidenschaft.

Diese Klippe ist gefährlich. Du wirst aber glücklich daran vorüber steuern, wenn der Wald dir im-

mer lieb, deine Pflicht dir immer theuer bleibt,
wenn der Mensch in deinem Auge den wahren
Werth, den unendlich über das Thier erhabenen,
lebhaft und unbestritten behauptet. Der gutherzig
gebildete Mann sinkt gewiß nicht zum Wild und
Rau-Grafen hinab, den unser Bürger so schön
als abschreckend schildert.

Das richtige Gleichgewicht in der großen Repu-
blik der noch ungezähmten Thierwelt zu erhalten, sie
klug zu benützen, dieß ist das schwere Amt des Jägers, wie er seyn soll; Würger wie wir sie in den
neuern Zeiten so häufig kennen lernten, verdienen
Haß und Verachtung.

(Die Fortsetzung folgt.)

III.

Jagdwissenschaftliche Gegenstände.

Wie erhalten die Jagdgewehre in kurzer Zeit durch Kunst die beliebte Wetterfarbe oder eine Art Bronze?

Nicht nur Jäger und Jagdliebhaber, welche mit Recht für die Jagdausübung eben so wenig blanke Gewehre, als blanke Stiefeln oder andere glänzende Kleidungsstücke wohl aber einige Bequemlichkeit in Behandlung ihrer Jagdgewehre lieben, sondern auch deutsche Büchsenmacher haben sich in dem letzten Jahrzehend diese Frage oft aufgeworfen, wenn sie die schönen Jagdgewehre sahen, welche mit einer dem Auge wohlthuenden, der feinsten Bronze ähnlichen, Wetterfarbe unmittelbar aus den Händen der Büchsenmacher oder Gewehrfabrikanten in Paris, Versailles und St. Etienne zu uns kamen, und ich habe selbst noch vor Kurzem einige geschickte Meister dadurch in nicht geringe Verlegenheit gesetzt, daß ich von ihnen verlangte, ein Jagdge-

mehr auf französische oder englische Art zu bräunen. Man hat einige Jahre hindurch mancherley Versuche angestellt, um es unsern transrhenanischen und transmarinischen Nachbarn, welche die Kunst anfänglich geheim hielten, nachzuthun; man hat verschiedene Aezmittel z. B. Scheidewasser, Spießglanzbutter rc. angewandt; man hat die Flinten sogar mit einem braunen Lack und Firniß, der auf Metall festhielt, überzogen, alles entsprach aber dem erwarteten glücklichen Erfolg nicht. Seit einiger Zeit kennen nun manche deutsche Büchsenmacher und einige sächsische Gewehrfabriken das Mittel, welches so einfach ist, daß es jeder Jagd= und Gewehrliebhaber leicht anwenden kann. Der rühmlich bekannte Herr aus dem Winkell hat es mit einiger Abänderung in seinem, mit Beyfall aufgenommenen Handbuch für Jäger und Jagdberechtigte, von welchem demnächst eine zweite Auflage erscheint, im 3ten Theil S. 369. schon kurz bekannt gemacht; das dort angegebene Verfahren gewährte mir indeß kein ganz glückliches Resultat, und ich will daher, in der Voraussetzung, daß ich manchem Gewehrliebhaber einen angenehmen Dienst erzeige, hier ein anderes einfacheres Verfahren, welches nun von den, des Mittels kundigen Büchsenmachern, beobachtet wird mit allen Handgriffen, auf welche Vieles ankömmt, mittheilen.

Der Flintenlauf, welchem die Wetterfarbe gegeben werden soll, muß, wenn er Rostflecken, oder
etwa von dem Büchsenmächer schon einen blauen
Anlauf erhalten hat, sauber abgeschmirgelt werden;
denn jene Flecken oder der blaue Anlauf werden
bei Anwendung des Mittels auf eine häßliche Weise schwarz. In die Mündung des Laufes und in
seine hintere Oeffnung nach herausgenommener
Schwanzschraube, (deren Herausnahme zwar zuträglich, aber nicht durchaus nothwendig ist,) wird ein
runder genau einpassender hölzerner Stab von der
Länge fest eingesteckt, daß man den Lauf hinten wie
vorne, ohne ihn berühren zu müssen, daran fest-
halten und herumtragen kann. Er wird alsdann
an einem warmen Ofen, über Kohlfeuer oder an
der Sonne gelinde erwärmt, um die Bronziermas-
se auftragen zu können, die man zugleich zubereitet
hat. Ihr Hauptbestandtheil ist, salzsaueres Spiesglanz. Man hat dieses chemische Product in liqui-
der (flüssiger) Form unter dem oben bereits vorge-
kommenen Namen Spiesglanzbutter (Butyrum antimonii,) und auch in concreter Form unter der
Benennung: Englisches Bronziersalz, salz-
saurer crystallisirter Spiesglanz (Stibi-
um muriaticum crystallisatum) oder crystallisirte
Spiesglanzbutter. (Butyrum antimonii crystallisatum). In der letzteren Form konnten es die Che-

miker, **Maquers** chemischem Lexicon zufolge, schon
längst darstellen und es klingt daher sonderbar, wenn
sich einige neuere Chemiker und Apotheker jetzt um
die Ehre der Entdeckung dieses Präparates streiten.

Von dem erwähnten **crystallisirten Spiesglanz**, welchen manche Büchsenmacher lieber anwenden, als die flüssige Burter, läßt man so viel,
als man anwenden will, in einem Kohlfeuer zer-
fließen und setzt alsdann ungefähr die Hälfte soviel
Baumöhl zu, erwärmt beides und rührt es mit einem hölzernen Spatelchen oder mit einer Feder recht
wohl durcheinander. Auf die nämliche Weise verfährt man, wenn man die schon flüssige Spiesglanzbutter, welche ich von gleicher Wirkung fänd, gebraucht; man setzt ihr unter beständigem Umrühren
und Erwärmen gleichfalls Baumöhl zu. Die er-
wärmte Masse trägt man mit einem eingetauchten
Lappen gleichförmig, jedoch nicht zu dicht auf den
erwärmten Flintenlauf und sorgt dabei hauptsächlich
daß sich das Oehl nicht wieder absondert und auf
dem Laufe tropfenweis zusammenfließt, welches sonst
üble Flecken verursacht. Den bestrichenen Lauf stellt
man an einen temperirten Ort, im Winter an den
Ofen, im Sommer hinter ein Glasfenster an die
Sonne, so zwar, daß keine feuchte Luft darauf wirken kann. Man sorgt auch, daß der Lauf in der
Nacht keiner Kälte und feuchten Luft ausgesetzt

werde. Nach dem Anstrich zeigt sich ein successive zunehmender brauner Anlauf, der weder die goldenen noch silbernen Verzierungen und Schriften des Laufes verdirbt; diesen wischt man, nach 6 — 12 Stunden mit einem nur wenig fetten Lappen ab und man wiederhohlt sodann auf die angegebene Weise den Anstrich. Wenn die Brönziermasse nicht stark ätzt, so kann ein drittes und viertes Abreiben und Anstreichen nöthig werden, welches man daran wahrnimmt, wenn nach dem Abwischen noch der Erzenglanz zu sehr durchschimmert oder wenn der braune Anlauf nicht gleichförmig werden will. In dem letzteren Fall werden die fehlerhaften Stellen, die es bedürfen, noch besonders bestrichen. Wirkt das Mittel aber auf die zwey ersten Anstriche oder auch bei den späteren stark genug, welches man an dem dichten rothbraunen Anflug erkennt, und hat der Lauf überhaupt die gewünschte Wetterfarbe erreicht, so schmiert man denselben stark mit Baumöhl ein und wischt dieses nicht allzustark ab, damit der Lauf noch einiges Fett behält. Hierdurch wird der weitere Anlauf gehemmt, der nun auch bei dem Gebrauch des Gewehres und seiner gehörigen Reinigung nicht weiter um sich fressen kann.

Die Schönheit der hervorzubringenden Wetterfarbe hängt demnach von der Güte des salzsaueren Spiesglanzes, von seiner Erwärmung, guten Mis

schung, Erwärmung des Eisens, von guter trockenen Witterung, von der angemessenen Temperatur
des Zimmers und von dem angegebenen genauen
Verfahren ab; unter diesen günstigen Umständen
habe ich einige Gewehrläufe so schön, wie die franz
zöfischen Jagdgewehre gebräunt und ich bin überzeugt, daß dieses auch jedem Gewehrliebhaber, der
zu solchen mechanischen Arbeiten Lust und Geschick
besitzt, gleichfalls gelingen werde.

F.

IV.

Die Forst = und Jagd=Literatur betreffende Gegenstände.

1.

Verzeichniß der in der Michaelismesse 1817 und Ostermesse 1818. erschienenen Forst- und Jagdschriften.

1.) Abbildung der deutschen Holzarten, für Forstmänner und Liebhaber der Botanik, herausgegeben von Fr. Guimpel, 27s und 28tes Heft, gr. 4. Berlin.

2.) Baumann, J. F., Jagdanekdoten 8. Riga.

3.) Cotta's, H. K. S., Oberforstrath, Anweisung zum Waldbau, 2te vermehrte Auflage, gr. 8. Dresden.

4.) Dessen Entwurf einer Anweisung zur Waldwerthberechnung, gr. 8. Dresden.

5.) Egerer, J. Ch. J. F., Forstrath, Grundsäze des Forstrechts, 8. Aschaffenburg.

6.) Forstakademie, die, zu Tharand. gr. 4. Dresd.

7.) Forst= und Jagdwissenschaft, die, nach allen ihren Theilen für angehende und ausübende Forst= männer 2c. 2c. Ausgearbeitet von einer Gesell= schaft und herausgegeben von Dr. J. M. Bech= stein. 4ter Theil 1r. Bd. die Waldbeschützungs= lehre, Gotha.

8.) Hartigs, G. L., Forst= und Jagdarchiv von und für Preußen, 2ter Jahrgang, 4 Hefte, 8. Leipzig.

9.) Hartigs, G. L., Anleitung zur Prüfung der Forstkandidaten, gr. 8. Berlin.

10.) Hermstädt, Dr. S. Fr., Grundsätze der ex= perimentellen Kammeral=Chemie, für Forstmän= ner 2c. 2c. 2te Auflage, gr. 8. Berlin.

11.) Kasthofers, K. Bemerkungen über die Wäl= der und Alpen des Bernerischen Hochgebirgs, 2te Auflage, 8. Arau.

12.) Laurop, C. P., die Staats = Forstwirth= schaftslehre, systematisch dargestellt, gr. 8. Gießen.

13.) Naumanns, J. A., Naturgeschichte der Vö= gel Deutschlands. Neue sehr vermehrte Auflage, 1s und 2s Heft, mit Kupfern, gr. 8. Leipzig.

14.) Sarouws, G., Beyträge zur Bewirthschaf= tung buchener Hochwaldungen. Wohlfeile Aus= gabe, 8. Göttingen.

15.) Segondat, Holztabellen 2c. 2c. herausgege= ben von J. L. Reinke, 4te Ausgabe, gr. 8. Hamburg.

16.) Sylvan ein Jahrbuch für Forstmänner, Jäger und Jagdliebhaber auf die Jahre 1817 und 1818, herausgegeben von C. P. Laurop und W. F. Fischer, 8. Marburg. Der 19te Jahrgang folgt in der Ostermesse 1819.

17.) Tessin, W. v., Anleitung zur praktischen Geometrie, für untere Forstbediente ꝛc. ꝛc. Mit 80 Figuren, 8. Tübingen.

18.) Walthers, F. L., Handbuch der Forsttechnologie. Mit 29 Kupfern, 2te Ausgabe, gr. 8. Darmstadt.

19.) Dessen Zusätze zum Handbuche der Forsttechnologie, für die Besitzer der ersten Ausgabe besonders gedruckt, gr. 8. Ebend.

20.) Wildungen, L. C. F. H. F. v., Waidmanns Feyerabende; 4s Bändchen, gr. 8. Marburg.

21.) Winklers, G., Lehrbuch der Geometrie zum Gebrauch auf Forstakademien ꝛc. ꝛc. 2r. Theil in 2 Abtheilungen, mit 18 Kupfern, gr. 8. Wien.

22.) Wittwer, Beyträge und Erläuterungen, zu Hartigs Lehrbuch, für Förster, 1r. Theil.

23.) Zeitschrift fürs Forst- und Jagdwesen in Baiern. Herausgegeben, von Dr. Ch. F. Meyer, 5. Jahrgang, 4 Hefte, 8. München.

2.

Fortsetzung

des Verzeichnißes der Mitglieder der Herzoglich Sachsen = Gotha = und Meiningischen Societät der Forst = und Jagdkunde zu Dreyßigacker.

Ordentliche Miglieder.

1. Herr v. Boddien, Geheimer Domainenrath zu Aurich.

2. — Häß, Professor der Forst = Naturkunde an der Kaiserl. Königl. Forstlehranstalt zu Mariabrunn.

3. — Hellmann, Herzoglich Sachsen-Meiningischer Forst = Sekretär und Lehrer an der Forstakademie zu Dreyßigacker.

4. — Hundeshagen, Professor der Forstwissenschaft zu Tübingen.

5. — Kasthofer, Oberförster zu Bern in der Schweiz.

6. — Knabe, Gräflich Görtzischer Oberförster zu Hutzendorf bei Schlitz.

7. — v. Pannewitz, Königl. Preußischer Oberforstmeister zu Marienwerder.

8. — Schmidt, Professor der Forstwissenschaft an der Kaiserl. Königl. Forstlehranstalt zu Mariabrunn.

9. Herr Seyffart, Königlich Baier. Lieutenant zu
München.

10. — Sittig, Herzoglich Sächs. Regierungs-
Registrator zu Gotha.

11. — Dr. Tenzel, Professor der Philosophie
zu Landshut.

12. — v. Wedekind, Großherzoglicher Hessischer
Forstmeister zu Darmstadt.

13. — Zimmermann, Königl. Preußischer Oberforstmeister zu Hörda im Märkischen.

Korrespondirende Mitglieder.

14. — Binge, Forst-Kandidat zu Lehrsahn im
Holsteinischen.

15. — Donauer, Kaiserl. Königl. Lieutenant zu
Pilsen in Böhmen.

16. — Dr. Germar, Direktor des Mineralien-
Kabinets zu Halle.

17. — Götze, Förster zu Leutzendorf im Würzburgischen.

18. — Jonaß, Kustos beim National-Museum
in Pesth.

19. — v. Lakosil, Königl. Waldmeister zu Dios-
gyon in Ungarn.

20. — Schenkl, Königl. Baier. Stadtrath zu
Amberg.

Recensionen.

Grundsäße des Forstrechts, von J. Ch. J. F. Egerer, Königlich Baier. Forstrathe ordentlichen Professor der Forstwissen=schaft an dem Forstlehrinstitute zu Aschaf=fenburg. (Nach seinem Tode herausgeben) Aschaffenburg 1818. bei D. Knode. 111. Seiten. 8. (1 fl. 20 kr.)

Der verstorbene Verfasser hat in seinem Lehr=buch der Forstwissenschaft, welches im zweiten Bd. der Forst Annalen von Laurop und Gatterer und zwar im 4ten Hefte, Seite 122. angezeigt worden ist, das Forstrecht als einen Theil des Forstschu=ßes abgehandelt.

Rec. fand daselbst Seite 124 und 285. einiges zu erinnern und zu bemängeln, welches der Verfasser aufgefaßt zu haben scheint und wirklich benüßt hat; denn so hat er z. B. die in seinem Forstlehrbuch fehlende Erwerbungsart des Eigenthums durch Oc=cupation und Accession, er hat das Lehen, den Erb=bestand, die Servitut des Waldmißbrauches in den vorliegenden Grundsäßen aufgeführt und die häufi=ge Anwendung des in Deutschland nicht allgemein eingeführten Napoleonischen Gesetzbuches hinwegge=lassen; inzwischen hätte derselbe so wohl als sein

Nacharbeiter oder Herausgeber dem Compendium immerhin noch eine grössere Vollkommenheit geben können. Es fehlen noch manche Gegenstände der für den Forstmann interessanten Wissenschaft des Forstrechtes, die wohl jeder Leser zu finden hofft: z. B. die Vorbegriffe aus dem Strafrecht über Verbrechen und Strafen, über die Zweckmäßigkeit der letztern und ihre Anwendung, das ganze Jagdrecht, welches sich recht wohl hätte einschalten lassen, so wie auch das Märkerrecht und dergleichen mehr, was hier anzuführen zu weitläufig wäre. Das Buch würde alsdann recht gut zu einem Lehrbuch auf Forstinstituten zu gebrauchen gewesen seyn, wozu es sich immerhin noch eignet, wenn der Lehrer seinen Unterricht mit Dictaten fleissig unterstützt und das Fehlende ergänzt. Auch giebt es sonst — von dem Mangelnden abgesehen, — dem practischen Forstmann, eine gute Uebersicht und ein kurzes Vehikel für das Gedächtniß weswegen demselben ein guter Absatz zu wünschen ist, den es überdieß auch des edlen Zweckes der Herausgabe, zu Unterstützung der Relicten des Verfassers wegen, verdient. Sein kurzer Inhalt ist folgender:

Einleitung. Gesetze, ihre Eintheilung, Verbindlichkeit, Forstrecht, seine Quellen, Sachen, Sachenrecht, Eigenthum, Waldeigenthum, seine Eintheilung. Erster Abschnitt. Erwerbungsarten des Waldeigenthums 1. durch Verträge, Kauf, Tausch, Schenkung, Erbrecht, Accession, Verjährung, Lehen. Zwehter Abschnitt. Wirkungen des erlangten Waldeigenthums. Erste Abtheilung. Rechts-Ausflüsse der Forsteilichkeit (Forsthoheit) 1. das Recht über Wald-ausreutungen zu disponiren, 2. das Recht Waldde-vastationen zu hindern, 3. das Recht der Gesetzge-bung über Culturen, 4. über Schonungen, 5. über die Waldnutzungen, 6. das Jagdregal, 7. das Forst-strafrecht, 8. die Forstgerichtsbarkeit, 9. das Recht Forstbeamte zu ernennen. Zwehte Abtheilung. Rechtsausflüsse des Waldeigenthums. 1. das Recht der Grenzbezeichnung, 2. das Holz-schlagrecht, 3. das Mastrecht, 4. das Recht der Nebennutzungen, 5. das Jagdrecht, (jedoch nicht ausführlich abgehandelt,) 6. das Holzkulturrecht, 7. das Waldbeschützungsrecht, 8. das Pfändungs-recht, 9. das Recht Walddevastationen anzuklagen, 10. das Recht der Veränderung der Waldsubstanz.

Dritter Abschnitt. Einschränkungen des erlangten Waldeigenthums durch fol-gende 12 Servituten: 1. das Beholzigungs-Recht, 2. das Mast-Recht, 3. Laub- und Streusamm-lungsrecht, 4. Triftgerechtigkeit, 5. Hut-Waide-Gerechtigkeit, 6. Viehtränke, 7. Jagdgerechtigkeit, 8. Weggerechtigkeit, 9. Servitut des Fußsteiges, 10. der Wasserleitung, 11. das Flößrecht, 12. der Wald-

mißbrauch. Eingeschaltet ist hier die Lehre von dem
Erbbestand, die füglich im ersten Abschnitt bei den
Erwerbungsarten nach dem Lehen, und zwar mehr
nach den Grundsätzen des deutschen Privatrechtes
als nach der römischen Emphiteusis entwickelt, ihre
Stelle hätte finden können.

Grundlinien der deutschen Forstgeschichte
und der Geschichte der Jagd, des Vo-
gelfangs der wilden Fischerey und der
Waldbienenzucht, von Friedrich Ludwig
Walther Professor der Philosophie auf
der Universität Gießen. Gießen bei Müller 1816. gr. 8. 162. (1 fl. 20 kr.)

Ein kurzer Abriß der Geschichte des Forstwesens,
der Holzarten, der Forst-Wissenschaft, Literatur,
Forstgeographie und Forstphysiographie mit welchem
ein Abriß der Geschichte der Jagd und des Vogelfanges und sogar auch der Waldbienenzucht in Verbindung gesetzt ist. Das Buch zerfällt in zwei
Haupttheile; im ersten nehmen

I. Die Grundlinien der Forstgeschichte
88 S. ein. II. Die Geographie der Holzarten dehnt sich von S. 88. bis 100 aus. III. Die
Geschichte der Forstbotanik erstreckt sich von
S. 101 bis 112. Im zweyten Haupttheil ist die Jagd-
geschichte entworfen; darinn nimmt a) die Geschich-

te des deutschen Jagdwesens von Seite 113 — 130,
b) die Geschichte des Vogelfanges von Seite 131
bis 140, c) die Geschichte der wilden Fischerey von
Seite 140 bis 155 und endlich d) die der Wald-
bienen von Seite 156 bis 162 ihre Stelle ein, welche letztere eigentlich nicht in diesen Theil gehört.
Der würdige Verfasser ist hauptsächlich Antons
Geschichte der deutschen Landwirthschaft gefolgt; wäre es ihm gefällig gewesen, den Raum des Buches
besser zu nützen, die vielen Citate und besonders
die, ohne genaue Auswahl angeführte Literatur ab-
zukürzen und dafür den Text nach den bekannten
reichhaltigen gedruckten Quellen, wie auch nach Urkunden zu erweitern: so würden seine Grundlinien,
die immerhin in jeder Forstbibliotheke eine Stelle
verdienen, ein zureichendes Surrogat bis zu jener
Zeit gewährt haben, wo uns einmal eine ausführliche Geschichte des Forst- und Jagdwesens und der
Forst- und Jagdliteratur zu Theil werden wird, die
eigentlich in unserer Literatur noch mangelt. Die
vielen Druckfehler hätten übrigens bei dem ziemlich
schönen und grossen Druck der vorliegenden Schrift
von dem Verleger vermieden werden sollen.

V.

Vermiſchte Gegenſtände.

1.

**Bravouren eines Hühnerhundes, auſſer
deſſen eigentlichem Wirkungskreis.**

A. So wie ſchon mancher Jäger und Jagdliebhaber Gelegenheit hatte, einzelne Züge bei Dachs-
hunden wahrzunehmen, die nicht zunächſt zu deren
Funktionen gehören, ſo ereignete ſich ein ähnlicher
Fall an dem Hühnerhunde eines ſtädtiſchen Oberjä-
gers in Böhmen. Letzterer hatte lange vergebens
nach einem Fuchsbau geſucht, deſſen Bewohner ſich
die gröbſten Exceſſe in ſeinem Jagdreviere ſowohl,
als in den nahe gelegenen Bauernhöfen erlaubt
hatten, als er denſelben endlich durch ſeinen Hühnerhund in einem überaus gut geſchloſſenen Dickigt
fand. Der Hund erweiterte ſogleich die Röhre nach
und nach, um einfahren zu können und um dieß
zu erleichtern, ließ der Oberjäger die hinter dem
Hund ſich anhäufende Erde immer hinwegnehmen,

bis derselbe in den geräumigen Theil des Baues
(Küche) vorgedrungen war und die ihm hinderlich
gewesenen, bis zu einem Zoll dicken Wurzeln, ent-
zwey gebissen hatte. Oberhalb der Küche, war ein
höher gelegener Kessel, in welchem sich sieben junge Füchse retirirt hatten, die früher schon öfters
den Bau verließen und in der Mitte July bereits
ziemlich stark waren; allein muthig begann der
Hühnerhund den unterirdischen Kampf, würgte nach
und nach sämmtliche Füchse todt und apportirte selbe so schulgerecht wie Hasen.

B. Eben dieser Hühnerhund, ward später bey
Gelegenheit eines Treibjagens an eine kurze Flucht-
röhre gelassen, um sich zu überzeugen, ob selbige
wie zu vermuthen war, von einem Dachs befah-
ren sey oder nicht. Der Hund begann augenblick-
lich die Beseitigung aller Hindernisse und war bald
im Kampfe mit einem Dachs von vorzüglicher Stärke, der ihm nach und nach mehrere nicht unbedeutende Wunden beibrachte. Hiedurch aber nicht ab-
geschreckt, sondern nur noch mehr angefeuert, griff
er den tapfern Gegner aufs neue und zwar so kühn
und geschickt an, daß er dessen obere und untere
Kinnlade mit dem Gebiß zugleich faßte, somit deren Oeffnung gänzlich verwehrte und hierauf zum
nicht geringen Erstaunen aller anwesenden Schützen,
den Dachs herauszog, der nun erst getödtet wurde

und die Freuden des Jagdtags nicht wenig verherr-
lichte. F. W. D.

2.

Kiefern-Niederwald!

In den Memoires d'agriculture, d'Economie
rurale et domestique, publiés par la Societé
d'agriculture du departement de la Seine, im-
primée par Arreté de Mr. le Conseiller d'Etat,
Comte de l'Empire, Préfet du Departement.
Tom. XV. Nro. 7. findet sich die jedem Forstmanne gewiß höchst auffallende Bemerkung:

daß man im Departement der Ober-Loire die
Kiefer (Pinus Sylvestris) als Schlagholz
zu behandeln pflege.

Der Recensent dieses Werkes in den Göttingi-
schen gelehrten Anzeigen (1815. 101stes Stück) sa-
get hierüber:

Dieß ist eine Bewirthschaftungsart, an die wir
nicht würden glauben können, wenn sie nicht ein
Botaniker, wie Decandolle, in seiner Reisebeschrei-
bung, welche jenen Artikel ausmachet, folgendermaßen im Detail beschriebe:

„Man köpft den Baum über dem ersten und
zweyten Satze seiner Aeste in einer Höhe von 4 —
5 Fuß. Der Baum stirbt davon nicht ab, wie

man zu glauben geneigt seyn könnte; sondern die
Seitenäste wachsen wieder und machen eine Krone,
die man alle drey bis fünf Jahre, je nachdem der
Wuchs stark oder schwach ist, wiederum köpfet, je=
doch mit der Rücksicht, daß man auch an ihnen
neue Seitenzweige stehen läßt, damit sie wieder ei=
ne Krone bilden können. Die von Zeit zu Zeit ge=
schehenden Hauungen machen die Bäume freylich
krumm und schief und geben den Kiefern eine ganz
andere Ansicht, als die ungehauenen haben, aber
man stehet daran doch, daß die Nadelhölzer das
Hauen vertragen."

Daß Nadelhölzer, Kiefern vorzüglich, wenn sie
in der Jugend vom Wildpret abgebissen oder sonst
der Spitzen beraubt worden sind, aus einem Ne=
benzweige eine neue Spitze bilden, so daß man nach
einigen Jahren die ihnen zugefügte Beschädigung
gar nicht mehr bemerkt, wird zwar jeder bereits
beobachtet haben, — wehe aber doch dem armseeli=
gen Lande, worinn man solche Niederwaldschläge
anzulegen gezwungen ist!!

Was indessen das Holz dort nicht einträgt, er=
setzen die Trüffeln! Denn nach eben dieser Rei=
sebeschreibung werden allein aus Perigeux jährlich
für 80 bis 100000 Franken Trüffeln, das Pfund
zu 3 Franken gerechnet, ausgeführt.

v. Wildungen.

3.

Einwirkung des im Februar und März 1817. so häufig gefallenen Schnees, auf die Nadeln junger, Kieferndickungen.

Auf einer Reise im nordwestlichen Theile Böhmens, bemerkte ich eine Kieferndickung von 5 bis 9jährigen Alter, die lange Zeit mit Schnee gleichsam überschüttet war, aber doch durch Schneedruck wenig oder gar nichts gelitten hatte; weil kein allzuschnelles Thauwetter einfiel, dagegen waren die Nadeln derselben ganz braunroth gefärbt, so daß man beim ersten Anblick versucht war zu glauben die junge Dickung sey gänzlich abgestorben. Sogleich kam ich auf die Idee, daß die lange Entbehrung des freyen Zutritts der Luft und des Lichts, diese Erscheinung veranlaßt haben möge, jedoch untersuchte ich so fort die Knospen, dann die Festigkeit der so ungewöhnlich früh und stark gefärbten Nadeln an ihrem Standorte, so wie die Oberhaut der jungen Zweige.

Die Knospen gegen jene von einzelnen freygestandenen Stämmchen gehalten, waren zwar äusserlich mehr braunroth, als letztere, aber die innere Beschaffenheit derselben, ließ keinen merklichen Unterschied zu, worauf auch die Vermuthung zu gründen war, daß der künftige Trieb unfehlbar erfolgen würde, obschon die Nadeln der jungen Föh-

ren ganz das Ansehen hatten; als wären sie durch
einen hohen Grad von Wärme schnell ausgetrock=
net worden. Die Verbindung der Nadeln mit den
Zweigen, war noch ziemlich fest, aber doch etwas
lockerer, als bei freygestandenen Stämmen. Die
Oberhaut an den jungen Zweigen, schien in so fern
einigermaffen gereizt, als sich deren Farbe, aus
dem gelbgrünen, mehr ins weißgraue verwandelt
hatte. Wohl erinnere ich mich junge Föhrenbeständ=
de, die ich beständig zu beobachten Gelegenheit hat=
te, gesehen zu haben, die an nördlichen Abhängen
oft eben so häufig, als ziemlich lange mit Schnee
bedeckt waren, aber dennoch gewahrte ich niemals
ein ähnliches Resultat, kaum ein merkbar helleres
Grün, gegen die Nadeln freystehender Stämme, je=
doch war hier der Boden durchaus sehr trocken, wo=
gegen er bei der in Frage gekommenen Dickung
frisch und für Kiefern etwas üppig seyn dürfte.
Im Dezember 1817. führte mich meine Rückreise,
abermals an den erwähnten jungen Föhrenbestand
und mit gespannter Erwartung näherte ich mich
demselben, um dessen jetzigen Zustand überhaupt
und besonders den diesjährigen Quirl zu prüfen.
Das äussere Ansehen ließ kaum Spuren von dem
mitgetheilten Vorfall des verflossenen Lenzes wahr=
nehmen, dagegen hätte ich den diesjährigen Jahres=
Trieb allerdings viel bedeutender erwartet, sowohl

im Vergleich gegen andere Districte und gegen den
vorjährigen Quirl, als im Betracht des Bodens
und der nicht ungünstig gewesenen Jahreszeit. Ich
bedauere, nicht Augenzeuge gewesen zu seyn, wie
die Reinigung der Nadeln von den Zweigen hiebey
erfolgte, ob mehr gleichzeitig oder nach und nach,
ferner mit welcher Lebhaftigkeit oder Trägheit sich
die neuen Nadeln und Triebe bildeten, auch gestattet es mir Zeitkürze nicht anderweitige Erkundi-
gungen einzuziehen. Wollte man übrigens obige
Erscheinung nicht ganz auf Rechnung der entzoge-
nen freyen Luft und des Lichtzutrittes setzen, so müßte
man annehmen, daß die eingeschlossene Luft unter
dem Schnee, durch Ausdünstungen geschwängert,
zugleich auch eine Temparatur angenommen hätte,
die mit Zusammenwirkung der Umstände den mehrberührten Einfluß auf die Nadeln zum Theil bewirkt habe.   F. W. D.

4.

Ein castrirter zahmer Rehbock.

Um mich zu überzeugen: ob Rehböcke frisch auf-
gesetzte Gehörne durchs Kastriren, wie vielleicht
viele Waidmänner noch glauben, nicht abwerfen,
oder ob sie im letzteren wirklich eintretenden Falle,
ein neues oder vielleicht gar kein Gehörn wieder
aufsetzen würden, kam ich schon vor langer Zeit
auf den Gedanken, einen solchen Versuch an einem gezähmten Bocke zu machen. Jedes Jahr gab
ich mir daher Mühe Kitzgen zu erhalten, erhielt
aber nie eins länger als 14 Tage am Leben. Erst
in dem Jahre 1811. war ich so glücklich, ein solches Thierchen aufzubringen, mit dem ich sodann
den schon längst gewünschten Versuch angestellt habe, von dessen Resultat ich dem verehrten Jäger-
publicum in nachfolgender Erzählung Rechenschaft
ablegen zu müssen glaube.

Im Jahr 1811. gegen die Mitte des Monats
Juny, erhielt ich ein männliches Rehkitzchen, das
damals gegen 8 — 10 Tage alt seyn konnte. Mit
Kuhmilch, durch Wasser verdünnt, jedesmal mit etwas Oel, gegen die Verstopfung, vermischt, ließ
ich es auftränken, und brachte es glücklicher Weise bald so weit, daß es sich selbst von Gras, Brod,
Kartoffeln und Hafer allein äßte; desto später aber

verlor es die ihm angeborne Wildheit, wurde dennoch zuletzt sehr zahm. In einem Alter von 7 Monaten warf es die auf seinen Rosenstöcken bis dahin sich gebildeten hornartigen ½ Zoll langen Spitzen, und zwar den 18 Januar des folgenden Jahrs ab; und nun begann das Wachsthum eines neuen Gehörns. Dieses nahm in den ersten vierzehn Tagen merklich zu, und bildete sich bis den 14. April zu einem völlig viereckten 6 Zolle hohen Gabelgehörne aus; welches das nun zum Bock gewordene Kitzchen, am letzt genannten Tage fegte. Dieß neue Gehörn bedurfte also zu seiner völligen Ausbildung 12 Wochen und 4 Tage, oder kürzer, beinahe ¼ Jahr. Acht Tage nach dem Fegen, und zwar den 21. April ließ ich ihn castriren, womit also die Periode zu dem anzustellenden Versuche begann. Das Kastriren geschah, wie ich glaube, mit besonderem Glücke; denn es trauerte der Bock kaum einige Stunden, und war der Hodensack woran sich fast gar kein Geschwulst zeigte und der nur einigemale, vielleicht ohnnöthig, mit Oel geschmiert worden war, in sechs Tagen völlig verheilt. Vierzehn Tage nach dieser mit ihm vorgenommenen Operation kam unter den Rosen ein starker Wulst zum Vorschein, woran man die Bildung neuer Rosen, bald sehr deutlich erkennen konnte und die dergestalt zunahmen, daß sie zwölf Tage später, also vier Wo-

chen nach dem Kaſtriren das zuerſt geſchobene Ge
hörn, mit Gewalt verdrängten. Er warf wirklich
zu der Zeit ab, die rechte Stange um einen Tag
ſpäter als die linke, und waren damals ſchon die
neuen Roſen faſt völlig ausgebildet. Dieſe neue
Roſen welche er in den erſten Tagen nach dem Abwerfen durch öfteres und ſtarkes Reiben an jungen,
von mir in den Garten gepflanzten Lerchenbäum-
chen, die er dadurch zum Theil der Rinde entblößt
hatte, dergeſtalt aufrieb, daß ihm der Schweiß
um den Kopf triefte, nahmen nun ſichtbar zu; und
ſchon zu Ende July hatte ſich ein neues Gehörn
von 8 Zolle Höhe, bei 7 Zolle Peripherie ſtarken
Roſen, gebildet. Dieſes neue Gehörn, welches mit
einer ſtarken Baſthaut überzogen war, führte ſtets
eine ſtarke Wärme mit ſich, und mag wohl dieſe
die einzige Urſache geweſen ſeyn, daß er es durch
ſchlagen ſo oft verwundete. In dieſem Zuſtande
blieb daſſelbe bis zu derjenigen Zeit wo die Rehböcke überhaupt neue Gehörne aufzuſetzen pflegen, alsdann aber verdickte ſich die Baſthaut durch einen
perlenartigen, fleiſchigen, behaarten Wulſt, der bald
den ganzen Zwiſchenraum beider Stangen ſo ausgefüllt hatte; daß das ganze Gehörn nur noch einem haarigen Fleiſchwulſt glich. Dieß Vergröſſern
des Gehörnwulſtes ſchien ſeine Kräfte merklich zu
vermindern, denn zu der Zeit konnten Menſchen

ihn in 5 Minuten ganz hätalli jagen, welches doch
das Jahr vorher, in welchem er eben so feist war,
nicht möglich war; und mir ist das Sonderbarste
dabei, daß er noch immer die in Verfolgung des
schönen Geschlechts und in runde Kittel gekleideter
Männer, angenommene üble Gewohnheit zu Zeiten
in Ausübung brachte und auch noch öfters mit mei=
nen Jagdhunden scherzte. Seine von Jugend auf
gezeigte schelmische Tücke die er so weit trieb, daß
er mehrere Menschen beschädigte, war wahrschein=
lich Ursache seines leider zu frühen Todes: denn ich
vermuthe daß ein Bauer, an dem er vielleicht auf
eben diese Art, seine Bosheit hatte ausüben wol=
len, ihm mit einem derben Schlage an den Kopf,
das Gehörn und eine Hauptarterie des Fleischwuls=
stes stark verletzt hatte, in welchem Zustande er,
durch vieles Schweißen beinahe kraftlos, Rettung
dahier im Hofe suchte, und ich sah mich genöthigt
sein Leben durch den Genickfang zu enden. Ganz
und zwar ohne Aufbruch wog er gegen 40 Pfunde,
war ziemlich feist und das Wildbrät von dem sei=
ner wilden Mitbrüder im Geschmacke nicht verschie=
den. Das Gehörn dessen Fleischwulst ich abfaulen
ließ, hat dadurch ein weniger prächtiges als merk=
würdiges Ansehen bekommen und wird solches von
dem verehrungswürdigen Ornithologen Großherzog=
lich Hessischen Oberforstrath Herrn Dr. Bekker zu

Darmstadt im dortigen Naturalien-Kabinette auf bewahrt. So endigte die Lebensgeschichte des mehr benannten Kastraten, als dieser kaum das 2te Jahr erreicht hatte, die ich durch einen kurzen, nach meiner Meinung nicht uninteressanten Nachtrag zu vervollständigen, schuldig zu seyn glaube. Was nemlich seinen Standort und die Aeßung betrifft, so scheint es mir merkwürdig zu seyn, daß so lange die freye Natur ihn keinen Mangel leiden ließ, er immer im Walde, jedoch in der Nähe des Forsthofes übernachtete, und nur zuweilen den Hof besuchte, wohl aber nahe dabei des Tags in den Wiesen sich äßte, und nur im Winter unter Dach, oft aber auch auf dem Hofe, den er alsdann selten verließ, unter freyem Himmel die Nächte verlebte. Zur Zeit des Winters war er sehr zahm, ließ sich einigemale des Tages in der Stube füttern, nahm aber, wie wohl es gewöhnlich fast alles gezähmte Wild gern thun soll, keine heterogene Körper, nicht einmal Butterbrod zu sich. Den Feld- und Gartengewächsen, Runkelrüben-Blätter und Rosen welche seine Lieblings-Aeßung zu seyn schienen ausgenommen, that er ohngeachtet ihm dazu freyer Zutritt gestattet wurde, keinen Schaden. Oefters habe ich ihn mit meinen Hunden jagen lassen und manchmal war er bei Jagdexcursionen mein und meiner Brüder trauter Gefährte Tagelang, und versah, auf diese Art, da er ein Halsband mit Schellen trug, oftmals die Stelle eines Treibers; verschiedentlich sogar, hatte er sich Stundenweit von hier allein entfernt, und immer ohne Wegweiser seine Heimath wieder gefunden. Im Jahr 1812. als er jährig war, hatte ein Köhler dichte an dem Garten des hiesigen Forsthauses seine Hütte aufgeschlagen, an den er sich bald so gesellt hatte, daß er ihn des Nachts stets überall hin begleitete; und im Herbste desselben Jahrs, wo er eine Jagdparthie mitmachte, und neben meinem vorstehenden sich niedergethan hatte, verfolgte er ein vorbeirennendes Schmalreh pfeilschnell eine ziemliche Strecke. So hat er manchem Jagdfreunde und mir viele vergnügte Stunden verursacht, den größten Spaß aber machte er mir im Anfang Juny 1813, wo er einen seiner wilden Kammeraden aus dem nächsten Berge, nach langem Hin, und Herjagen in der völligsten Flucht Flintenschußweite an dem hiesigen Hofe vorbeijug: nur Schade daß ich zu spät Augenzeuge dieses trolligen Jagdereignisses wurde und Niemand im Stande war den Verfolgten mit dem Feuerrohr ereilen zu können!

Wahrlich ich mögte wissen: ob dieser gezähmte Waldbewohner vielleicht ohne die herbeigeführte Ursache, wie ich vermuthe, durch übernatürliches Wachsen des Gehörnwulstes; in demselben Jahre

doch verendet wäre; und ob im Gegenfalle eben
dieser Wulst sich noch viel vergrössert haben würde.
Neugieriger wäre ich jedoch zu wissen: ob alle in
einem solchen Alter castrirte Rehböcke solche merk=
würdige Gehörner bekommen, und warum dergleis=
chen wilde Kastraten nur zum Theil gehörnt erschei=
nen, da diese doch immer in ihrer zartesten Jugend
der Zeugungswerkzeuge beraubt werden. Mögten
daher doch alle traute Mitbrüder Dianens, denen
es an schicklicher Gelegenheit nicht fehlt, ähnliche
Versuche anstellen und die Resultate derselben zur
öffentlichen Kenntniß bringen.

Elbrighausen den 12. Februar 1819.

Pfifferling,
Großherzoglich Hessischer Oberförster.

5.

Anfrage an das forstmännische Publicum.

Auf einer Fläche von mehreren würtembergischen
Morgen haben auf einem bei Tübingen gelegenen
Forste platzweise ein und zweijährige Kieferpflanzen
im Sommer 1818. an dem Stämmchen viele Oeff=
nungen bekommen, welche vollkommen den Nadel=
stichen glichen. Auf diesen Oeffnungen stand das
Harz tropfweise, so daß die Stämmchen wie über=

zuletzt aussahen. Im Spätjahr darauf entrindeten sich diese Pflanzen auf einer Seite, die Nadeln bekamen eine röthliche Farbe und fielen ab. In der Nähe dieser kranken Kiefern sah man die gemeine Wald-Ameise Formica rufa, Lin. in großer Anzahl, so daß man sich für berechtigt glaubt, diese als Ursache jenes Uebels anzusehn, ob sie gleich durch Vertilgung schädlicher Forstraupen und anderer Insecten in den Nadelwäldern sonst nützlich wird.

Der Standort ist eine südöstliche Ebene, ein trockener sandiger Boden, auf welchem vorher Kiefern von ungewöhnlicher Stärke standen, die erst vor einigen Jahren abgetrieben, und der Distrikt durch Besaamung aus der Hand verjüngt wurde. Was mag wohl die Ursache jener Erscheinung seyn? Sind es die Ameisen, oder sind diese blos als Wirkung anzusehen?

Kein Literator hat die hier in Frage stehende Erscheinung in der Krankheitslehre der Holzpflanzen angeführt, und da dieser Gegenstand interessant zu seyn scheint, so wünscht man, daß über jene Erscheinung in diesen Annalen nähere Auskunft ertheilt werden möge.

6.

Ueber die aus der Vertheilung der Wals
dungen in mehrere, einzelnen Besitzern ges
hörige, Holzmarken, fürs Gemeinwohl ent=
springenden Nachtheile.

Unter der Menge der, den dermaligen Holzmans
gel erzeugenden Ursachen, ist gewiß die aus den
vormals so häufig statt gefundenen Zersplitterungen
großer Waldstrecken in mehrere einzelne Theile oder
Forstmarken, für jeden derselben statt findende, bes
sondere, gewöhnlich wider alle Grundsätze der Forst=
wirthschaft streitende und streiten müssende Benus
tzung derselben, eine der vorzüglichsten.

Wenn Trennungen großer Landgüter, denen sie
annektirten, Abtretungen und Verkauf einzelner
Waldstrecken, Ueberlassung Landesherrlicher, oder
Privatwaldbesitzern gehöriger, großer Wälder, an
die unterworfenen Bauern oder Lohnleute, gegen ges
wisse Steuern oder Abgaben oder zu Compensation ges
habter Freyheiten und Rechte, vorzüglich aber Verthei=
lung dieser und der schon statt findenden Gemeindewäl=
der, unter die Gemeindeglieder den Hufen und Nahruns
gen nach, in der Vorzeit, dergleichen Waldzersplitteruns
gen veranlaßten; so findet dieses Verfahren, bei der das
maligen Menge von Waldungen, dem Mißverhälts
nisse des großen Holzbestandes zum Holzbedarf, und

die Seltenheit grosser Holzbedürfender Fabriken, wohl noch einige Entschuldigung. Aber schmerzen muß es den Freund des allgemeinen Besten, wenn, da die Landökonomie in den letzten zwanzig Jahren so große Fortschritte machte, und noch macht, dagegen die Forstwirthschaft noch so grossen und weit um sich greifenden Mißbräuchen unterworfen und in der Aufklärung so zurück bleibt, daß man die Resultate, welche aus der schlechten Wirthschaft unserer Vorfahren unwidersprechlich hervorgehen, auch von beobachtenden Forstmännern in vorzüglich guten Schriften hinlänglich dargethan sind, nicht benutzt, vielmehr in der Wahl der Mittel zu Erhaltung der Forsten noch ferner auffallende Mißgriffe vorfallen, dergleichen Zersplitterung der Staatswälder von der höchsten Landesbehörde auch dermalen noch genehmiget, so gar als dem gemeinen Besten zuträglich befunden das mit deren Bewirthschaftung aufs engste verknüpfte Wohl des ganzen Staats in die Hände einzelner Individuen übergeben, von deren Willkühr, deren Eigennutze und deren Unwissenheit mit den Grundsätzen einer vernünftigen Forstwirthschaft, abhängig gemacht, und mit dem nothwendigen Untergange der vertheilten Wälder dem fürchterlichsten, aus Holzmangel entstehenden, Elende, preisgegeben wird.

Nimmt man aber als ausgemacht an, daß der
Staat die Obliegenheit, für das allgemeine Beste
zu sorgen, auf sich habe; so ist er somit auch ver=
bunden, solche, und zwar eine strenge Prüfung aus=
haltende Maasregeln, zu zweckmäßiger Verwaltung
des Staatsvermögens, als deren Theil die Wälder
allerdings, da sie eines der nöthigsten Lebensbedürf=
nisse gewähren, zu betrachten sind, zu wählen, daß
jedem einzelnen Bürger des Staats nach seinen
Bedürfnissen geholfen, derselbe, da, nicht Jeder an
der Vertheilung oder Veräusserung der Staatswal=
dungen Antheil nehmen kann, nicht von dem Ei=
gennutze, der Willkühr, dem Mangel an Kenntnis=
sen einzelner Waldbesitzer, abhängig gemacht und
zu gerechten Klagen veranlaßt würde. Daß aber
alle bei der Forstwirthschaft nur möglich vorkom=
mende Mängel bei so zerstückelten Waldungen im
höchsten Grade statt finden, bedarf um so weniger
eines Beweises da sich jeder in der Nähe davon
überzeugen kann. Den in die Augen springendsten
Beweis dafür liefert der Zustand der unter eine
Dorfgemeinde, den Hufen oder Nahrungen nach,
vertheilten Waldungen; die auf das einzelne Ge=
meindeglied gefallene geringe Holzmarke, von weni=
gen Aeckern, von einem Acker, oder, wie so häu=
fig gefunden wird, noch geringerm Flächeninnhalte,
können um so weniger, als solche, einer der ganz

ßen Waldung, welche sie ursprünglich constituirten,
angemessenen Bewirthschaftung nach forstwirthschaftlichen Grundsätzen unterworfen seyn, da ein Holz-
schlag in einer solchen, als ein Ganzes betrachteten,
Holzmarke mit Nachhalt nicht angelegt und ein,
auf die zum Wiederanwuchs nöthigen Jahre, aber
auch zugleich auf die Größe der Holzmarke berech-
neter Turnus nicht angewendet werden kann, noch
abgesehn davon, daß diese einzelnen Waldtheile,
wenn der Innhaber überhaupt ein Verschwender
ist, mit ihm zu Grunde gehen müssen, auch aussers
dem beim Mangel an hinlänglicher Aufsicht ungemein häufigen Holzdiebereyen ausgesetzt sind, auch
zur Erhaltung des Ganzen als vereint gedachten
Waldstrichs, nichts beytragen würde; die Waldung
folglich, einzig dem Willen, dem wahren oder vermeinten Bedürfnisse der Eigenthümer, und deren
Unkunde mit den Grundsätzen der Forstwirthschaft,
überlassen, ihren sichern Untergang findet, und eben
so wenig Hoffnung für einen hinlänglichen Wiederanwuchs übrig läßt. Nimmt man nemlich auf erwachsene Holzmarken Rücksicht; so macht der Besitzer derselben vermöge des acquirirten Forsteigen-
thumrechts, ohne allen Bedacht auf Nachhalt, nur
nach seinen wahren oder vermeinten Bedürfnißen an
Holz oder gewünschten anderweiten Ertrag von seinem Wäldchen sich richtend, in demselben kleine

Schläge, sucht sie, je nachdem er an Bau- oder Brennholz-Bedürfniß hat, ohne Rücksicht auf die durch Windbruch drohende Gefahr, auf der einen, oder andern Seite, wohl gar in der Mitte seiner Holzmark auf; denn Mangel an Forstkenntnissen, Lage, Geringfügigkeit der Holz-Mark- und Bedürfniß, lassen ihn diese Fehler begehen, und da er aus eben diesem Grunde keine Rücksicht auf die Sicherung und den Schutz des noch stehenden eigenen Waldtheils zu machen weiß; so wird er um so weniger Rücksicht auf den, den seines Nachbars Waldstrich bedarf, zu nehmen wissen, oder auch nur zu nehmen geneigt seyn. Ist nun das Auslichten der Wälder schon von anerkannter Schädlichkeit für das Ganze, um wie viel mehr muß es nicht die Anlegung einer Menge kleiner Schläge an allen Seiten und in der Mitte einer, aus vielen kleinen, einzelnen Besitzern zuständigen Waldstrichen, bestehenden Waldung seyn. Denn nothwendig müssen bey einer allgemeinen Vertheilung der Wälder die Waldseiten ebenfalls in die Theilung kommen: werden diese nun vom ausgewachsenen Holze entblößt, fällt so nach der Schutz der übrigen tiefer hineinliegenden Holzmarken weg; wie ists möglich daß sich diese, welche durch stärker und fester bewurzelte und heftigen Winden und widrigen Witterung trotzen könnenden Bäume nicht mehr geschützt sind, werden

halten können? Werden nicht besonders die hier
Frage befangenen Nadelholz-Waldungen durch die
geringsten Winde in kurzer Zeit gebrochen und ihren baldigen Untergang schon hierdurch finden müssen? Und was kann man für den Wiederwuchs dergleichen Waldungen erwarten? er wird so erschwert,
daß man ihn unmöglich kennen muß. Eine kurze
Herzählung der, einem guten Gedeihen desselben
ja der Erzeugung selbst, entgegenstehenden, und in
jedem vertheilten Gemeindewalde sich vorfindender
Hindernisse, wird dieses hinlänglich darthun.

Man könnte selbige füglich in, dem Anfluge vor-
hergehende, und sein erwartetes Aufwachsen beglei-
tende, eintheilen. Entweder ists verjährte Huth-
ungsgerechtigkeit eines dritten in solchen Forstmarken, oder es ist die von einem Besitzer, oder
die von der Gesammtheit aller Besitzer, jedes
der, den Gemeinde Wald constituirenden Forstmar-
ke, verübte Trift.

Ist nemlich die Holzmark blos ausgelichtet worden; so kann eine Verheegung an und für sich gar
nicht statt finden und der junge Anflug bleibt folglich dem Viehe überlassen; oder die in mehreren
Ländern gesetzlich bestimmte Heegezeit dergleichen
ausgelichteten Wälder gegen die Trift, hat schon an
sich, und auch, weil sie nicht beachtet wird, auf
den Wiederanwuchs nicht die geringste Würkung.

Sind aber, wie oben angeführt, in der einzelnen Holzmark ein oder mehrere Schläge angelegt, und überläßt der Besitzer derselben die wüsten Plätze zu dem natürlichen Anfluge; so verhegt er, um die durch den, wegen des hohen Preises desselben, erhöheten Viehstand, erforderliche Huthung nicht zu verlieren, eben sowohl nichts, oder er darf es nicht, weil bei Gemeinbehütung seine Forstmark, im Betreff dieser Nebennutzung, zum Ganzen gehört. Angenommen aber, daß eine dergleichen, einem Privatbesitzer gehörige, Forstmark von einem oder einigen Aeckern ganz abgetrieben würde, und derselbe anders nicht durch streng gehandhabte Forstgesetze verhindert wird, selbige in Saatfeld zu verwandeln: (weil er krig genug glaubt, ein geringer jährlicher Ertrag von dem gewöhnlich, sehr geringen Holzboden, als Saatfeld, sey wenigstens gewisser als die noch ferne, künftige, abermalige Benutzung desselben im Holzertrage:) kann auch hier für das Fortkommen des Anfluges nichts erwartet werden.

Denn wie jede andere Pflanzung, hat auch dergleichen Anflug Düngung nöthig, wo aber sollte diese in dergleichen Privat- oder Gemeindewaldungen herkommen? Aus der allgemeinen Vermehrung des Viehstandes fließt ein größeres Bedürfniß an Streuling. Um zu dieser zu gelangen, wird das Streuling Harken in dem noch bestehenden Walde

III. Bd. 4s Heft.   9

übermäßig betrieben, und, statt daß es nur alle 2
oder 3 Jahre zu erlauben wäre, findet es, da die
Besitzer dergleichen eigenthümlichen Waldungen sich
durch nichts gehindert sehen, und die erwachsenen
Nachtheile nicht kennen oder nicht beobachten wollen, dagegen in einem Jahre mehrere mahle statt,
wodurch nicht allein den bestehenden Pflanzen, auß-
ser andern daraus erwachsenen Nachtheilen, auch
dem künftigen Anfluge alle Düngung entzogen, und
durch das, mit dem Harken verbundene Ausreissen
und Beschädigen desselben, dem völligen Ruine ausgesetzt ist, daß also höchstens nur elende Sträucher
übrig bleiben.

Ist nun in einem solchen Walde Holz geschlagen
worden; so ist es gewöhnlich zur unrechten Zeit geschehen, das Vieh wird, nach wie vor, in den Ge-
hau getrieben, es tritt bey sandigen Boden die, von
dem unausgesetzten Streulingharken annoch vorhandene, wenige Dammerdenschicht noch lockerer, bey
festen Boden aber noch fester, woraus ebnermaßen
so wie aus dem Niedertreten sowohl für den bereit
aufgegangenen etwanigen Anflug, wie für den künftigen, der größte Nachtheil erwächst. Aber wo sol-
te dieser Anflug möglicher Weise herkommen? —

Gewöhnlich sind die Zapfen wegen zur unrechten
Zeit vorgenommenen Holzschlages nicht hinlängli-
reif, und durch das eben so schnelle Aufräumen un-

Harken des Reistgs wird nicht allein vorerst das in der Sonnenwärme zu bewirkende Aufspringen der Zapfen und Ausfallen des Saamens verhindert, sondern auch durch Entziehung der bei dem Liegen lassen der Aeste, zum Reifen der Saamenzapfen, abfallenden trockenen Nadeln und kleinen Aeste, wird die wenige Düngung noch weggenommen, welche ohnehin schon durch immerwährendes, bis zum Holz schlagen ausgeübtes, Streuharken dem Anfluge entzogen wurde.

Man nehme aber den Fall an, daß, aller dieser vorhergehender Hindernisse ungeachtet, einiger Anflug statt fände: Wird der Besitzer dergleichen kleiner Holzmarken denselben in der ersten Zeit kennen, und nicht nach, wie vor, sein Vieh, um die Weide nicht sogleich zu verlieren, eintreiben? Verheegte er ihn aber, wird er nicht die Heegezeit, sobald als möglich, beendigen um bald mehr Weide für sein Vieh zu haben?

Ist nicht in den mehrsten Ländern die Heegezeit nur auf 7 Jahre festgesetzet? Und wird auch diese nur abgewartet? Nein! Er treibt sein Vieh sobald als möglich in den jungen Anflug, das Schaafvieh, dem er es in den ersten paar Jahren entwachsen glaubt, und späterhin das Rindvieh, beugt die jungen Bäumchen und verbeißt die Spitzen, beyde aber verderben den spätern Nachwuchs durch Vertreten

und Abfreßen, könnte sonach für die Zukunft ein
nußbarer Wald erwartet werden?

Thatsachen, die durch die Erfahrung leider zu
sehr bestätiget sind, und wodurch die Wälder (wel=
che nächstdem noch durch die Menge der Abfuhrs=
wege und durch die müstbreibenden, oder nach völ=
ligem Abtrieb zum Ackerbau verwendeten Strecken
am Flächen·Innhalte beträchtlich verlohren haben)
und deren Ertrag ohnedem so sehr verringert wor=
den, bey der Fortdauer getheilter oder vielmehr ver=
vielfachter Wirthschaft, greifen anders neue und
geschärfte Forstgesetze nicht durch, endlich
ganz aufhören müssen.

Keines Beweises bedarf es sonach, daß ein Wald,
welcher in viele, einzelnen von einander unabhän=
gigen, Besitzern zuständige Holzmarken getheilt ist,
und einer eben so vielartigen, aber allezeit den Grund=
sätzen der Forstwirthschaft widrigen Bewirthschaftung
unterworfen ist, nicht den 4ten Theil desjenigen
am Holzertrage liefern kann, was der nemliche
Wald, consolidirt, und in, auf den ganzen Wald=
strich mit Nachhalt berechneten Schläge eingetheilt,
nach einem, auf die Güte des Waldbodens berech=
neten 80 — 100 oder mehrjährigen Turnus liefern
könnte. Jeder, dem an Ueberzeugung von diesem
Wahrheiten gelegen ist, wird alle obangegebene
Fehler in getheilt bewirthschafteten Wäldern finden.

Wie unklug ists also gehandelt, das Wohl des Staats dem bloßen Zufalle, dem prekairen Patriotismus Einzelner zu überlassen, wenn der Staat selbst es zu schützen noch ermächtiget ist? Und da dieser verpflichtet ist, für dasselbe zu sorgen, Mißbräuche, welche demselben stracks entgegen wirken, aufzuheben, abzuschaffen, und, auf vorliegenden Fall angewendet, solche Maaßregeln zu ergreifen, welche fernere unausbleibliche Nachtheile zu verhüten geeignet sind; so müssen dergleichen getheilte Waldungen wiederum in ein Ganzes vereinigt, als solches einer regelmäßigen Wirthschaft unterworfen, unter Direction des Staats und gehöriger Aufsicht gestellet, zu einem hinlänglichen Bestande gebracht, deßfalls gebaut und möglichst geschont werden.

Dieß ist der einzige Weg, und mehrere vorzüglich gute Schriftsteller, hauptsächlich aber von Burgsdorf, in seinem vortrefflichen Handbuche der grundsätzlichen Forstwirthschaft ꝛc. giebt in dessen ersten Theile, Seite 213, für das ganze Geschäft der Consolidation eines, aus vielen einzelnen Holzmarken, verschiedenen Gehaltes und Größe bestehenden Waldes und der Abtretung gegen Actien äußerst gute Anleitung. Der Freund des gemeinen Besten hat um so mehr zu wünschen, daß solche berücksichtiget werde, und die in diesem Buche angegebenen Vorschläge, deren Ausführung

nichts entgegen steht, und wobey das gemeine Beste in eben dem Maaße, als der Vortheil des Einzelnen Besitzers solcher Forstmarken befördert wird,
in Anwendung gebracht würde; daß Fürsten, die
Hausväter und ersten Verwalter des Staats-Ver-
mögens, durch, nach ächt forstmännischen Grundsätzen entworfenen Forstmandate, die der Holzkultur entgegen stehenden Hindernisse, wohin unmäßi-
ges Streulingbarken, verjährte Triftgerechtigkeit in
Waldungen während der Heegungs-Zeit, gehörig,
wegräumten, und letztere als Nebenbenuzung der
Hauptnuzung betrachtet, die Rechte nachsetzten, die
Verjährung aufhöben, die Heegungszeit verlängerten
und diejenigen Privatbesitzer, welche aus vermeinten Vortheilen dergleichen Forstverbesserungen nicht
beiträten, oder sich ihnen widersetzen und ihre Pri-
vilegien noch länger durch Mißbrauch erweitern und
dem allgemeinen Besten noch ferner schaden wollten, durch rechtliche Zwangsmittel dazu vermögen
wollten. Wie erfreulich mußte es mir daher seyn,
da eine einsichtsvolle Frau, von diesen Nachtheilen
überzeugt, die Vereinigung eines unter ihrer Herrschaft liegenden, der Gemeinde Neudorf zuständigen
und den Hufen oder Nahrungen nach, vertheilten
Gemeindewaldes, in ein Ganzes gebracht, zu sehen
wünschte, um dadurch ein Stück Waldung von 500
Acker, à 300 ☐ Ruthen, welches noch ausserdem

durch Vernachläßigung der Abzugsgräben fast ganz
versumpft ist, wie wohl nicht ohne beträchtliche
Aufopferungen, vom Untergang gerettet zu sehen.

Möchten doch alle Fürsten mit weit ausgebreiteten
Regentenbefugnißen ihr nachfolgen, ihre Rechte
zur Beförderung des gemeinen Besten auch hier benutzen, ihre Unterthanen zu Einrichtungen, deren
wahres Gute unverkennbar ist, veranlassen, und
anhalten, um sich so den Dank der Mit- und
Nachwelt zu verdienen. Und wären die Forderungen,
welche diese an uns machen kann, etwa sogar groß
und unbillig? da doch die Forsten von uns über
Verhältniß benutzt worden, die Mängel in der
Bewirthschaftung derselben durch uns so lange fort-
gestellt, und die Resultate, welche sie so in die Augen springend liefern, ungeachtet noch eine lange
Zeit den Waldverderb vermehrten — daß wir ihm
nicht selbst, mit einigen Aufopferungen, Abhülfe
leisten sollten?

Mußkau in der Oberlausitz.

August Wilhelm Ziegra,
Forstmeister genannter Erb- und Standes-
Herrschaft ꝛc. ꝛc.

Inhalt
des vierten Heftes.

Lightning Source UK Ltd.
Milton Keynes UK
UKHW021553110119
335297UK00008B/557/P